비범한 정신의
코드를 해킹하다

THE CODE OF THE EXTRAORDINARY MIND

비범한 정신의 코드를 해킹하다

인생과 성공을 자기만의 방식으로
재정의하게 해주는
10 가지 별난 법칙

비셴 락히아니 지음 ┃ 추미란 옮김

정신세계사

비범한 정신의 코드를 해킹하다

ⓒ 비셴 락히아니, 2016

비셴 락히아니 짓고, 추미란 옮긴 것을 정신세계사 정주득이 2016년 11월 11일 처음 펴내다. 이균형과 김우종이 다듬고, 김윤선이 꾸미고, 한서지업사에서 종이를, 영신 사에서 인쇄와 제본을, 김영수가 기획과 홍보를, 하지혜가 책의 관리를 맡다. 정신세 계사의 등록일자는 1978년 4월 25일(제1-100호), 주소는 03040 서울시 종로구 자하문 로 21 4층, 전화는 02-733-3134, 팩스는 02-733-3144, 홈페이지는 www.mindbook. co.kr, 인터넷 카페는 cafe.naver.com/mindbooky이다.

2016년 11월 11일 펴낸 책(초판 제1쇄)

ISBN 978-89-357-0404-0 03190

이 도서의 국립중앙도서관 출판시도서목록(CIP)은 서지정보유통지원시스템 홈페이지(http://seoji.
nl.go.kr)와 국가자료공동목록시스템(http://www.nl.go.kr/kolisnet)에서 이용하실 수 있습니다.
(CIP제어번호: CIP2016025070)

내 인생에 가장 소중한 가족, 크리스티나, 헤이든, 이브에게,

그리고 어릴 적부터 개똥 규칙에 의문을 품게 하고
우리만의 신념을 구축하도록 도와준 양가의 부모님
모한, 루피, 벌고, 루버브께 이 책을 바칩니다.

일러두기

저자는 이 책의 독자들을 위해 인터넷상에서 추가적인 정보와 동영상을 제공하고 있다. 이용방법은, 우선 비범코드 홈페이지 www.thecodexmind.com/extraordinary에 접속하여 영문이름과 이메일주소를 입력하면 그 이메일로 전용 비밀번호가 전송된다. PC의 경우, 로그인 페이지 home.mindvalley.com에서 그 이메일주소와 전용 비밀번호로 로그인하여 챕터별로 정리된 컨텐츠들을 이용할 수 있다. 스마트 기기의 경우에는, 위의 방법으로 비밀번호를 발급받은 후에 Mindvalley Academy라는 앱을 설치하고 이메일주소와 전용 비밀번호로 로그인하면 된다.

비범코드 홈페이지와 앱은 영어로만 서비스되고 있으므로, 정신세계사에서 일부 자료에 한글자막을 붙여 정신세계 북카페(네이버)에서 제공하고 있다. 해당 자료는 주소창에 cafe.naver.com/mindbooky/8354를 입력하거나 우측 QR코드를 통해 접속할 수 있다.

차례

이것은 일반적인 종류의 책이 아니다

이 책을 자기계발서라고 부르자니 망설여진다. 사실 이 책은 '자기해체서'에 더 가깝다. 오랜 세월 자동운전으로 달려온 우리 삶의 여러 부분에 대해 다시 생각해보기를 강요하기 때문이다.

이 책을 읽고 나면 몇 달 안에 자기 현실의 어떤 부분을 더 이상 받아들이지 않고 있는 자신을 발견하게 될지도 모른다는 말이다. 어쩌면 대인관계, 직업, 인생 목표 등이 모두 바뀔 수도 있다. 그동안 지켜왔던 이런저런 믿음과 과거에 내린 결정들이 결코 나 자신의 선택이 아니라 나도 모르는 사이에 자동 설정된 것임을 깨닫게 될 테니까 말이다.

이 책은 당신의 세계관을 깨부수고, 인식의 변화를 통해 세상을 바꾸어갈 도구를 제공하도록 짜여 있다. 한마디로 이 책은 깨달음을 준다. 이 책이 드러내주는 패턴을 한 번 보고 나면 더 이상 그것을 '안 볼' 수가 없게 된다.

지금 어떤 세계관을 갖고 있느냐에 따라, 당신은 이 책을 좋아하거나 싫어하게 될 것이다. 그것이 이 책이 의도하는 바다. 우리는 불편 아니면 통찰을 통해 성장해가기 때문이다. 무관심으로는 결코 성장하지 못한다.

내용도 그렇지만 형식적인 면에서도 이 책은 몇 가지 점에서 특이하다.

신조어: 이 책은 영어에 스무 개 이상의 신조어를 보태놓는다. 삶의 새로운 모델을 (때로는 익살맞게) 설명하려면 신조어가 필요하다. 어휘는 우리가 세상을 바라보는 방식에 강력한 영향을 미친다. 이 어휘를 이해하기만 해도 세상을 바라보는 관점이 많이 바뀔 것이다.

온라인 체험: 이 책은 주문제작된 앱과 동시에 출시되었다. 나는 이 앱 안에 추가적인 내용뿐만 아니라 그 내용에 따른 연습과 훈련을 할 수 있는 도구들을 넣어두었다. 예컨대 이 책에서 언급된 사상가들 중 피터 다이어맨디스의 생각이 마음에 다가왔다면 이 앱을 통해 그의 생각을 좀더 깊이 들여다볼 수 있다. 예컨대 내가 인터뷰한 피터의 이야기를 전부 들어볼 수도 있다. 혹은 이 책에서 내가 설명한 특정 기법이 좋아 보인다면 그럴 때도 앱을 이용해보라. 내가 동영상에서 그 기법을 더 잘 설명해줄 것이다. 이 온라인 체험의 장은 아름다운 이미지, 사진, 아이디어들로 가득하고 PC, 안드로이드, iOS에서 모두 접속이 가능하다. 그러니 당신은 몇 시간 만에 이 책을 다 읽고 그것으로 끝내버릴 수도 있지만, 다른 자료들을 뒤적이며 며칠이고 그 풍부한 내용을 전부 탐사하며 깊이 연구해볼 수도 있다. '비범한 정신' 온라인 체험을 해보려면 비범코드 홈페이지(5쪽 일러두기 참고)를 방문하라.

소셜 학습 플랫폼(SLP: Social Learning Platform) 제공: 앞서 밝혔듯이 이 책은 기본적으로 삶에 의문을 제기하는 책이다. 그래서 나는 책이 만들어지는 전통적인 방식에도 의문을 제기했다. 오늘날 '책'이라는 개념을 둘러싸고 벌어지는 일들 중에서 나는 저자와 독자들은 물론,

독자들끼리도 서로 쉽게 교류할 수 없다는 점이 가장 마음에 들지 않았다. 따라서 이 책으로 그 문제를 해결하고자 했다. 이를테면 저자들과 독자들이 서로 교류하고 배울 수 있는 하나의 장으로 소셜 학습 플랫폼을 만들었다. 이것은 전에 없는 시도다. 독자는 온라인 체험 사이트에 등록만 하면 모바일 기기나 PC를 통해 다른 독자들과 만나 생각을 나눌 수 있고 나와도 곧장 연결할 수 있다. 덕분에 이 책은 최첨단 기술로 무장한 역사상 가장 발 빠른 책으로 남을지도 모르겠다. 소셜 학습 플랫폼은 비범코드 홈페이지(5쪽 일러두기 참고)에서 온라인 체험 카테고리를 통해 들어가면 된다.

학습법: 이 책은 내가 의식공학(Consciousness Engineering)이라 부르는, 업그레이드된 학습법을 독자들이 쉽게 이해하는 데 도움이 되도록 고안되었다. 이 점을 이해하면 이 책 속의 모든 장들이 서로 긴밀하게 연결되어 있음을 깨닫게 될 것이다. 덧붙여 당신은 '배우는 법'도 배우게 될 것이다. 이 책을 읽고 나서 개인적 성장에 관한 다른 책을 읽으면 그 책이 하는 말을 더 잘 이해하고 체득하게 될 것이다.

글쓰기 스타일: 나에게 가장 의미 있는 최선의 대화는 퇴근 후 지인들과 만나서 가볍게 한잔하며 나누는 대화이다. 이런 때 우리는 가장 솔직하고 순진하고 열려 있고 투명하다. 우리는 술을 한 잔 따라 놓고 인생과 일을 논하는데, 그럴 때면 나는 냅킨 같은 데다 내 생각을 그려서 보여주기를 좋아한다. 이 책을 쓰는 일도 그와 별반 다르지 않았다. 이 책에도 냅킨 그림, 개인적인 이야기와 있는 그대로의 속내가 그대로 다 드러날 것이다. 사실 나는 개인적인 일들을 책에다 공개적으로 써내는 일은 상상조차 해본 적이 없다. 그럼에도 불구하고 그렇게 한 것은 누군가는 나의 실수로부터 뭔가를 배울 수 있으리

라고 생각하기 때문이다.

협조: 이 책에는 200시간 넘게 진행된 인터뷰 내용들이 등장한다. 인터뷰 대상자들은 보통 각계에서 세계적 지도자로 활동하고 있는 사람들이다. 아리아나 허핑턴과 딘 케이먼은 이 책에 지대한 공헌을 해주었다. 리처드 브랜슨, 피터 다이어맨디스, 마이클 벡위드, 켄 윌버도 몇 시간에 걸친 토론이나 일대일 인터뷰에 응해주었다. 심지어 나는 (아내를 통해) 달라이 라마께도 질문을 하나 여쭤야 했다. 나는 이들의 생각을 이 책이 말하는 법칙 속에 모두 통합해 넣었다. 이들은 모두가 이 시대의 롤 모델들로, 누구든지 이들로부터 배울 수 있기 때문이다.

네 권이 한 권이 된 책: 내 시간은 — 그리고 독자의 시간도 — 소중하다. 그리고 나는 상대적으로 간단한 개념을 가르치는 데에 7만 단어나 되는 문장을 늘어놓으며 개인적 성장을 논하는 책을 싫어한다. 나는 하나의 생각을 길게 말할 의도가 전혀 없다. 다시 말해, 개념 이해가 빠르고 바쁜 독자들의 시간을 낭비시킬 생각이 없다. 그러므로 이 책은 정말이지 지식으로 가득하다. 총 4부로 구성된 이 책의 각 장들은 풍성한 세부사항과 함께 일관된 일련의 아이디어를 제공해준다. 그러므로 이것은 읽기에 가치 있는 책이 될 것이다. 각각의 부는 그 자체로서 하나의 책이 되기에 충분하지만 서로 함께할 때 하나의 삶의 철학이 완성된다. 나의 목적은 최소한의 시간에 최대한의 지혜를 재미있게 전달하는 것이다.

들어가기

평범한 사람도 비범하게 살기를 선택할 수 있다.

— 엘론 머스크

나는 무대에 올라 강연을 해야 했다. 그런데 그건 보통 무대가 아니었다. 캐나다 앨버타 주 캘거리에서 있었던, 며칠에 걸친 행사였는데 주최 측은 나를 맨 마지막 날 연설자로 끼워 넣었다(보통 이름이 '가장 덜 알려진' 사람이 맨 마지막 발표자다). 이름만 들어도 경외심을 불러일으키는 사람들이 내 앞에 줄줄이 무대에 올랐다. 먼저 스타워즈의 요다 같은 달라이 라마 성하께서 당신의 지혜를 나눠주셨다. 오렌지색 승복을 입은 것만이 요다와 달랐다. 그다음 남아프리카 공화국의 전 대통령이자 노벨상 수상자인 F. W. 데 클레르크가 등장했고, 또 그다음은 버진 그룹의 창립자 리처드 브랜슨이 등장했고 마지막으로 자포스의 CEO인 토니 셰이가 무대에 올랐다.

셋째 날이 되어서야 마침내 내 차례가 왔다. 나는 '시간 때우기용' 강연자였다. 그런 콘퍼런스에 사람들을 끌어들일 만큼의 유명세는 커녕, 거물 인사들에게 예산을 다 써버린 주최 측에 어쩌다 눈에 띈, 여백 메우기용 연사였던 것이다.

그때까지 내가 마주해본 최대의 청중인 600명의 사람들이 기대에 찬 눈으로 지켜보는 가운데 나는 무대에 올랐다. 떨렸지만 그 전에 로비의 바에서 몰래 한 잔 마셔둔 보드카에 희망을 걸었다. 찢어진 청바지, 비어져 나온 셔츠 자락이 내 형편없는 패션 감각마저 적나라하게 드러내고 있었다. 나는 서른세 살이었다.

그날 무대에서 나는 우리 인간이 인생의 목적과 의미와 행복을 어떻게 보고 있는지에 대한, 내게는 매우 소중한 생각을 하나 발표했다. 발표가 끝날 즈음 청중은 놀랍게도 기쁨의 눈물을 흘리고 있었다. 행사 끝에 내가 그 행사 최고 강연자로 뽑힌 것은 더더욱 놀랄 일이었다(나와 자포스의 토니 셰이가 공동 1위를 차지했다). 그 무대에 같이 섰던 다른 거물급 인사들을 생각해보면 나에게는 엄청난 사건이었다. 게다가 나는 당시 무대 경험도 거의 없었다. 그럼에도 달라이 라마보다 더 많은 표를 받았다! (달라이 라마께서는 신경도 쓰지 않을 이 점이 나는 은근히 자랑스러운데, 아마도 그래서 달라이 라마는 성하聖下로 불리고 나는 그저 아무개 씨라고 불리는 것이리라.)

그날 나는 비범한 삶을 산다는 것이 무엇을 의미하는지에 대해 말했다. 비범한 삶은 어쩌다 얻게 되는 것이 아니고 열심히 일한다고 얻게 되는 것도 아니며, 기도로 얻게 되는 것도 아니다. 사실 우리의 삶을 비범한 차원으로 쏘아 올려줄, 누구나 사용할 수 있는 방법론 ─ 배울 수 있는 프로그램 코드 같은 것 ─ 이 존재한다. 이 방법론만 터득하면 당신의 삶도 갑자기 비범해질 것이다.

이 방법론은 단지 몇 명이 아니라 수십만 명에게 먹혀들었다. 전 세계의 무수한 학교와 기업들이 이 코드를 적용하여 학생과 직원들을 훈련시켰고, 세계 각국의 사람들이 이 코드를 이용해서 삶의 의미와 행복을 발견했다. 나는 세상에서 가장 비범한 사람들을 매우 자세히 관찰한 덕분에, 그리고 스스로도 수많은 시행착오를 거친 덕분에 이 코드를 알아내게 되었다.

그날 있었던 내 강연의 영상이 유튜브에 올라갔는데 거의 한 시간이나 되는 그 강연을 50만 명에 달하는 사람들이 보았고, 책을 써보지 않겠느냐는 제안도 들어왔다. 하지만 나는 준비가 되어 있지 않았다. '내가 감히 책을 쓴다고?'

그렇게 3년이 지난 어느 날 또 다른 일이 일어났다. 나는 넥커 섬에서 있었던 어떤 파티에 초대되었는데, 파티가 끝날 무렵 리처드 브랜슨과 함께 앉게 되었다. 다른 손님들은 대부분 떠나고 우리 둘만 남았으므로 나는 리처드에게 그 자신을 비롯한 다른 많은 사람들을 비범하게 만든 것이 무엇인지에 대한 나의 생각과 이론을 피력했다. 그러자 브랜슨이 내 눈을 똑바로 바라보며 힘주어 말했다. "그 주제로 꼭 책을 한 권 쓰게나." 브랜슨은 나에게 존경하는 기업가 그 이상의 인물이다. 그의 책 《나는 늘 새로운 것에 도전한다》(Losing My Virginity)를 읽은 이래로 그는 내가 제일 좋아하는 저자가 되었다. 리처드 브랜슨의 그 같은 독려 덕분에 나는 이 책을 본격적으로 구상하기 시작했다. 그 후로도 첫 장을 쓰기까지는 3년이라는 시간이 걸렸지만 이제 마침내 완성되었고, 이 책이 독자의 손에 넘어간다고 생각하니 감격스럽기 그지없다.

이런 과정을 여기서 언급하는 이유는 이 책에서 앞으로 등장할 아이디어들이 그만큼 강력하다는 점을 강조하고 싶어서다. 이 책은 일반적인 자기계발서가 아니다. 사실 논픽션 분야의 그 어떤 책과도 차별화된다. 나는 (예를 들어 성공의 비결, 삶의 의미, 행복 같은) 정말로 복잡한 생각들을 분석해서 누구나 이해할 수 있는 틀(framework)과 모델model로 만들고 싶어서 이 책을 썼다. 말 그대로 '누구든지' 말이다. (이렇게 쓰고 있는 바로 지금 동영상 하나를 받았는데, 인도의 어떤 학교 선생님이 수백 명의 아이들에게 이 책에 나오는 아이디어들 중 일부를 가르치고 있는 동영상이다.)

그리고 이 아이디어들은 실제로 잘 적용된다. 나의 출신 배경을 제대로 알고 나면(이 부분은 앞으로 자세히 밝힐 것이다) 대부분의 사람들은 내가 지금과 같은 성공을 거둔 것이 기적이라고 말한다. 유리한 점이라고는 아무것도 없었다. 그럼에도 나는 '비범한' 삶을 사는 축복을 받았다. 한마디로 그런 상황에서는 결코 경험하지 못했어야 할 삶을 말이다.

예를 들자면,

- 개인적 여가활동이었던 '자기계발'을 마인드밸리라는 회사로 바꿔놓았다. 우리 회사는 총 회원이 200만 명이고 그중 실제 수강을 하는 학생은 50만 명이며, 그 외에 우리가 내세우는 기치를 좋아하는 열정적인 팬들이 진을 치고 있다.
- 은행 대부나 벤처자금 하나 없이 시작했음에도 모든 불가능을 이겨내고 마인드밸리라는 매우 혁신적인 회사를 만들어냈다.
- 40개국 이상의 다양한 나라 출신 직원들을 고용한 일로 상까지 받았고, 나아가 〈Inc.〉 매거진 독자들이 뽑은, 2012년의 '세상에서 가장 멋진 일터'로 선정되기도 했다.
- 멋진 여성과 결혼을 했고 지금은 경이롭기 그지없는 두 아이까지 기르고 있다.
- 'A-페스트'라는 축제를 시작했다. 이 축제는 세계 곳곳의 이국적인 장소에서 펼쳐지는데, 수천 명의 매력적인 사람들이 참가신청

을 해와서 표가 모자랄 지경이다.

- 영적인 깨어남을 경험하고, 그 결과 물리적 현실을 예전과 다른 시각으로 보게 되었다.
- 수백만 달러의 자선기금을 모아 기부할 수 있게 되었다.
- 이 책을 쓰는 놀라운 기회를 얻게 되었다(로데일 출판사에 감사한다!).

하지만 분명히 말하건대 나는 결코 비범한 사람으로 태어나지 않았다. 내 인생은 매우 평범했어야 했다. 나는 말레이시아에서 태어나 미국으로 왔다. 나는 늘 내가 밥맛없는 괴짜라고 생각했고, 오랫동안 자존감 부족 문제로 시달렸다.

미시간 대학에 다닐 때는 거의 퇴학당할 뻔했고, 1999년에 겨우 졸업했지만 그 후 두 해 만에 영광스럽게도 두 번이나 해고를 당했고, 사업도 두 번이나 실패했고 파산은 밥 먹듯이 했다.

열 개도 훨씬 넘는 창업 아이디어를 생각해냈지만 다 실패한 끝에 단 하나, 마인드밸리 아이디어가 좀 제대로 되어가는가 싶더니 스물여덟이란 나이에 미국 생활의 꿈을 접고 고국의 부모님 집으로 돌아가야만 했다. 그 후 6년 동안 부모님 집의 방 한 칸을 빌려 아내와 함께 살았으며 소형차 닛산 마치를 몰고 다니면서 어떻게든 사업을 일으켜보려고 애썼다.

캘거리에서 강연을 하기 바로 1년 전까지만 해도 이뤄놓은 거라곤 아무것도 없었다. 개인사업을 시작하지 않았으면 지지 않아도 될 빚만 산더미처럼 지고 있었다.

그러다가 서른두 살 때 어떤 전환을 맞이하게 되는데, 그 전환이 너무나 강력했던 바람에 이후의 몇 년이라는 짧은 기간에 내 인생은 완전히 급변하게 되었다.

이 모든 일이 일어난 것은, 시작은 평범하기 짝이 없었음에도, 내가 독특한 능력을 하나 갖고 있었기 때문이다. 급할 때마다 이 능력이 거듭 나를 도와주었다. 이 책이 이야기할 그 시스템(당신이 벗어나고 싶어하는 평범한 환경을 빠져나오도록 도와줄, 내가 고안한 시스템)을 개발해내는 데에도 이 능력의 도움을 받았다.

요컨대 그것은 이런 능력이다. ─ 나는 사람들의 생각을 스펀지처럼 잘 빨아들여 배우고, 그렇게 배운 점들을 서로 잘 연결시킨다. 나는 운 좋게도 억만장자든 수행자든 모든 유형의 사람들로부터 지식과 지혜를 잘 배우고, 거기서 더 나아가 그들의 생각을 '코드화'해서 서로 연결한 다음 세상을 이해하는 데 유용한 새롭고 독특한 모델을 구축해내는 일에 재능이 있다.

컴퓨터 세계에서는 이런 사람을 해커라고 부른다. 해킹은 무언가를 쪼개고 들어가서 철저히 부순 다음 원하는 대로 재조립하는 것이다.

바로 그것이 내가 하는 일이다. 나는 컴퓨터공학을 전공했지만 삶을 해킹하는 법에 더 관심이 많은 머리를 타고났다. 나는 사람들이 쉽게 보지 못하는 패턴을 발견해내고, 매우 색다른 방식으로 그 점點들을 연결한다.

이 책을 통해 그 점들의 일부를 공유하려 한다. ─ 구체적으로 말해 열 개의 점 말이다. 나는 그 점들을 일상 속에서 위대성을 추구하는 뛰어난 사상가, 지도자, 창작가, 예술가들로부터, 그리고 내 인생의 다양한 경험으로부터 수집해왔다.

이런 비범한 사람들로부터 배우는 동안 내 삶은 눈에 띄게 발전했다. 내가 지금의 내가 된 것은, 파산하여 살아남으려고 발버둥을 치면서도 늘 나보다 한 발 앞선 사람들을 찾아내어 그들의 말을 가슴에 새겼기 때문이다. 나는 그들의 지혜를 받아먹고 그 가르침을 소화시켜 성장해갔다. 그렇게 한 단계씩 올라가고, 거기서 또 새로운 연결점을 찾아내고, 거기서 또 그보다 한 단계 높은 곳에 있는 사람들로부터 배우고… 그런 식으로 계속 나아갔다.

그러다 마침내 나는 엘론 머스크, 리처드 브랜슨, 피터 다이어맨디스, 아리아나 허핑턴, 켄 윌버 같은 인물들에게까지 질문을 던지게 되었다. 이 책에서 나는 이들의 지혜는 물론 또 다른 50인의 비범한 정신을 200시간에 걸쳐 인터뷰하여 얻은 지혜까지 공유하려 한다. 이들은 모두가 자기만의 규칙에 따라 인생을 살면서도 이 지구에 놀라운 영향을 끼치고 있는 사람들이다.

나 또한 마인드밸리를 창립하여 인간 변성(human transformation) 분야에서 세계적인 선도 기업으로 성장시켰다. 200만 명이 넘는 회원이 기반이 되어주는 우리 회사는 개인적 성장에 관해서라면 전 세계에서 일어나는 새로운 발견의 대부분에서 최선두에 서 있다. 마인드밸리 네트워크 덕분에 나는 많은 사람들로부터 지혜를 배울 수 있고 또 그 덕분에 이 책을 쓸 수 있는 유리하고도 특별한 자리에 서게 되었다.

다시 말해 나에게는 비범한 사람들의 모든 생각과 지식을 취하고, 그것을 하나의 길로 통합할 수 있는 재능이 있다. 일상의 경계를 넘어서고자 할 때 당신이 따를 수 있는 길 말이다. 그 길을 따라가다 보면 어릴 때부터 꿈꿔왔던 그 모든 아름다운 곳들에 도달하게 될 것이다.

앞으로 우리가 탐구할 것들을 살펴보자.

비범한 삶을 위한 열 가지 법칙

세상이 작동하는 방식에는 보이지 않는 코드가 존재한다. 즉 우리가 서로 관계하고, 예배하고, 부모와 소통하고, 일을 하고, 사랑에 빠지고, 돈을 벌고, 건강과 행복을 유지하는 법에는 코드가 존재한다. 나는 컴퓨터 프로그래머로서 사회에 첫발을 내디뎠고, 그 기계의 코드를 이해하려고 몇 시간씩 앉아서 모니터를 들여다보곤 했다. 지금의 나는 인간 세상을 작동시키는 코드에 더 빠져들어 있다. 그런데 믿을 수 있겠는가? 이 코드도 컴퓨터 코드와 마찬가지로 해킹이 가능하다.

프로그래머가 컴퓨터 프로그램을 짜서 특정한 작업을 실행시키듯이, 코드만 알면 우리도 우리 인생과 주변 세계의 프로그램을 새로 짜서 더 나은 인생과 더 나은 세상을 만들어 더 나은 경험을 할 수 있다.

하지만 그 전에 먼저 그 코드를 '봐야만' 한다. 그리고 그 코드를 보려면 이 책이 필요하다.

이 책은 총 4부 10장으로 이루어져 있다. 각 부에서는 우리가 배울 코드의 다양한 단계를 살펴보는데, 이 단계들을 하나씩 이해할 때마다 우리의 의식도 그만큼 확장되어갈 것이다. 그리고 각 장은 당신을 그 확장된 영역으로 데리고 들어갈 법칙을 하나씩 제시하고 설명해줄 것이다.

1부에서 4부까지 나아가는 동안 자신이 누구이며 무엇을 할 수 있는지에 대한 자각의 수준이 점점 확장되어가는 것을 볼 수 있다. 아래 그림에서 점점 커지는 자각영역의 원이 그런 단계를 보여준다.

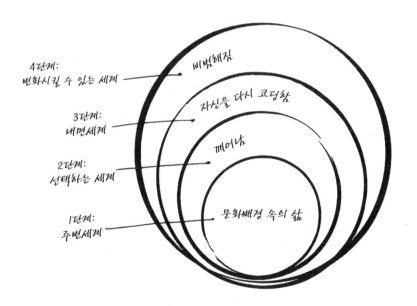

나는 이 네 가지 세계에 존재하는 법칙 열 가지를 이야기할 것이고, 그 각각의 법칙은 그 바로 이전의 법칙에 근거하여 성립된다. 이것이 '비범한 정신의 코드'다.

Part 1. 문화배경 속의 삶 — 우리는 어떻게 주변세계에 의해 모양 지어지는가

여기서는 우리가 살고 있는 세상을 들여다볼 것이다. 이 세계는 안전하게 통제되는 환경에서 살기 위해 우리가 지어낸 온갖 복잡하고 모순에 찬 생각과 믿음과 관습들로 가득하다. 문제는, 이 세상의 관습과 규칙 중 대다수는 이미 오래전에 그 유효기간이 지났다는 사실에 있다. 여기서 우리는 종교에서부터 인간관계, 직업, 교육에 이르는 우리 주변세계의 규칙들에 의문을 제기하는 법을 배울 것이다. 1부에서는 첫 번째 법칙과 두 번째 법칙을 소개한다.

1. **문화배경을 초월하라** 이 장에서는 복잡한 거미줄과 같은 우리의 문화배경(culturescape)을 탐사해본다. 인간이 집단적으로 지니고 있는 삶에 대한 규칙과 믿음과 관습들 말이다. 이것은 생존하는 법, 인생을 계획하는 법, 성공과 행복을 정의하는 법 등을 일러주는 규칙이다. 이 규칙을 따르면 평범하고 안전한 삶이 보장된다. 하지만 나는 그 대신 '거침없는' 삶, 불확실하지만 스릴 넘치고 흥분 가득한 삶 속으로 뛰어들도록 당신을 독려할 것이다. 그 시작은 반항적인 질문 몇 개면 충분하다.

2. **견칙에 의문을 제기하라** 개똥 규칙(bullshit rule), 곧 견칙犬則(Brules)이란 수세대 전에 사라졌어야 했지만 끈질기게 살아남아서 지금도 우리의 삶을 오염시키고 있는 규칙들로, 이 장에서는 그런 견칙을 찾아내는 방법을 살펴본다. 견칙을 제거하는 일은 오래 입어서 더러워진 옷을 새 옷으로 갈아입는 것과 비슷하다. 이때 우리는 해방감을 느낀다. 비범한 사람들은 견칙에 알레르기 반응을 보인다. 견칙이 우리로 하여금 얼마나 낡아빠진 방식으로 살게 하고 창조성을

말살하고 성장을 방해하는지를 깨달으면 당신도 그렇게 될 것이다.

Part 2. 깨어나기 ─ 내 버전의 세계를 선택하는 힘

문화배경 속의 온갖 견칙에 의문을 제기하는 법을 배우면 우리는 우리만의 규칙을 '선택할' 수 있다는 사실도 깨닫게 된다. 여기서는 우리 자신과 주변세계 사이의 접점을 살펴본다. 당신은 어떤 생각과 가치를 택하여 믿고 싶은가? 거부하고 싶은 생각과 가치는 어떤 것이 있는가? 여기서 우리는 더 이상 소용없는 낡은 믿음과 생활방식을 버리는 동시에 우리의 삶을 모양 지어줄 믿음과 습관과 행동을 의식적으로 형성시키는 법을 배우게 될 것이다. 내가 '의식공학'이라 부르는 과정이 이것을 실행하는 방법론이다.

　3. **의식의 공학을 실천하라**　이 장에서는 해커처럼 사고하는 법을 배우고 우리의 믿음과 행동이 '어떻게' 우리를 모양 짓는지를 이해할 수 있게 해주는 결정적인 시스템을 찾아낸다. 그리고 믿음을 '현실의 모델'로, 습관과 행동을 '삶의 방식'으로 바라보는 법을 배울 것이다. 또 자기정체성의 알맹이를 간파하여 성장과 깨어남의 강력한 정신적 모델인 의식공학을 통해 자신을 새롭게 재창조해내는 법을 배우게 될 것이다.

　4. **현실의 모델을 재구축하라**　어릴 적부터 우리 몸에 배어 있는 신념들이 바로 현실의 모델(models of reality)이다. 이 신념들 중 상당수가 우리를 나약하게 만들고, 문제 많고 고통스럽거나 평범하기 짝이 없는 방식으로만 세상을 바라보게 한다. 이 장에서는 우리에게서 힘을 빼앗는 이 모델을 힘을 불어넣어주는 새로운 모델로 바꾸는 법을 배울 것이다. 세상은 우리의 신념이 반영된 것이다. 그렇다면 비범한

사람들의 신념을 택한다면 어떻게 될지 상상해보라.

5. 삶의 방식을 업그레이드하라 삶의 방식(systems for living)이란 먹는 일로부터 일하기, 양육하기, 그리고 섹스에 이르기까지 우리가 삶을 영위하기 위해 행하는 나날의 행동관습이다. 지금 이 순간에도 새로운 삶의 방식이 속속 등장하고 있다. 문제는 그 새로운 방식의 대부분이 공식 교육체계에 편입되지 못한다는 데 있다. 그 때문에 우리는 대부분 차선의 방식, 혹은 심지어 해로운 방식으로 배우고 사랑하고 일하고 명상하고 아이들을 키우고 있다. 이 장에서 우리는 세상(그리고 당신의 삶)을 움직이는 삶의 방식을 관찰하고, 어떻게 하면 더 강력하고 최적화된 삶의 방식을 만들어낼 수 있을지를 살펴본다. 더불어 최신의 삶의 방식을 찾아내어 구비하는 법도 배울 것이다. 그러면 그것이 당신을 훨씬 더 최적화된 인간으로 만들어줄 것이다.

여기서 책은 후반부에 접어든다.

전반부는 외부세계 속에서 영위하는 법과, 기존의 규칙을 깨뜨리고 더 큰 성장과 행복을 일궈내는 규칙을 만들어내는 법에 대해서 말한다. 여기에 익숙해지고 나면 내면세계를 탐사하는 다음 단계로 나아갈 수 있다. 어떻게 하면 당신의 '내면에' 있는 세계를 바꿔놓을 수 있을까? 우리는 이 내면의 세계에 아름다운 질서와 균형을 가져다놓을 것이다.

Part 3. 자신을 다시 코딩하기 — 내면세계의 변혁

3부에서는 인간이라는 것이 무엇이고 행복하다는 것은 무엇인지를, 또 만족스러운 삶으로 데려다줄 목표를 추구한다는 것에 대한 다른 시각의 생각들을 망라하여 의식 자체를 해킹하는 법을 탐사한다. 그리고 의식이 우리가 경험하는 세상을 모양 지을 수 있다는 발상, 곧 내가 '현실 구부리기(bending reality)'라 부르는 개념에 대해서도 살펴볼 것이다.

6. **현실을 구부리라**   이것은 모든 일이 '절묘하게 맞아떨어지고' 운마 저도 취사선택할 수 있는 듯 보이는, 삶의 최적화된 상태가 존재함을 암시하는 현실 모델이다. 나는 그런 상태에서 살아가는 놀라운 사람들을 많이 만나왔다. 그중 어떤 사람들은 수행자이고 또 어떤 사람들은 억만장자였다. 이 장에서는 그런 존재상태를 해부해보고 어떻게 하면 우리도 그런 상태에 도달할 수 있는지를 함께 살펴볼 것이다.

7. **지복을 수행하며 살라**   행복은 해킹이 가능하다. 그리고 지복수행(Blissipline)은 날마다 더욱더 행복해지고 한계 없는 느낌을 느끼게 해주는 멋진 수행법이다. 이 장에서는 행복하기가 왜 그렇게 어려운지를 살펴보고, 행복을 비롯한 긍정적 감정들을 해킹하기 위해 내가 발견한 최고의 방법을 배우게 될 것이다.

8. **미래의 전망을 창조하라**   우리는 대부분 세상의 견칙을 추종하도록 훈련받았기 때문에 엉뚱한 목표를 좇고 있다. 오늘날의 세상이 부여해주는 목표는 대부분 쓰레기보다 못해 보인다. 이 장에서는 우리를 진정 깊은 행복으로 이끌어줄 목표를 정하고 의미를 창조해내어 신나고 뜻깊은 삶을 살게 해줄 방법을 보여줄 것이다.

Part 4.   비범해지기 — 외부세계의 변화

지금까지 우리는 세상에 대한 자기만의 규칙을 창조해내고 내면의 자아에 통달하는 법을 배웠다. 여기서는 거기서 나아가 세상을 실제로 '변화시키는' 법을 배운다. 세상을 변화시킬 수 있을 때만 비로소

진정으로 비범해졌다고 말할 수 있다. 이때 우리는 자기만의 외부세계와 내면세계에만 통달하는 것이 아니라 그 통달의 힘으로써 인류가 앞으로 나아가도록 독려하고 이 우주에 긍정적인 흔적을 남긴다. 그러려면 두 가지가 필요하다. 즉 강철 멘탈(unfuckwithable)이 되어야 하고, 당신만의 소명을 찾아야 한다.

9. 강철 멘탈이 되라 이 장에서는 자신의 자아 안에서 반석처럼 중심이 확고해지는 법을 배운다. 이때 우리는 사람들의 비난에 흔들리지 않고 상실의 두려움에도 흔들리지 않는다. 세상을 지나는 우리의 여정에는 거침이 없다. 세상을 변화시키기는 쉽지 않다. 그러므로 이 장에서는 폭풍우를 뚫고 나가는 힘을 얻는 법을 배운다.

10. 소명을 맞아들이라 이제 마지막 장이다. 여기서 우리는 단지 이 세상을 살아가는 데서 그치지 않고 자신의 '소명'을 발견함으로써 이 세상을 실제로 '변화시키는' 법을 배운다. 그 소명을 찾는 날(소명을 발견하는 법도 배우게 될 것이다), 당신은 비범한 삶을 향한 마지막 걸음을 뗀다.

10장까지 다 읽었다면 비범한 삶의 코드를 다 안 것이다. 그렇다면 이제는 지체할 필요 없이 세상으로 항해해 나갈 때다. 뒤이어 나오는 두 개의 부록은 앞서 말한 모든 아이디어와 도구와 연습들을 날마다 실천할 수 있는 하나의 행법으로 통합시켜준다.

부록 _ 여행 도구

1. **초월 연습** 여기서는 매일 20분간 하는 '6단계' 연습을 가르쳐준다. 이것은 일종의 정신 운동으로서, 지금까지 배운 코드들에 집중하여 깨어남이 앞당겨지게끔 도와준다. 이 연습은 개인을 성장시키고 생산성을 높여주는, 내가 발견한 가장 멋진 도구 중 하나다.

2. **비범한 정신의 코드 따라가기** 비범한 정신의 코드를 따라 살기 위해 삶 속에 가져올 수 있는 모든 중요한 도구와 연습법을 한 자리에다 요약해두었다.

부록의 내용은 온라인 체험으로도 지원된다. 앱을 다운받아서 이 책에 소개된 인물들의 더 깊은 내용의 인터뷰를 볼 수 있고, 특정한 훈련을 받을 수 있고, 다른 더 많은 모델을 적용해볼 수도 있다. 나의 활동을 지켜보고 싶거나 다른 독자들과 배움을 나누고 싶다면 온라인 학습 커뮤니티에 가입할 수도 있다. 이 모든 서비스는 비범코드 홈페이지(5쪽 일러두기 참고)에서 접속할 수 있고, 이 책의 독자라면 모두 무료다.

나의 약속

당신이 이 책에서 배우게 될 아이디어와 기법들은 내가 자기계발과 인간변성 분야의 다른 전문가들과 함께 여러 해 연구하여 발견해낸, 성장과 성취와 성공을 위한 최선의 현실 모델과 삶의 방식에 기반을 둔 것이다.

나는 당신에게, 아무리 노력해도 잡을 수 없었던 성공과 기쁨과 삶의 의미를 찾을 수 있도록, 우주를 구부리는 연장을 드릴 것이다. 나는 이 방법이 잘 먹힌다는 것을 알고 있다. 나 스스로 이 방식을 써왔고, 그동안 전 세계 수백만의 사람들이 다양한 온라인 프로그램, 앱, 그리고 대화를 통해 이 방법을 적용하는 모습을 보아왔기 때문이다. 이 책을 통해 나는 그 모든 기법들을 처음으로 한 자리에 모았다.

당신은 이제부터 세상과 그 속에서의 당신의 역할에 대해 지금까지 알고 있던 것들을 급진적으로 바꿔놓을 정신적 모델을 발견하게 될 것이다. 각 장을 마칠 때마다 당신은 구체적인 삶의 방식을 하나씩 둘씩 배워 익히게 될 텐데, 그것은 몸과 정신과 마음과 영혼을 아우른 당신의 온 삶에 엄청난 도약을 가져다줄 것이다.

그럼 이제 시작해보자.

Part 1

문화배경 속의 삶

우리는 어떻게
주변세계에 의해 모양 지어지는가

우리는 모두가 인간의 신념과 생각과 행동의 거대한 대양을 헤엄치고 있다. 그중에서 어떤 신념이나 생각이나 행동은 아름답고 기쁨을 가져오지만, 또 어떤 것들은 불필요하고 우리를 옥죄어 심지어는 불구로 만들어놓기도 한다. 물고기는 자신이 헤엄치고 있는 곳이 물속임을 자각하지 못한다. 마찬가지로 우리도 (내가 문화배경이라 부르는) 인간이 구축해놓은 엄청난 생각의 덩어리들이 얼마나 깊숙이 우리의 삶 속에 침투해 들어와 영향력을 행사하고 있는지를 깨닫지 못한다.

문화배경은 우리가 사랑하고, 먹고, 결혼하고, 직장을 잡는 등의 모든 일에 규칙을 부과한다. 급기야는 당신의 자존감을 측정할 기준까지 제시한다. 대학 졸업장이 없으면 인간으로서의 가치가 떨어지는가? 꼭 사회가 좋다고 말하는 직업을 택하고, 가정을 일구고, 아이를 낳고, 종교를 가져야 하는가?

1부에서 우리는 문화배경을 샅샅이 살펴 여태껏 놓치고 보지 못했던 그 부조리를 들춰낼 것이다.

1장에서는 문화배경이 늘 감 놔라 배 놔라 하면서 온갖 '~해야 한다'는 명령으로 우리 인생을 얼마나 지배해왔는지를 살펴본다. 이 장에서는 왜 문화배경의 명령을 무시해버려야 최고의 삶을 살 수 있는지, 제약 없는 거친 삶이 어떻게 아름다울 수 있는지를 살펴볼 것이다.

2장에서는 그토록 수많은 사람들을 꼼짝 못하게 옭아매는 낡은 규칙들을 찾아내고 그것이 더 이상 우리의 아이들을 오염시키지 못하게 하고, 나아가 우리만의 규칙을 만들어 힘차게 전진하는 법을 배운다. 구체적으로는 일, 영성, 문화, 인생과 관련하여 우리를 가장 숨막히게 하는 생각들을 일부 살펴보고 그런 생각들을 과연 우리의 삶에 계속 적용해야만 하는지를 따져볼 것이다.

이것은 매우 흥미로운 과정이 될 것이다. 2천 년도 넘게 살아남아 우리 주변을 맴돌고 있는 생각들에도 도전할 예정이므로 약간의 논란도 있을 것이다. 하지만 이 일을 끝내고 나면 우리는 새로운 버전의 세상 속으로 걸어 들어갈 수 있을 것이다. '당신만의' 진실과 꿈을 따라 '당신이' 선택하는 세상 말이다.

1장

문화배경을 초월하라
세상의 규칙에 의문을 제기하는 법을 배우다

세상이란 원래 그런 것이니 그대로 받아들이고 사는 수밖에 없다는 말을 우리는 귀에 못
이 박이도록 들으면서 자란다. '세상의 벽을 부수려 들지 마라. 가정을 잘 일구고 인생을
즐기고 돈을 모아라.' 하지만 이런 삶은 매우 한정된 삶이다. 한 가지 사실만 깨닫는다면
삶의 지평은 훨씬 드넓어진다. 우리가 인생이라 부르는 이 모든 것이 우리보다 나을 것
없는 사람들이 만든 것이라는 사실 말이다. 우리는 인생을 바꿀 수 있다. 인생에 영향을
줄 수 있다… 이 점을 깨달으면 결코 다시는 예전처럼 살 수 없을 것이다. **스티브 잡스**

그곳에서 바라본 워싱턴 호湖의 물결은 반짝였고 아름답기 그지
없었다. 나는 어느 저택의 잔디밭 위에 서 있었다. 와인 따르는 소리,
유리잔이 부딪치는 소리와 함께 여기저기서 사람들의 대화 소리가
들려왔다. 공기는 바비큐 냄새로 온통 달콤하고 매콤했다.

내 바로 뒤에는 그 저택의 주인, 빌 게이츠가 서 있었다. 세상 최
고 부자 중의 한 사람이자 마이크로소프트라는 테크놀로지 거대회
사의 전설적인 창립자인 빌 게이츠가 다른 청년 게스트들과 함께 대
화를 나누고 있었다.

나는 스물두 살의 나이로 마이크로소프트에서 막 인턴직을 시작
한 참이었고, 빌 게이츠가 매년 자택에서 여는 신입사원 환영행사에
참석해 있었다. 당시만 해도 마이크로소프트는 누구나 선망하는 직
장이었다. 요즘으로 치면 애플이나 구글 정도 되는 회사이다. 바로

그런 대단한 회사에 내가 들어갔던 것이다!

그날 그곳의 공기는 흥분으로 가득했다. 우리는 해리포터에 나오는 호그와트 마법학교에 막 입학해서 방금 처음으로 덤블도어 교장을 만난 것 같았다.

그날 그곳에 서기 위해 나는 오랫동안 열심히 노력했다. 먼저 고등학교 내내 죽도록 공부해서 세계 일류 공과대학이라는 미시간 공대에 입학했고, 전자공학과 컴퓨터공학을 전공했다. 나는 열아홉 살까지 말레이시아에서 살았다. 말레이시아 아이들은 여타 아시아 국가들이 다 그렇듯이 의사가 되거나 변호사가 되거나 공학자가 되라는 말을 집과 학교에서 늘 들으면서 산다. 나도 똑똑한 아이라면 그런 직업을 가져야 한다는 말을 들으면서 자랐다. 세상이란 원래 그런 것 같았다.

그런데 슬프게도 나는 대학을 다니는 내내 컴퓨터 수업을 끔찍하게도 싫어했다. 나는 사실 사진가나 연극배우가 되고 싶었다. 사진 수업과 연극 수업에서만 유일하게 A를 받았다. 하지만 사회가 정한 규칙에 따르자면 사진작가와 연극배우는 바람직하지 못한 직업이다. 그래서 나는 포기하고 프로그래밍을 직업으로 삼기로 했다. 결국 '현실'을 생각하지 않을 수 없었던 것이다. 성적을 잘 받아 좋은 직장을 구한 다음 9시부터 5시까지 일하며 말년을 위해 돈을 저축하는 현실 말이다. 그렇게만 할 수 있다면 '성공한' 인생 같았다.

그리고 나는 바로 그 성공으로 향하는 길목에 막 접어들고 있었다. 빌 게이츠의 집에도 가보고 성공의 정점을 찍고 있는 마이크로소프트에서 일할 기회도 얻었으니 기쁘고 영광이라고 생각했다. 교수님들도 나를 자랑스럽게 여겼고 부모님은 벅찬 감정을 감추지 못했다. 그동안 해왔던 공부와 부모님의 희생이 헛되지 않았던 것이다. 나도 그동안 시키는 대로 다 해왔으니 이제는 그 보상을 누려야 할 때였다. 드디어 그토록 원하던 목표를 이룬 것이다. 이제 그 이름도 찬란한 빌 게이츠의 집 안에 서 있으니, 앞으로는 성공가도만 쭉쭉 달리면 될 것이었다.

하지만 나는 알고 있었다. 내게는 문제가 하나 있다는 것을.

1998년 여름, 그 운명의 날에 나는 두 가지를 동시에 깨달았다. 첫째로 몇 년에 걸친 긴 여정이 완수되었음을 깨달았고, 둘째로 내가 그 오랜 세월을 엉뚱한 방향으로 걸어왔다는 가슴 아픈 사실을 깨달았다.

그렇다. 나는 내 일이 정말로 싫었다. 나는 마이크로소프트 본사에 있는 내 자리에 앉아 세 개의 모니터를 응시하고는 있었지만 사실 종일 퇴근시간만 기다리고 있었다. 그 일을 얼마나 싫어했던지, 빌 게이츠가 내 바로 앞에서 다른 동료들에 둘러싸여 있어도 나는 자신이 너무나 부끄러워서 그에게 악수도 청하지 못했다. 그곳은 내 자리가 아닌 것 같았다.

그래서 몇 주일 후 인턴직을 그만두었다.

그래, 인정한다. 사실은 짤렸다.

나는 너무나 겁쟁이여서 퇴사조차 스스로 할 수 없었다. 컴퓨터공학 관련 최고 대학에서 공부했고, 남들이 모두 부러워하는 회사에 면접을 보고, 심지어 동료 학생들이 죽도록 선망하는 인턴으로 일하게까지 됐는데 그 회사를 그만둔다면 많은 사람들이 실망할 것 같았다.

그런 상황에서 내가 할 수 있는 일이라곤 고작 의도적으로 해고를 당하는 것뿐이었다. 나는 스물두 살이었고 소심했다. 상사가 어쩔 수 없이 나를 해고할 때까지 빈둥대며 놀았고 업무시간에 비디오 게임이나 하다가 들키기를 반복했다. 그래서 소문 그대로 '해고당했다.'

학교로 돌아가 남은 학기를 겨우 마치고 졸업했다. 졸업 후에 무슨 일을 해야 할지 아무런 대책이 없었고, 마이크로소프트라는 엄청난 기회를 날려버린 자신이 한심하기 짝이 없었다.

하지만 지금 돌아보면 그곳을 나온 것은 아주 잘한 일이었다. 나는 그때, 그 일만 — 그리고 성공가도만 — 그만둔 것이 아니라 인생이란 어때야만 한다는 사회적으로 공인된 규칙을 더 이상 따르지 않기로 한 것이었다.

아닌 것은 인정하자

내가 세상이 손꼽는 바람직한 직장 대신 나만의 길을 가고자 한 것은 컴퓨터 기술자가 된다는 것에 무슨 잘못이 있어서가 아니었다. 나는 다만 도무지 열정적으로 할 수 없는 일임에도 불구하고 단지 내가 태어난 세상의 규칙이 원래 그러니까 그 일을 해야만 한다는 생각이 틀렸다고 생각했고, 지금도 그렇게 생각한다.

도무지 열정을 느낄 수 없는 일을 하고 있는 사람이 너무도 많다. 미국인 150만 명을 대상으로 한 갤럽 조사에 따르면 이들의 70퍼센트가 자신의 일에 '흥미 없다'고 응답했다고 한다. 우리는 직장에서 많은 시간을 보내야 하므로 우리가 하는 일에 열정이 없다는 것은 곧 열정 없는 인생을 살게 될 위험성을 내포한다. 그런데 더 큰 문제는 그것이 일에서만 그런 것도 아니라는 데 있다. 다른 통계를 살펴보자.

- 미국의 부부 중 40~50퍼센트가 이혼한다.
- 해리스 여론조사에 따르면 조사에 응답한 미국인들 중 33퍼센트만이 '아주 행복하다'고 대답했다.
- CNBC는 이런 보도를 했다. "퓨Pew 자선 재단이 가계부채의 세대 변화를 조사한 결과에 따르면… 미국인 열 명 중 여덟 명이 어떤 종류든 부채를 짊어지고 살아간다. 그중 대부분은 주택담보 부채다."
- 미국 질병관리 및 예방본부(CDCP)에 따르면 미국의 성인 세 명 중 최소 한 명은 비만이다.

그러니 우리는 일, 사랑, 행복, 재정상태, 건강 등 모든 면에서 상당한 위기에 처해 있는 것 같다. 우리는 어쩌다 이 지경에 이르렀을까? 어떻게 하면 여기서 벗어날 수 있을까?

이런 일이 일어난 데는 많은 이유가 있을 것이다. 하지만 나는 사회적 규범의 폭정이 그 큰 이유 중 하나라고 주장하고 싶다. 다른 사람들도 다 그렇게 하고 있는 것 같으니까 우리도 그렇게 '~해야 한다'는 규칙 말이다.

나는 이 회사에 다녀야만 해.
나는 이런 사람과 연애/결혼해야 해.
나는 이 대학에 가야만 해.

나는 이걸 전공해야만 해.

나는 이 도시에서 살아야만 해.

나는 이렇게 보여야만 해.

나는 이렇게 느껴야만 해.

물론 나도 잘 안다. 생계를 위해서는 어쩔 수 없이 싫어하는 일을 해야 할 때도 있다는 것을. 다른 수가 없어서, 혹은 가장이라서 원하지 않는 곳에서 일을 해야 할 때도 있다.

하지만 어쩔 수 없이 삶에 굴복하는 것과 기존의 규칙을 좇으며 살아가야 한다는 생각을 맹목적으로 따르는 것은 서로 명백히 다른 것이다. 비범한 삶을 살고 싶다면 어떤 규칙은 따르고 어떤 규칙은 깨야 하는지를 잘 알아야 한다. 사실 물리법칙과 법이 정한 규칙을 제외하고는 모든 규칙이 의심의 대상이다.

이 점을 이해하려면 먼저 규칙이란 것이 애초에 어떻게 생겨났는지부터 이해해야 한다.

규칙의 탄생

현대세계의 규칙은 대체 누가 만든 것일까? 이 의문에 대한 답을 찾기 위해 인류 역사의 시초로 잠깐 날아가보자.

역사학자 유발 노아 하라리 박사는 자신의 놀라운 책 《사피엔스》에서 지구 역사의 한 시점에, 이 땅 위에 여섯 종류의 다른 인종이 공존했을 거라는 가설을 제기했다. 그중 하나가 현생인류의 조상인 호모 사피엔스였다. 그 외에 호모 네안데르탈렌시스, 호모 솔로엔시스, 호모 에렉투스 등이 있었다.

그런데 시간이 지나자 네안데르탈인을 비롯한 나머지 인종들은 사라졌고 오직 호모 사피엔스만이 우리의 선사시대 조상으로 남게 되었다.

왜 사피엔스만 살아남았을까?

하라리 박사에 따르면 우리 사피엔스 종이 최종적으로 이 지구를 지배하게 된 이유는 다름 아니라 언어를 사용할 수 있었기 때문이다. 호모 사피엔스는 다른 종에 비해 복잡한 언어를 구사할 수 있는 능력을 갖추고 있었다. 영장류 동물학자들은 원숭이들은 위험에 처했을 때 같은 집단의 다른 원숭이들에게 이를테면 "조심, 호랑이!" 정도의 경고를 할 수 있다고 한다.

그런데 우리의 사피엔스 조상들은 아주 다른 뇌를 갖고 있었다. 그래서 대조적으로 이런 식의 아주 효과적인 말을 할 수 있었다. "이봐, 오늘 아침 내가 강가에서 호랑이를 봤거든. 그러니까 호랑이가 사냥을 떠날 때까지 여기에 있다가 나중에 강가로 가서 밥을 먹자. 알았지?"

우리의 사피엔스 조상들은 언어를 효과적으로 사용함으로써 잡아먹힐 위험이나 사냥의 기회에 대한 정보를 서로 전달하는 등, 생존에 중요한 복잡한 소통을 할 수 있었고 집단을 조직할 수 있었다. 그리고 나아가 행동방침이나 관례를 만들어서, 딸기가 강가 어디에 있다는 것뿐만 아니라 그것을 어떻게 따서 요리하고 보관해야 하는지에 대해서까지도 서로 경험을 나누었다. 또 나아가 한 사람이 너무 많이 먹으면 어떻게 해야 하는지도 결정했고, 누구부터 먹고 누가 제일 많이 먹어야 하는지에 대해서까지 서로 의견을 나누었다. 언어가 있었기에 우리 조상들은 이 사람에게서 저 사람에게, 부모에게서 아이들에게, 세대에서 세대로 지식을 전달하며 보존할 수 있었다.

이를테면 바퀴를 되풀이해서 새로 발명해야 할 필요가 없었으므로 세대를 통해 축적된 힘은 갈수록 막강해졌다. 언어는 모든 측면에서 아름답고도 복잡한 세상을 낳았다.

그런데 언어의 가장 큰 능력은 무엇보다도 우리의 머릿속에서 완전히 새로운 세계를 하나 창조할 수 있게 해주었다는 데에 있을 것이다. 인간은 언어를 이용하여 물리적 세계에는 없지만 머릿속에 '이해'의 형태로 존재하는 것들을 창조해냈다. 바로 문화와 신화와 종교를 만들어낸 것이다. 서로 동맹하고 부족을 형성하고 점점 커가는 집단들 안팎에서 서로 협력하려면 꼭 필요한 일이었다. 하지만 그 이면을 보면, 덕분에 우리는 그 문화와 신화와 종교를 지키기 위해서라면 전쟁도 불사하게 되어버렸다.

이런 변화를 비롯하여 뒤이어진 더 많은 변화들은 사고의 진화와 언어사용 능력, 지식공유 능력이 강화됨에 따라 촉발된 것으로, 진정으로 혁명에 가까운 변화였다. 실제로 하라리 박사는 이런 변화의 과정을 통틀어 인지 혁명(cognitive revolution)이라 일컫는다.

언어로 존재하지 않는 것은 보이지도 않는다

언어가 인류와 세상을 어떻게 모양 짓는지를 믿지 못하겠다면 여기 언어의 힘을 보여주는 흥미로운 연구 결과가 있다.

고대에 파란색이 있었을까? 팟캐스트 라디오랩Radiolab에서 '하늘이 왜 파란색(blue)이 아니란 말인가?'라는 제목으로 소개된 이야기인데, 고대에는 많은 언어에 파란색에 해당하는 단어가 없었다고 한다. 호메로스는 〈오디세이〉에서 하늘이나 에게 해海를 파란색이 아니라 검은 와인 빛으로 묘사했다. 시각적 묘사가 세밀하고 풍부한 다른 고대의 문헌에도 파란색은 등장하지 않는다.

여기서 질문을 하나 던져보자. ― 어떤 것을 지칭하는 말이 없을 때도 우리는 그것을 볼 수 있을까?

줄스 데이비도프는 나미비아의 힘바 부족과 함께 이 문제를 연구했다. 힘바 부족이 사용하는 언어에는 초록을 지칭하는 어휘는 다양하지만 파란색을 가리키는 어휘는 없다.

연구 중 하나는 부족민들에게 여러 개의 네모로 이루어진 원을 하나 보여준다. 아래 그림처럼 그 네모 중 하나는 파란색이고 나머지는 모두 초록색으로 되어 있다.

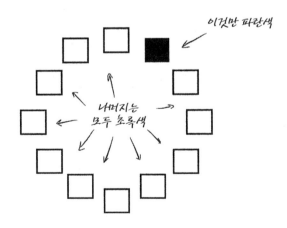

이 그림을 본 이 부족 사람들에게 이 네모들 중 색깔이 다른 것을 하나 골라내라고 했더니 놀랍게도 그들은 파란색을 골라내지 못하거나, 한참 만에 겨우 골라내거나, 아예 초록색을 골라냈다.

그런데 마찬가지로 전체적으로 초록의 네모들이 원을 형성한 그림이지만 이번에는 파란색 네모 대신 약간 다른 색조의 초록(우리에게도 구별이 쉽지 않은) 네모를 하나 끼워 넣어 보여주자 단번에 그 색조만 약간 다른 초록색을 찾아냈다.

우리에게는 쉬운 일이 그들에게는 쉽지 않았던 것이다. 그리고 우리에게 어려운 일이 그들에게는 쉬웠다. 힘바 부족이 사용하는 언어에는 파란색이라는 어휘가 없고, 그래서 초록 네모들 사이에 있는 파란(우리에게는 너무도 구별이 쉬운) 네모를 쉽게 골라낼 수 없었던 것이다. 하지만 우리는 구분하기가 너무나 힘든 초록의 색조 차이는 금방 구분해냈다.

그러니 우리는 언어로써 규정되어 있는 것은 더 쉽게 알아차리는 것 같다. 언어가 우리가 '보는' 것을 모양 짓는 것이다.

우리가 사는 이원적 세계

언어가 인류에게 준, 한 걸음 물러서서 삶을 관찰하게 하는 능력은 경이롭기 그지없었다. 덕분에 인간은 강가를 살펴 위험과 기회의 정도를 파악하고 나서, 자신의 안위만 생각하는 데서 더 나아가 자기 부족에게도 자신이 얻은 정보를 나눠줄 수 있었다. 우리는 서로 협력하여 더 많은 것을 알아내어 더 좋은 계획을 세울 수 있고, 시련을 더 잘 극복하고 문제에 대한 해결책도 더 잘 찾아낼 수 있으며, 그 해결책을 다른 사람에게 가르칠 수도 있다. 그렇게 언어는 문화의 토대가 되었다.

언어를 통해 개발되고 전달된, 살아가는 데 필요한 지침들은 결국 우리의 문화를 지배하는 규칙으로 진화했다. 문화는 우리로 하여금 세상을 더 잘 이해하게 하고, 사건들도 재빨리 처리하게 하고, 종교와 국가를 만들고, 우리 아이들이 더 잘 살 수 있게 교육하고, 우리의 육체적, 정신적 능력을 높여주어서 단지 오늘 하루 살아남는 것에 그치지 않고 큰 뇌에 걸맞게 더 많은 일을 하게 했다.

물론 문화에는 어두운 면도 있다. 문화의 규칙에 너무 집착하다 보면 규칙이 '인생은 이래야만 한다'는 칙령처럼 되어서 그 규칙을 따르지 않은 사람이나 과정을 두고 좋네, 나쁘네 평가를 내리게 된다. ― 너는 이렇게 살아야 해. 너는 이렇게 입어야 해. 여자, 아이, 병자, 노인, 혹은 어떤 이유에서든 무리에서 '구별되는 사람'은 모두 이래야 해, 혹은 저래야 해. 우리 부족은 너의 부족보다 우월해. 내 방식이 옳아. 이 말은 너의 방식은 틀렸다는 뜻이야. 내가 믿는 것이 맞고 네가 믿는 것은 틀려. 나의 신만이 유일한 신이야 등등. 우리는 이런 복잡한 세상을 만들어놓고 문자 그대로 목숨을 바쳐 그 세상을 지킨다. 우리 문화를 규정하는 언어와 규칙들은 수많은 생명을 지키는 만큼 수많은 생명을 희생시키기도 한다.

웰컴 투 '문화배경'

세상을 항해하기 위해 신념과 행동의 이 방대한 체계를 만들어내면서, 사실상 우리는 새로운 층의 세상을 하나 더 만들어 우리가 살았던 그 강가의 세상 위에 씌워놓았다. 그 이후로 우리는 두 세상에서 살아왔다.

물리적 세계는 절대적인 진리가 지배한다. 이 세계는 우리가 쉽게 동의할 수 있는 것들로 구성되어 있다. 여기가 강가이고, 바위는 단단하고, 물은 축축하고, 불은 뜨겁고, 호랑이는 큰 이빨을 가져서 물리면 아프다는 것에 의심을 품기는 쉽지 않다. 여기에 논쟁의 여지는 없다.

그런데 상대적 진리의 세계도 있다. 우리가 개발하여 후대에 (때론 수천 년 동안 거듭) 물려준 생각과 구조틀과 개념과 모델과 신화와 관습, 그리고 규칙이 지배하는 정신적 세계 말이다. 이 세계에는 결혼, 돈, 종교, 법과 같은 개념이 살고 있다. 이것들은 단지 특정 문화 혹은 부족에게만 참이어서 상대적인 진리이다. 사회주의, 민주주의, 종교, 교육, 사랑, 결혼, 직업 등 다른 모든 '해야 하는 것'들은 상대적인 진리일 뿐이다. 간단히 말해 '인류 모두'에게 진리가 아닌 것이다.

이 상대적 진리의 세계를 나는 문화배경이라고 부른다.

태어나는 순간부터 우리는 이 배경 속을 헤엄치며 살아간다. 문화가 흐르고 진화되어가는 과정을 통해 세상에 대한 우리의 믿음, 그리고 그 세상에서 잘 기능하게 하기 위한 제도에 대한 우리의 믿음은 우리 주변 사람들의 마음으로부터 우리의 어린 뇌 속으로 흘러들어 왔다. 그런데 여기에 딱 한 가지 문제가 있다. 이런 믿음과 제도들이 제대로 된 기능을 못하고 있다는 것이다. 원래의 의도는 이것들이 우리를 잘 인도해주게 하는 것이었지만, 실제로는 그것이 우리를 우리의 실제 능력보다 훨씬 더 한정된 삶 속에 가두어놓고 있다. 물고기는 일생을 물속에서 헤엄치고 살기 때문에 물을 인식하지 못한다. 마찬가지로 우리도 문화배경이라는, 자신이 몸담고 있는 이 강력하고도 거대한 제2의 세계의 존재를 좀처럼 알아차리지 못한다. 우리는 스스로 생각하는 만큼 독립적이지도 않고 사고도 자유롭지 못하다.

절대적 진리의 세계는 사실에 기초한 세계이다. 문화배경의 세계는 견해와 합의에 근거한 세계이다. 그것은 우리의 머릿속에 존재하는 것일 뿐이지만 아주아주 생생히 실재한다.

머릿속에서만 존재하는 세계가 어떻게 실재한다는 말인가? 물리적 세계에 전혀 존재하지 않지만 매우 생생하게 실재하는 정신적 가공물의 다음 예를 살펴보라.

- 우리는 '칼로리'를 그리거나 보여줄 수 없지만 너무 많이 먹으면 뱃살이 나온다는 것을 잘 안다.
- 우리는 '명상'을 보거나 만질 수 없지만 1,400건이 넘는 과학적 연구에 따르면 명상은 생명을 연장시키고 창조성을 높여주는 등 우리의 몸과 마음에 긍정적인 영향을 준다.
- 각자가 내리는 '신'의 정의는 서로 다를 수 있지만 신은 많은 사람에게 다양한 방식으로 존재하며 대부분의 인간 사회가 신의 존재를 그 바탕으로 하고 있다. 신을 상상력의 소산으로 여기더라도

신은 우리의 뇌 속에서 강력한 명령어로 존재한다. 이 명령어가 수십억 사람들의 삶에 영향을 미친다.

- '법인'이란 물리적으로 존재하지 않는다. 그럼에도 서류를 제출하기만 하면 우리는 법인이라는 개체의 성립을 선포하는 증명서를 받게 된다. 그리고 그 증명서 한 장으로부터 일련의 다른 법과 가공물이 생겨나며, 그것들 덕분에 한 집단의 사람들이 혼자서는 할 수 없었던 일을 함께 해낸다.

- '법'을 보거나 만질 수는 없다. 법은 도시, 지방, 국가 같은 공동체 속에 무리지어 있는 집단들이 서로 동의한 것에 지나지 않는다. 하지만 법이 있기에 셀 수도 없이 많은 인간 집단이 어느 정도 조화를 이루며 살 수 있다.

- '결혼제도'도 널리 퍼져 있는 가공물 중의 하나이다. 가공물임에도 결혼제도는 두 사람의 성인으로 하여금 일생을 함께 살아가게 한다. 물론 결혼이 육체적, 정서적, 재정적으로 의미하는 바는 문화권마다 다르므로 일생을 함께한다는 것의 의미도 제각기 다를 수 있다.

- 많은 문화가 '은퇴'라는 가공물을 채택하고 있다. 이것은 정신적 가공물일 뿐이지만 사람들로 하여금 정해진 나이가 되면 활동영역을 극적으로 바꾸게 만든다.

- 지구상에 실제로 그어진 '국경'은 없다. 이런저런 조약에서 국경이 정해진 정황을 살펴보면 그 이유가 주관적이기 그지없지만 수십억의 사람들이 국경으로 둘러싸여 있는 나라들에 소속되어 살고 있다.

이와 같이 우리의 생각은 그야말로 우리의 세상을 지어낸다. 우리는 정신적 가공물을 창조해내고 또 받아들인다. 그리고 후대에 길이길이 남긴다. 이 가공물들은 우리에게 엄청난 권능을 부여하거나, 아니면 철저하게 구속한다. 우리는 복잡한 세상에서 고민하지 않고 편하게 살 수 있기를 원하기 때문에 문화배경 속의 이런 가공물들을 실재하는 것으로, 참인 것으로 받아들인다. 그런데 문제는 이 정신적 가공물들이 대부분 오래전에 유효기간이 지난 것들이라는 점이다.

문화배경 벗어나기

인생이란 것이 대부분 우리의 생각과 믿음에 의해 만들어진 것이라면 문화배경 속의 모든 정신적 가공물, 규칙, '~해야 한다'는 생각 같은, 우리가 실재한다고 믿는 것들도 사실은 역사 속에서 즉흥적으로 가해진 조정 행위에 불과해진다. 많은 경우 우리의 방식이 옳은 방식이라거나 유일한 방식임을 증명할 합리적인 근거는 없다. 우리가 사실로 생각하는 것들 중 많은 것이 사실은 그저 우리의 생각일 뿐인 것이다.

어떻게 일이 이 지경에 이르렀을까? 스티브 잡스의 말대로, 세상의 규칙이란 '당신보다 결코 더 똑똑하지 않은 사람들이 만들어놓은' 것들이기 때문이다. 이 규칙이 절대적이지 않음을 깨달을 때 우리는 틀 밖에서 사고하고, 문화배경이 가하는 한계 밖에서 사는 법을 배울 수 있다.

우리가 사는 이 세상이 머릿속에만 존재하는 세상임을 깨달으면 우리는 이제 권좌에 앉게 된다. 자신의 마음을 사용하여 그동안 함께 살아왔던 신념과 제도와 규칙을 다시 만들 수 있게 된다. 규칙은 사람과 사회의 행동을 실제로 통제하기 때문에 사실 매우 생생하게 실재한다. 하지만 매우 생생하게 실재한다고 해서 다 '옳은' 것은 아니다.

문화배경은 강력하고 자기강화 능력이 뛰어나서, 우리가 인생길이란 모름지기 이렇게 저렇게 가야 한다고 설득당하기는 너무나 쉽다. 규칙적이고 안전한 삶을 원한다면 문화배경에 순응하며 사는 것도 그리 나쁘지 않다. 그런 삶이 틀렸다는 말은 아니다. 다만 그 '안전한 삶'이 지루해지고 결국 정체를 일으키면 문제가 되는 것이다.

갓 태어난 아기는 힘이 넘친다. 열심히 배우고 자라며 놀라운 속도로 변해간다. 그런데 대학을 졸업하고 사회인이 되고 나면 대부분 성장이 더뎌지고 서서히 지루한 정체기를 맞게 된다. 그것을 그림으로 표현한다면 다음과 같은 모습이다.

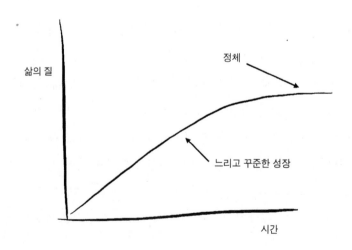

그런데 인생의 정의를 아래 그림처럼 바꾸면 어떻게 될까?

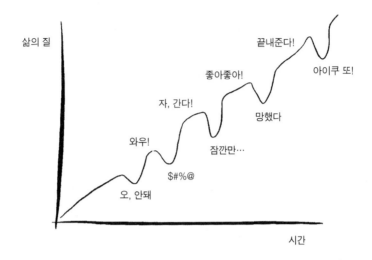

느리고 꾸준한 성장이 불규칙적으로 오르락내리락하는 성장으로 바뀌었다. 좀 다르지 않은가? 인생이 안전하게만 살라고 있는 게 아니라면 어쩌겠는가? 사실은 인생이 오르락내리락하며 달리는 아름답고 신나는 드라이브라면? 현실적으로만 살지는 않기로 마음먹고 문화배경이라는 보조바퀴를 떼어낼 때, 우리는 그 드라이브 길 위에 서게 된다.

살다 보면 물론 뭔가가 잘못될 때도 있지만 그건 단지 삶의 아름다운 전개의 일부일 뿐이어서 아무리 큰 실패조차도 성장과 가능성의 씨앗을 품고 있음을 받아들인다면 어떻게 되겠는가?

문화배경은 우리를 안전하게 보호해주는 쪽으로 진화해왔다. 하지만 이제 우리는 더 이상 강가의 호랑이를 걱정하지 않아도 된다.

예전에 비하면 위험을 무릅써도 죽게 될 가능성은 현저히 낮아졌음을 고려하면 우리는 사실 지나치게 안전을 우려하고 있는 것이다. 안전하게만 살려고 애쓰는 것은 의미와 발견의 흥분으로 가득한 신명나는 삶 앞에서 그저 자신을 붙들어 말리는 짓일 뿐일지도 모른다.

나는 안전한 삶의 지루한 연장보다는 규칙을 깨고 독단에 의문을 제기하는 위험한 삶이 주는 흥분과 전율을 원한다.

앞으로 살펴볼 비범한 인물들은 모두 하나같이 자신을 에워싼 문화배경이 하는 말에 의문을 제기했다. 다시 말해 직업적 경력, 학위, 종교, 삶의 방식 등의 의미와 그 밖의 온갖 '안전수칙'에 회의를 품었다. 이들은 문화배경을 기꺼이 박차고 나왔기 때문에 인류의 미래를 바꿀 혁신과 신기원을 이끌어낼 수 있었다. 엘론 머스크도 그런 사람들 중의 하나다.

나는 2013년 캘리포니아 호손에 위치한 스페이스X 본부를 방문하여 전설의 인물인 엘론 머스크를 만났다. 엘론은 테슬라 모터스의 전기차, 솔라 시티의 태양 에너지, 신개념 고속철도, 스페이스X를 통한 우주여행 등의 혁신적인 아이디어로 인류 역사를 다시 쓴 장본인이자 많은 사람에게 살아 있는 우상이다. 엘론은 오늘날 지구상에서 가장 위대한 기업가임에 틀림없다.

나는 엘론에게 묻고 싶은 간단한 질문이 있었다. 하지만 살아 있는 전설을 바로 코앞에서 보자니 좀 긴장이 돼서 영 어색한 질문을 던지고 말았다. ― "엘론, 당신은 정말 용감무쌍한 일들을 해오셨어요. 보통 사람들은 꿈도 못 꾸는 일인데요. 아무튼 엘론 머스크는 어떤 사람인가요? 그러니까 당신을 믹서기에 넣고 간 다음 그것을 정제해서 농축시킨다면 거기에 무엇이 남을까요?"

질문도 별났지만 사람을 믹서기에 넣고 갈다니, 해괴하기 짝이 없는 표현이었다. 하지만 엘론은 웃음을 터트리며 다음 이야기를 들려주었다.

"사회 초년생이었을 때 넷스케이프에 취직하고 싶었죠. 그래서 이력서를 들고 그 회사에 가서 조용히 앉아 누군가가 말을 걸어주기를 기다렸어요. 아무도 오지 않더군요. 나는 기다리고 또 기다렸어요."

엘론은 취직을 하려면 어떤 과정을 거쳐야 하는지도 몰랐다고 한다. 그래서 누군가가 다가와서 면접을 보게 해주기를 마냥 기다렸던 것이다.

"하지만 아무도 나에게 말을 걸어주지 않았어요." 엘론이 말했다.

"그래서 혼자 이렇게 말했죠. '그래? 그렇다면 내가 직접 회사를 하나 차려주마!'"

그날로 엘론의 세상은 영원히 바뀌었다.

1995년 엘론은 2만8천 달러로 집투(ZIP2)라는 작은 온라인 광고 회사를 만들었다. 그리고 1999년에 그것을 2천2백만 달러에 매각했다. 다음, 그 수익으로 시중은행들의 온라인뱅킹 규칙에 도전하는 회사를 창업하여 페이팔이라는 거대 온라인뱅킹 시스템으로 진화시켰다. 그의 도전은 여기서 끝나지 않는다.

2002년 엘론은 나사가 만든 로켓보다 더 나은 로켓을 만들기 위해 스페이스X라는 회사를 차렸다. 그리고 2008년에는 테슬라 모터스의 중역으로 들어가 전기차를 자동차시장의 주류 속으로 편입시

컸다.

온라인뱅킹에서 우주 개발과 전기차에 이르기까지, 엘론은 다른 사람들은 감히 의심을 품을 생각도 하지 못하는 규칙들에 도전했고 그 과정에서 입이 딱 벌어지게 하는 많은 유산들을 인류에게 남겨놓았다.

그 외에도 엘론은 많은 말을 해주었다. 나중의 장들에서 엘론이 나눠준 지혜의 금언들을 더 탐구해볼 것이다.

여기서 일단 우리의 첫 번째 법칙을 소개하기로 하자.

법칙 1   문화배경을 초월하라

비범한 정신의 소유자들은 문화배경을 잘 알아차리고 그중 어떤 규칙과 조건은 따르고 또 어떤 규칙과 조건은 의심하거나 무시할 것인지를 선택할 줄 안다. 그래서 이들은 대개 사람들이 잘 가지 않는 길을 가고, 진정으로 '산다는' 것이 무엇인지에 대해 혁신적인 생각을 갖고 있다.

왜 안전을 그토록 중요시하는가

문화배경은 우리의 안전을 도모해주기 위해 고안되었다. 하지만 앞서 언급했듯이, 지금 우리는 안전을 지나치게 걱정하고 있다. 엘론 머스크는 지금까지 살아온 자신의 인생여정과 자신을 살아 있게 하는 것이 무엇인지를 찬찬히 말해주었다. 그런데 그런 이야기 끝에 나온 한 마디가 가장 인상에 남아 있다. "나는 고통을 아주 잘 참는답니다."

엘론은 여러 회사를 키워가면서 대단히 큰 위기들을 많이 겪었고, 다 극복해냈다. 그 한 예로 2008년에는 야심 차게 선보인 스페이스X의 로켓 세 개가 다 폭발한 일도 있었다. 네 번째도 실패하면 회사가 파산할 것 같았다. 동시에 테슬라 모터스도 재정 관리에 실패해 현금 부족에 시달렸다. 엘론은 페이팔 영업에서 얻은 소득의 대부분을 이 두 회사에 쏟아 부어야 했고, 집세 낼 돈은 빌려야 했다. 그러나 그는 그런 상황도 극복해냈다.

문화배경 속의 규칙을 박차고 나오는 것은 정말 겁나는 일이긴 하지만 나는 위기 — 위험과 기회 — 의 패턴이 반복되는 것을 자주 목격해왔다. 우리는 위기에서 놀랄 만큼 많은 것을 배우고 지혜를 터득하는데, 그러면 그때부터 삶의 질이 급격하게 좋아진다. 물론 현재의 위기가 주는 일시적인 고통을 용감하게 직면할 때만 해당하는 이야기이다. 장담하건대, 고통을 용감하게 직면하면 그만한 보답을 얻을 것이다. 그리고 우리는 이 책을 통해 인생의 내리막길을 무사히 헤쳐나가는 법도 배우게 될 것이다.

나는 가슴 아픈 실연도 당해보고 동업자와의 갈등이 심해서 내 회사를 떠날 뻔하기도 했고 우울증에 빠져서 마음속에 컴컴한 구멍이 입을 벌리고 있는 모습을 하염없이 응시하면서 앉아 있었던 때도 있다. 하지만 피하고만 싶었던 이 낱낱의 경험들로부터 작지만 의미 있는 통찰 내지 깨달음을 얻었다. 이것들이 내 삶의 질을 크게 높여주고, 나를 더 강하게 만들어주었다. 나는 이제 이런 위기가 오면 마음속으로 기뻐하며 반길 정도가 되었다. '야, 이거 정말 엿 같군. 하지만 여기서 뭘 배우게 될지 궁금해 죽겠는걸!'

마이크로소프트의 재난과, 뒤이은 그저 그런 대학 성적표가 그런 위기들 중의 하나였다. 마이크로소프트에서 일할 기회를 날려버리고 다른 면접 기회조차 좀처럼 잡을 수 없게 되자 나는 뉴욕으로 가서 한 비영리 단체에서 실질적으로 최저생계비도 받지 못하는 일을 했다. 가족과 친구들은 다들 내가 미쳤다고 생각했다.

　　최저생계비도 못 벌다 보니 혼자 쓰는 아파트는 엄두도 낼 수 없었다. 마이크로소프트에 다닐 때는 멋진 아파트에서 살았지만 뉴욕에서는 첼시에 있는 작고 더러운 원룸에서 직장 동료 제임스와 함께 살 수밖에 없었다. 가구들은 모두 이전 거주자가 어딘가에서 주워와서 쓰다가 두고 간 것들이었다. 소파와 매트리스에는 그을음 같기도 하고 곰팡이 같기도 한 검은 자국들이 가득했는데 그 정체에 대해서는 상상해볼 엄두도 나지 않았다. 하지만 그곳에서 보낸 2000년 5월의 어느 날 밤만큼은 생생하게 기억난다.

　　나는 유럽 출장에서 빨간 머리의 멋진 에스토니아 여성을 만났는데 그녀에게 나를 만나러 뉴욕으로 오라고 꼬셔놓은 참이었다. 그녀가 나와 함께 첼시의 그 끔찍한 아파트에서 묵어야 한다는 것만이 유일한 문제였다. 나는 그 아파트가 너무나 창피했다. 결국 크리스티나는 내 아파트로 왔고, 자신이 뉴욕에 있다는 사실에 감격한 나머지 곧장 제임스의 침대 위에서 길길이 뛰며 기뻐했다.

　　"음… 거긴 내 룸메이트 침대야." 내가 말했다. "내 건 저쪽에 있어."

　　"룸메이트가 있다고? 혼자 사는 게 아니었고? 그럼 우리… 둘만의 시간은… 못 가지는 거야?" 크리스티나는 약간 당황한 듯, 어쩔 줄 몰라 하며 물었다.

52

나는 둘만의 시간을 갖기 위해 내가 급조한 해결책을 다급하게 보여주었다. 나는 미리 내 침대 공간에 핑크빛 샤워 커튼을 설치해두었다. 그걸 잡아당기기만 하면 나만의 공간과 제임스와 공유하는 나머지 공간 사이에 가짜 '벽'을 설치할 수 있었다(그렇다, 나는 너무 가난해서 진짜 커튼조차 못 사고 샤워커튼으로 때웠다). 비록 싸구려 비닐 커튼이었지만… 덕분에 그 안에서 오붓하게 보낸 밤들은 기억에 오래도록 남게 되었다.

그때 크리스티나가 보잘것없는 나에게서 무엇을 보았는지 모르겠지만, 그로부터 3년 후 우리는 결혼했다. 지금은 우리 집에서 예쁜 두 아이와 함께 살고 있다. 정말 멋진 커튼도 가지고.

마이크로소프트를 그만두지 않았다면, 그리고 그다음 몇 번의 기회도 놓치고 파산한 채 뉴욕으로 떠밀려가지 않았다면 나는 내 아내를 결코 만나지 못했을 것이다. 일련의 불행했던 사건들은 결혼하여 함께 가정을 일구고 싶은 여인이 나타나자 하나씩 제자리를 찾아갔다.

———————

그렇지 않은가, 위기 속에 아름다움이 숨어 있는 것이다. 우리는 문화배경이 전해주는 규칙을 고수하면서 어떻게든 위기를 피해보려고 기를 쓰지만, 그렇게 살다가는 언젠가는 자신이 얼마나 많은 것을 놓치고 살았는지만 뼈저리게 깨닫게 될 것이다. 그런 사람이 되진 말기 바란다. 아무리 막막한 때라도, 내가 보장하건대, 삶은 어떻게든 우리를 보살펴줄 길을 찾아낸다. 물론 믿기만 하고 앉아 있으면 되는 것은 아니다. 우리는 규칙을 바꾸는 법(2장)을 배워야 하고, 마음을 치유하는 법(3장)도 배워야 하고, 위험한 신념을 없애는 법(4장)도 배워야 하고, 새로운 것을 눈 깜짝할 새에 배우는 법(5장)도 배워야 하고, 운 좋은 사람이 되는 법(6장)도 배워야 하고, 행복을 찾는 법(7장)도 배워야 하고, 무엇을 추구할지를 알아내는 법(8장)도 배워야 한다. 그러면 불가피하게 찾아오는 폭풍우를 잘 비켜가게 될 것이고(9장), 자신의 소명을 발견할 것이고(10장), 그 외에 더 많은 것들을 얻을 것이다. 이 길을 걷는 사람이라면 누구나 진정 비범한 사람이 될 수 있다.

미식축구 선수이자 배우인 테리 크루스가 이런 말을 한 적이 있는데 참 마음에 든다. "나는 안주하지 않으려고 끊임없이 노력합니다. 새로운 것을 시도할 때마다 완전히 새로운 기회의 우주가 열립니다. 상처도 받을 테지만 그 상처를 치유할 즈음이면 놀랍게도 전에는 가본 적 없는 곳에 서 있게 될 것입니다."

당신이 열두 살이든 팔순이든 나이는 중요하지 않다. 규칙에 의문을 제기하고 안주하지 않고 나서는 데에 너무 늦은 때란 없다.

다음 이야기

다음 장들에서는 우리 삶 속의 신념들과 삶의 방식을 살펴보고, 그중 어떤 것이 우리를 전진하게 하고 어떤 것이 우리의 발목을 잡는지를 따져볼 것이다. 나는 당신이 잠재력을 발휘하여 비범한 존재가 되는 데 꼭 필요한 것들을 말해줄 것이다. 당신은 스스로 문화적 굴레가 부과한 구속을 벗어던지고, 당신만의 미래에 대한 전망이 넓혀지고, 당신이 인생을 바라보는 방식과 세상에서 기능하고 목표를 추구하고 다른 사람들과 교류하는 방식에 극적인 전환이 일어나는 것을 경험할 것이다.

이제 우리 함께 의식을 더욱 일깨워서 자신의 삶의 패턴을 깨닫고 그 패턴을 넘어서자. 그리고 설령 자신이 특정한 문화와 국가와 종교에 속해 있더라도, 그것은 단지 우리가 어쩌다 특정한 시간과 공간과 가족에게서 태어났기 때문에 그런 문화와 국가와 종교의 일부가 된 것임을 이해하라. 그리고 지구상의 다른 모든 사람들도 그러함을 이해하라. 문화배경 속의 개인적인 경험들이 현재의 우리 모습을 만들어냈다. 하지만 그 문화배경을 초월하는 법을 배우면 어떻게 될까? 그 누구도 다른 누구보다 더 나은 사람이 아님을 알게 된다면? 더 뛰어난 사람이란 없음을 알게 된다면? 우리 모두가 비범해질 수 있음을 알게 된다면 어떻게 될까?

진지한 경고

계속해서 나아가기 전에 먼저 경고할 것이 있다. 문화배경 속의 규칙들에 의문을 제기한다는 것은 만만한 일이 아니다. 이 책을 계속 읽을 경우 다음과 같은 '바람직하지 못한 일'이 벌어질 수도 있다.

- 사랑하는 사람들이 당신에게 화를 내게 될지도 모른다. 당신이 그들의 기대치에 무조건 맞춰주는 일을 그만둘 것이므로.
- 현재의 연인이 당신을 떠날지도 모른다.
- 자녀교육에 대한 신념이 바뀔지도 모른다.

- 그동안 믿어왔던 종교에 의문을 품게 되거나 당신에게 적합한 당신만의 종교적 신념체계를 만들어내게 될지도 모른다.
- 직업을 재고하게 될지도 모른다.
- '행복하기'에 집착하게 될지도 모른다.
- 과거에 당신에게 상처를 주었던 사람을 용서하게 될지도 모른다.
- 현재 추구하고 있는 목표를 모두 없애고 새로운 목표를 설정하게 될지도 모른다.
- 영적인 수행을 매일같이 하게 될지도 모른다.
- 다른 사람과 사랑을 그만두고 자신과 사랑에 빠지게 될지도 모른다.
- 직장을 그만두고 새 사업을 시작하게 될지도 모른다.
- 예전의 사명보다 훨씬 더 흥분되고 좀 겁도 나는 새로운 소명을 찾게 될지도 모른다.

여태껏 알게 모르게 받아들였던 문화배경 속의 규칙들에 의문을 제기할 때, 이 모든 일이 일어날 수 있다. 내 친구이자 X프라이즈 재단의 설립자이자 회장인 피터 다이어맨디스가 이런 유명한 말을 했다.

이길 수 없으면 규칙을 바꾸라. 규칙을 바꿀 수 없으면 무시하라.

나는 이 충고를 좋아한다. 하지만 문화배경 속의 규칙에 도전하려면 우리의 발목을 잡고 있는 그 성가신 규칙들이 무엇인지부터 알아야 한다. 그러기 위해서는 자신이 바로 지금 어떤 규칙에 (알게 모르게) 갇혀 있고, 어떤 규칙하에서 삶을 영위하고 있는지부터 알아내야 한다.

이 과정을 우리가 '언어'로써, 즉 하나의 신조어로부터 시작한다고 해도 당신은 이제 놀라지 않을 것이다. 언어가 식별하는 것은 우리도 쉽게 식별할 수 있기 때문이다.

그 신조어는 다름 아니라 견칙犬則이다.

2장

견칙에 의문을 제기하라
대대로 답습된 견칙에 의해 세상이 좌우되는 꼴을 살피다

네가 매달려 있는 진리라는 것들이 대개 다 너 자신의 관점에 크게 좌우된다는 걸 깨닫
게 될 거야. 바보와 바보를 따르는 바보, 둘 중에 누가 더 바보일까?

〈스타워즈〉 중 오비완 케노비의 대사

우리가 믿기로 한 거짓말들

1장에서 우리는 인간이 어떻게 동시에 두 세계에서 살아가는지를 보았다. 우리는 절대적인 진리를 보여주는 물리적 세계와 상대적인 진리를 보여주는 문화배경 속에서 동시에 살아가고 있다. 우리의 정체성, 종교, 국적, 세상에 대한 신념 등, 문화배경 속에서 우리가 소중히 여기는 생각들은 우리가 믿기로 '택한' 정신적 가공물에 지나지 않는다. 모든 정신적 가공물이 그렇듯, 이런 생각들도 대부분 우리의 견해일 뿐이다. 우리는 이런 견해들을 믿고 있는데, 그 이유는 단지 그런 견해들을 주입시키는 문화 속에서 어린 시절을 보내면서 그것들을 고분고분 받아들였기 때문이다.

인간은 생각보다 아주 비이성적인 존재이다. 제대로 잘 따져보면 우리가 '진리'임을 고집하며 애지중지하는 대부분의 생각들이 힘없이 허물어지고 만다. 문화, 이념, 의견 등이 서로 어울리고 어긋나고

충돌함에 따라 우리가 생각하는 세상의 진리도 변하고 뒤집히고 커지고 작아지기를 거듭하며 변해간다. 이 사회의 온갖 생각들은 사실이 숙주에서 다음 숙주로 옮겨 다니는 전염병과도 비슷하다. 우리는 이성적인 선택이 아니라 '사회 전염'(생각이 마땅한 의문의 도전을 받지 않고 이 사람에서 저 사람의 머릿속으로 퍼져나가는 현상)을 통해 생각을 받아들인다.

그러니 이른바 '진리'라는 것이 인생을 사는 최상의 길이 되는 경우는 매우 드물다. 소비자 심리학자 폴 마스던은 〈문화요소(meme: 모방을 통해 유전자gene처럼 저장 복제될 수 있는 문화적 요소, 역주)와 사회 전염: 한 동전의 양면인가?〉라는 논문에서 다음과 같이 말한다.

우리가 상황에 의식적이고 이성적으로 반응하고 있다고 믿고 싶겠지만, 사회 전염의 증거들을 보면 꼭 그런 것만은 아니다. 사회 전염 연구에 따르면 우리가 신념과 감정과 태도를 만들어 '가지는' 것이 아니라 그 신념과 감정과 태도가 우리를 '소유한다'… 이 이론에 따르면 어떤 상황이나 자극에 어떻게 반응해야 할지 확신이 서지 않을 때 우리는 그 같은 경우를 겪은 다른 사람들이 어떻게 대처했는지를 열심히 살펴보고 그들을 의식적으로 모방한다.

충격적인 말이다. 마스던 박사는 우리가 전적으로 자신의 소견에 따라 자신에게 가장 이로운 결정을 내리기보다는 사회적으로 합의된 집단의식을 그냥 따라가버린다고 말하고 있다. 어느 쪽이냐 하면, 우리가 신념을 지니고 있는 것이 아니라 신념이 우리를 '소유하고' 있는 것이다.

마스던 박사는 이어서 이렇게 말한다.

증거에 의하면 우리는 태도와 감정과 신념과 종교를 이성적 선택이 아니라 전염을 통해 전해 받고, 또 다른 사람에게 전파하고 있다.

이 말이 마스던 박사의 이 논문에서 가장 중요한 말이 아닐까 한다. 우리는 이성적인 선택을 해왔다고 '생각한다.' 하지만 이성적인 생각보다는 가족과 문화와 동료들이 승인한 견해를 더 많이 따르며 선택해왔다.

우리가 살고 있는 사회의 생각을 받아들이는 것이 나쁘다는 이야기가 아니다. 하지만 우리의 세상은 지금 놀랍도록 빠른 속도로 급격한 변화를 거듭하고 있기 때문에 대중의 생각을 따르고 다른 사람들이 늘 해왔던 일을 그대로 따라 해서는 비범한 삶을 살 수 없다. 생각과 문화와 밈meme이란 변하고 진화해가기 마련이므로 그것들에 끊임없이 의문을 제기하는 것이 우리에게 가장 이롭다.

그런 급격한 변화가 일어나고 있음을 머리로는 알고 있지만 수십억의 사람들은 여전히 자기패배를 불러오는 규칙에 집착하고 있다. 이런 규칙들은 오래전에 사라졌어야 하는 것이다. 이유는 단순하다. ─ 인간 의식과 과학기술과 사회가 이미 그것들을 능가하여 진화했기 때문이다.

1장에서 우리는 파란색이라는 어휘가 없기 때문에 파란색을 잘 보지 못하는 힘바 부족의 이야기를 들었다. 말은 인지능력에 중요한 역할을 한다. 그래서 나는 그런 낡은 규칙들이 확연히 보이게 하기 위해 그것에 이름을 붙여주려고 한다. 바로 '견칙(Brule)'이라는 이름 이다.

우리는 사물, 과정, 나아가 사람을 분류하는 데에도 이 견칙을 사용한다. 우리는 우리가 속한 부족(곧 가족, 문화, 교육체제)으로부터 견칙들을 전해 받았다. 예를 들어 당신은 지금 당신이 믿고 있는 종교를 선택한 기억이 있는가? 사랑, 돈에 대한 지금의 생각을 어떻게 갖게 되었는지 기억하는가? 인생에 대한 생각은? 우리는 대부분 이런 것들을 언제 갖게 되었는지 기억하지 못한다. 인생을 살아가는 방법에 대한, 우리의 인격 형성에 중요한 규칙들은 대부분 다른 사람들을 통해 우리에게 전해졌다. 그리고 이 규칙들은 대부분 좋고 나쁜 것, 옳고 그른 것이라는 완강한 잣대를 들이댄다.

우리는 수천 가지나 되는 규칙을 따르며 살아간다. 어떻게 해야할지 모를 때면 우리 이전 사람들의 본보기를 따른다. 아이들은 부모의 본보기를 따르고 그 부모는 또 그 부모의 본보기를 따르고… 그렇게 과거로 거슬러 올라간다.

우리는 우리가 원해서 기독교도 혹은 유대교도 혹은 좌익 혹은 우익이 된 것이 아니라 어쩌다 특정 시기에 특정 가정에서 태어났기 때문에, 그리고 밈meme과 사회적 조건화를 통해 일련의 신념체계를 택할 수밖에 없었기 때문에 그렇게 된 것이다. 우리는 (내가 어쩌다 컴퓨터 기술자가 되었던 것처럼) 법대를 가고 MBA 학위를 따거나 특정 직업을 선택하거나 가업을 잇거나 하지만, 이성적으로 생각해보면 그것이 우리가 원하는 길이어서가 아니라 그래야만 한다고 사회가 우리를 세뇌시켰기 때문이다.

진화론적으로 볼 때 이전 세대들이 보여준 관습을 모방하는 것은 효율적이다. 사냥법, 조리법, 추수법 등이 대대로 전해지면서 문명은 더 정교해지고 확장되면서 안정적으로 성장했다. 하지만 이 말은 우리가 수년, 수십 년, 심지어 수세기 동안 업그레이드되지 못한 모델 속에서 살고 있다는 말도 된다. 맹목적인 추종은 효율적일 수는 있으나 늘 지혜로운 태도는 아니다.

견칙들을 자세히 들여다보면 사실 그것은 그저 편의성 때문에 생겨난 규칙인 경우가 많다. 이런 규칙들에 의문을 품고 분석할 때마다 우리는 비범함 속으로 한 발씩 들어서게 될 것이다.

나는 아홉 살 때 처음으로 견칙에 의문을 품었다. 당시 우리 집 근처에 맥도날드가 처음 문을 열었다. 어디를 봐도 맥도날드 치즈버거 광고가 버티고 있어서 군침을 흘리지 않을 수가 없었다. 정말이지 맛있어 보였다. 나는 맥도날드 해피밀이 너무나, 정말 너무나 먹고 싶었다. 하지만 나는 힌두교 가정에서 태어났기 때문에 소고기는 절대로, 결단코 먹어서는 안 된다는 말을 들어왔다.

맥도날드 광고의 효과는 실로 대단했다. 나는 소고기를 먹어본 적도 없는데 그 많은 광고 속의 '맛있어 죽겠다'고 하는 사람들의 이미지 덕분에 맥도날드 버거가 내 9년의 인생을 통틀어 먹어본 것 중 가장 맛있는 음식이 되리라고 확신했다. 유일한 문제는 소고기를 먹으면 신이 화를 낼 것이므로 (혹은 비슷하게 무시무시한 또 다른 이유 때문에) 먹어서는 안 된다는 문화적인 규칙이었다.

내 부모님은 늘 뭐든지 질문하라고 하셨다. 그래서 나는 편하게 어머니에게 왜 소고기를 먹으면 안 되느냐고 물었다. 어머니는 우리 가족의 문화와 종교가 그래서 그런 거라고 대답하셨다. "하지만 다른 사람들은 소고기를 먹어요. 왜 힌두교도들만 못 먹어요?" 나는 수긍할 수가 없었다.

지혜로운 어머니는 이렇게 말씀하셨다. "왜 그런지를 네가 직접 알아보지 그러니?" 당시에는 인터넷이 없었으므로 나는 브리태니커 백과사전을 탐독한 후 고대 인도 힌두교도들의 소고기 섭생을 둘러싼 이론을 하나 만들어서 다시 어머니에게로 갔다. 나의 주장은 기본적으로 이랬다. "엄마, 내 생각에 옛날에 힌두교도들은 소를 애완동물로 데리고 살기를 좋아했던 것 같아요. 왜냐하면 소는 온순하고 눈도 크고 예쁘거든요. 그리고 소는 쓸모가 많았어요. 밭을 갈기도 하고 우유도 줬어요. 그러니까 그래서 옛날 힌두교도들이 소고기를 먹지 않았던 거예요. 소보다는 덜 예쁜 염소나 돼지 같은 동물은 그냥 먹었대요. 이제 우리는 소가 아니라 개를 키우잖아요. 그러니까 내 생각에 나는 소고기 버거를 먹어도 될 것 같아요."

당시에 어머니가 무슨 생각을 하셨는지는 모르겠지만 내 의견에 동의하셨고, 그렇게 해서 나는 내 생애 첫 번째 소고기 버거를 맛보게 되었다. 솔직히 듣던 만큼 굉장한 맛은 아니었다. 하지만 쨍그랑! 자라면서 맹목적으로 따랐던, 세상의 독선적인 규칙 하나가 바로 그렇게 부서졌다.

나는 다른 모든 것들도 의심하기 시작했다. 그리고 열아홉 살이 되었을 때 내 종교를 버렸다. 영적이지 못해서가 아니라 나 자신을 힌두교도라고 부르면 힌두교도가 아닌 다른 수십억의 영적인 사람들과 나 사이에 벽이 생기는 것 같아서였다. 나는 한 종교가 아니라 모든 종교의 영적인 정수들을 다 포용하고 싶었다. 나는 어렸지만 일생 동안 한 종교에 묶여 있어야 한다는 생각만큼은 받아들일 수 없었다.

부모님은 감사하게도 나에게 늘 도전의식을 북돋아주셨고 나만의 신념체계를 형성시켜가도록 허락해주셨다. 하지만 아홉 살 아이도 견칙을 깰 수 있다면 우리 중에 그러지 못할 사람은 없을 것이다.

잠시 시간을 내어 우리에게 전해진 종교적, 문화적 규범에 대해 생각해보자. 그중에서 진정으로 합리적인 규범은 얼마나 될까? 낡아빠진 것이거나 현대의 사상가나 연구자들이 허위임을 증명한 것이 태반이리라. 그중에는 심지어 끔찍한 고통을 야기하는 것들도 있다. 지금까지 따라오던 규칙들을 당장에 모두 거부해야 한다고 주장하려는 것은 아니다. 하지만 당신의 목적과 필요에 정확히 들어맞는 코드에 따라 살고 싶다면 규칙에 끊임없이 의문을 품어야 한다. "우리 가족/문화/민족은 늘 그렇게 살아왔어요"라는 논리는 타당하지 않다.

도전해볼 만한 일반적인 견칙들

비범한 길을 가기로 했다면 문화배경 속에 감히 의문을 품을 수 없는 '신성한 소'는 결코 없음을 늘 명심해야 한다. 정치, 교육, 일, 전통, 문화, 심지어 종교까지도, 버리는 것만이 최선인 견칙이 반드시 포함되어 있다.

이제, 우리가 당연한 듯이 복종하며 살고 있는 일반적인 견칙들과 그것들에 대한 나의 조금은 다른 생각들을 말해보려 한다. 이 견칙들은 과거에 나의 세계관 속에 자리 잡고 있었지만 제거하기로 결심하고 도전했던 견칙들 중에서도 굵직굵직한 것에 해당한다. 이 견칙들에 더 이상 연연하지 않게 되자 내 인생은 극적으로 좋아졌다. 그 견칙들을 분류해보면 다음 네 종류로 나눌 수 있다.

1. 대학에 관련된 견칙
2. 문화에 관련된 견칙
3. 종교에 관련된 견칙
4. 일에 관련된 견칙

다음을 읽는 동안 이 견칙들 중에서 당신의 발목을 잡고 있는 것은 없는지 스스로 물어보라.

1. 성공하려면 대학을 가야 한다

대학 교육은 많은 젊은이들로 하여금 수십 년 동안 큰 빚에 허덕이게 할 뿐만 아니라 조사에 따르면 결코 성공을 보장해주지도 못한다. 그렇다면 대학 공부를 했다고 일을 더 잘할까? 꼭 그렇지도 않다. 시대는 빠르게 변해가고 있다. 단적인 예로 인터넷 거인 구글의 경우 특정 기술이 필요한 자리에 높은 성적을 선호하기는 하지만, 뉴욕 타임스가 2014년 구글의 채용담당 수석부사장인 라즐로 복을 집중 인터뷰한 기사에 따르면 구글은 이제 대학 학위를 이전만큼 중시하지 않는다. 라즐로 복은 이렇게 말한다. "학교를 다니지 않고 이 세상에서 자신만의 길을 개척한 사람이야말로 정말 특출한 사람입니다. 우리는 그런 사람을 찾아내는 데 최선을 다합니다." 라즐로 복은 2013년 뉴욕 타임스 기사에서도 "구글에서 대학교육을 받지 않은 직원의 비율이 지난 몇 년 동안 점점 늘어나고 있습니다"라고 했었다(어떤 팀에서는 14퍼센트에 달한다고 한다).

다른 회사들도 이런 흐름을 따르는 추세다. 2015년 아이스쿨 가이드iSchool Guide의 기사에 따르면, 영국 기반의 세계 최대 리크루트 회사이자 세계적인 파이낸셜 컨설턴트인 어니스트 앤 영 회사는 최근, "기업들이 직원 채용에 성적을 더 이상 주요 기준으로 고려하지 않을 것"이라고 발표했다. 어니스트 앤 영의 인재발굴 담당 이사 매기 스틸웰은 "학위는 취업희망자를 전반적으로 평가하는 데 여전히 중요한 요소로 남을 테지만 대학졸업장이 없어서 일할 기회조차 주어지지 않는 일은 더 이상 없을 것입니다"라고 했다.

나는 개인적으로 내 회사를 위해 지난 몇 년 동안 천 명이 넘는 사람들을 면접하여 고용했는데 어느 순간부터인가 취업희망자가 어느 학교를 졸업했는지, 어떤 학위를 갖고 있는지는 들여다보지도 않게 되었다. 대학졸업장은 직원이 일을 잘하느냐 못하느냐와 전혀 상관이 없다는 것을 깨달았기 때문이다.

그러므로 대학졸업장이 성공적인 직장생활을 위한 방편이라는 것은 사회적으로 통용되고는 있지만 곧 사라질 견칙일 뿐이다. 대학을 가는 것이 불필요하다는 뜻은 아니다. 대학을 다니는 동안 나는 내 인생에서 가장 아름다운 추억을 만들었고 가장 많이 성장했다. 하지만 그것이 학위나 전공 수업 때문은 아니었다.

2. 같은 종교와 민족의 사람과 결혼해야 한다

나는 인도 서부지방에 정착한 신디Sindhi라 불리는 아주 작은 소수민족 출신이다. 신디들은 1947년 인도를 떠나 디아스포라 상태에서 살게 되었다. 즉 온 세계에 흩어져 살게 된 것이다. 디아스포라 상태에 있는 다른 많은 문화들이 그렇듯이, 신디들도 자신의 문화와 전통을 보존하려는 열망이 강하다. 그런 이유로 내가 속한 문화에서는 타민족과의 결혼을 절대적으로 터부시한다. 같은 인도인조차도 신디가 아니면 안 된다고 한다. 그러므로 내가 에스토니아 사람인, 당시 여자친구였던 크리스티나와 결혼하고 싶다고 했을 때 내 가족이 얼마나 큰 충격을 받았을지는 쉽게 상상할 수 있을 것이다. "정말로 그래야겠느냐?"에서부터 "나중에 태어난 아이들이 얼마나 혼란스러워하겠느냐!"를 거쳐 "왜 그렇게 가족을 실망시키려 드느냐?"까지, 걱정스러운 마음에서 한 말이었겠지만 많은 친척들이 충고 아닌 충고를 해주었다.

처음에는 내가 사랑하는 사람들이 크게 실망할까봐 내 가슴이 시키는 대로 하기가 어려웠다. 하지만 인생을 살면서 결혼 같은 큰 문제에서는 남을 행복하게 해주기보다 나를 행복하게 하는 결정을 해야 한다고 생각했다. 나는 크리스티나와 일생을 함께하고 싶었다. 그래서 나는 그녀와 결혼했다. 나는 같은 민족, 종교, 인종과 결혼하는 것이 행복하게 살기 위한 가장 안전한 길이고 가족과 신념을 위해 '옳은' 일이라는, 내 세대에 너무나 일반적인 견칙을 거부했다. 크리스티나와 나는 지금까지 16년을 같이 살았고, 그중 13년을 부부로 살았다. 우리의 두 아이는 '정체성의 혼란'은커녕 다양한 언어를 배우며 행복하게 세계시민이 되어가고 있다(내 아들 헤이든은 태어난 지 18

개월 되었을 때 이미 18개국을 여행했다). 나의 아이들은 하나의 종교에 얽매이지 않고 양가 조부모들과 함께 러시아 정교회, 개신교, 힌두교의 전통 행사에 두루두루 참여한다. 아이들은 한 가지 길에 갇히는 일 없이 인간이 만들어낸 모든 종교의 아름다움을 경험해볼 필요가 있다. 그런 의미에서 이제 다음 견칙을 살펴볼 차례이다.

3. 우리는 하나의 종교만 고수해야 한다

자, 이제 조금 민감한 질문을 해보겠다. 종교는 정말로 필요한가? 종교적인 신조와 별도로 영성이 존재하지는 않을까? 이런 질문은 현재 종교를 둘러싸고 제기되고 있는 질문들 중의 극히 일부일 뿐이다. 근본주의 종교가 커지고 있는 만큼 근본주의에 대한 의문도 커지고 있다. 당신은 종교를 선택한 적이 있는가? 대부분은 그런 적이 없을 것이다. 일반적으로 종교란 선택하는 것이 아니라 부모의 종교적 신념에 따라 어릴 때부터 우리 머릿속에 새겨지는 일련의 신념체계이기 때문이다. 그리고 대부분의 사람들에게는 이성적인 결정 과정을 거치고자 하는 열망보다 한 가족이나 부족에 속하고자 하는 열망이 더 크기 때문에, 우리는 때로 매우 해로운 신념체계조차 쉽게 받아들이곤 한다.

종교는 한없이 아름다울 수 있지만, 한없이 독단적이어서 죄책감과 수치심과 두려움에 기반한 세계관을 갖게 만들 수도 있다. 오늘날 지구상의 종교인들 중 대다수가 하나의 종교에만 속해 있다. 하지만 (특히 기독교도 중) 점점 더 많은 사람들이 '영적이지만 종교적이지는 않은' 모델을 채택하고 있기 때문에 이 숫자는 조금씩 줄어들고 있다.

종교는 수천 수백 년 전, 인류가 서로 도덕적으로 협력하기 위한 지침을 개발해내는 데에 기여하는 등 인류의 진화에 일조했다. 하지만 그 어느 때보다도 긴밀히 서로 연결되어 있고 누구든지 세상의 모든 지혜와 영적 전통을 접할 수 있게 된 오늘날에는 하나의 종교만 고수해야 한다는 생각은 더 이상 설 자리가 없다. 게다가 나는 하나의 신조만을 맹목적으로 받아들여서는 인류가 영적으로 진화해갈 수 없다고 믿고 있다.

어떤 종교든 그 핵심에는 아름답고 영적인 생각들이 있다. 하지만 그것을 둘러싸고 있는 것은 보통 수백 년 묵은 낡아빠진 견칙들이고, 이 견칙에 의문을 제기하는 사람은 그다지 많지 않다.

라마단 동안 금식하지 않고도 훌륭한 이슬람교도가 될 수는 없을까? 원죄를 믿지 않는다고 해서 왜 선한 기독교인이 될 수는 없는가? 소고기를 먹으면 나쁜 힌두교도가 되는 것일까? 종교는 업데이트를 필요로 하는 낡아빠진 모델이 아닐까?

내 생각엔 한 종교에 소속되기보다는 세상에 존재하는 모든 종교와 영적 체계들 중에서 각자에게 맞는 다양한 믿음을 골라서 선택하는 것이 좋은 대안이 될 것 같다.

나는 힌두교 가정에서 태어났지만 내가 읽은 모든 종교와 영성에 관한 책에서 가장 좋은 것만 뽑아내어 나만의 신념체계를 조금씩 조금씩 형성시켜왔다. 음식도 매일 똑같은 것만 먹진 않는데 왜 종교는 딱 하나만 골라야 하는가? 예수가 말하는 사랑과 선의의 진리를 믿고, 선한 이슬람교도가 하듯이 수입의 10퍼센트를 기부하고, 윤회가 멋지다고 생각하면 왜 안 되는가?

그리스도의 가르침, 이슬람의 수피즘, 유대교의 카발라, 〈바가바

드기타〉의 지혜, 달라이 라마의 불교 설법, 이 모든 것에 아름다움이 가득하다. 그런데도 인류는 종교에 관해서만큼은 전체주의자가 되기로 만장일치로 합의를 해버린 것만 같다. 종교는 하나만 택해야 하고, 선택했다면 죽을 때까지 그 종교만 고수해야 한다고 말이다. 그리고 더 나쁜 것은, 그렇게 자신이 선택한 종교를 아이들에게도 어릴 때부터 주입하는 것이다. 그래야만 '아이들도' 일생 동안 그 유일한 진리의 길을 벗어나지 않을 테니까. 이런 일이 대대로 되풀이되어왔다.

삶에 의미와 만족감을 주는 종교라면 따를 수도 있다. 하지만 그 종교에 걸맞은 사람이 되기 위해 그 종교가 말하는 모든 것을 받아들일 필요는 없다. 우리는 예수를 믿으면서 지옥은 믿지 않을 수도 있다. 유대교도이면서 햄 샌드위치를 즐길 수도 있다. 특정 집단 하나만을 바라보고, 그 집단의 신념이라면 모두 받아들여야 한다고 생각하며 그 길이 만들어놓은 낡고 융통성 없는 규범 속에 함몰되지는 말자. 영성은 발견해야 하는 것이지 물려받는 것이 아니다.

4. 성공하려면 열심히 일해야 한다

이 규칙은 가치 있는 생각으로 시작했겠으나 시간이 지남에 따라 견칙으로 변질된 경우이다. 부모는 자식에게 늘 도전하고, 목표를 달성하기 위해 노력하고, 포기하지 말 것을 독려한다. 하지만 이런 독려가 '열심히 하지 않고 게으름을 피우면 성공할 수 없다'는 견칙으로 변질되기는 너무나 쉽다.

이 견칙은 '일이란 원래 힘든 것이다'라는 견칙도 만들어낸다. 이 새 견칙은 일이 즐겁고 신나고 뜻깊을 수는 없다고 말한다. 그런데 갤럽 조사에 따르면 일에서 의미와 즐거움을 찾는 사람들이 그렇지 못한 사람들보다 은퇴를 훨씬 더 늦게 한다고 한다. 일이 즐거울 때 우리는 더 오래, 더 열심히, 더 집중해서 일한다. 그렇다면 하루의 깨어 있는 시간 중 가장 많은 시간을 일터에서 보낸다는 사실을 고려할 때, 자신의 일을 싫어한다면 과연 얼마나 오래 버틸 수 있겠는가? 교육자이자 목자였던 로렌스 피어설 잭스는 다음과 같은 글을 남겼다.

삶의 달인은 일과 놀이, 노동과 여가, 몸과 마음, 배움과 오락 사이에 뚜렷한 선을 긋지 않는다. 사실 그 둘을 거의 구분하지 못한다. 그는 그저 무슨 일을 하든 그 일을 통해 자신이 상상하는 최고를 구현해내고자 애쓰고, 자신이 일을 하는지 놀고 있는지는 다른 사람이 판단하도록 내버려둔다. 그에게는 언제나 자신이 두 가지를 다 하고 있는 것처럼 보일 뿐이다.

나는 살아오면서 늘 사랑해 마지않는 분야에서 일하기를 의식적으로 선택해왔기 때문에 이제는 더 이상 일이 일같이 느껴지지 않는다. 자신이 하는 일을 사랑할 때 인생은 훨씬 더 아름다워진다. 사실 '일'이라는 말 자체가 떠오르지도 않는다. 그때 우리가 하는 일은 일이라기보다는 도전이고 소명이고 놀이다. 사람들이 이런 느낌을 받을 수 있는 일로 좀더 많이 옮겨갔으면 좋겠다. 내일도 변함없이 깨어 있는 시간의 대부분을 일만 하면서 살 수 있기 위해서, 깨어 있는 시간의 대부분을 열심히 일하여 오늘의 생계를 잇는다는 것은 도무지 말이 안 되는 어처구니없는 상황이다. 이것은 인간 다람쥐의 쳇바퀴다. 그러니 언제든 자신이 좋아하는 일을 찾으라. 그렇지 않으면 삶의 알맹이를 놓치는 것이다. 그것이 하룻밤 만에 당장 바뀌지는 않겠지만, 전혀 불가능한 일도 아니다. 이 책을 계속 읽다 보면 그곳에 더 빨리 도달하는 데 필요한 정신적 모델과 연습방법들을 알게 될 것이다.

견칙을 받아들이는 다섯 가지 경로

우리를 구속하는 견칙을 어떻게 찾아내어 떨쳐버릴 수 있을까? 그러기 위해서는 먼저 견칙이 우리의 머릿속에 어떻게 들어와 자리를 잡는지부터 알아야 한다. 나는 견칙이 우리 머릿속에 들어오는 데는 다섯 가지 경로가 있다고 믿고 있다. 이 다섯 가지 '전염기제'를 이해하면 인생을 설계하는 데에 문화배경 속의 어떤 규칙을 이용하면 좋을지, 또 어떤 규칙이 견칙에 해당하는지를 좀더 잘 식별할 수 있게 될 것이다.

1. 유아기와 아동기의 주입

인간이라는 생물의 지극히 긴 성장기간 동안, 아이들은 대부분의 믿음을 무비판적으로 흡수한다. 다른 동물들은 상대적으로 빨리 자라고, 태어나자마자 달리고 수영도 하지만 갓 태어난 인간은 속수무책으로 무력하여 최소한 처음 몇 년 동안은 매우 의존적인 존재로서 살아갈 수밖에 없다. 이 기간의 우리 호모 사피엔스들은 노아 하라리 박사의 설명에 따르면 '녹은 유리'와 같은 상태이다. 주변 사람들과 환경이 우리를 마음대로 모양 지을 수 있는 것이다.

자궁에서 나오는 대부분의 포유류 새끼는 유약이 발린 채 가마에서 막 나온 도기와도 비슷하다. 이 도기의 모양을 바꾸려고 하면 괜히 긁힌 자국만 내거나 깨져버릴 것이다. 그런데 방금 자궁에서 나온 인간 아기는 용광로에서 막 나와 흐물흐물한 유리와도 비슷하다. 마음대로 돌려도 되고 주물러도 되고 거의 어떤 모양이든 만들 수 있다. 이래서 오늘날에도 우리는 아이들을 기독교도 혹은 불교도, 자본주의자 혹은 사회주의자, 전쟁을 사랑하는 자 혹은 평화를 사랑하는 자로 키워낼 수 있는 것이다.

유연한 뇌 덕분에 아이들은 놀랍도록 잘 배우고 모든 경험에 수용적이고 우리의 문화가 퍼뜨리는 것은 어떤 형태든 받아들일 준비가 되어 있다. 간단한 예로 다문화 가정에서 자란 아이들이 두세 개의 언어를 자유롭게 구사하는 것만 보아도 알 수 있다. 하지만 그래서 또 아이들은 온갖 형태의 조건화에 다 물들 수밖에 없다.

아이들은 늘 "왜?"라고 묻는다. 그야말로 "왜?"의 세례를 퍼붓는데, 부모들은 대개 이렇게 대꾸하고 만다.

"내가 말하면 그런 줄 알아."

"원래 그런 거야."

"신께서 그걸 원하셔."

"아빠가 그렇게 하라고 했잖니!"

이런 말을 자주 듣는 아이는 견칙의 밀림 속으로 빠져들어 그 견칙들에 의문을 품을 수 있다는 생각조차 못하게 된다. 이런 아이들이 어른이 되면 스스로 '진리'라고 받아들인 온갖 제약과 규칙 속에 빠져서 살게 된다.

아이들은 문화를 통해 전해지는 규칙을 빠른 속도로 흡수하고, 그 규칙에 근거하여 행동한다. 이러한 조건화는 대부분 아홉 살 이전에 자리 잡고, 그것에 도전하는 법을 터득하지 못하면 우리는 죽을 때까지 그것을 지고 간다.

나도 자식을 키우고 있어서 아이들이 질문을 할 때마다 매번 정직하고 진실하게 대답하기가 얼마나 어려운 일인지를 잘 안다. 니키 미나즈의 노래 〈아나콘다〉가 크게 유행하던 2014년의 어느 날, 아들과 함께 차 안에 앉아 있는데 그 노래가 흘러나왔다. 그 후렴구에 '내 아나콘다'는 '빵(Bun)이 없으면' 싫어한다는 가사가 반복되는데 당시 일곱 살이었던 헤이든은 이렇게 물었다. "아빠, 왜 이 아나콘다는 빵만 먹겠다는 거예요?"

나는 얼굴이 빨개졌다. 그런 질문을 받는 부모는 대부분 그렇게 될 수밖에 없다(bun에는 큰 엉덩이라는 뜻이 있다, 역주). 그리고 나는 그런 상황에서 다른 모든 아버지들이 하는 짓을 했다(당신도 이해하리라). 거짓말을 한 것이다.

"이 노래는 빵만 좋아하는 어떤 뱀에 관한 얘기란다."

다행히 헤이든은 그것을 곧이곧대로 믿어줬다. 그날 헤이든은 좀 더 건강한 식습관을 가진 뱀에 대한 노래를 만들고 싶다고 했다.

나는 내 몫의 난감한 '왜?'를 적당히 받아넘겼다. 나도 분명 나의 부모님에게 그런 질문을 많이 던졌을 것이다. 당신도 그랬을 거라고 장담한다. 그리고 당신의 부모님도 당신의 질문에 잘 대답해주려고 최선을 다했을 것이다. 하지만 그 대답들 중의 일부는 당신의 머릿속에 지금도 여전히 따르고 있는 견칙들이 자리 잡게 만들었을지도 모른다. "원래 그런 거야"라는 대답이 대표적으로 그렇다.

2. 권위 있는 사람

우리가 부족 중에서 권위자로 여기는 인물은 대개 어떤 식으로든 우리가 의존하는 사람들로서, 규칙을 수립하는 강력한 존재들이다. 당연히 부모가 가장 큰 권위자이지만 친척, 보모, 선생, 성직자, 친구들도 권위자가 될 수 있다. 이들 대부분은 우리의 행복을 최우선으로 여기는 지혜로운 사람들로서, 우리가 인생을 사는 데 도움이 될 규칙들을 전해주고 싶어한다. 예컨대 '내가 대접받고자 하는 대로 남을 대접하라'는 황금률 같은 것 말이다. 그런데 그들에게 권위를 부여해버렸으므로 우리는 이 권위자들이 전해주는 견칙에도 취약할 수밖에 없다. 그것이 우리를 조종하기 위한 것이든 그들 자신도 그 그릇된 신념을 진지하게 받들고 있기 때문이든 간에 말이다.

권위자가 우리에게 엄청난, 그리고 위험할 수도 있는 영향력을 발휘한다는 것은 이미 잘 알려진 사실이다. 의식을 지닌 종으로 진화해오는 동안 인류는 사회를 조직하고 살아남기 위해 지도자와 권위자를 필요로 했다. 하지만 누구나 글을 읽고 쓸 줄 알고 다양한 기술의 발달로 정보를 쉽게 얻고 저장하고 공유할 수 있게 된 오늘날, 지식은 그 어느 때보다도 고르게 널리 전파되고 있다. 그러니 지금은 선사시대의 순종적인 부족민처럼 굴기를 멈추고 지도자들이 하는 말에 의문을 품기 시작해야 할 때다.

예컨대 두려움을 이용하는 정치를 보라. 오늘날 정치인들은 집단과 집단 사이에 두려움을 조장함으로써 지지표를 얻는다. 유대인, 이슬람교도, 기독교도, 멕시코 이민자, 난민, 동성애자들 모두가 표를 구하는 정치인들 때문에 이 나라에서, 혹은 저 나라에서 욕을 먹는다. 우리는 이런 권위의 악용에 더 이상 힘을 보태주지 말아야 한다.

물론 우리를 지배하고 있는 것은 대규모 공동체의 권위자들만이 아니다. 흥미롭게도 부모가 죽자 자유를 느꼈다고 말하는 사람들이 더러 있다. 이제 부모의 기대에서 벗어나고 부모가 정해놓은 규칙에 순응할 필요가 없어지자 마침내 자신이 진정으로 원했던 것을 하고 자신의 생각과 자기만의 목표에 따라 살 수 있게 된 것이다.

3. 소속되고 싶은 마음

우리는 소속되고 싶은 욕망 때문에 견칙을 받아들이는 경향이 있다. 인간은 집단 속에서 안전과 연대를 도모하면서 진화해온 사회적인 존재다. 집단에 소속되는 것이 혼자인 것보다 안전했다. 따라서 부족의 일원으로 받아들여지느냐 않느냐는 생존이 걸린 문제였다. 하지만 부족의 일원이 되기 위해서는 때로 불합리한 신념까지도 받아들여야만 했다. 부족의 일원으로 받아들여지는 조건으로 자기만의 개성과 독립성을 포기한 것이다. 예컨대 청소년이 개성을 추구할 것인가 아니면 또래 집단의 압력에 굴복할 것인가를 놓고 혼란스러워하는 것은 어제오늘의 일이 아니다.

여기서 부족이란 일련의 신념과 전통을 지닌 집단을 뜻한다. 종교집단이든 정당이든 모임이든 팀이든 그 옛날의 부족과 다를 바가 없다. 한 집단의 특정한 관점을 통해 자신을 정의하는 순간, ― 그 관점에 진심으로 동의한 경우라 하더라도 ― 우리는 자동적으로 그 집단의 다른 관점과 신념들도 받아들이게 될 여지가 다분해진다. 심지어 그 신념들이 사실과 다른 비과학적인 것이라고 해도 말이다.

소속되고 싶어하는 마음은 사이비종교에 가입하는 사람들에게서 그 극단적인 모습을 보여준다. 받아들여지고 싶은 열망이 너무 강한 나머지 이들은 의문제기 능력을 스스로 마비시켜버리고 극도로 비논리적이고 불합리한 믿음을 받아들인다.

멋진 블로그인 www.waitbutwhy.com을 운영하고 있는 팀 어번은 이런 현상을 통틀어 '맹목적 부족주의'라고 했다.

인간은 확실한 안전과 안락을 열망하는데, 맹목적 부족주의 집단의 사고만큼 확신이 팽배해 있는 곳도 없다. 데이터에 근거한 과학자의 견해는 자신이 가진 증거만큼만 강력하고 언제든지 바뀔 수 있는 것이지만, 부족의 신조는 받쳐줄 데이터가 불필요한 신뢰심과 믿음의 발로여서 부족민은 자신의 믿음을 무조건 확신한다.

당신은 자기 부족의 믿음을 채택할 수 있다. 하지만 그 부족의 '모든' 믿음을 채택할 필요는 없다. 특히 비과학적이고 거짓이고 해로운 믿음이라면 더더욱 말이다.

4. 사회적 증거

어떤 사람이 "다른 사람들도 다 그렇게 해"라는 식의 말을 했기 때문에 당신이 그 규칙을 받아들인다면 당신은 사회적 증거를 통해 그 믿음을 채택한 것이다. 이것은 하나의 대리증명이다. 우리는 다른 사람이 말하는 것을 우리에게도 해당하는 — 참인지를 검증하는 노력을 절감해주는 — 증거로 믿어버린다. '다른 사람들도 다' 그렇게 하고 그렇게 믿고 그렇게 산다면 우리도 그렇게 해도 괜찮겠지 하고 판단해버리는 것이다. 현대의 본보기는 광고다. ― 모두가 이것을 먹고, 이것을 사고, 이것을 입는다… 이것은 건강에 좋고 저것은 좋지 않다… 사람들의 주목을 받으려면 이것을 가지면 된다… 이런 식의 광고를 많이 보았을 것이다. 현대의 광고는 내가 '조작된 수요'라 부르는 것을 만들어내기 위해 이 사회적 증거를 믿기지 않을 정도로 교묘하게 이용해먹는다. '빨간 캔 속의 행복'으로 포장된 액상과당 따위를 도대체 누가 정말 필요로 하는가? 다른 수많은 상품들도 마찬가지로 필요 없는 것들이다. 그 상품의 광고가 아니었으면 존재하지도 않았을 공허를 때우는 용도가 전부인 것들 말이다. 그럼에도 불구하고 교묘히 이용된 사회적 증거가 부풀려낸 욕망이 조작해낸 수요는 건강에 나쁜 상품을 먹지 않으면 안 될 식품으로 둔갑시킨다. ― 다른 사람들도 다 먹는다면 틀림없이 괜찮은 것이라고.

5. 내적 불안

좋아하는 사람과 첫 데이트를 했다. 그런데 데이트 후 상대방에게서 연락이 없다. 이런 경우 우리는 대부분 불안해하며 별의별 생각을 다 하게 된다. ― 옷을 그렇게 입는 게 아니었어… 말을 너무 많이 했나봐… 그걸 농담이라고 했으니… 등등. 그리고 그 사람이 왜 전화하지 않는지 그 진짜 이유를 알아보지는 못하고 데이트에서는 어떻게 행동해야 하는지에 대해, 나아가 남자와 여자에 대해, 혹은 사랑에 대해 온갖 무수한 견칙을 만들어낸다. 하지만 그 데이트 후 상대에게 실제로 벌어진 일은 그런 당신의 생각과는 전혀 다를지도 모른다. 어쩌면 그 사람은 당신의 전화번호를 잃어버렸을지도 모른다. 아니면 정말 힘든 한 주를 보냈거나, 집안에 문제가 생겨서 해결하느라 정신이 없었을지도 모른다.

그럼에도 불구하고 우리는 합리적인 사고보다는 상대방과 관련된 사건들에 대한 '의미부여'에만 몰두한다. 우리의 머릿속에는 의미제조기가 있어서 인생에서 관찰하는 모든 사건들에 끊임없이 의미를 부여한다. 특히 사랑과 관심을 받고 싶은 사람과 관련된 사건이라면 더욱 그렇다.

누군가가 당신에게 어떤 행동을 한 것을 두고 그의 태도나 감정에 혼자서 온갖 의미를 갖다 붙여본 적이 있는가? 그게 바로 의미제조기의 작용이다.

———————

당신은 이제 당신의 인생에는 견칙들이 어떻게 자리 잡게 되었는지를 살피고 있을지도 모르겠다. 당신에게 많은 영향을 끼쳤던 사람이 생각나는가? 다른 사람들도 다 그렇다고 하니까 좋아하지도 않는 일을 한 기억은 없는가? 어떤 집단에 들어가는 데 도움이 될 것 같아서 규칙을 따른 적은 없는가?

우리는 여기서 죄를 심판하려는 것이 아니다. 규칙이 없다면 인간은 아무것도 배울 수 없을 것이다. 예를 들어 불을 일으키는 법, 바퀴 만드는 법, 실없는 농담을 하는 법, 야외에서 고기 굽는 법, 심폐소생술을 행하는 법, 크리스마스트리 장식하는 법과 같이 선대로부터 배운 이 모든 정보들도 다 규칙이다. 규칙이 다 나쁘다는 뜻이 아니다. 단지 규칙이 다 좋기만 한 것 또한 아님을 더 많은 사람들이 알아차리려면 도움이 필요하다는 뜻이다. 오늘날에는 더 이상 쓸모없는 규칙, 혹은 처음부터 타당하지 않았던 규칙들이 분명 존재한다. 지금은 먹히지 않고 있는 규칙을 제거해야 할 때다.

우주에 자국 남기기

문화배경은 강력한 생각들로 가득한데, 그 생각이 강력한 것은 많은 사람이 그것을 믿기 때문이다. 국가, 화폐, 운송수단, 교육제도 등의 개념들을 생각해보라. 하지만 드문드문 반란자들이 등장해서 그런 거대한 가공물들이 견칙에 지나지 않는 것임을 밝힌다. 이런 반란자들은 대부분 변화를 논하는데, 좋게 말하면 이상주의자, 나쁘게 말하면 정신 나간 사람 취급을 받는다. 그들 중 일부는 현실을 정면 돌파하여 서서히, 그러나 결정적으로 세상을 바꿔놓는다.

이해를 돕기 위해 다음 그림을 보자. 동그라미는 문화배경이다. 중심에 몰려 있는 점들은 보통의 세상 사람들이다. 처음에는 ― 어쩌면 당신이 될 수도 있는 ― 어떤 사람이 세상을 다른 사람들처럼 바라보지는 않겠노라고 마음먹고 무리에서 빠져나온다. 이때 이 사람은 사회부적응자, 반란자, 말썽꾼이라는 딱지를 얻는다.

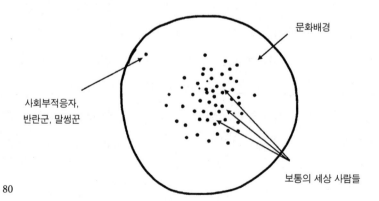

하지만 그러다가 이 사람이 뭔가 대담하고 기발한 일을 해낸다. J. K. 롤링이 해리 포터 시리즈를 쓴 것처럼 새로운 종류의 어린이 책을 쓸 수도 있고, 비틀스가 그랬던 것처럼 독창적인 음악을 만들어낼 수도 있다. 아니면 기업인 엘론 머스크처럼 전기차를 대중화하기로 마음먹을 수도 있다. 사회부적응자 중에는 실패하는 사람도 있고 성공하는 사람도 있을 것이다. 하지만 일단 성공하면 문화배경에 큰 자국을 남기게 된다.

그리고 사회부적응자가 선구자라는 이름표를 얻는 것이 바로 이런 때다.

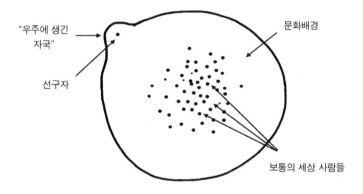

딘 케이먼도 그런 선구자다. 나는 2015년에 그를 방문했는데, 그가 해준 이야기는 내가 들어본 '견칙 깬 이야기' 중에서도 가장 놀라운 것이었다.

딘 케이먼은 현대판 에디슨이다. 그는 440건 이상의 특허권을 갖고 있다. 이보트iBot라는 전지형 구동장치를 만들어 휠체어 기술에 혁명을 일으켰고 휴대용 인슐린 펌프를 처음 개발했으며, 나아가 세그웨이 스쿠터(개인용 2륜 전동차, 역주)를 발명한 것으로 공학기술 분야에서 우상이 되었다. 딘은 미국 과학기술상 수상자이고 미국 발명가 명예의 전당에 이름이 올라가 있다. 세그웨이를 발명하기 전, 딘은 교통수단에 관한 규칙에 의문을 품었다. 그는 도시에 자동차가 있어야만 한다는 규칙을 깨고 싶었다. 하지만 나는 개인적으로 딘이 국가에 관한 견칙에 의문을 품었다는 점이 더 인상적이었다. 아시다시피 딘은 행정부에 불만을 품은 나머지 스스로 국가를 세운 인물이다. 딘은 롱아일랜드 사운드 해협에 위치한 아주 작은 섬, 노스덤플링을 소유하고 있었는데 그 섬을 자신의 나라로 선포한 다음 자신에게 덤플링 경 작위를 내리고 스스로 대통령이 되었다. 노스덤플링 섬나라는 미국, 캐나다 다음으로 북미에서 세 번째로 존재하는 국가가 되었다.

딘 케이먼은 어떻게 나라를 세우게 되었을까? 미국이 낳은 가장 위대한 발명가 딘 케이먼은 결코 멍청한 규칙을 따를 사람이 아니었으므로 철저한 반관료주의자의 자세를 고수했다. 그는 혁신의 정신으로 무장해 있었고 동시에 무의미한 규칙들을 가볍게 무시해버릴 줄 알았는데, 이 둘의 시너지가 자아내는 폭발력은 참으로 대단했다. 2015년 5월에 나를 포함해서 그를 방문한 사람들에게 딘이 설명해준 바에 따르면, 풍력발전기 한 대가 그 모든 일의 시작이었다.

장난같이 시작된 일이 아주 커져버렸다. 딘은 대체 에너지를 적극 지지했으므로 코네티컷 주 해안에서도 몇 마일 떨어진, 그의 집이 있는 노스덤플링 섬에 풍력발전기를 설치하려 했다. 물론 자신의 집에서 쓸 전기를 자급하기 위해서였다. 그런데 뉴욕 주의 공무원들이 (노스덤플링 섬은 코네티컷 주에 가깝지만 뉴욕 주 관할이었다) 그 섬에 풍력발전기는 너무 커서 소음이 이웃에게 방해가 된다고 했다. 딘은 "노스덤플링은 섬이고 이웃은 아무도 없다!"고 응수했다. 하지만 공무원들은 꿈쩍도 하지 않았다. 어찌해볼 방법이 없는 것 같았다.

하지만 딘 케이먼의 사전에 퇴각이란 없다. 딘은 노스덤플링에서 수 마일이나 떨어져 있는 뉴욕 주가 자신의 섬에 대해 이러쿵저러쿵 권력을 휘두르는 게 도무지 탐탁지 않았다. 그래서 더 이상 참지 않겠다고 결심했다. 때마침 하버드대에 재직 중인 헌법 전문가 친구와 얘기를 나누다가 법의 구멍을 잘 이용하면 자신이 뉴욕 주만이 아니라 미국 전체로부터 독립할 수 있다는 것을 알게 되었다. 일은 그렇게 펼쳐졌고, 마침내 1988년 4월 22일 뉴욕 타임스는 '롱아일랜드 해협에 새로운 국가의 개국이 선포되다'라는 제목의 기사를 내보냈다.

딘은 건국을 선포하기만 한 것이 아니라 그 나라만의 헌법, 국가, 화폐까지 만들었다. 화폐 단위는 덤플링이다(당연하지 않겠는가?).

정말 대단한 견칙 깨기가 아닐 수 없다. 다 큰 어른들 중에 자기만의 국가를 세우겠다는 생각을 품을 수 있는 사람이 과연 몇이나 될까? 자기만의 화폐를 만들겠다고 생각하는 사람도 별로 없을 것이다. 하지만 딘은 그런 평범한 사람이 아니다. 교통수단에 관한 견칙에 의문을 품고 세그웨이를 발명했던 딘의 탐구심이 여기서도 그 빛을 발한 것 같다. 이제 딘은 국가 개념이라는 것 자체에 의문을 제기한 것이다.

한편 뉴욕 주는 여전히 강경했다. 공무원들은 풍력발전기에 대한 경고장을 계속 보냈다. 딘은 조용히 그 서류를 모아 뉴욕 프레스에 제보했다. 그리고 다음과 같이 덧붙였다. "뉴욕 주 공무원들이 얼마나 무례한지 보세요. 감히 독립국가의 수장에게 협박까지 합니다."

경고장은 더 이상 날아오지 않았다.

그 몇 달 후 백악관을 방문한 딘은 (딘은 고위층에 친구가 몇 명 있다) 조지 H. W. 부시 대통령에게 장난으로 불가침조약 문서에 서명하게 했다.

당연히 이 모든 일은 매스컴의 엄청난 관심을 끌었다. 그러자 한 지역 방송국의 아침 토크쇼 관계자들이 방송을 위해 노스덤플링 섬을 방문했다. 딘의 설명에 따르면 그는 촬영 중에 토크쇼 사회자 한 사람에게 미국 달러화를 덤플링화로 환전하겠냐고 물었다고 한다. 사회자는 코웃음을 치며 덤플링이 진짜 화폐냐고 반문했다고 한다. 딘은 지금 정말로 의문을 제기해야 할 것은 오히려 미국 달러화라고 대답했다. 수십 년 전에는 달러화가 금본위제의 보호를 받았지만 지금의 달러화는 아무런 보호도 받지 못하고 있으니까 말이다. 반면에 덤플링화는 벤&제리 아이스크림 사의 보호를 받고 있다. (정말이다. 딘은 이 회사의 창립자들과 친분이 있다.) 그리고 딘은 아이스크림은 섭씨 0도로 얼어 있기 때문에 그것은 '바위처럼 든든한 빽'임을 강조했다.

딘의 집을 구경하다가 나는 액자에 끼워져 벽에 걸려 있는 한 문서를 보았는데 나에게는 그거야말로 세상에서 가장 중요한 문서 같았다. 그것은 부시 대통령에게 준 '국보급 해외원조 증서'였는데 노스덤플링 섬나라는 실제로 미국에 100달러나 해외원조를 했다고 한다.

나는 그 문서에 얽힌 이야기를 들려달라고 했다. 딘의 설명에 따르면 노스덤플링은 미국에 원조한 첫 번째 나라라고 한다. 그 증서가 밝힌 원조의 이유는 다음과 같다.

한때 과학기술로 세계를 선도했던 미국민들이 과학과 기술의 경이로움에 끔찍하게 무지하거나 당혹스러울 정도로 무관심한 상태에 빠졌다. 이것은 과학기술 문명국으로의 끔찍한 퇴보를 경고하면서 미국을 위협하고 있다… 이에 노스덤플링 국은 이 두 분야의 우수성과 그 진가를 미국민들에게 알리기에 애쓰고 있는 퍼스트 재단의 노력을 후원함으로써 이웃나라가 그러한 운명에 빠지지 않도록 도울 것을 언명한다.

딘은 미국의 최고 권력자에게 장난삼아 100달러를 준 것이 아니다. 딘은 새롭게 얻은 독립국가의 수장이라는 자신의 역할을 이용하여 또 다른 견칙 하나를 멋지게 깰 작정이었다. 딘은 과학과 기술이 더 주목받을 수 있도록 세계의 교육제도를 바꿀 길을 찾고 있었다.

딘은 퍼스트 재단(FIRST: the Foundation for Inspiration and Recognition of Science and Technology: 과학과 기술의 독려와 인정을 위한 재단)을 설립하기 위해 미국에 아낌없이 기부했다. 이 기관의 사명은 '과학과 기술이 그 가치를 인정받아 젊은이들이 과학과 기술 분야에서 리더가 되기를 꿈꾸는 세상을 창조함으로써 우리의 문화를 바꾸는 것'이다. 이 사명을 위해 퍼스트는 올림픽 같은 분위기의 대규모 과학경진대회를 여는데, 여기서 아이들은 온갖 종류의 로봇을 제작하여 경연을 벌인다.

나는 2015년에 미주리 주 세인트루이스에서 열린 퍼스트 로봇 경연대회를 참관했는데, 전 세계의 고등학교로부터 모인 약 3만7천 팀이 각종 로봇 발명품들로 우승을 향해 서로 경쟁을 벌이고 있었다. 아이들이 만든 로봇들이 어찌나 멋지던지, 믿기지가 않을 정도였다.

딘은 요즘의 아이들이 스포츠 스타만 숭배하며 자라는 것이 정말 문제라고 생각한다. 스포츠의 힘을 숭배하는 것이 문제될 건 없지만 인간 두뇌의 힘을 유감없이 발휘하며 혁신을 통해 인류의 진보를 주도하는 기술자, 과학자를 숭배할 필요도 있는 것이다. 퍼스트를 통해 딘은 아이들로 하여금 바로 그렇게 과학과 기술의 가치를 제대로 인식하게 한다. 그리고 퍼스트가 언론의 주목을 받는 데는 물론 노스덤플링 국의 도움이 컸다.

노스덤플링 국이 정말로 나라인지 아닌지는 중요하지 않다. 중요한 것은 딘이 대부분의 사람들과는 다른 차원에서 움직이고 있다는 점이다. 딘은 더 윤택한 삶을 추구하고, 그 과정에서 끊임없이 규칙을 깨부수며 대부분의 사람들이 별생각 없이 받아들이는 신념과 문화적 규칙을 해킹한다.

- 세그웨이의 발명으로 딘은 교통수단에 대한 사람들의 인식을 재정립했다.
- 노스덤플링 국을 건국함으로써 딘은 유쾌한 방식으로 국가라는 개념을 재정립했다.
- 퍼스트 재단과 함께 딘은 청소년에게 과학이 스포츠만큼이나 멋진 분야임을 보여줌으로써 과학교육에 대한 기존의 생각을 재정립했다.

비범한 사람들은 다르게 생각하고, 더 나은 삶을 방해하는 견칙을 절대 용납하지 않는다. 우리도 그래야 한다. 모든 사람은 꿈을 추구하지 못하도록 가로막는 견칙을 폐기할 책임과 능력을 갖고 있다. 물려받은 믿음에 의문을 품는 것이 그 시작이 될 것이다.

견칙을 장착하고 있는 우리의 놀라운 뇌를 역으로 사용하여 그 견칙을 제거한 후, 그 자리에 진정으로 도움되는 믿음을 집어넣으라. 이런 생각만으로도 우리는 이미 엄청난 해방감을 맛볼 수 있다. 이제 두 번째 법칙으로 넘어가보자.

법칙 2   견칙에 의문을 제기하라

비범한 정신의 소유자는 자신의 꿈과 소망에 맞지 않는다고 느껴지는 견칙에 의문을 품는다. 이들은 오래전에 사라졌어야 할 견칙을 맹목적으로 따르는 사람들로 인해 세상이 지금과 같아졌다는 것을 잘 알고 있다.

견칙에 용감하게 맞서기

우리는 지금부터라도 내적, 외적, 개인적, 제도적으로 자신의 방식을 밀고 나가야 한다. 그러기 위해서는 먼저 머릿속에 있는 견칙부터 제거해야 한다. 그다음 사회적 견칙에 압박을 가하여 진화를 꾀하면 된다. 처음에는 이것이 아무런 보호장비도 없이 높은 빌딩에서 뛰어내리는 것만 같을 것이다. 그동안 작동하던 자동조종장치를 꺼버렸기 때문이다. 그렇게 자신이 핸들을 잡고 가면 가끔씩은 혼란을 느끼게 될 수도 있다. 하지만 자신을 믿어야 한다. 우리는 이 일을 하기 위해 태어난 것이다. 인간은 누구나 세상을 새롭게 바라보고, 해결책을 찾아내고, 자신의 지식을 동원하여 삶을 전환하고 세상을 변화시킬 위대한 능력을 가지고 태어난다. 문화는 정적이지 않다. 문화는 살아 숨 쉬는 것이어서 인간에 의해 인간의 삶 속에서 실시간으로 만들어지며, 각자의 세계의 변화와 함께 변화해가게 되어 있다. 그러니 우리 함께 해보자! 그것은 가정과 우리 자신으로부터 시작된다. 당신만의 방식으로 당신의 인생에서부터 시작해보라.

연습 _ 견칙 테스트

그렇다면 당신의 견칙은 어떤 모습을 하고 있을까? 황금률 같은 도덕적이고 윤리적인 기준을 제거하자는 것이 아니다. 다만 우리를 오랜 습관과 불합리한 자기심판 속에 가둬두는 규칙이라면 따져볼 필요가 있다. 그런 견칙이 다음에 또 우리를 찾아올 때 알아차리기 위해서 말이다. (예컨대 다음과 같은 견칙들이 있다. ─ 나는 매주 지치도록 일을 해야 한다. 혹은, 나는 열심히 일하지 않고 있다. 나는 부모님께 매일 전화를 드려야 한다. 혹은, 나는 착한 딸/아들이 못 된다. 나는 우리 가족처럼 종교적 계율을 잘 지켜야 한다. 혹은, 나는 영적인 사람이 아니다. 나는 동반자를 이렇게 저렇게 대해야 한다. 혹은, 나는 좋은 배우자가 못 된다.)

당신이 처해 있는 현실을 확인하기 위해 다음의 다섯 가지 질문을 해보기 바란다. 말하자면 견칙 테스트용 질문들이다. 그러면 해당 규칙을 따라 살고 싶은지, 아니면 깨버리고 싶은지를 판단할 수 있을 것이다.

질문 1. 이 규칙은 인류에 대한 신뢰와 희망에 기반하고 있는가?

해당 규칙이 인간 존재의 근본적인 선함을 전제로 하는가, 아니면 악함을 전제로 하는가? 나는 인간에 대한 부정적 가정에 근거하는 규칙이라면 일단 의심해본다.

예를 들어 오늘날에도 섹스는 무수한 사람들에게 죄책감과 수치심을 불러일으킨다. 따라서 섹스를 둘러싼 규칙이 매우 많다. 최근에 인도 정부는 포르노 웹사이트 접근을 금지하려고 했다가 국민의 항의가 거세지자 시행 나흘 만에 없던 일로 만들었다. '온라인상 포르노 접근을 허락하면 사람들이 광분해서 성도착자가 될 것'이라는 발상은 인간이 기본적으로 악하다는 생각을 전제로 한 견칙의 전형적인 예다.

기독교의 원죄 개념도 인간성을 근본적으로 불신하므로 견칙에 속한다. 이 견칙은 특히 사회, 경제적으로 불운한 소외층에게 막대한 죄책감과 수치심을 안겨주었다. 원죄는 상대적 진리의 한 본보기다. 지구 전체 인구 중 일부분의 사람들이 믿는 진리일 뿐이다. 즉 모든 문화권에 널리 퍼져 있는 규칙이 아니다. 그리고 우리가 죄인으로 태어났다는 과학적인 증거도 없다. 그러므로 이 규칙은 절대적인 진리가 아니다. 그럼에도 불구하고 이 규칙은 수백만의 사람들에게 부정적인 영향을 주고 있다.

인류에 대한 믿음과 신뢰를 항상 간직하라. 나는 간디가 했던 이 말을 즐겨 되새기곤 한다. "인류에 대한 신뢰를 잃어버려서는 안 된다. 인류는 대양이다. 대양에 떨어진 몇 방울의 물이 더럽다고 해서 대양이 더러워지는 것은 아니다."

질문 2. 이 규칙은 황금률에 위배되는가?

황금률은 '내가 대접받고자 하는 대로 너희도 남을 대접하라'고 말한다. 한 집단을 추앙하고 다른 집단은 경시하는 규칙은 견칙으로 의심할 만하다. 피부색, 성적 성향, 종교, 국적, 가지게 된 성기의 차이(성별), 그 밖의 모든 독단적이고 주관적인 기준에 근거하여 기회를 주기도 하고 박탈하기도 하는 규칙들이 여기에 해당한다.

질문 3. 이 규칙을 특정 문화나 종교로부터 받아들였는가?

이 규칙은 오직 한 집단의 사람들만이 태어날 때부터 믿게 되어 있는 규칙은 아닌가? 특정한 삶의 방식에 대한 신념, 즉 먹고 입는 법 같은 아주 특정한 습관에 대한 규칙은 아닌가? 만약에 그렇다면 그것은 아마도 특정 문화나 종교가 말하는 규칙일 것이다. 만약 이런 규칙이 거슬린다면 나는 따를 필요가 없다고 믿는다. 그래서 나는 스테이크나 소고기 버거가 먹고 싶을 때는 즐기기로 했다. 다행히도 내 가족은 이런 규칙에 대한 회의를 용인해주었다. 때로는 불편하기도 했을 텐데도 말이다.

한 문화에 속해 있다는 이유만으로 동의할 수 없는 방식으로 입고 먹고 결혼하고 기도해야만 할 필요는 없다. 문화는 마치 물 흐르듯 늘 흘러가며 진화하게 되어 있다. 물은 흐를 때 가장 아름답고 가장 유용하다. 물이 흐르기 때문에 강이 생겨나고 폭포가 생겨나고 파도가 생겨난다. 물이 고이면 썩기 마련이다. 문화도 똑같다. 문화가 독단에 빠지거나 근본주의에 빠져 정체상태가 되면 독소를 내뿜게 되어 있다. 당신이 속한 문화를 인정하되, 그것이 흐르고 진화해가게 하라. 독단에 힘을 보태주지 말라. 옛날의 조상들처럼 옷을 입고 음식을 먹고 성행위를 하고 기도를 해야 한다고 말하는 것은 독단이다.

질문 4. 이 규칙은 이성적인 선택에 의한 것인가, 아니면 전염된 것인가?

어린 시절부터 내 머릿속에 자리 잡은 것이라서 이 규칙을 따르고 있는 것은 아닌가? 이 규칙은 내 삶에 유익한가? 다른 방식을 생각해본 적이 한 번이라도 있는가? 우리는 단지 어릴 때부터 전해 받아 조건화되었다는 이유로 온갖 위험하고 해로운 규칙을 따른다. 그 규칙이 당신의 발목을 잡고 있는가? 만약 그렇다면 그 규칙을 의심하고 분석하고 이해하라. 그것은 당신의 인생에 도움이 되는가? 그저 남들이 다 그러니까 그것들을 받아들이고 있는 것은 아닌가? 그 규칙이 진정으로 도움이 되는지 자문해보고 아이들에게 물려주고 싶은 규칙인지도 살펴보라. 그런 생각들이 (예컨대 옷 입는 법, 도덕과 전통 등) 답답하게 당신의 숨통을 죄어오지는 않는가? 만약 그렇다면 그 규칙이 편안히 죽음을 맞도록 보내주고, 아이들을 전염시키지 않도록 연결고리를 끊으라.

질문 5. 이 규칙은 나를 행복하게 해주는가?

때로 우리는 우리를 행복하게 해주지는 않지만 피할 수 없는 삶의 방식이거나 모든 사람이 따르는 믿음이면 그냥 따르기도 한다. 내가 컴퓨터 기술자가 되었던 것처럼, 가족 혹은 사회가 좋다고 하니까 특정한 직업을 갖고 특정한 사람과 결혼하여 특정 지역에서 특정한 방식으로 살아가는 것이다.

자신의 행복을 가장 중요하게 생각하라. 오로지 자신이 행복할 때만 배우자, 가족, 이웃, 동료에게도 진정으로 자신이 가진 최고의 것을 줄 수 있다.

스티브 잡스가 스탠퍼드 대학 졸업식 축하연설에서 한 아래의 말은 새겨볼 만하다.

시간이 별로 없습니다. 그러니까 다른 누군가의 삶을 사느라고 시간을 낭비하지 마세요. 타인의 철학에 따라 사는 교조주의에 빠지지 마세요. 여러분 내면의 목소리가 다른 사람들의 소란한 견해에 파묻혀버리도록 버려두지 마세요. 그리고 가장 중요한 것으로, 용기를 가지고 본인의 가슴과 직관이 말하는 것을 따르세요. 가슴과 직관은 여러분이 진정으로 무엇이 되고 싶은지를 이미 알고 있습니다. 그 밖의 다른 모든 것은 부차적인 문제일 뿐입니다.

이제는 의심할 시간

당신의 인생에서 어떤 믿음들에 의심을 제기해보고 싶은가? 몇 가지를 고른 다음 견칙 테스트를 실행해보라. 그다음에는 또 몇 가지를 더 테스트해보라. 서두를 필요는 없다. 그리고 이제 견칙이 무엇인지를 알았다고 해서 내일 아침에 일어나자마자 당신이 따르던 모든 견칙이 사라져서 자유롭게 되리라고 기대하지도 말라. 강력하고 영향력이 큰 견칙일수록 분명하게 간파하기가 더 어려운 법이다. 이 책 전반에 걸쳐서 나는 견칙을 찾아내어 버리고, 그 자리에 크나큰 행복과 교감과 성공을 고취해줄 새로운 청사진을 배치할 다양한 전략을 공유하려 한다. 하지만 새로운 인생으로 훌쩍 뛰어들기 전에 먼저 우리는 낡은 자신으로부터 벗어나야 한다. 나는 L. P. 하틀리가 1953년에 발표한 소설 《중매인》(The Go-Between)에 나오는 다음 글귀를 좋아한다. "과거는 다른 나라이다. 그곳 사람들은 다르게 산다." 이 말이 사실이라면 우리는 이제 국경을 넘어 새롭고 흥미진진한 곳에 가서 완전히 새로운 삶의 방식을 발견할 기회를 잡은 것이다.

열심히 의심하면서도, 이 점만은 명심하기 바란다. ― 주변 사람들은 당신이 틀렸고, 가족의 기대를 나 몰라라 하고, 전통과 문화의 규범을 무시하고 있다고 성토할 것이다. 이기적이라는 소리도 들을 것이다. 그때 이 말을 기억하기 바란다. '심장은 우리 몸속에서 가장 이기적인 장기라고 한다. 왜냐하면 좋은 피는 자신을 위해 남겨두기 때문이다.'

심장은 산소가 풍부한 좋은 피는 다 자신이 갖고 나머지 피만 다른 장기들에게 분배한다. 그런 의미에서 심장은 이기적이다. 하지만 좋은 피를 비축해두지 않으면 심장은 죽고 말 것이다. 그리고 심장이 죽으면 다른 모든 장기도 죽게 된다. 간, 신장, 뇌, 모두 죽는다. 이렇게 보면 심장은 스스로 이기적인 존재일 수밖에 없다. 그러니 당신도 당신이 이기적이라거나 가슴을 따라서는 안 된다고 말하는 사람이 있다면 틀렸다고 말해주라. 나는 당신이 규칙을 깨고 전통적인 규범의 울타리 밖에서 생각할 것을 허락하고, 촉구한다. 선대의 견칙을 우리 아이들 세대에까지 답습시켜서는 안 된다.

견칙을 초월한 삶

이렇게 삶을 해킹하기 시작하면 새로운 힘과 통제력을 감지하게 될 것이다. 그와 함께 행동에 대한 책임과 의무도 따라올 것이다. 어떤 규칙을 따를지를 결정하는 자가 우리 자신이 될 것이기 때문에 삶은 전적으로 우리 자신에게 달린 것이 된다. 누구 때문에, 혹은 무엇 때문이라는 변명을 할 수 없게 되는 것이다. 황금률을 위배하지 않도록 견칙 테스트를 하는 등으로 책임성 있게 해킹을 행하는 것도 전적으로 당신 자신에게 달린 일이다.

견칙을 벗어난 삶에는 어느 정도 용기가 필요하다. 어떤 견칙 때문에 고통을 받아서 더 이상 그 견칙을 끼고 살 수 없음을 깨달았을지라도, 그 견칙을 버린다는 것은 마치 인생에 중요한 사회적 지위를 포기하는 것만 같은 느낌이 들 수도 있다. 견칙을 벗어난 삶은 놀랍고 신날 수도 있지만 무섭기도 하다(주로는 이 세 가지 감정을 한꺼번에 느낀다). 당신에 대해 뒤에서, 혹은 대놓고 이러쿵저러쿵하는 말들이 들리겠지만 단단히 대비해서 당신만의 행복을 꿋꿋이 추구해가야 한다.

내 친구 삼 이사도라는 배우이자 유명한 탄트라 요가 선생이기도 한데, 한번은 이런 말을 했다. "너만의 길을 가고 너만의 삶을 선택하는 것에 죄책감을 느끼게 하는 사람들은 단지 이렇게 말하고 있는 것일 뿐이야. '이것 봐. 내 사슬이 너의 사슬보다 더 크니까 내가 너보다 나아.' 그 사슬을 끊고 너만의 삶을 사는 데는 용기가 필요해."

그러니까 지상에서의 이 소중한 나날을 열린 마음과 사려 깊은 정신으로, 그리고 용기 있게 틀린 것을 바로잡고 그 결과를 겸허히 받아들이며, 자신에게 진실하게, 그리고 충만하고 담대하게 살아가라. 그러면 자신이 생각보다 훨씬 더 멀리 날아갈 수 있다는 것을 깨닫고 깜짝 놀라게 될 것이다.

"우리가 머릿속에 주워담아 갖고 있는 이 모든 규칙과 방식들이 사실은 존재하지조차 않는다면 어떨까? 우리가 그것들이 거기에 있다고 생각하고 싶어하기 때문에 그것이 거기에 있다고 믿고 있는 것이라면? 이 모든 도덕적 틀과, 더 잘 살기(혹은 최고로 잘 살기) 위해 우리가 내리고 있는 이 모든 결정들… 우리 자신이 다 잘 통제하고 있다고 생각하지만 사실은 그렇지 않다면? 한 번도 가본 적이 없는 길이라서 감히 갈 생각을 못하는 길이 바로 당신을 위한 그 길이라면? 그것을 깨닫는 날, 과연 당신은 당신을 위한 그 길을 가겠는가? 다른 말로, 당신은 자기만의 규칙과 자신의 이성을 신뢰하기를 택하겠는가? 당신만의 도덕성, 자기만의 희망을 믿겠는가? 당신만의 도덕성과 희망이 다른 길을 향하고 있다면, 과연 당신은 어찌하겠는가?

— C. 조이벨 C.

Part 2

깨어나기
내 버전의 세계를 선택하는 힘

어린 시절에 나는 아버지의 권유로 태권도를 배웠다. 태권도는 정신수양과 호신술을 쌓는 한국의 무예다. 나는 태권도를 좋아했다. 열심히 연습해서 동작들을 완벽하게 만들면 1년에 한 번씩 다음 단계의 허리띠를 받을 수 있었다. 나는 흰 띠로부터 시작해 서서히 노란 띠, 녹색 띠, 파란 띠, 갈색 띠로 올라갔고, 마침내 모두가 탐내는 검은 띠를 받았다.

훈련 단계마다 색깔이 다른 띠를 주는 것은 수련자가 단계별로 체계적인 훈련을 받게 하고 모든 동작에 능숙해질 때까지 포기하지 않게 만드는, 수백 년 전통의 품격 높은 제도이다. 단순히 '고수가 되라'고 말하는 것처럼 막연한 목표를 주기보다는 이렇게 단계별로 동기를 부여하는 것이 성장을 훨씬 더 용이해지게 만든다. 각각의 띠는 그동안 열심히 했고, 그만큼 진전했음을 입증해주는 보물인 것이다.

이 책도 우리 의식의 진전을 태권도 띠의 순서처럼 보여주도록 설계되었다. 1부에서 2부로 옮겨갈 때, 당신 의식의 자각 수준은 다음 단계로 올라설 것이다. 오늘날의 인류는 대체로 과거 세대들로부터 물려받은 견칙에 갇힌 채 1단계에서, 곧 문화배경 속에서 살고 있다.

문화배경을 있는 그대로 보기 시작하면 내면에서부터 뭔가 변화가 시작될 것이다. 그리고 현 상태를 따르기보다는 자기만의 규칙을 만들어가기 시작할 것이다. 당신은 의문을 제기하기 시작할 것이다. 그리고 많이 의문할수록 더 많은 것을 자각하게 될 것이다. 더 많은 것을 자각할수록 더 많이 성장할 것이다. 그리고 더 많이 성장할수록 더 비범한 삶을 살게 될 것이다.

이제 당신은 '2단계: 깨어나기'까지 올라왔다. 이것을 냅킨 그림으로 그리면 다음과 같다.

 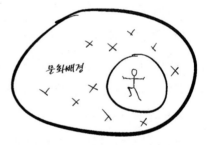

1단계

문화배경 속의 삶. 동그라미 속의 x는 견칙일지도 모르는 규칙들이다.

2단계

문화배경 속에서 자기 버전의 세계를 창조하는 법을 터득한다. 당신의 세계(동그라미 속의 작은 동그라미) 속에서 당신은 그 세상으로 들어오려고 하는 견칙을 제거하거나 걸러낼 수 있다.

그림 속의 작은 x는 문화배경 속의 견칙이다. 당신은 문화배경 속에서 자기만의 공간을 만들어냄으로써 견칙들 위로 솟아오를 수 있고, 그 공간 속에서는 '당신이' 규칙을 만들어갈 수 있다.

2단계에서 자기를 성장시키고 세상을 바꾸는 데에 당신이 사용하게 될 도구는 일종의 수행법으로서, 나는 이 기술을 의식공학(consciousness engineering)이라 부른다. 이 의식공학을 당신과 당신을 둘러싼 문화배경 사이에 존재하는 접속장치 정도로 생각하기 바란다. 당신은 이 접속장치를 통해 의식 속으로 들여보낼 것과 거부할 것을 정한다. 즉 당신의 의식이 모양 지어지고 영향받는 과정을 당신이 제어하는 것이다.

당신은 어떤 생각과 가치(이것을 우리는 현실의 모델이라 부른다)를 믿기로 선택하겠는가? 당신은 어떻게 살고, 배우고, 성장해가기를(이것을 우리는 삶의 방식이라 부른다) 택하겠는가? 다음의 각 장에서 당신은 비범한 삶을 향한 당신의 여정을 도와줄 모델과 방식들을 선택하게 될 것이다.

3장

의식의 공학을 실천하라

문화배경으로부터 무엇을 받아들이고 무엇을 거부할 것인지를
의식적으로 선택함으로써 성장을 재촉하는 법을 배우다

사람들에게 새로운 사고방식을 가르치고 싶다면 가르치겠다는 생각부터 버리라. 대신
새로운 방식으로 사고하도록 이끌어줄 도구를 주라. **버크민스터 풀러**

컴퓨터공학에서 의식공학으로

컴퓨터 기술자로 사는 것은 끔찍했지만 컴퓨터공학을 공부해서
좋은 점도 있었다. 컴퓨터공학을 공부하면서 문화배경 속의 견칙에
도전하기에 아주 안성맞춤인 사고의 방식을 하나 배운 것이다. 컴퓨
터식의 사고방식 말이다.

컴퓨터식의 사고방식은 문제를 모든 각도에서 살핀 다음(문제를
작은 공정과 부분들로 잘게 해체하고 패턴들을 발견, 인식한다) 매우 논리적이
고 도식적으로 문제를 해결해내도록 훈련시켜준다. 목표는 한 번의
해결에 그치지 않고 반복 가능한 해결책을 찾는 것이다. 다시 말해
누구나(남자, 여자, 아이… 인도인, 말레이시아인, 북미인 등등 가릴 것 없이) 그
도식만 이용하면 같은 결과를 이끌어내는 그런 해결책을 찾아야 하
는 것이다. 컴퓨터식으로 사고하다 보면 매우 논리적으로 생각하게

되고, 문제해결에 능해진다. 이것이 프로그래머나 해커들이 보유한 필살기다.

아홉 살 때 소고기 견칙을 깨고 난 이후로 나는 살아가는 방식에 관한 모든 것을 해킹하고 싶어졌다. 부모님의 허락하에, 나는 삶에 관련된 모든 것을 '우리는 왜 이렇게 하지?' 하는 의문을 품고 바라보기 시작했다.

하지만 그것을 인간의 마음에까지 적용하게 될 줄은 몰랐다.

무일푼의 실패자였다가 10개월 만에 최우수 직원이 되다

앞으로 배우게 될 비범한 삶을 위한 도구들을 내가 어떻게 발견했는지를 설명하려면 내 삶의 어려웠던 시절 이야기를 하지 않을 수 없다.

그 힘든 시절이 있었기에 나는 개인적으로 성장할 수 있었다. 2001년 대학을 갓 졸업하고, 나는 창업을 하기 위해 실리콘밸리로 들어갔다. 하지만 당시에는 요즘의 Y-콤비네이터, 500스타트업 같은 후원 프로그램이 전무하다시피 했다(이 프로그램들은 아이디어 하나로 닷컴 기업을 일구어보려는 꿈을 가진 젊은이들을 후원한다). 스물다섯 살 난 청년이 돈을 구할 방법은 좀처럼 보이지 않았다. 나는 저금을 털고 아버지에게 돈을 좀 빌린 다음 운을 시험해보기로 했다.

그런데 때가 좋지 않았다. 실리콘밸리로 이사한 후 몇 달 만에 닷컴 기업의 거품이 무너졌다. 2001년 4월 한 달 동안에 14,000명이 실직했다. 해고자들을 위한 위로 파티(해고 통지서를 들고 가야 참석할 수 있었고, 처지가 비슷한 사람들끼리 편안하게 즐기면서 인맥도 만들었다)가 흔한 풍경이 되었다. 돈 한 푼 없었던 나는 craigslist.org(온라인 정보 사이트, 역주)에 뜨기만 하면 무슨 일이든 이력서를 보낼 만큼 필사적이었다. 하지만 응답이 돌아오는 곳은 단 한 곳도 없었다. 수입이 거의 없었기 때문에 아파트는커녕 방 한 칸도 빌릴 수 없었다. 그래서 나는 어느 집 소파 공간만 겨우 빌려서 살았다.

그것도 두 사람밖에 앉을 수 없는 작은 소파였다. 그래서 밤에는 소파 끝에 두 다리를 걸치고 자야 했다. 집주인은 버클리 대학의 학생이었는데 그는 그 집에서 자신이 제일 싫어하는 가구까지 세를 주어 어떻게든 한 푼이라도 벌어보려 했다. 버클리 시내의 한 집에 있는 작은 소파, 그리고 그 바로 옆에 있던 라디에이터, 그 위에 내 삶의 모든 것이 놓여 있었다. 내 옷, 책, 랩탑, 그리고 내 깨진 꿈들. 컴퓨터공학 학위를 받았음에도 여전히 대학가에서 살면서 대학생들조차 나보다 더 좋은 환경에서 살고 있는 모습을 지켜보다 보니 나는 저절로 겸손해졌다.

그러던 어느 날, 그날도 어김없이 craigslist의 구인광고를 보고 이력서를 보내는 그 지루한 일을 하고 있던 중에 어떤 회사로부터 회신을 받았다. 법률회사에 판례관리용 소프트웨어를 파는 회사인데 전화영업 직원을 구한다고 했다. 판매액의 일정 비율을 수수료로 받는 방식이었다. 실적이 없으면 월급도 없다는 뜻. 당시는 경제가 심각한 불황이어서 창업회사들의 경우 기본급도 주지 않는 일이 다반사였다.

나는 영업과 마케팅에 대해서는 아무것도 몰랐지만 당시 유일하게 합격한 회사이므로 다니기로 했다.

출근 첫 주, 신입사원들에게 담당구역이 배당됐다. 내 구역은 텍사스 주 샌 안토니오 시였다.

일은 대충 이런 식으로 진행됐다. 일단 샌프란시스코 공립도서관으로 가서 샌 안토니오 시의 전화번호부를 꺼낸다. 거기서 법률회사들을 찾아낸다. 그리고 그 회사들의 모든 변호사에게 알파벳순으로 전화를 건다. 심심해서인지 어째서인지 몰라도, 전화를 끊어버리지 않고 나의 구입 권유를 들어주는 사람을 만날 때까지 계속 거는 것이다. 나는 편의상 비센 락히아니가 아니라 미스터 빈센트 락히아니가 되었는데, 내 상사가 텍사스엔 내 이름을 제대로 발음할 변호사가 아무도 없을 거라고 생각했기 때문이다.

처음 몇 달 동안 나는 그곳에서 한 달에 2천5백 달러 정도를 벌었다. 샌프란시스코 베이 지역에서 살아남기에는 턱없이 부족한 액수였다.

하지만 인생이 바닥을 칠 때 다음 단계로의 성장을 위한 첫걸음을 떼게 되는 경우가 많다. 비범한 삶에는 얼마나 굴곡이 많은지를 보여주는 1장의 도표가 기억나는가? 나는 내가 성장하고 깨우치도록 도와줄 그 같은 굴곡 하나를 넘고 있는 중이었다.

영업 일이 지겹고 마음이 우울해서 나는 일상에 지친 마음을 다스려보고자 인터넷에 들어가서 적당한 강좌를 찾아보기 시작했다. 구글 검색엔진에다가 정확하게 뭐라고 썼는지 기억나지는 않지만 아마도 '삶의 희망'이나 '성공', 혹은 '사는 게 왜 이렇게 힘든가?' 따위의 말을 치고 검색했던 것 같다.

그러던 중에 명상과 직관에 관한 강좌가 하나 눈에 띄었다. 로스앤젤레스에서 하는 강좌였는데 흥미로워 보였다. 특히 강사가 의약

품 영업 일을 하는 사람이었는데 자신이 가르칠 명상법이 자신의 영업실적을 눈에 띄게 올려놓았다고 했다. 그렇다면 어디 한 번 해보자! 나는 약간은 충동적으로 로스앤젤레스까지 날아가 수업에 참석하기로 결심했다. 그리고 실제로 가보니 학생이라곤 나 혼자 뿐이었다(당시만 해도 명상은 사람들의 관심거리가 아니었다). 나는 이틀로 예정되어 있던 수업을 하루 만에 끝내고 그날 밤 다시 샌프란시스코로 돌아왔다.

그 즉시 나는 수업에서 배운 기술 몇 가지를 적용하기 시작했다. 그중의 하나가 간단한 기법을 이용해 명상에 들어가서 내 마음을 알파파 상태로 만드는 것이었다. 알파파는 명상 중에 흔히 나타나는 뇌파의 일종으로 그 상태에서는 심신이 이완된다. 이런 종류의 명상을 옹호하는 사람들은 뇌파가 알파파일 때 직관력, 창의력, 문제해결 능력 등이 매우 좋아진다고 말한다. 그 수업의 가장 중요한 부분은 내면의 목소리, 혹은 직관의 목소리를 듣는 것이었다. 그래서 직장에서 전화영업을 하면서도 내면의 목소리를 듣는 연습을 했다. 일단 다른 동료들이 하듯이 전화번호부를 보고 알파벳 순서대로 모든 변호사에게 전화 거는 일을 그만두었다. 대신에 명상 상태에 가깝도록 긴장을 푼 다음 손가락으로 변호사 명단을 죽 훑어 내리다가 왠지 '전화해야 할 것 같은' 느낌이 드는 사람에게만 전화를 했다. 그것은 어떤 충동 같은 것이었고, 때로는 그냥 정답 맞추기 놀이 같기도 했지만 어쨌든 나는 그런 충동에 주의를 기울였다. 전혀 논리적이지 않은 방법이었다. 그런데 뜻밖에도 그렇게 내면의 충동에 귀를 기울일 때 우리의 상품을 구입할 가능성이 더 많은 변호사와 통화하게 된다는 사실을 깨닫게 되었다. 내 판매실적이 갑자기 올라가기 시작했다.

명상으로 우리는 얼마나 큰 변화를 기대할 수 있을까? 나는 사실 긴장과 스트레스를 풀고 싶었을 뿐, 그 밖에 다른 기대는 하지 않았다. 그런데 로스앤젤레스에서 돌아와서 한 주가 지나고 보니 나는 주당 영업실적 최고기록을 세우고 있었다. 나는 그게 우연히 그렇게 된 것이고 곧 예전으로 돌아갈 것이라고 생각했다. 하지만 다음 주에도 나는 두 건이나 성공했고 또 그다음 주에도 마찬가지였다. 사실 점점 더 많이 팔았다. 그다음 달에는 한 주에 세 건씩 성공했다. 직관의 목소리를 듣는 것이 수용적인 변호사와 연결될 확률을 세 배 정도 올려주는 것 같았다.

직장 밖의 일들도 호전되기 시작했다. 나는 날마다 더 행복해지고 더 긍정적인 기분이 되었다. 자신감이 붙고 직장 사람들과의 관계도 좋아졌다. 나는 그 이유가 매일 15분에서 30분 정도 명상을 하며 직관의 소리에 귀 기울이고 쉽게 판매에 성공하는 모습을 심상화한 덕분이라고 생각했다.

나는 또 다른 수업에서 배운 다른 기술도 적용하기 시작했다. 사람들과 좀더 효과적으로 교감하게 하는 간단한 감정이입 기술이었다. 변호사와 통화하기 전에 스스로에게 이렇게 말하는 것이다. "나는 내 미래의 고객과 무의식 차원에서 교감하고, 그들이 필요한 것이 무엇인지를 알아낸다. 그리고 적절한 순간에 적절한 말을 한다. 그리고 (그 변호사의 회사에 이 소프트웨어가 정말로 도움이 될 경우에만) 판매를 한다." 명상을 하는 동안 나는 3분 정도 그 변호사가 내 앞에 있는 모습을 그려보고 그 사람에게 온몸과 마음으로 사랑과 이해를 보냈다. 그리고 "모두에게 이득이 될 경우 판매를 완수할 것이다"라고 머릿속으로 긍정적인 결심을 한 다음 심상화 과정을 끝냈다.

나의 영업실적은 또 한 번 크게 뛰었다. 곧 나는 그 회사의 판매 왕이 되었다. 그리고 그 후 넉 달 동안, 스물여섯 살에다 영업 경력이라곤 전무했던 내가 거듭 세 번이나 승진을 했고, 마침내 그 회사 판매담당 책임자가 되었다. 그리고 2002년 9월, 입사한 지 아홉 달 만에 나는 뉴욕 시의 지사장으로 임명되었다.

그 회사에서 나는 성장을 거듭했다. 동시에 명상에 대한 실험과 조율과 개선도 계속해갔다. 그렇게 한 번씩 개선할 때마다 업무능력도 향상되는 것 같았다. 곧 나는 사업개발 책임자(구글 에드워즈Google AdWords에 광고하는 일을 했다)와 뉴욕 지사의 책임자라는 두 사람 몫의 일을 하고 있었다. 몇 달 만에 내 수입은 세 배로 뛰었다.

당시의 나는 자신이 어떻게 그런 성공을 거둘 수 있었는지를 정확하게 설명할 수 없었다. 하지만 내 방식이 효과가 있다는 것만은 분명했다.

컴퓨터식의 사고방식과 개인적 성장의 만남

영업 일에서 빠른 성공을 맛본 일이 불씨가 되어, 인간 정신의 복잡한 암호를 푸는 일에 관한 나의 열정이 불타오르기 시작했다. 우리는 예컨대 판매에 관한 책을 읽는 등의 논리적인 접근법으로 실적을 향상시킬 수 있고, 그런 방법도 분명 훌륭하다. 그런데 실적을 더 극적으로 높이는 기술도 있다. 내가 배운 그 기술은 단 '일주일' 만에 내 인생을 바꾸어놓았다.

전공으로 훈련받은 컴퓨터식의 사고방식이 힘을 발휘하기 시작했다. 나는 인간 행동(인간 행동은 언뜻 보면 생각, 행위, 반응, 정서, 충동, 욕구, 갈망, 습관 등등 수많은 것들이 서로 마구 얽혀 있는 거대한 매듭처럼 보인다)을 분석하고 인간이 작동하는 메커니즘의 암호를 풀고 싶었다.

명상과 기타 의식 수행법에도 어느 정도 능숙해지자 나는 로스앤젤레스의 그 수업에 학생이 나 하나밖에 없었다는 사실에 마음이 쓰이기 시작했다. 배워야 할 것은 그보다 훨씬 더 많았다. 내가 엄청난 효과를 본 그것을 다른 사람들에게도 알려주고 싶었다. 그래서 작은 전자상거래 가게를 열고 소프트웨어 판매 일은 그만두었다. 첫 번째 판매 상품은 기존의 출판사들에 찾아가서 받아온 명상 CD가 고작이었다. 하지만 마인드밸리가 조금씩 커짐에 따라 힘닿는 대로 많은 회사를 차려서 사람들에게 알아차림(mindfulness) 기법, 명상, 관상觀想 기법, 더 나은 인간관계, 균형 잡힌 영양 상태와 건강, 심신의 행복을 얻는 법 등을 가르쳤다. 기본적으로 좀더 풍성하고 건강하고 의미 있는 삶을 살기 위해 꼭 필요한 지식이자 산업혁명 시대로부터 비롯된 우리의 교육제도가 가르쳐주지 못하는 지식을 가르친 것이다. 그러다 보니 어느새 우리는 켄 윌버, JJ 버진에서 마이클 벡위드에 이르는, 미국의 선구적인 사상가들이 쓴 건강과 행복과 의식에 관한 책들을 출판하고 있었다. 나는 2003년 단돈 700달러로 마인드밸리를 시작했다. 12년이 지난 지금, 마인드밸리는 은행 대부나 벤처자본 하나 없이 직원 200명에, 돈 내고 수업을 듣는 학생이 50만 명이 넘는 큰 회사로 성장했다.

그렇게 회사가 성장해가는 동안에 나는 인간의식 계발 분야 최고의 여러 사상가들과 개인적으로 깊은 교류를 할 수 있었다. 베스트셀러 작가이자 동기부여 분야의 명강사인 토니 로빈슨의 초대로 그의 피지 섬 리조트에서 9일을 보내기도 했다. 그리고 다양한 의식 수준을 연구하기 위해 유명한 바이오해커(온라인 공간에서 교류하며 자유롭게 연구하는 아마추어 생명과학자들의 통칭, 역주) 데이브 애스프리와 함께 머리에 전극을 부착하기도 했다. 그리고 인도의 정신세계 분야 대가들과 구루들, 전성기를 구가하고 있는 억만장자들, 경제, 사회 분야의 전설적인 인물들을 만났다. 그리고 그런 만남과 인터뷰와 경험을 할 때마다 나는 그것을 분석하고 소화하여 이 책을 탄생을 도와준 시스템의 틀을 조립해나가기 시작했다.

지금도 나는 우리 자신을 이해하는 데 도움을 주고 잠재력이 최고로 발휘된 상태(현실로 이루어지리라고는 생각지도 못했던 상태)로 가게 해주는 새로운 모델과 시스템을 집요하게 찾고 있다. 나의 해커 정신은 나로 하여금 가장 효과적이고 반복가능해서 누구든지 언제나 쓸 수 있는 해결책을 끊임없이 찾게 만든다. 이 해결책은 대다수의 평범한 사람들도 누릴 수 있는 비범한 결과를 불러올 것이다. 이것이 이제 내가 당신에게 알려주려고 하는 이 모델이 개발된 경위다. ─ '의식공학' 말이다.

인간 의식의 운영체계

컴퓨터를 갖고 있다면 아마도 가끔씩 새로운 운영체계를 설치해야 하게 될 것이다. 윈도우 98은 20년의 세월이 지나는 동안 윈도우 8로 대체되었다. 1996년 미시간 대학 신입생 때 내가 썼던 지겹기 짝이 없었던 매킨토시는 현재 맥북을 돋보이게 하는 아름다운 맥 OS

로 바뀌었다. 우리는 몇 년에 한 번씩 컴퓨터의 운영체계를 업그레이드시켜줘야 한다. 그래야 컴퓨터가 더 빨리, 더 효율적으로 돌아가고, 점점 더 복잡해지는 업무도 쉽게 처리할 수 있다.

그런데 그와 똑같은 일을 우리 자신에게도 해야 한다고 생각하는 사람이 과연 얼마나 될까? 의식공학은 인간 정신을 위한 운영체계이다. 그리고 멋진 것은(정말로 우수한 해킹 프로그램들이 그렇듯이), 의식공학은 정말 단순하다는 점이다. 의식공학의 모든 것은 결국 두 가지로 압축된다.

1. 당신의 현실 모델(당신의 하드웨어)

세상에 대한 당신의 믿음이 당신의 현실의 모델이다. 2장에서 우리는 우리가 진리로 받아들이는 대부분의 규칙이 머릿속에서만 존재할 뿐이며, 스티브 잡스가 말했듯이, '우리보다 전혀 똑똑할 것 없는 사람들에 의해' 집어 넣어진 것임을 이야기했다. 오늘날의 인간 사회는 그 옛날부터 쌓여온 신념들을 바탕으로 영위되고 있다. 현재 우리의 경제체제, 결혼제도, 우리가 먹는 음식, 교육과 노동방식… 이 모든 구조가 오늘날 우리가 몸담고 있는 환경과는 사뭇 다른 환경에서 살던 사람들이 그 옛날에 만들어놓은 것들이다.

세상을 긍정적으로 바라보고 자신감을 갖게 하는 신념을 품고 자란 사람들도 있다. 하지만 우리는 대부분 세상을 부정적으로 보고 자신감을 잃게 만드는 믿음을 최소한 한두 개는 갖고 있다. 당신이 어떤 믿음을 갖고 있든 간에, 그 믿음에 따라 실제로 생각하고 행동하기 때문에 그 믿음이 현실이 되어버린다는 사실을 깨닫는 것이 중요하다. 우리가 믿는 것이 정말로 우리의 세상을 만든다.

그런데 우리의 믿음이 우리를 만들긴 하지만 그 믿음이 곧 우리인 것은 '아니다.' 우리는 의식공학을 이용하여 낡은 믿음을 제거하고 새로운 믿음을 받아들여서 좀더 유용한 세계관을 구축할 수도 있다.

컴퓨터의 비유로 돌아가서, 당신의 현실의 모델이 당신의 하드웨어라고 생각해보자. 더 빠른 기계나 해상도 높은 모니터를 원하는가? 그럼 갖고 있던 것을 최신 모델로 대체하라. 저장공간이 더 필요한가? 그럼 500테라바이트 드라이브로 바꾸라. 신념도 마찬가지다. 더 이상 쓸모없는 낡은 신념을 제거하는 것은 우리의 불가침의 권리다. 그런데도 우리는 그 권리를 행사하지 않는다. 견칙 테스트를 해서 낡은 견칙을 찾아내어 제거하고 더 나은 새 규칙을 받아들인다면 당신은 운영체계가 최적의 상태에서 돌아갈 수 있도록 자신의 하드웨어를 업그레이드시키고 있는 것이다. 이 말은 자신이 무엇을 믿을 것인지를 스스로 선택한다는 뜻이고, 당신의 인생이 당신의 통제 안에 들어온다는 뜻이다.

구식의 현실 모델은 반드시 새것으로 교체돼야 한다. 우리가 지닌 현실의 모델이 인생사 전반을 둘러싼 우리의 느낌을 만들어내고, 그 이상의 일을 한다. 현실의 모델은 우리가 나날이 경험하는 세상의 현실에 놀라울 정도로 큰 영향력을 끼친다.

생각하는 대로 갖게 된다

우리의 현실의 모델이 우리를 모양 짓는다. 문제는 2장에서 살펴봤듯이 우리가 지닌 신념의 대부분이 이성적인 선택에 의해 받아들인 것이 아니라 타인을 모방한 것에 가깝다는 점이다. 인생, 사랑, 일, 양육, 육체, 자아의 가치에 대한 우리는 믿음은 주변 사람들과 주변에서 일어나는 일을 모방하려는 우리의 타고난 경향성의 소산인 경우가 많다. 세상에 대해 우리가 생각하고 믿는 것이 곧 우리가 되고 우리의 경험이 된다. 당신의 현실의 모델을 바꾸라. 그러면 당신의 세계에 극적인 변화가 일어날 것이다.

예를 들자면 엘렌 랭거와 에일리아 J. 크럼은 2007년 〈심리과학〉(Psychological Science) 지에 실험결과를 하나 발표했다. 이 실험에서 이들은 84명의 호텔 여성 청소부들에게 평소에 운동을 얼마나 하고 있느냐고 물었다. 호텔 방을 청소하는 일은 육체적으로 고된 일이므로 '너무 많이 한다!'는 대답이 쉽게 예상된다. 하지만 하루에 방을 열다섯 개나 청소하면서도 이들 중 3분의 1은 전혀 운동을 하지 않는다고 대답했고 나머지 3분의 2는 자주는 못한다고 대답했다. 주말에 밀린 청소를 해본 사람이라면 방 하나 침대 시트를 갈고 청소기를 돌리고 먼지를 닦는 일만도 큰일이라는 것을 잘 알 것이다. 하지만 이 여성 청소부들이 갖고 있던 현실의 모델에 따르면 직업적인 일을 하면서 하는 활동은 '운동'이 아니었다. 그리고 나중에 평가해본 바에 따르면 실제로도 앉아서 일하는 사람들에 비해 특별히 더 건강하지 않았다.

더 흥미로운 대목은 이제부터다. 청소부들의 머릿속에 새 현실의 모델을 하나 심어 넣어준 것이다. 연구원들은 전체 연구대상 청소부들 중 44명에게, 그들이 날마다 하는 일이 미국질병통제예방센터의 1일 운동 권장량에 부합하고, 미국공중위생국의 운동 권장량을 웃도는 수준이라고 말해주었다. 그리고 청소할 때의 이런저런 활동이 칼로리를 얼마나 소비하는지를 설명해주었고 그 정보를 그들이 일하면서 잘 볼 수 있는 곳에 붙여주었다. 요컨대 그들의 믿음을 찰칵하고 바꿔준 것이다. 연구원들은 청소부들에게 그들의 일에 관한 새로운 정보를 제공했고, 그 새로운 정보는 그들의 일이 사실은 운동임을 보여주었다.

그로부터 한 달 후, 연구원들은 청소부들에게 어떤 변화가 일어났는지를 추적해보았다. 놀랍게도 그런 정보를 알게 된 청소부들은 몸무게가 평균 2파운드(1킬로그램 남짓) 줄었고 고혈압이 전보다 떨어졌으며 체지방 지수, 체질량 지수, 허리엉덩이 비율 수치 등을 볼 때 전체적으로 '눈에 띄게' 건강해졌다. 이 청소부들은 그동안 특별히 일을 더 열심히 한 것도 아니었다. 단지 연구원들이 알려주었던, 사실에 입각한 새로운 정보를 숙지하고 있었을 뿐이다. 연구원들은 낡은 현실의 모델 하나를 새 모델로 바꿔치기하는 데 성공했고, 그 덕분에 청소부들은 자신의 일을 '운동'으로 여기게 된 것이다. 그리고 그 결과 그들의 몸이 실제로 변했다.

연구자들은 운동에서도 플라시보 효과가 모종의 역할을 한다고 결론 내렸다(플라시보 효과란 약이나 의학적 처방이 아닌 순수하게 개인의 마음 상태의 변화로 인해 일어나는 현상을 말한다).

놀랍지 않은가? 단순한 노동이라고 생각했던 일이 사실 건강한 운동이라는 것을 알게 되자 육체적으로도 눈에 띄는 긍정적 변화가 일어난 것이다. 이 연구결과가 가져올 파장을 상상해보라. 직장인들도 지금까지와는 전혀 다른 방식으로 자신의 일에서 의미를 찾을 수 있고, 다이어트에도 완전히 새로운 방식이 도입될 수 있다. 우리의 정신은 너무나 강력해서 관점을 하나 바꾸는 것만으로 건강상태도 바꿔놓을 수 있다. 그렇다면 그런 정신이 우리의 기분, 자신감, 행복을 비롯하여 이 땅에서 우리에게 허락된 시간의 질을 결정하는 다른 모든 것들을 통제할 수 있게 된다면 과연 어떤 일이 벌어지겠는가?

호텔 청소부에 대한 연구결과는 당신이 갖고 있는 현실의 모델이 곧 당신은 아니지만, 그 모델이 현재의 당신을 모양 지어냄을 확연히 보여준다. 이것을 깨닫는다면 당신은 나쁜, 혹은 낡은 모델을 버리고 더 건강한 모델을 가질 수 있을 것이고, 그러면 당신은 세상을 변화시키는 믿을 수 없이 놀라운 힘을 얻게 될 것이다. 잠시 컴퓨터 하드웨어 비유로 돌아가 보자. 우리 컴퓨터의 하드웨어가 우리가 해야 하는 업무를 제대로 해주지 못하면 우리는 더 빠르고 더 강력한 컴퓨터, 더 품질 좋은 모니터, 더 나은 마우스를 구입한다. 지난 30년 동안 컴퓨터가 얼마나 아름다워지고 얼마나 편리해졌는가? 우리도 그런 수준의 우아함과 속도와 효율성으로 생각할 수 있다면 얼마나 멋지겠는가? 하지만 현실의 모델을 업데이트하는 문제에 이르면 우리는 대부분 현재의 맥북이 아니라 1980년대의 매킨토시 수준에 고착되어 있다. 그 옛날의 모델을 고수하면서 업그레이드하기를 거부하고 있는 것이다.

호텔 청소부들은 뇌 속에 새로운 신념을 하나 설치하는 것만으로 살을 빼고 더 건강해졌다. 만약 당신이 남녀 간의 사랑에 대한 새로운 신념을 하나 설치한다면 어떻게 될까? 또 당신의 일이나 당신의 몸이나 돈 버는 능력에 대한 새로운 신념을 설치한다면 어떻게 될까? 새로운 신념을 설치하는 법은 다음 장에서 살펴볼 것이다.

믿음의 힘을 알게 된 후, 나는 더 건강하고 더 젊게 사는 데 도움이 되는 현실의 모델을 선택했다. 예를 들어 나는 백 살까지 사는 현실의 모델을 선택했다. 이른 아침에 7분 동안 하는 운동이 헬스클럽에서 몇 시간 동안 하는 운동과 똑같은 결과를 가져다준다는 모델도 선택했다. 그 결과 나는 40대인 지금 20대 때보다 더 건강해졌고 몸매도 좋아졌다. 나는 또 내 일이 내 인생에서 가장 즐거운 일 중의 하나라고 믿기로 했다. 그래서 지금 나는 내 일을 날마다 즐기고 있다. 우리에게는 어떤 현실의 모델을 채택할 것인지를 결정할 능력이 있다. 당신도 선택할 수 있다.

그러니 당신이 지금 당장 채택할 수 있는 가장 효과적인 현실의 모델은 바로 자신의 현실의 모델을 교체할 수 있다는 믿음이다. 어릴 때 우리 안에 설치된 렌즈를 통해서만 세상을 보고 그 세상이 전부라고 믿을 필요는 없다. 어떻게 하면 최적화된 한 벌의 새로운 신념을 설치할 수 있는지는 다음 장에서 살펴볼 것이다. 그 전에 의식공학을 구성하는 또 다른 중요한 점 한 가지를 짚고 넘어가야 한다.

2. 당신의 삶의 방식(당신의 소프트웨어)

현실의 모델을 일상에서 실제로 옮겨놓는 것은 우리의 습관, 곧 삶의 방식이다. 현실의 모델이 인간 '기계'의 하드웨어라면 일상의 삶의 방식은 그 소프트웨어이다. 예컨대 (음식과 관련된 믿음에 근거한) 먹는 습관, (직업과 일과 관련된 믿음에 근거한) 일하는 습관, 돈을 대하는 습관 등이 대표적이다(돈을 벌기는 쉽다고 생각할 수도 있고, 돈을 많이 갖고 있는 것을 영광으로 생각할 수도 있고, 그것에 죄책감을 갖고 있을 수도 있다. 당신이 돈에 대해 어떻게 생각하느냐에 따라 돈을 대하는 습관이 달라진다.). 그 외에도 자녀 교육, 연애, 우정, 다이어트 등에 관한 다양한 습관이 있고 인생의 문제를 해결하는 법, 직장에서 프로젝트를 수행하는 법, 세상에 기여하는 법, 인생을 즐기는 법에도 각자의 믿음에 따라 제각기 다른 습관이 생겨난다.

삶의 방식은 쉽게 획득할 수 있다. 언제든 새로운 방식을 배울 수 있다. 문제는 학교교육이 우리가 세상을 영위하기에 가장 좋은 삶의 방식을 계속 업데이트해줘야 하는데, 산업혁명 시대에 고안되어 오늘날까지 이어져 내려오는 우리의 낡은 학교교육은 그 임무를 제대로 못하고 있다는 것이다. 아무도 우리에게 운동하고 사랑하고 아이를 기르고 잘 먹고 오래 사는 최상의 방법을 가르쳐주지 않았다. 우리는 심지어 속독하는 법도 배울 수 있다. 이 같은 방법들을 나는 앱과 같은 것으로 여긴다. 손쉽게 다운로드해서 업데이트해가면서 특정한 목적을 수행하거나 특정 문제를 해결하는 데 사용할 수 있는 앱 말이다. 기능이 불편하다고? 그럼 버그를 개선한 새로운 버전을 다운로드하라. 더 좋은 버전을 찾았는가? 그렇다면 구 버전은 제거하라. 요령은 당신이 지금 어떤 방식들(습관들)을 사용하고 있는지를 인식하고 자가점검을 잘해서 업그레이드해야 할 것들을 즉시즉시 찾아내는 것이다.

그리하여 우리는 이제 법칙 3에 이르렀다.

법칙 3   의식의 공학을 실천하라

비범한 정신의 소유자는 자신의 성장에 현실의 모델과 삶의 방식, 이 두 가지가 중요함을 잘 안다. 비범한 정신은 가장 큰 힘을 주는 모델과 방식을 신중히 골라서 자주자주 업데이트한다.

오늘날의 현실 모델과 삶의 방식이 지닌 한계

현재의 현실 모델과 삶의 방식은 다음 세 가지의 한계점을 지니고 있다.

1. 우리 현실의 모델은 우리가 자라온 세상에 의해 구축된 것이다.
2. 현실의 모델이 (좋은 것이든 나쁜 것이든) 삶의 방식을 결정한다. 한 마디로 나쁜 믿음은 나쁜 습관을 만든다.
3. 현재의 현실 모델과 삶의 방식은 정신수행에 소홀하다. — 인류는 인간 정신의 힘을 이제야 막 깨닫기 시작했다.

이 세 가지 한계를 제대로 이해하려면 오늘날의 세계를 밖으로부터 들여다볼 필요가 있다. 문화배경의 울타리를 벗어난다는 것은 말처럼 쉽지 않다. 그래서 나는 우리의 현실 모델과 삶의 방식을 어떻게 향상시킬 수 있을지를 알아보기 위해 현대 서구세계와는 사뭇 다른 문화권을 방문해보기로 했다.

아마존 우림의 기이한 교훈

크리스티나와 나는 해가 지기 직전에 마침내 에콰도르 아마존 정글의 오지 마을인 팅키아스에 도착했다. 정글의 가장자리에 있는 푸요라는 낙후된 소도시에서 작은 비행기가 우리를 태우고 초록의 물결 위를 한참 나는가 싶더니 열대우림 한복판의 한 비포장 활주로에 거칠게 착륙했다. 그 후 배를 한 번 타고 몇 시간 걷고 나니 팅키아스에 도착했다. 팅키아스는 아후아르 부족이 살고 있는 마을이다. '문명'

이 들어온 도시는 그곳에서 160킬로미터나 나가야 볼 수 있었다. 우리는 보이는 거라곤 초록뿐이고 들리는 거라곤 무수한 새 소리와 동물들의 울부짖는 소리뿐인 습한 정글에 둘러싸여 있었다. 거기서 우리는 (먹고 자고 마시는 법에서 종교적 행위에 이르기까지) 인간 문명의 온갖 규범이 깡그리 무시되는, 극도로 다른 문화 속에서 닷새를 보낼 예정이었다.

아후아르 사람들은 에콰도르 아마존 열대우림에서 오랫동안 외부세계와 접촉 없이 살았다. 그들의 존재가 세상에 처음 알려진 것은 1977년이므로 그들과 함께 지낸다는 것은 곧 현대문명의 손길이 거의 닿지 않은 문화를 체험하는 것이었다. 현대의 문화배경에 거의 노출되지 않았기 때문에 그들은 현실의 모델도 우리의 것과는 사뭇 달랐다. 다른 문화에서 흔히 기대할 수 있는, 독특한 음식, 의복, 음악, 춤 같은 그런 관례적인 것들에 대해 말하는 것이 아니다. 이들은 달라도 너무 달라서 지구상에서 우리와 동시대를 사는 인간으로 보이지 않을 정도였다.

'식수'나 '아침식사'같이, 우리가 거의 진리처럼 여기고 있는 개념들이 이들에게는 아무런 의미가 없었다. 아후아르 사람들은 나의 눈을 뜨게 해주었다. 그곳에서 본 것들 덕분에 나는 내가 '받아들일 수 있는 진리'라고 믿고 있는 것에 대해 심오한 인식의 전환을 경험했다.

교훈 1. 우리의 현실 모델은 우리가 자란 세상에 의해 프로그램된 것이다

아후아르 마을에 도착했을 때 우리는 무엇보다 목욕과 마실 물이 급했다. 목욕은 근처의 연못에서 할 수 있었다. 그런데 유감스럽게도 마실 물은 없었다. 우리가 목욕했던 물은 그 부족 사람들이 모두 공동으로 사용하고 수영도 하는 곳이었는데 그 밖에는 근처에 물이라 곤 눈을 씻고 찾아봐도 없었다. 현명한 사람이라면 박테리아가 득실 거릴 그 연못의 물을 마시고 싶지는 않을 것이다.

우리는 인간이라면 누구나 물을 마신다고 가정한다. 이 가정은 1장에서 논했던 절대적인 진리에 버금가는 가정이라고 할 만하다. 그런데 아마존에는 깨끗한 물이 없다. 여기에 아후아르 사람들은 천재적인 돌파구를 하나 개발해냈다. 이곳의 여성들은 유카yucca(cassava 라고도 하는 탄수화물 위주의 뿌리채소, 역주) 뿌리를 채집하고 끓여서 으깬 다음 줄기차게 씹어댄다. 그렇게 그 뿌리가 어느 정도 부드러워졌다 싶으면 그릇에 뱉어낸다. 다음 유카 뿌리, 침, 그 마을에서 유일하게 있는 그 연못의 물, 이 삼총사를 잘 섞어 며칠 동안 숙성시킨다. 그럼 발효가 되어 알코올이 만들어지고, 그 알코올이 박테리아를 다 죽인다. 그렇게 얻는 음료는 물이 아니라 '치차chicha'라고 하는, 부족 여성들의 침에 의해 발효된 일종의 맥주 같은 것이다. 여자들은 모두 남편과 아이들을 위해 치차를 만든다(남자는 여러 명의 아내를 가질 수 있다). 그리고 치차는 만드는 여자의 침 맛에 따라 그 맛이 다 달라진다. 남자들이 사냥을 나가는 동안 여자들은 매일 몇 시간이고 유카를 씹고 뱉어내며 치차 만드는 일을 한다. 부족 사람들이 전부 그 음료를 마시므로 중요한 일이 아닐 수 없다.

치차의 맛이 어땠냐고? 흠, 나에게는 끔찍한 맛이었지만 단지 평소에 먹어보지 않았기 때문이리라. 아후아르 사람들은 치차 맛을 좋아하고 장시간 사냥 후에 집에 돌아오면 치차부터 찾는다. 우리에겐 이상하게 들리지만 그들에게는 더할 수 없이 당연한 일이고, 그렇게 살아왔기 때문에 지구상에서 가장 생존하기 어려운 곳에서도 살아남을 수 있었던 것이다.

식수는 당연히 필요한 것인가? 대부분의 사람들에게는 그렇다. 하지만 아후아르 사람들에게 식수란 특이한 것이고 맛도 없다. 우리가 당연하게 여겼던 진리가 사실은 누군가에 의해 우리 머릿속에 주입된 것에 지나지 않는 것이다.

우리의 문화라는 것은 정말이지 역사가 남겨놓은 기벽에 지나지 않는다. 그것은 사실 옳은 것도, 그른 것도 아니다. 아후아르 부족의 사는 방식이 옳은 것도, 그른 것도 아닌 것처럼 말이다. 우리의 문화는 생각들이 수천 년의 세월 동안 생겨나고, 서로 부딪쳐 이기려고 싸우다가 타협을 맺은 소산일 뿐이다. 이렇듯 우리 문화가 옳은지 그른지는 알 수 없지만, 순전히 이성적인 선택에 의해 창조된 것이 아니라는 것만은 확실히 말할 수 있다. 순전히 모방과 우연에 의해 만들어진 경우도 적지 않다. 그런데도 우리는 자신의 문화를 좋든 나쁘든 가리지 않고 마치 그것이 유일한 삶의 방식인 양 고수한다. 아후아르 부족을 보고 나서 다시 우리 자신을 바라보면 인류문화(그리고 우리가 나날이 살고 있는 우리의 인생)의 거의 모든 측면이 얼마든지 변할 수 있고 의심할 수 있고 우리의 통제권 안에 있어서 조금만 노력하면 더 낫게 바꿀 수 있는 것임을 깨닫게 된다.

교훈 2. (좋든 나쁘든) 현실의 모델이 삶의 방식을 결정한다

아후아르 사람들은 대부분의 인간들이 지니고 있는, 신에 대한 현실의 모델(믿음)을 갖고 있지 않다. 대신에 이들은 동식물도 인간처럼 영혼을 소유하고 있으며 그 영혼들과 언어와 신호를 통해 소통할 수 있다고 믿고 있다. 이 동식물의 세상과 소통하기 위해 이들은 아야후아스카(식물성 천연 환각음료)를 마시는데, 그러면 생생한 환상을 보고 초자연적인 경험을 할 수 있다.

나는 아후아르 마을에 잠깐 들른 주술사를 만나 아야후아스카 의식을 경험해보기로 했다. 나는 그 주술사가 올라가 있던 재단 같은 곳에 올라가 그의 앞에 무릎을 꿇고 앉았다. 그가 피우던 담뱃잎에서 깜빡이는 불빛만 보일 뿐, 어두워서 그의 얼굴은 볼 수 없었다. 그 순간은 마치 수백 년을 가로질러 고대로 되돌아간 것만 같이 초현실적이었다. 주술사는 무슨 말을 잠시 중얼거리더니 내 얼굴에 담배 연기를 내뿜었고, 그다음 나뭇가지로 나를 가볍게 치고는 그 귀한 아야후아스카를 아주 조금 맛보게 해주었다.

잠시 동안은 아무렇지도 않았다. 그러다 갑자기 뱃속이 참을 수 없이 불편해졌다. 나는 그 재단 끝에 무릎을 꿇고는 머리를 아래로 내밀고 맹렬하게 토하기 시작했다. 그러는 동안 안내자들은 내가 정글의 땅바닥으로 떨어지지 않도록 팔과 다리를 잡아주었다. 4~5분쯤 지나자 구토가 멈추었지만 힘이 다 빠져서 걸을 수가 없었다. 도움을 받아 겨우 해먹에 가서 누웠다. 거기서 눈을 감자마자 내 눈에는 온 천지가 프랙탈fractal(끊임없이 반복되면서 닮은꼴의 카오스계를 만들어내는 단순한 기본 패턴, 역주)투성이였다. 세상이 마치 서로 맞물려서 돌면서 선회하고 서로 합치는 수천 가지 색깔의 삼각형들의 연속 같았다.

눈을 뜨고 옆으로 누운 채 정글을 응시하니 나무들이 모리스 샌닥의 그림책 《괴물들이 사는 나라》에서 본 착하고 거대한 괴물들처럼 보였다. 그 책에서와 같이 누군가가 내 머릿속에서 "한바탕 소동을 벌여볼까!" 하고 말하는 것 같았다. 그 나무 괴물들을 얼마나 오랫동안 응시했는지는 알 수 없다. 자야겠다는 생각이 들어 다시 눈을 감자 마구잡이 모양을 만들며 춤추던 프랙탈의 신비한 세계 속으로 다시 빠져들었다.

처음에는 좀 무서웠지만 그 무서움은 곧 지고한 평화의 느낌으로 바뀌었다. 나는 숲과 나무와 습기와 하늘과 하나가 된 것 같았다. 과거나 미래에 대한 생각을 떠나 온전히 현재에 머무는 동안, 모든 것이 그저 아름답게만 느껴졌다. 그리고 살아 있어서 좋았다. 마침내 나는 잠이 들었고 새벽에 깨어났다. 그리고 다른 동료들을 만나 아침을 먹고 각자의 경험을 나누었다.

숲에 영혼이 있다는 아후아르 사람들의 믿음은 아야후아스카를 통해 그 신성을 실제로 체험하는 의식을 만들어냈다. 마찬가지로 우리 삶의 방식도 문화가 진화해감에 따라 그 시대의 신념에 그때그때 반응하며 진화해왔다. 그런데 그런 삶의 방식들이 현대에 와서는 습관으로 진화해버린다. 그 이유는 흠… 그저 습관 때문이다. 삶의 방식을 습관화하는 일을 너무나 오랫동안 해온 나머지 이제는 그것이 어떻게 그렇게 되기 시작했는지조차 모른다. 우리는 현재의 삶의 방식을 '원래 그런' 것으로 받아들이지만, 깊이 들여다보면 이 방식들은 과거의 믿음에 근거하고 있음을 알게 된다. 우리가 자라난 문화권을 통해 흡수한 신념들 말이다.

교훈 3. 현대의 현실 모델과 삶의 방식은 정신수행에 소홀하다

우리의 현실 모델과 삶의 방식 중 다수가 순전히 삶의 물질적 측면에만 뿌리를 두고 있다. 무엇을 먹을 것인가, 몸을 어떻게 보살피고 아름답게 가꿀 것인가 등등. 사실 최근에 와서야 마음과 영혼의 기능을 향상시키는 혁신적인 방법들이 개발되었다.

아후아르 사람들은 모두 새벽 4시에 일어나서 모닥불 주위에 모여 와유사wayusa라는 일종의 차를 마신다. 이 시간에 그들은 서로 문젯거리나 걱정거리를 의논하고 간밤에 꾼 꿈 이야기를 나누거나 그날그날 할 일을 논한다. 우리는 대부분 애써 기억하지 않으면 꿈을 잘 떠올리지 못한다. 우리에겐 꿈이란 덧없는 것이라는 이미지가 강해서 그날 해야 할 다른 중요한 일들 뒤로 묻혀버린다. 하지만 아후아르 사람들은 잠자는 동안에 경험하는 것도 낮 동안의 일과 똑같이 중요하다고 보기 때문에, 마치 현실과 꿈이라는 두 세계에서 동시에 살고 있는 것처럼 보인다. 서로 버무려진 이 두 세계 속에서 그들은 문제를 해결하고 모험을 단행하고 서로와 소통하고 영의 세계와 교감한다. 이런 모든 일들의 결정이 차 마시는 시간에 이루어지는데, 주로 연장자들이 말을 듣고 충고를 해주는 식이다. 아침의 차 마시는 시간은 아후아르 사람들에게는 정신적, 영적 정화를 위한 일종의 의례였다.

아후아르 사람들은 특히 꿈을 잘 기억하도록 타고난 것일까? 어쩌면 그럴지도 모르지만, 그렇게 단순하게 생각할 문제가 아닐 수도 있다. 우리가 정글로 왔을 때 저명한 국제구호가이자 박애주의자인 린 트위스트도 함께 왔는데, 린은 자신이 아후아르 사람들과 만나게 된 사연을 이야기해주었다. 그녀는 얼굴에 붉은색 줄을 긋고 다니는 한 원주민들에 대한 꿈을 여러 번 반복해서 꾸었다고 한다. 그들은 그녀에게 도움을 요청하는 것 같았다고 했다. 그러다 친구들에게 그 꿈 이야기를 했는데, 한 친구가 그녀가 묘사하는 얼굴이 아후아르 부족 사람들과 비슷하다고 했다. 그래서 린은 아후아르 사람들을 만

나라 에콰도르로 오게 된 것이다. 아후아르 부족은 당시 원유와 가스 회사들이 과도한 벌목으로 아마존을 훼손하여 아마존을 떠나야만 할 위기에 처해 있었다. 이에 린은 에콰도르 정부와 아후아르 사람들 사이를 중재하여 400만 에이커(약 16,000㎢)에 이르는 아마존 우림 지역을 보호하는 법을 만드는 데 성공했다.

그 모든 일의 시작은 아후아르 사람들이 그녀의 꿈속에 들어와 도움을 요청한 것이었다. 그렇다면 꿈은 우리 현대인들이 보는 것 이상의 의미를 갖고 있는 걸까? 아후아르 사람들의 새벽 회의에는 꿈의 세상을 탐구하는 데 이용할 만한, 뭔가 특별한 것이 있는지도 모른다.

우리 현대인들은 영적 능력이 부족하고, 따라서 많은 영적 경험들을 놓치고 있는 건 아닐까? 파란색을 잘 볼 수 없는 힘바 부족 사람들처럼 어쩌면 우리도 특정 영적 경험에는 눈이 어두운 것인지도 모른다.

우리는 육체적인 존재라서 육체적인 삶의 방식은 매우 빨리 진화시켜간다. 지난 한두 해 사이만 해도 얼마나 많은 다이어트법과 운동법이 등장했는가? 하지만 우리의 영적 진화는 과거에 갇혀 있다. 독단적인 교리의 종교에 불만을 느끼는 사람들이 많다. 이것은 전혀 새로운 일이 아니다. 하지만 영성의 세계가 방대하고 다양할 뿐 아니라 모태신앙 밖의 많은 선택지를 제공함을 깨닫기 시작한 것은 오직 아주 최근의 일이다. 나는 우리의 영적인 삶의 방식도 큰 도약을 해야 한다고 믿고 있다. 꿈 내용을 이야기하고 차를 마시며 몸과 마음을 정화하는 아후아르 부족의 아침 의례가 참으로 인상 깊었던 이유도 그래서였다.

앞으로 두 장에 걸쳐서 정신의 발전이 몸의 발전을 따라잡을 수 있도록 도와줄, 목하 진화 중인 새로운 현실의 모델과 삶의 방식들에 대해 알아볼 것이다.

문화의 기벽

우리는 아후아르 사람들이 기이하다고 생각할 수 있지만 아후아르 사람들에게는 오히려 '우리가' 기이해 보인다. 우리는 스트레스를 받으면서도 날마다 꾸역꾸역 일하러 가고, 아이들은 다른 사람들의 손에 맡겨버린다. 하루 시간의 대부분을 죽치고 앉아서 빛을 내는 이상한 상자를 들여다보며 지낸다. 그리고 날마다 그 전날 먹은 칼로리를 소모하려고 미친 듯이 운동을 한다. 노인들을 시설에 모아놓고는 그들을 어떻게 돌봐야 할지를 걱정한다. 두려움 같은 부정적인 감정에서 벗어나려고 약을 먹는다. 깨어 있으려고 커피를 마시고, 또 잠을 자기 위해 수면제를 삼킨다. 우리는 너무 많이 먹고 너무 많이 마신다. 필요 이상으로 먹고 마실 게 많아서이기도 하고, 스트레스를 너무 많이 받아서이기도 하다. 어느 부족이나 문제는 있기 마련이다. 하지만 나는 아후아르 부족의 삶의 방식으로부터 일, 결혼, 자녀 교육, 노인 정책, 우리가 매일 하는 일 등을 비롯해서 인생에 대해 우리가 참이라고 믿고 있는 것, 당연한 문화로 받아들이고 있는 것들이 단지 '옛날 그 당시에' 좋은 생각인 듯해서 모아들인 신념들의 조합일 뿐임을 깨닫게 되었다. 이 사실을 자각하면 그런 문화적 관습을 현재의 울타리 너머로 진화시켜갈 수 있는 능력을 얻게 된다.

내면의 게임 업그레이드시키기

나는 켄 윌버를 만나는 영광을 누렸다. 켄 윌버는 현존하는 가장 천재적인 정신의 소유자라 불릴 만한 인물이다. 그의 책 스물다섯 권이 약 30개 언어로 번역되었으니, 켄 윌버는 미국에서 가장 많은 책이 전 세계에 널리 번역된 학자이다. 그리고 통합이론(Integral Theory)이라는 매우 포괄적인 철학을 창시해냈다. 통합이론은 문화, 인류학, 시스템이론, 발달심리학, 생물학, 영성 등을 통합하는(대표적인 것만도 이 정도다), 일종의 만물이론이다. 빌 클린턴에서부터 만화 주인공 개구리 커미트까지 켄을 모르는 사람이 없고 통합이론은 생태학, 지속가능성, 심리치료, 정신의학, 교육, 사업, 의학, 정치, 스포츠, 예술 등 다양한 분야에 적용되고 있다. 이 책을 쓰기 위한 연구의 일환으로, 나는 인간의 발달론 모델과 의식진화의 문제를 주제로 윌버를 다섯 시간 동안 인터뷰했다.

그 인터뷰 중에 나는 이런 질문도 던졌다. "아이들을 위한 이상적인 교육 커리큘럼 같은, 당신만의 청사진이 있습니까?" 다음이 켄의 대답이다.

인류는 자신의 온전한 잠재능력을 전혀 발휘하지 못하고 있습니다. 우리가 인간 존재의 완전한 경지를 지향하는 전인교육을 못하고 있기 때문이죠. 우리는 인간의 무한한 가능성 중 아주 작은 부분, 한 조각만을 교육하고 있습니다… 전 세계의 위대한 지혜의 전통들에 따르면 인간은 깨어 있거나 꿈꾸거나 깊은 잠에 빠진 일반적인 의식상태뿐만 아니라 깨달음, 각성 같은 고도로 심오한 의식상태에도 들어갈 수 있습니다. 그런데도 우리의 교육제도는 이런 것을 '하나도' 가르치지 않습니다. 깨달음이나 각성, 혹은 그 밖의 심오한 의식상태는 희귀한 것도, 비밀스러운 것도, 현실과 동떨어진 것도, 기이한 것도, 마법 같은 것도 아닙니다. 그것은 세상의 모든 인간이 가장 기본적으로, 근본적으로 지니고 있는 잠재력입니다. 그건 그저 '인간의 기본'입니다. 그런데 우리는 그 기본은 가르치지 않고 '인간의 10분의 1' 같은 것을 가르칩니다. 그러니까 맞아요, 저는 우리가 지금과 같이 산산조각난 단편적인 교육제도를 버리고 본연의 잠재력과 능력과 기술을 구현한 전인을 길러내기 시작한다면 이 지구와 그 위에 살고 있는 인류의 건강을 온전히 회복시킬 수 있다고 확신합니다.

의식공학은 단지 행복해지는 공부가 아니다(행복이 이 공부의 아름다운 부산물이긴 하지만). 의식공학은 인간의 기본에서 출발하여 다다를 수 있는 최고의 경지에 머물기 위한 것이며, 그리하여 우리의 잠재력을 최고로 발현하여 우리가 머물렀음으로 인해서 좀더 나아진 세상을 물려줄 수 있게 하기 위한 것이다.

인간의 기본을 넘어서는 길은 많지만 나는 이 의식공학이라는 틀이 매우 강력한 도구임을 알게 되었다. 모든 성장은 현실의 모델을 바꾸고 삶의 방식을 업그레이드하는 데서 오는 것이기 때문이다.

현실의 모델의 변화는 흔히 계시나 통찰로부터 비롯되는 성장의 한 형태다. 뭔가를 새롭게 깨닫거나 통찰할 때 믿음이 바뀐다. 과거의 것보다 더 나은 현실의 모델을 채택하고 나면 후퇴란 없다. 내가 하는 일을 직업이 아니라 소명으로 바라보기 시작했을 때 나에게 일어난 일도 그랬다. 특정한 종교를 따르다가 영성에 눈을 뜨게 될 때도 그렇다.

반면에 삶의 방식을 바꾸는 것은 과정의 변화다. 그것은 주어진 과정의 단계적인 업그레이드이다. 교통수단으로서 자전거를 타다가 자동차 운전을 배울 때처럼 말이다.

일단 의식공학의 접근법을 이해하고 나면 당신은 자신을 필요할 때마다 새 하드웨어(현실의 모델)와 새로운 앱(삶의 방식)을 설치할 준비가 된, 최적의 운영체계로 바라볼 수 있게 된다. 새롭고 나은 것들이 수시로 발견되고 있음을 알기 때문에 당신은 지금 가지고 있는 것에 결코 집착하지 않을 것이다.

요컨대 당신은 언제나 변화하고 성장해갈 준비가 되어 있을 것이다.

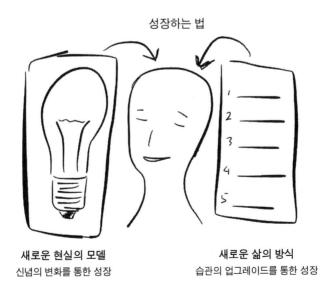

성장하는 법

새로운 현실의 모델
신념의 변화를 통한 성장

새로운 삶의 방식
습관의 업그레이드를 통한 성장

배우는 속도를 높이는 법

의식공학을 공부하면 예전보다 훨씬 더 빨리 배우고 성장해가게 될 것이다. 왜냐하면 머릿속에 마음의 지도가 하나 만들어지기 때문이다.

www.Reddit.com의 Q&A에서 누가 한 번은 엘론 머스크에게 "당신은 어떻게 그토록 빨리 배우나요?"라고 질문했다.

엘론의 대답은 이랬다. ― "중요한 것은 지식체계를 의미로 이루어진 일종의 나무로 바라보는 것입니다. 그러니까 근본원리, 즉 둥치와 큰 가지를 먼저 이해한 다음에 이파리, 곧 세부적인 내용을 보도록 해야만 합니다. 그러지 않으면 이파리가 달려 있을 데가 없거든요."

개인적인 성장에 관해서라면 의식공학을 그 나무의 둥치로 생각하라. 그리고 현실의 모델과 삶의 방식이 큰 가지다. 개인적 성장을 위해 우리가 공부하는 것들은 모두가 현실의 모델(예컨대 돈에 대한 새로운 신념) 아니면 삶의 방식(예컨대 새로운 운동이나 다이어트 방법)이다. 그것들은 이 두 큰 가지에 달린다.

이것을 늘 염두에 두고 있으면 전보다 훨씬 더 빨리 배우고 성장해갈 수 있다는 것을 나는 발견했다. 의식공학을 내면화해놓으면 개인의 성장이나 건강에 관한 책, 혹은 위대한 지도자의 자서전 같은 것을 읽을 때마다 새롭게 설치할 현실의 모델이나 채택할 삶의 방식이 무엇이 있는지를 찾기 시작하게 된다.

다음의 두 장에서는 정확히 어떻게 하면 현실의 모델과 삶의 방식을 가능한 최고의 방법으로 업그레이드할 수 있는지를 보여줌으로써 이 배움의 과정을 더욱 다듬어볼 것이다.

우리에게는 잠재된 능력이 너무나 많다. 미국이 낳은 가장 위대한 발명가 딘 케이먼의 혁신 이야기나, 명예로운 행동을 한 어느 시민의 이야기나, 독창성과 의지로 승리한 이야기를 들을 때마다 우리는 자기 안에 존재하는 이 잠재력을 상기한다. 이 잠재력이 때로는 용기, 천재성, 미래에 대한 전망, 나아가 기적의 모습을 하고 나타나기도 한다. 하지만 그것을 무엇으로 부르든 간에, 의식공학을 꾸준히 실천한다면 당신은 어느 순간 최상의 상태가 되어 있는 비범한 자신을 발견하게 될 것이다. 그리고 그것은 나의 벗, 해커들이여, 누구에게나 가능한 일이다!

여기서 연습이 필요한 중요한 일이 하나 있다. 의식공학은 인생 전반에 걸쳐 전일적인 방식으로 적용할 때 가장 효과적이다. 그러려면 먼저 두 가지를 알아야 한다. 첫째, 의식공학을 적용할 우리 삶의 주요 분야를 파악한다. 둘째, 그중 어느 분야에 조율이 필요한지를 집어내야 한다.

연습 _ 조율이 필요한 열두 분야

내 친구 존 버처는 미국에서 유명한 카탈로그 제조회사이자 귀여운 도자기 인형 선물용품도 파는 프레셔스 모멘츠의 소유주이다. 존은 현재 미국에서 가장 성공한 기업가 중 한 사람인데, 그보다 더 놀라운 것은 그의 삶이 놀랍도록 안정적이라는 점이다. 존은 마치 모든 것을 다 가진 듯하다. 돈을 많이 벌었고 직업적으로 성공했고 결혼생활도 완벽하며 자녀들도 잘 자라주었고 모험에 찬 인생을 즐기고 있다. 게다가 존은 할아버지지만 어찌나 건강한지 마흔 살로도 보일 정도다. 존의 주장에 따르면 그 비밀은 목표를 잘 세우는 데 있었다.

존은 자신의 삶을 열두 개의 범주로 나누고, 각 범주마다 그 범주에 대해 자신이 믿고 있는 것, 갖고 있는 전망과 전략, 그리고 목적을 적어두었다. 목표설정을 아주 치밀하게 하는 것이다. 친구들이 성공한 비밀을 알려달라고 하면 존은 그런 자신의 방식을 가르쳐주었다. 그러다가 존은 마침내 시카고에서 라이프북이라는 개인 성장 세미나를 열게 되었다. 누구나 참여할 수 있는데, 4일 코스로서 자기 삶의 다양한 측면들을 깊숙이 들여다본 후 아주 세세한 인생 계획을 세우게 하는 세미나이다.

여기에 내가 공유하고자 하는 아이디어는 부분적으로 2010년에 참석했던 라이프북 세미나에서 영감을 받은 것이다. 나는 이 연습에도 범주의 개념(존의 것과는 다른 나만의 열두 가지 범주)을 적용하여 당신이 삶 속에서 적용하고 있는 현실의 모델과 삶의 방식들을 발견해내고, 그중 어느 것이 업그레이드되어야 할지를 살펴볼 수 있게 했다. 나는 그것을 조율이 필요한 열두 분야라고 부른다. 그 각각의 분야가 모두 당신에게 중요한 영향을 미쳐서 당신을 모양 짓는다. 이 연습은 삶의 어느 한 부분도 낙오시키지 않고 모든 측면에서 당신을 고양시켜줄 것이다.

의식공학의 모험을 떠날 준비가 되었는가? 그렇다면 시작해보자.

자신의 삶을, 그리고 성장하고 싶은 분야를 생각할 때, 부분을 전체로부터 떼놓지 말고 전일적으로 사고하라. 삶의 균형을 잃고 사는 사람이 너무나 많다. 돈은 많은데 가족과 문제가 있거나, 믿을 수 없이 날씬하고 건강한데 빚에 허덕일 수도 있다. 혹은 직업적으로는 많은 성취를 이루었지만 인간관계에서는 늘 상처만 받고 외로울 수도 있다. 비범한 삶은 모든 측면이 균형을 이루는 삶이다. 전일적으로 사고하면 한쪽에서만 성공하고 다른 쪽에서는 실패하는 불상사를 막을 수 있다. 나는 이 열두 분야의 조율을 통해 균형 잡힌 삶이 유지되게 한다. 이젠 당신의 차례다.

다음 각각의 범주에 1부터 10까지 점수를 매겨보라. 1은 '아주 좋지 않은 상태'이고 10은 '비범하게 좋은 상태'다. 지금 펜을 들고 있다면 이 책 여백에 곧장 점수를 적어보라. 너무 오래 생각하지 말라. 처음에 직감적으로 든 생각이 대개 가장 정확하다.

1. **애정관계**. 현재의 애정관계에서 당신이 얼마나 행복한지를 보여준다. — 독신이든, 독신주의든, 관계를 하고 있든, 관계를 열망하고 있든 상관없다. 점수 _____

2. **우정**. 당신을 지지하는 관계망이 얼마나 든든한지를 보여준다. 힘들 때 서로 도움을 주고, 함께하는 것이 즐거운 사람이 최소한 다섯 명은 있는가? 점수 _____

3. **모험**. 여행하며 새로운 세상을 경험하는 데 얼마나 많은 시간을 할애하는가? 점수 _____

4. **환경**. 집, 자동차, 직장, 혹은 당신이 평소에 시간을 보내는 곳(여행지도 좋다)이 얼마나 안락한가? 점수 _____

5. **건강과 체력**. 당신의 나이와 현재의 상태를 고려할 때 건강과 체력이 어느 정도라고 생각하는가? 점수 _____

6. **지적인 삶**. 얼마나 빨리, 얼마나 많이 배우고 성장하고 있는가? 책은 몇 권이나 읽는가? 세미나나 강좌는 한 해에 몇 번이나 듣는가? 대학을 졸업한 후에도 배움을 멈춰서는 안 된다. 점수 _____

7. **기술**. 당신만의 전문기술이자 직업적 성공에 도움이 되는 기술들을 제대로 닦아나가고 있는가? 기술의 완성을 향해 가고 있는가?

아니면 정체상태에 있는가? 점수 _____

8. **영적인 삶**. 삶에 균형과 평화를 유지해주고 우주와 교감하게 하는 명상, 영적 수행 혹은 사색 등에 시간을 얼마나 할애하고 있는가? 점수 _____

9. **일**. 직업적으로 차근차근 갈 길을 가며 성장하여 탁월성을 보이고 있는가? 아니면 쳇바퀴 돌 듯 단조로운 생활을 하고 있는가? 사업체를 갖고 있다면 사업이 잘 되어가고 있는가? 아니면 정체상태인가? 점수 _____

10. **창조적 활동**. 그림 그리기, 글쓰기, 악기 연주 혹은 창조성을 발휘할 수 있는 활동을 하고 있는가? 아니면 창조자라기보다는 소비자인가? 점수 _____

11. **가족**. 힘든 하루를 보낸 날, 얼른 가족이 있는 집으로 돌아가 위로받고 싶은가? 싱글이거나 아직 자녀가 없다면 부모나 형제를 가족으로 여기고 답하라. 점수 _____

12. **공동체 생활**. 당신이 속한 공동체에 기여하고 공헌하거나 중요한 역할을 하고 있는가? 점수 _____

벌써 개선이 필요한 곳들이 보이는가? 그것을 알아내기 위해 이 연습을 하는 것이다. 이제 당신은 분명한 출발선에 섰다. 이 선에서부터 비범한 삶으로의 여정이 시작될 것이다. 다만 지금은 각 범주에 점수를 매기기만 하라. 나중에 다시 이 열두 분야로 돌아와서 주의를 어디에 모아서 현실의 모델과 삶의 방식을 개선해야 할지를 살펴볼 것이다.

4장

현실의 모델을 재구축하라

신념체계를 선택하고 업그레이드하는 법을 배우다

신념은 우리에게 세상이 어떤지를 규정하고, 가능한 것과 불가능한 것, 해도 되는 것과
안 되는 것을 일러주는 지상명령이다. 신념이 우리의 모든 행동, 생각, 감정, 경험을 모양
짓는다. 그러니 삶에서 영속적이고 진정한 변화를 이루고자 한다면 자신의 신념체계를
바꾸는 것이 그 열쇠다.

토니 로빈스

열탕에서 만난 스님의 충고

"지금 시간 있으십니까?" 그 젊은 스님이 나에게 물었다. "괜찮으
시다면 이야기 좀 합시다."

시간이 있으시냐고? 나는 피지 섬의 마지막 밤을 보내고 있었다.
우리는 커다란 테이블에 둘러앉아 생애 최고라 할 만한 만찬을 즐기
고 있었다. 때는 2009년이었고 나와 내 동업자 마이크는 피지 섬 나
말리에서 있었던 9일짜리 명상 캠프에 게스트로 참석 중이었다. 나
말리는 세계적으로 유명한 자기계발 트레이너이자 수많은 책의 저
자인 토니 로빈스가 소유하고 있는 멋진 리조트다. 그 캠프에는 할리
우드 배우에서부터 주식투자의 천재와 미스 아메리카까지, 흥미로
운 사람들로 가득했다. 그리고 거기에 캠프를 이끄는 인도에서 온 스

님들이 있었다. 나는 로빈스 부부가 초대해준 덕분에 영광스럽게도 그 명상 캠프에 참석하고 그 아름다운 섬과 그들의 집도 구경할 수 있었다.

우리는 9일 동안 자기 자신, 그리고 자신의 내면의 잠재력을 진정으로 이해하려고 애쓰며 치열한 자아탐구의 시간을 보냈고, 그 만찬으로 마무리 시간을 축하하고 있었다. 그리고 그 마지막 날 우리는 스님들과 '한 소식 하게' 될 수도 있는 개인면담 시간을 갖게 되리라는 말도 들었다.

나로서는 도무지 알 수 없는 이유로, 나를 담당한 그 스님은 그 호화로운 만찬의 분위기가 한참 무르익어 내가 석 잔째의 와인을 비운 그 찰나에 나와 개인면담을 하기로 마음먹은 듯했다.

하지만 스님이 부르시면 가야 하는 법이다. "어디가 좋을까요?" 내가 물었다.

"야외에 있는 열탕으로 갑시다." 참으로 당연한 일인 듯 그가 말했다.

우리는 하늘에서 별이 쏟아질 것 같은 야외의 열탕으로 갔다. 나는 욕조로 들어갔다. 스님은 욕조에 두 발만 담그고 앉았다. 그리고 나를 보더니 대뜸 말했다.

"당신의 문제가 뭔지 아십니까?"

"아뇨." 나는 조금 놀랐고, 솔직히 말해 약간 불쾌했다. "저의 문제가 무엇입니까?"

"당신은 자존감이 낮아요."

이건 또 무슨…?

"잘못 보신 것 같습니다." 나는 점점 불쾌해지는 기분을 들키지 않으려 애쓰며 최대한 이성적으로 응수했다. "저는 자신감이 충분합니다. 개인사업체도 운영하고 있고 하루하루를 즐겁게 살아가고 있는…"

"아니 아니 아니 아니." 그가 내 말을 잘랐다. "당신은 자존감이 낮아요. 그게 당신이 갖고 있는 모든 문제의 원인이에요. 나는 당신을 관찰했어요. 동업자하고 브레인스토밍을 할 때 보니까 동업자가 당신의 생각 하나를 묵살하니까 동요해서 방어적인 태도를 보였죠. 이 문제 때문에 배우자나 다른 사람들과도 문제가 있을 겁니다. 당신은 비판을 받아들이지 못해요. 그것도 다 바로 자존감이 낮기 때문입니다."

나는 뺨을 한 대 맞은 것 같았다. 열탕의 뜨거운 물이 갑자기 심히 불편해졌다. 그 스님은 나를 아주 정확하게 꿰뚫고 있었다. 그리고 듣기에 매우 고통스러운 말이긴 했지만, 9일 동안의 명상과 자기성찰을 끝낸 후라 나는 그런 종류의 통찰에 어느 때보다도 마음이 열려 있었다.

그 브레인스토밍 모임에서 나는 분명히 방어적이었다. 특히 내 동업자에겐 그랬다. 집에서도 문제가 생기면 자주 상처를 받거나 외롭다고 느꼈다. 하지만 진짜 문제는 누군가가 내 생각을 묵살하거나 내 말을 듣지 않거나 나를 오해한 것이 아니었다. 이 모든 일은 깊숙이 묻혀 있는 하나의 신념, 즉 '나는 이대로의 모습으로는 충분하지 않다'는 믿음으로 귀결되었다.

나는 바로 그 믿음 때문에 그 모임에서 방어적인 태도를 보인 것이다. 내 생각이 묵살될 때, '나 자신이' 묵살되는 느낌이었다.

나는 바로 그 신념 때문에 사업가가 되었다. 내가 충분히 가치 있는 사람임을 입증하고 싶었던 것이다.

나는 바로 그 신념 때문에 내가 사는 도시에서 가장 아름다운 사무실을 만들었다. 내가 그런 일을 할 수 있음을 증명하고 싶었다.

나는 바로 그 믿음 때문에 부자가 되었다. 나는 뭔가를 증명해 보이고 싶었다.

'내가 충분히 잘난 사람임'을 입증해야 한다는 이 믿음(나는 이 현실의 모델에 오랫동안 집착했다)이 나를 성공으로 이끌었다. 하지만 자신을 입증해야 한다는 이 생각 때문에 삶이 매우 고통스럽기도 했다. 이 구속 가득한 믿음 없이, 즉 개인적으로 지나친 대가를 치르는 일 없이 일이나 인간관계에서 지금보다 오히려 더 성공할 수는 없을까?

나는 이대로 충분하며 아무것도 증명할 것이 없다는 신념을 만들어낸다면 어떻게 될까?

교훈 1 우리의 현실의 모델은 표면 아래에 숨어 있다. 뭔가에 의해 노출되거나 명상수행 등을 통해 자각하게 될 때까지 우리는 대개 자신이 그것을 가지고 있음을 깨닫지 못한다.

우리는 자신이 어떤 현실의 모델을 갖고 있는지를 자각하지 못하는 경우가 많다. 물론 알고 있는 모델도 있다. 예를 들어 나는 내가 인생의 소명을 아는 것이 중요하다고 믿고, 감사의 힘을 믿고, 함께 일하는 사람들에게 친절해야 한다고 믿고 있음을 안다. 하지만 너무 깊은 곳에 박혀 있어서 알아차리지 못하는 현실의 모델도 있다. 사실 자각하고 있는 신념보다 자각하지 못하고 있는 신념이 훨씬 더 많다.

더 지혜롭고 비범하게 성장해간다는 것은 사실 자각하지 못한 채 지니고 있는 현실의 모델을 스스로 깨달아가는 과정이다.

나는 내가 나 자신을 모자라는 존재라고 믿고 있는 줄은 까맣게

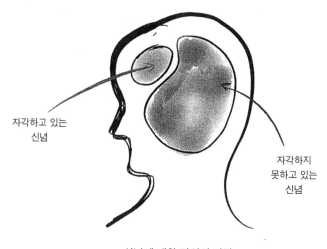

자각하고 있는
신념

자각하지
못하고 있는
신념

신념에 대한 당신의 자각

몰랐다. 그것을 알아차리고 그 문제를 해결하는 법을 배우고 나자 친구, 동료, 남편으로서 나의 행동은 아주 달라졌고, 그만큼 내 삶의 질도 훨씬 더 나아졌다.

이 장에서는 과거의 경험이 우리에게 어떤 신념을 주입시키는지, 그리고 그 믿음이 어떻게 현재와 미래를 결정하는지를 살펴볼 것이다. 그리고 감춰져 있는 현실의 모델을 더욱 깨어서 알아차리는 방법과, 그 건강치 못한 현실 모델을 최신의 모델로 바꾸는 방법도 살펴볼 것이다. 먼저 그 건강치 못한 현실 모델을 애초에 어떻게 받아들이게 되는지부터 살펴보자.

댄스파티에서 만난 여자아이

'난 아직 모자라'와 같은 믿음이나 그 밖의 제약적인 현실의 모델은 어떻게 생겨나는 걸까? 이런 모델들은 대부분 어릴 때 생겨난다.

나는 말레이시아 쿠알라룸푸르에서 자랐지만 우리 가족은 인도 북부지방 출신이다. 그래서 나는 말레이시아의 다수민인 중국이나 동남아시아 태생의 다른 아이들과 처음부터 아주 다르게 생겼었다. 피부색이 달랐고 코는 더 컸고 몸에는 털이 많았다. 소수민족의 아이로 살아가는 일은 결코 만만치 않다. 초등학교 때는 여러 가지 별명으로 놀림을 당했는데, 특히 다리에 털이 많다고 고릴라라고 불렸고, 매부리코라고도 코쟁이라고도 불렸다. 그 결과 자라면서 나는 내가 다르다고 믿게 되었다. 높은 코도 싫었고 '고릴라' 다리도 싫었다.

열세 살이 되자 이주민 아이들이 다니는 사립학교에 들어가게 되었다. 약 15개국의 다양한 나라에서 온 아이들에 둘러싸이자 나는 이제 좀 정상이 된 것 같은 기분이 들었다. 하지만 청소년에게는 또 다른 문제가 있을 수 있다. 피부과까지 들락거릴 정도로 심각한 여드름이 생겨서 열여섯 살이 될 때까지 여드름 약을 달고 살았다. 그래서 여드름쟁이라는 별명까지 얻게 되었다. 고난은 거기서 끝나지 않았다. 10대 내내 눈이 계속 나빠지더니 결국 나는 렌즈가 무시무시하게 두꺼운 안경을 써야 하는 지경에 이르렀다. 게다가 이 안경은 쉽게 부러졌다. 테이프로 붙인 안경을 쓰고 있으면 사회성이라고는 눈을 씻고 봐도 없는 전형적인 범생이 같았다. 이쯤 되면 내 10대 시절이 결코 평탄하지 않았음을 짐작하시리라.

스스로 못생겼다고 생각했기 때문에 초년기의 나는 자신감이 심각하게 부족했다. 사람들과 잘 어울리지 못했고 친구들과 노는 일도 거의 없었다. 몇몇 여자아이를 좋아하기는 했지만 감히 말도 붙여보지 못했다.

미시간 대학을 다닐 때도 나는 나 자신을 여자아이들이 친구로 지내기만 좋아하는, 컴퓨터 괴짜류에 속한다고 생각했다. 그렇게 나는 여자친구 한 명 사귀어보지 못한 채 스물두 살의 대학교 2학년생이 되어 있었다.

그런데 뭔가가 변하기 시작했다. 시작은 바로 그 키스였다.

그 일은 대학 댄스파티에서 일어났다. 나는 맥주를 너무 많이 마셨고, 아마도 바로 그 덕에 그 홀에서 가장 예쁜 여자애와 춤을 추게 되었을 것이다. 그녀의 이름은 메리였다. 나는 몇 년 동안 그녀를 우러러보면서 늘 감탄을 금치 못했지만 그녀는 내 수준엔 어림도 없는 여자였다.

지금 생각해도 무슨 생각에서 그랬는지 모르겠지만, 함께 춤을 추다가 나는 갑자기 그녀에게 기대듯 다가가 키스를 했다. 하지만 그 즉시 나는 뒤로 물러서서 아마도 이런 말을 중얼거렸던 것 같다. "미안해. 그럴 생각은 아니었어." 나는 메리가 화를 낼 거라고 생각했다.

그런데 화를 내기는커녕 그녀는 이렇게 말했다. "장난치지 마. 넌 끝내주게 멋있어." 그리고 그 홀에서 가장 예쁜 그녀가 나를 덮치더니 자신의 입술을 내 입술에 포갰다. 뒷일은 순조롭게 진행되었고, 그렇게 해서 나는 내 대학 생활에서 가장 멋진 밤들 중 하나를 만끽했다.

현실의 모델 하나가 바뀌면 우리가 이 세상에서 행동하는 방식도 따라서 바뀌게 되어 있다. 다음 날 아침, 나는 완전히 새로운 현실 속에서 깨어났다. 그 홀에서 가장 예쁜 그녀가 내가 멋지다고 생각했다면 나에게도 매력이 있는지 모른다. 어쩌면 다른 여자애들도 나에 대해 메리처럼 생각하고 있는지도 모른다.

이런 생각이 들자 '나는 여자애들에겐 투명인간이나 마찬가지야'라는 믿음이 깨졌다. 그리고 여자애들과 소통하는 능력이 눈에 띄게 좋아졌다. 메리 덕분에 나도 데이트란 것을 할 수 있게 된 것이다. 외모는 전혀 변하지 않았다. 그럼에도 내가 매력적이라는 새로운 현실의 모델로 무장한 덕분에 나는 갑자기 여자들의 시선을 자석처럼 끌어들이게 됐다. 믿음만 달랑 하나 바뀌었을 뿐인데 나의 세계가 그렇게 극적으로 역전되다니, 놀라운 일이었다.

그 후 얼마 지나지 않아 나는 또 다른 아름다운 여성, 크리스티나를 만났다. 나는 오랫동안 크리스티나를 좋아했는데 감히 꿈도 못 꾸고 몇 년 동안 친구로만 지냈었다. 그녀는 아름답고 대담하고 똑똑했다. 게다가 빨강머리. 나는 빨강머리를 좋아했다.

이제 새로운 현실 모델을 갖게 된 나는 크리스티나에게 좀 다른 방식으로 다가갈 수 있었다. 그리고 우리는 데이트를 시작했다. 그로부터 3년 후 나는 크리스티나에게 청혼했다. 그 후 15년이 지난 지금도 우리는 여전히 함께이다. 두 예쁜 아이들과 함께.

교훈 2 우리는 멀게는 어린 시절까지 거슬러 올라가는, 우리를 무력하게 만드는 현실의 모델을 짊어진 채 살아간다.

지금의 나는 강단에 오를 때도 어색해하지 않는다. 카메라 앞에 설 때도 자신이 어떻게 보일지 걱정하지 않는다. 이 모두가 내가 오랫동안 믿고 있던 현실의 모델 하나를 바꾸도록 도와준, 내가 숭배해 마지않았던 그 여자친구 덕분이다. 당시 나는 치유해야

할 다른 해로운 신념들도 많이 갖고 있었다. 하지만 이 사건은 아무리 어린 시절부터 견고하게 구축된 현실의 모델일지라도 적당한 힘을 만나면 완전히 파괴될 수 있음을 증명해 보여주었다. 그런 파괴가 일어나면 우리는 놀라운 보상을 받게 된다.

호텔 방의 최면술사

2015년, 나는 나의 현실 모델이 깨지는 또 다른 경험을 했다. 이 모델 때문에 나는 제약투성이의 삶을 살 수밖에 없었는데, 바로 '나는 돈을 모을 수 없다'는 현실 모델이었다. 당시에 사업은 잘되고 있었지만, 돈을 벌어도 그 돈이 도무지 내가 번 돈 같지가 않고 불편하기만 했다. 예를 들어 A-페스트 같은 축제 이벤트는 꽤 큰 수익을 내주었지만, 나는 그 수익을 나 자신에게는 한 푼도 주지 않고 전부 다른 좋은 곳에 쓰이도록 내주었다. 그리고 자기계발 수업 콘텐츠 개발에도 여러 번 참여해서 충분한 공헌을 했으므로 속으로는 로열티를 더 받고 싶었지만, 로열티 인상 협상을 한 번도 하지 못했다. 금전적인 문제에 초연한 것이 전적으로 나쁜 것만은 아니지만 그 때문에 사업체나 프로젝트를 확장할 수 없는 등, 불리한 점도 분명 있었다.

2015년, 또 한 번의 A-페스트(이 축제는 2010년에 처음 시작했다)를 성대하게 잘 마쳤을 때였다. 당시 축제 장소는 크로아티아의 드브로브닉이었다. 축제가 막 끝난 참이어서 수백 명의 참가자들이 집으로 갈 준비를 하고 있었다. 나는 아드리아 해가 내려다보이는 어느 레스토랑에 들어갔는데 마침 거기엔 최면치료사인 마리사 피어와 그녀의 남편인 영국인 기업가 존 데이비가 아침을 들고 있었다.

마리사는 심각한 문제를 갖고 있는 사람들에게 빠른 시간에 심오한 돌파구를 마련해주며 개인적 성장을 돕는 아주 비범한 사람이다. 그리고 내가 만난 중에서 사람이 갖고 있는 신념을 가장 확실히 바꿔주는 사람이기도 하다. 그녀가 해온 일과 업적은 가히 전설로 남을 만했다. 영국 왕실과 할리우드의 명사들조차 그녀를 찾는다고 한다.

A-페스트에서 마리사가 한 연설은 기립박수를 받았고, 최고의 연설로 뽑혔다. 그 연설에서 마리사는 인간을 괴롭히는 가장 큰 질병은 '난 모자라'라는 생각이라고 했다. 어린 시절에 만들어지는 이 믿음은 어른이 될 때까지 그대로 이어져서 많은 문제를 일으킨다고 한다.

같이 아침을 먹으면서 그녀의 일에 관한 이야기를 나누다가, 나는 마리사에게 내게 최면을 걸어줄 수 있겠느냐고 물어봤다. 나는 최면을 경험해본 적이 없어서 그 효과가 궁금했던 것이다.

그 몇 시간 뒤, 마리사가 내 호텔 방으로 왔고 우리는 먼저 그 치료의 목적에 대해 이야기를 나누었다. 나의 목적은 이랬다. ― 나는 돈에 대한 나의 태도를 제대로 이해하고 싶다. 돈에 대한 나의 태도가 제거할 필요가 있는 어떤 현실의 모델과 연결되어 있는지 알고 싶다.

마리사의 안내로 나는 퇴행을 시작했다. 여러 가지 기억과 이미지가 떠올랐다 사라졌다. 최면을 유도하는 그녀의 목소리를 듣고 있자니 가벼운 낮잠에 빠져드는 것 같았다. 그녀가 "돈에 대해 지금 당신이 갖고 있는 태도를 처음으로 갖게 된 순간으로 돌아가보세요"라고 말했다.

갑자기 나는 존 선생님을 보았다. 존 선생님은 멋진 교사였으므로 나는 선생님을 좋아했다. 그리고 다른 아이들도 모두 선생님을 좋아했다. 하지만 한편으로 우리는 모두가 선생님이 안쓰럽다고 생각했다. 선생님은 언제나 외로워 보였다. 사모님이 선생님을 떠나버렸고, 선생님은 작은 아파트에서 가난하게 살고 계셨다. 하지만 우리는 선생님을 사랑했다. 선생님이 얼마나 멋진 분인지를 서로 얘기했고, 그렇게 멋진 분이 그런 상황에 처해 있는 것을 안타까워했다.

"그 순간에 당신이 만들어낸 사고패턴이 보입니까?" 마리사가 물었다. 그 순간 나는 그 시절 내가 내면화했던 견칙 하나를 깨달았다.

훌륭한 교사가 되려면 고통을 견뎌내야 해.

나는 교육을 위한 회사를 운영하고, 개인적 성장에 관해 강연하고 글을 쓰므로 자신을 교사라고 생각했다. 그리고 훌륭한 교사가 되려면 고통을 견뎌내야 한다고 무의식적으로 믿고 있었던 것이다. 여기서 고통이란 나의 경우 파산하는 형태로 나타났다.

그런데 마리사는 거기서 멈추지 않았다. 나는 더 먼 옛날로 퇴행해갔다. 어느 순간 나는 내 부모님의 차 뒷자리에 앉아 있었다. 그날은 내 생일이었다. 아홉 살이나 열 살쯤 되었던 것 같다. 부모님과 생일선물을 사러 가게로 가던 길이었다. 나는 자고 있는 척했지만 부모님이 경제사정에 대해 걱정하는 내용의 대화를 들었다. 당시 부모님은 부자는 아니었지만 아주 걱정스러울 정도로 가난하지도 않았다. 어머니는 공립학교 선생님이셨고 아버지는 작은 사업을 하고 계셨다. 나는 생일선물을 사러 가는 그 상황에 대해 큰 죄책감이 들었다. 가게에 도착했을 때 나는 책을 한 권 골랐다. "그게 다니?" 어머니가 물었다. "좀더 골라도 돼." 그래서 나는 하키스틱을 집어 들었다. 어머니가 말했다. "오늘은 네 생일이잖니. 더 골라도 된단다." 하지만 나는 더 많은 것을 사서 부모님께 부담을 드리고 싶지 않았다. 그날 나는 그때부터 일생 동안 지고 다니게 될 현실의 모델을 하나 더 만들어냈다.

누군가는 힘들어할 테니 너무 많은 것을 요구하지 마.

우리는 치료를 계속해나갔다. 나는 또 다른 순간으로 퇴행해갔다. 나는 열여섯 살이었고 태양이 내리쬐는 뜨거운 농구장에 서 있었다. 전직 역도선수답게 건장한 체격의 교장 선생님이(나는 우수한 학생이었음에도 무슨 이유에선지 그는 나를 미워하는 것 같았다) 그날 나를 벌주고 있었다. 내가 체육복을 깜빡 잊고 가지고 가지 않았던 것이다. 체육복을 깜빡한 작은 잘못 덕분에 나는 뙤약볕 아래에 두 시간을 서 있어야 했다. 그럼에도 내가 반성하는 빛을 보이지 않자 선생님은 벌을 더 받아야겠다며 내가 보는 앞에서 아버지에게 전화를 걸었고, 나에게는 "너는 이제 퇴학이야!"라고 했다. 그러고는 사라져버렸다.

아버지가 학교에 오셨을 때 교장은 "정말 퇴학시키지는 않을 겁니다. 단지 겁을 줘서 좀 가르치려 했던 겁니다"라고 했다. 아버지는 그런 작은 잘못에 그렇게 극단적으로 반응한 교장에게 격노해서 거칠게 항의하셨다.

그러는 내내 나는 꾹 참고 있었다.

"이젠 성인이 되셨으니 그 교장이 당신에게 왜 그랬는지를 이해하겠나요?" 마리사가 물었다. 내 마음속에 또 다른 견칙이 하나 떠올랐다.

저항하지 마. 저항하는 건 안전하지 않아.

나는 어린 시절 생겨난 이 세 가지 현실의 모델이 어떻게 온갖 방식으로 내 발목을 잡아왔는지를 그 즉시 깨달았다. '저항하면 위험해진다, 훌륭한 교사는 부자가 될 수 없다, 많은 것을 요구하면 누군가가 힘들어하거나 실망한다.' 이 모두가 나를 좀먹고 있었다. 나는 내가 그런 믿음을 '고수하고' 있으리라고는 꿈에도 몰랐다. 그런 믿음이 제거되자 내 삶에는 엄청난 변화가 찾아왔다.

그 후 몇 달 동안 일어난 일은 믿을 수가 없을 정도였다. 저항하는 것에 대한 내 믿음이 사라지니까 나의 강연 기회가 늘어나기 시작했다. 거의 그 즉시 큰 강의 프로젝트를 두 개나 더 맡게 되었고, 강의료도 최고로 받게 되었다. 카메라 앞에도 더 자주 서게 됐고, 나를 위한 PR 회사도 고용했다. 그러더니 갑자기 이유도 없이 여러 곳에서 인터뷰와 강연 요청이 들어왔다. 세 개의 잡지에 표지 모델이 되었고 소셜 미디어에서도 더 활발하게 활동하게 되고 페이스북 팔로어 숫자가 폭등했다.

나는 더 이상 고통에 시달리는 교사로는 살지 않겠노라고도 마음먹고 5년 만에 처음으로 나 자신의 봉급을 인상해주었다.

교훈 3 힘을 앗아가는 현실의 모델을 힘을 부여해주는 모델로 대체하면 삶에 엄청난 변화가 급속도로 일어날 수 있다.

결과는? 단 넉 달 만에 내 수입은 두 배로 뛰었다. 사업도 커지기 시작하더니 엄청난 수익을 기록했다. 나의 그 신념들이 그동안 내 발목만이 아니라 내 사업과 나와 함께 일하는 모든 사람의 발목을 잡고 있었던 것이다. 이 일은 정말이지 낡은 현실 모델을 제

거할 때 삶이 얼마나 근본적으로 달라질 수 있는지를 보여주는 경험
이었다.

머릿속의 의미제조기

누구나 자신을 무력하게 만드는 저마다의 믿음을 갖고 있다. 외
모, 돈, 자신의 가치 등을 바라보는 자기만의 방식 말이다. 이런 믿음
은 전혀 뜻밖의 사람이나 상황에서 비롯된다. ― 어릴 때 만난 무자
비한 선생님 때문에, 혹은 부모와 같은 권위를 가진 사람들이 서로
나누는 대화를 우연히 듣게 된 일로, 아니면 좋아하는 사람의 관심
(혹은 무관심)으로 인해 생겨날 수도 있는 것이다.

이런 것들을 참이라고 믿으면 그것이 곧 진리가 '돼버린다.' 우리
는 모두 오랜 시간 축적해온 자기만의 신념과 경험과 의미로 착색된
저만의 렌즈를 통해 세상을 바라보고 있다.

우리의 머릿속에는 자신의 모든 경험으로부터 견칙을 만들어내
는 자동 의미제조기가 들어있는 것 같다. 그래서 아이들이 내 별명
을 부르며 놀린 것이 곧 '나는 못생겼다'는 의미를 만들어내버린 것이
다. 그들은 단지 어린아이들일 뿐이고, 아이들은 별명을 부르면서 서
로 놀리며 놀기를 좋아한다는 좀더 타당한 해석은 떠오르지도 않았
다. 나 또한 그 모든 것을 이해할 정도로 성숙하지 못한 어린아이였
으므로 그 대신에 '나는 못생겼다'는 현실의 모델을 만들어 스스로 설
치했던 것이다.

이 의미제조기는 잠도 자지 않고 아이에게도 어른에게도 늘 작동

한다. 데이트를 할 때도, 배우자와 자녀를 대할 때도, 상사와 일할 때도, 사업계약을 체결하려 할 때도, 연봉협상을 할 때(혹은 하지 못할 때)도… 늘 돌아가고 있다.

우리는 마주치는 모든 상황에 의미를 부여하고, 그 지나치게 단순하고 왜곡되고 위험하기까지 한 의미를 세상에 대한 현실 모델로 삼고는 그것을 늘 무겁게 짊어지고 다닌다. 그리고 어느 시점이 되면 그 모델이 무슨 법칙이라도 되는 양 행동하기 시작한다. 이 모든 것이 방금 이야기한 나 자신의 경험이 내게 직접 보여준 것들이다. 그런데 과학자들 또한 이런 현상들을 연구하기 시작했고, 그 결과는 참으로 경이롭다. 우리의 현실 모델이 스트레스, 슬픔, 외로움과 걱정을 야기한다는 슬픈 소식도 있지만, 그 현실의 모델을 업그레이드할수 있다는 기쁜 소식도 있다. 좀더 이로운 최적의 모델을 설치하면 우리의 삶은 극적으로 향상된다.

다음은 믿음의 힘을 보여주는 몇 가지 놀라운 연구결과들이다.

믿음에 따라 외모와 건강이 달라진다

간단한 암시만으로도 자신에 대한 생각을 바꾸고, 심지어 몸까지도 안팎으로 변화시킬 수 있다. 앞서 살펴봤던, 〈심리과학〉 지에 실린 호텔 여성 청소부를 대상으로 한 그 유명한 연구의 보고서에는 이런 말이 쓰여 있다. "자신이 하는 일(호텔 방청소)이 훌륭한 운동이며 미국 공중위생국이 추천하는 '적극적 삶의 방식을 위한 운동량'을 충족시킨다는 말을 들은 여성들은 그런 말을 들어보지 못한 청소부들에 비해 '자신이 이전보다 운동을 많이 하고 있다'고 생각했고, 체중, 혈압, 체지방, 허리엉덩이 둘레 비율, 체질량 지수 등이 줄어드는 현상을 보였다."

1994년의 한 연구결과는 더 놀랍다. 무릎 통증을 호소하던 열 명의 남성이 무릎 관절경 수술이라는, 통증을 경감시키는 외과수술을 받기로 했다(최소한 처음 예정은 그랬다). 그런데 실제로 모두가 그 수술을 받지는 않았다. 사실 이들은 아주 흥미로운 실험의 대상자들이었다. 이 연구를 주관한 J. 브루스 모슬리 박사는 흔히 알약을 통해 나타나던 플라시보 효과가 수술을 요하는 좀더 심각한 질병에서도 나타나는지 알아보고 싶었다. 피험자들은 모두 수술준비 과정을 제대로 거칠 예정이었고, 수술이 끝나고 나서는 목발과 진통제를 가지고 병원을 떠날 예정이었다. 하지만 모슬리 박사는 피험자 열 명 중 오직 두 명에게만 수술의 전체 과정을 실행했다. 나머지 여덟 명 중 세 명에게는 수술을 부분적으로만 했다. 그리고 나머지 다섯 명에게는 세 군데를 절개해서 환자로 하여금 정말 수술을 한 것처럼 느끼고 믿게만 했을 뿐, 진짜 수술은 하지 않았다. 모슬리 박사 자신도 수술 직전까지 어느 환자에게 어떤 과정을 시행할지는 알지 못했다. 무의식적으로라도 환자에게 암시를 주지 않기 위해서였다. 열 명의 환자들은 모두 고통을 경감시키는 수술을 받은 것으로 '믿고' 퇴원했다.

그 여섯 달 뒤에도 열 명의 피험자들은 사건의 진실을 전혀 알지 못했다. 그런데 열 명 '모두가' 고통이 많이 줄어들었다고 보고했다.

상상해보라! 수술까지 해야 하는 의학적으로 심각한 질병이 수술을 받지 않고도 눈에 띄는 차도를 보인 것이다!

일반적으로 플라시보 효과로 알려진 이 현상은 매우 강력하기 때문에 현대의 모든 약품은 시장에 유통되기 전에 플라시보 테스트란 걸 거쳐야 한다. 〈와이어드Wired〉 지에 따르면 "현대에 개발되는 약품 중 마지막 단계에서 실패하여 생산라인에서 내려와야 하는 신약의 절반이 플라시보(위약)보다 효과가 나쁜 것으로 판명 나기 때문"이라고 한다. 모슬리 박사의 연구는 플라시보 효과가 수술이 필요한 질병에까지 그 힘을 발휘한다는 사실을 입증하여 의학계를 뒤흔들어 놓았다. 몸에 대한 우리의 믿음이 우리가 몸을 경험하는 방식에까지 좋든 나쁘든 모종의 기이한 영향력을 발휘하는 듯하다.

나의 신념이 다른 사람에게도 영향을 미친다

우리의 믿음이 우리 몸에 그토록 극적인 영향력을 발휘한다면 그 밖에는 또 어떤 일을 할 수 있을까? 우리의 믿음이 주변의 다른 사람들에게도 영향을 미칠 수 있을까?

기대효과에 대한 로버트 로젠탈 박사의 기념비적인 연구는 우리의 삶이 다른 사람들의 현실 모델에 의해 ― 그 모델이 사실이든 아니든 상관없이 ― 얼마나 큰 영향을 받는지를 보여준다. 로젠탈 박사는 미로찾기를 하는 실험실의 쥐들조차 연구원의 기대치에 따라 출구를 더 잘 찾기도 하고 더 많이 헤매기도 한다는 사실을 발견하고 (연구원들에게 똑똑한 쥐와 멍청한 쥐가 따로 있다고 말해줬지만 사실은 그냥 다 똑같은 쥐였다) 이 연구를 교육분야로 옮겨왔다. 먼저 로젠탈은 학생들에게 IQ 테스트를 했다. 그리고 선생님들에게 다섯 명의 학생을 가리키며 그들은 IQ가 매우 높으니 다른 학생들보다 공부를 더 잘할 거라고 말했다. 사실 그 다섯 명은 임의로 고른 학생들이었다. 그런데 어땠겠는가? 테스트를 받은 학생들 모두가 그 한 해 동안 IQ가 높아졌지만 다섯 학생은 그보다 훨씬 더 높아졌다. 1968년에 발표되어 유명해진 이 효과를 우리는 피그말리온 효과라고 하는데, 고대 그리스에서 아름다운 여인의 조각상과 사랑에 빠져서 결국 그 여인을 인간으로 만들었다는 피그말리온의 신화에서 이름을 따온 것이다. 진짜 여인이 된 그 조각상처럼, 다섯 학생에 대한 선생님들의 기대도 현실이 된 것이다.

로젠탈 박사와 그의 동료들은 그 후 30년 동안 피그말리온 효과를 입증하고 그 원리를 밝혀내는 일에 몰두했다. 피그말리온 효과는 비즈니스, 법원, 요양원에서도 나타났다. 요지는, 믿음이 자기 자신과 주변 사람들에게 영향을 미친다는 것이다. 우리는 기대한 대로 얻게 되어 있다.

우리는 배우자, 사랑하는 사람, 상사, 직원, 아이들의 행동을 보고 그들에 대한 현실의 모델을 만든다. 하지만 연구결과가 보여주듯이, 우리의 주변 사람들은 우리의 믿음에 따라 우리에게 반응한다. 우리는 다른 사람들에게서 성가시거나 부정적인 성격을 본다. 하지만 그 성격 중 일정 부분은 우리가 그들에게 투사한 우리의 믿음이 아닐까?

이것이 우리를 네 번째 법칙으로 이끈다.

법칙 4 현실의 모델을 재구축하라

비범한 정신의 소유자는 자신에 대해 긍정적으로 느끼게 하고 마음속의 청사진에 맞게 세상을 변화시킬 힘을 부여해주는 현실의 모델을 지니고 있다.

우리 자신과 아이들을 위해 더 건강한 현실 모델

우리를 무력하게 만드는 현실의 모델이란 다름 아니라, 우리가 스스로 설치한 견칙이다. 그리고 모든 견칙이 그렇듯이 이런 현실의 모델도 의심을 받아 마땅하다.

열탕의 그 스님은 내가 '자신의 가치를 입증해야 한다'는 견칙을 갖고 있음을 지적해주었다. 메리의 키스는 '나는 여자들에게 매력이 없다'는 견칙을 깨주었다. 마리사의 최면치료는 '고통을 견뎌내는 선생만이 훌륭한 선생'이고 '나의 두드러짐과 성공은 나와 남을 힘들게 한다'는 견칙을 깨주었다.

이런 견칙들은 주로 어디서 오는 것일까?

물론 어린 시절에 받은 교육에서 온다.

2장에서 나는 역사학자 유발 노아 하라리가 갓 태어난 아이들을 말랑말랑한 '녹은 유리'에 비유했다고 말했다. 이렇듯 아이들의 유연성은 믿을 수 없을 정도라서 성장해가는 동안 엄청나게 많은 신념을 장착할 수 있고, 이를 통해 주변 세상에 대한 자기만의 의미체계를 형성해간다. 아홉 살까지가 특히 더 수용적이다. 따라서 아홉 살 이전에는 그릇된 의미를 받아들여 자신을 무력하게 만드는 모델들에 매달리게 되기도 더 쉽다.

자신을 스스로 제약하는 현실의 모델을 제거해나가는 것도 중요하지만 우리의 아이들에게 자신을 무력하게 만드는 그런 모델을 물려주지 않는 것도 매우 중요하다. 그런 의미에서 셸리 레프코의 다음 이야기는 심각하게 생각해봐야 한다. 물론 성인들 사이에도 적용할 수 있는 것들이다. 우리 머릿속의 의미제조기는 어른이 되어서도 작동을 멈추지 않는다. 하지만 다른 사람들이 낡아빠진 파괴적인 믿음을 제거하고 새로운 믿음을 만들어내도록 도울 수 있는 기회는 얼마든지 있다.

아이들은 어떻게 믿음을 만들어내는가

셸리 레프코와 그녀의 작고한 남편 모티(모티는 내가 이 책을 쓰는 동안에 세상을 떠났다)는 신념이 어떻게 우리 삶에 영향을 미치는지를 놀랍도록 체계적으로 밝혀냈다. 나는 그녀에게 이렇게 물었다. "부모들에게 꼭 해주고 싶은 말이 하나 있다면요?"

셸리의 대답은 이랬다. "아이와 함께 있을 때는 어떤 상황에서든 늘 이렇게 자문하세요. '이 일로 내 아이는 어떤 믿음을 갖게 될까?'라고요. 당신의 아이는 방금 벌어진 일로 어떤 생각을 갖게 될까요? '방금 잘못을 하나 저질렀지만 큰 교훈을 얻었어'라고 생각할까요, 아니면 '나는 쓸모없는 인간이야'라고 생각할까요?"

이 현명한 충고를 실천할 기회는 많다.

예를 들어 당신이 아이와 식탁에 앉아 밥을 먹는다고 치자. 아들이 포크를 바닥에 떨어뜨린다. 당신은 이렇게 말한다. "빌리, 그러지 마." 이제 빌리는 숟가락까지 바닥에 떨어뜨린다. 당신은 말한다. "빌리, 내가 뭐랬어? 그러지 말랬지? 저기 구석에 가서 10분 동안 네가 뭘 잘못했는지 반성해봐."

그다지 나쁜 대응처럼 보이지 않을 수도 있다. 당신은 흥분하지 않았고, 단지 빌리를 구석으로 보냈을 뿐이다. 하지만 당신은 방금 일어난 일로부터 빌리가 좋은 믿음을 만들어내도록 도와줄 기회를 놓쳐버렸다. 어떤 순간에도 '이 일로 내 아이는 어떤 믿음을 갖게 될까?'라고 자문해보기를 잊지 말라.

빌리는 실수로 포크를 떨어뜨렸을지도 모른다. 그런데 당신이 꾸짖으면 혼란스러워진다. '엄마는 왜 나를 믿지 않는 거지?'

빌리는 엄마가 자신을 믿지 않는다는 자신의 믿음을 확인해보기 위해 이번에는 고의로 숟가락을 떨어뜨린다. 그리고 예상대로 엄마는 화를 내고 구석에 가서 반성하라고 한다. 이제 빌리는 이렇게 생각한다. '엄마는 나를 믿지 않고, 나는 엄마를 화나게 만들어.' 새로운 믿음을 하나 더 만든 것이다. 그리고 구석에 서서 빌리는 또 새로운 믿음을 하나 더 만든다. '나는 가치 없는 아이고, 내 생각을 말할 권리도 없어.'

우리의 의미제조기가 점점 더 열심히 돌아가는 모습이 보이는가?

셸리는 이런 상황에서는 항상 아이에게 물어보라고 충고한다. "빌리, 무슨 일이야? 어떻게 됐지? 여기서 뭘 배울 수 있을까?"

셸리의 주장은 분명하다. 빌리에게 "왜 그랬니?"라고 묻지 말라는 것이다. '왜' 그랬느냐고 물으면 아이는 다그친다는 느낌을 받고 변명하려 든다. 아이들은 감정적이다. 왜 그랬냐는 질문을 받으면 어른들조차 감정에 휩싸여 대답을 못하는 경우가 많다. 그런데 자신의 마음을 잘 들여다보고 왜 그랬는지 그 이유를 정확하게 대답할 정도의 심리학적인 지식을 어린 아들한테서 기대할 수 있겠는가?

왜 그랬느냐고 다그치기보다는 무슨 일이 일어났느냐고 물어보라. "빌리, 무슨 일이 일어났길래 숟가락을 던지고 싶어진 거니?" 이제 빌리는 내면을 들여다보고 생각을 하게 된다. 그리고 이렇게 대답할지도 모른다. "엄마가 내 말을 들어주지 않아서요." '무슨'으로 시작하는 질문은 문제의 뿌리를 보고 재빨리 해결하게 한다.

셸리는 '왜'라는 질문은 의미를 결부시키고, 의미는 언제나 만들어내어지는 것임을 지적한다. 의미란 상대적 진실의 세계에서 마음이 만들어내는 것이다. 빌리가 자신이 '왜' 숟가락을 떨어뜨렸는지를 설명할 수 있었다 하더라도 문제해결에 큰 도움이 되지는 않았을 것이다. 사실에 입각한 상황 그 자체를 직시해야(무슨 일이 일어났는지를 알아내야) 아이와 함께 해결책을 찾아낼 수 있다. 셸리의 요지는 이런 유사한 일들을 겪을 때마다 이렇게 자문하라는 것이다. ― 이 일로 이 아이는 어떤 결론을 내렸을까? 내 아이는 '나는 승자'라고 생각할까, '나는 패자'라고 생각할까? 혹은 '내가 잘못했지만 이 일에서 이러저러한 것을 배웠어'라고 생각할까, 아니면 '나는 바보야'라고 생각할까?

부모가 아니라도 이 이야기가 의미하는 바는 크다. 우리에게 악의를 품고 접근하는 사람들은 말할 것도 없고, 오직 선의만 갖고 있는 사람들에 둘러싸여 있을 때조차 우리는 세상에 대한 온갖 위험한 믿음들을 만들어낼 수 있다. 당신이 만들어냈을 그 무수한 위험한 신념들을 생각해보라.

신념을 재구축해주는 야간훈련

아이들이 얼마나 수용적인지를 깨닫고 나서부터 나는 내 아이들에게 특별히 조심하여 말하게 되었다. 그리고 아이들의 머릿속에 들어 있는 부정적인 믿음이 그곳에 너무 오랫동안 있다가 곪아 터지기 전에 제거할 수 있도록 도와줄 간단한 방법을 하나 만들어냈다.

퇴근하면 나는 저녁마다 아들 헤이든과 놀아주려고 애쓴다. 우리는 이 시간을 아빠와 헤이든만의 시간이라고 부른다. 레고를 갖고 놀거나 책을 읽고 나서 나는 아이를 재운다. 아이를 재우러 갈 때, 아이가 하루를 긍정적으로 마무리하도록 도와줄 두 가지 간단한 질문을 한다. 첫째, 그날 감사했던 일 한 가지를 생각해보라고 한다. 부드러운 시트에서 잠을 잔 것, 친구랑 논 것, 아빠랑 대화한 것, 재미있는 책을 읽은 것 등 대답은 다양하게 나온다. 나는 아이에게 어떤 일에든 감사할 수 있음을 알려준다. 둘째, "헤이든, 오늘은 네가 어떤 점에서 마음에 들었니?"라고 묻는다. 아이가 오늘 하루 잘한 일에 대해 말하게 하는 것이다. 아이는 학교에서 다른 아이에게 친절을 베풀었거나, 뭔가를 알아내거나 대답을 잘했다고 말한다. 혹은 베이비시터와 잘 놀았다고 말하기도 한다. 잘한 일이 아무것도 생각나지 않는다고 하면 내가 발견한 아이의 사랑스러운 점을 말해준다. 저녁 때 같이 시간을 보낼 때면 나는 아들에 대해 소소한 것까지 알아채려고 노력하고, 이불을 덮어주면서 그때 알아챈 것들을 말해준다. 지난주에는 이렇게 말해주었다. "과학에 관해 질문을 아주 잘하던데? 넌 문제를 잘 해결할 수 있는 머리를 가졌어." 이렇게 하다 보면 내면이 강해져서 견칙에도 저항력이 강한 아이를 기르게 될 것이다.

아이와 매일 저녁 이런 시간을 보내는 것은 헤이든이 견칙의 현실 모델을 갖지 못하게 하기 위한 나만의 방식이다. 하지만 시작하기에 늦은 때란 없다. 당신 자신에게도 저녁시간에 이 연습을 해보기 바란다. 그러면 당신도 해로운 현실 모델이 고착되기 전에 그 뿌리를 뽑아버릴 수 있게 될 것이다. 이 두 연습은 아이뿐만 아니라 어른에게도 똑같이 효과가 있다. 매일 밤 잠들기 전에 아이와 당신 자신을 대상으로 실험해보라.

연습 _ 감사 연습

잠시 동안 오늘 감사했던 일을 3~5개 정도 생각해보라.

- 아침에 집을 나설 때 따뜻한 햇볕이 얼굴에 내려앉았던 건 어떤가?
- 출근하는 동안에 들었던 좋은 음악은?
- 가게 점원과 미소나 인사를 나눈 것은?
- 회사에서 사람들과 같이 즐거운 시간을 보낸 것은?
- 당신의 배우자, 절친, 아이 혹은 애완동물이 당신을 사랑스럽게 보아준 것은?
- 헬스클럽 트레이너가 다이어트에 좋은 팁을 알려주지는 않았는가?
- 퇴근하여 집에서 신발을 벗어던지고 뒹굴뒹굴했던 것은?

연습 _ 자신에 대해 좋은 점

오늘 내가 어떤 자랑스러운 모습이나 행동을 보였는지를 생각해보라. 그런 당신을 아무도 알아봐주지 못했을 수도 있지만, 당신이 알아봐주면 된다. 당신이 좋아할 만한, 자신의 인간적으로 좋은 점들을 생각해보라. 당신만의 독특한 스타일이 좋은가? 오늘 회사에서 복잡한 문제를 해결했는가? 당신은 동물을 잘 다루는가? 오늘 춤을 잘 추었는가? 점프슛이 좋았는가? 저녁에 멋진 요리를 만들었는가? 당신도 인어공주부터 모든 디즈니 만화영화의 주제가를 다 외우고 있지는 않는가? 질적인 면에서는 그날그날에 따라 크게 자랑스러운 일도 있을 것이고 조금 자랑스러운 일도 있겠지만, 양적인 면에서는 꼭 세 가지 내지 다섯 가지를 채우도록 하라.

이 자기긍정 연습은 아침에 일어날 때와 밤에 잠자기 전에 하면 좋다. 나는 이 연습으로 열탕의 그 스님이 지적해준 것을 많이 치유할 수 있었다.

마리사 피어는 인간은 누구나 내면에 어린아이를 갖고 있다고 말한다. 받을 자격이 충분한 그 사랑과 인정을 제대로 받지 못했던 그 아이 말이다. 과거로 돌아가서 문제를 해결할 수는 없다. 하지만 한때 그토록 갈망했던 사랑과 인정을 지금이라도 자신에게 줌으로써 자신을 치유하는 책임을 다할 수는 있다. 우리는 모두 자기 내면의 아이가 치유되도록 도와줄 수 있다.

외부현실의 모델

지금까지 우리는 자아인식에 관계된, 내부현실의 모델에 대해 살펴봤다. 그런데 외부현실의 모델도 내부현실의 모델만큼이나 우리의 삶에 강력한 영향력을 발휘한다. 외부현실의 모델이란 우리가 주변세계에 대해 지니고 있는 믿음이다.

다음은 내가 세상에 대해 진실이라고 믿기로 마음먹은 새로운 현실 모델 중에서 가장 강력한 네 가지를 뽑아놓은 것이다.

나는 나름의 경험 끝에 이 네 모델을 받아들이게 됐다. 이것들은 이전의 낡은 현실 모델을 대체한 것인데, 덕분에 내 인생의 가치는 엄청나게 더 높아졌다. 열린 마음으로 읽어보라.

1. 인간은 모두 직관력을 지니고 있다

이 현실 모델은 '앎'이란 오로지 엄연한 사실과 정보에만 근거를 둔다는 이전의 모델을 대체한 것이다. 지금 나는 직관을 강하게 믿고, 직관을 일상적으로 활용한다. 직관력은 직원 채용 같은 문제를 결정할 때도 도움이 되고, 심지어 이 책을 쓰는 것과 같은 창조적인 작업에도 도움이 된다. 내가 전화영업 일을 할 때 직관적인 판매전략을 썼더니 실적이 급등했던 일을 상기해보라. 인간은 논리적인 존재일 뿐만 아니라 직관적인 존재다. 이 두 가지 능력을 모두 활용할 수 있게 되면 비범한 일들이 일어날 것이다.

과학은 우리 인간이 두 가지 차원에서 삶을 영위하고 있음을 발견해가고 있다. 그 한 차원은 본능의 차원으로, 이성적인 자각의식의 수면 아래에서 작동한다. 이 차원은 선사시대의 환경과 관련된 우리 뇌의 부분과 연결되어 있고, 불이 빨리 들어온다. 다른 차원은 이성적인 부분으로, 나중에 진화된 부분임에도 불구하고 현재 우리는 일상생활을 이 부분에 크게 의존하고 있다.

한 연구에서 과학자들은 참가자들에게 두 벌의 카드를 주며 돈을 걸고 카드게임을 하자고 했다. 그 두 벌의 카드는 미리 몰래 조작해두었다. 한 벌은 롤러코스터처럼 크게 따거나 크게 잃게 해두었고, 다른 한 벌은 조금씩 잃거나 딸 수 있게 해두었다. 50개 정도의 카드를 뒤집고 나자 참가자들은 한쪽 카드가 더 안전한 게임을 보장해준다는 것을 알아차릴 수 있게 됐다. 80개 정도의 카드를 뒤집고 나자 두 카드가 어떻게 조작되었는지를 모두 알아차리게 됐다. 그런데 재미있는 것은 이제부터다. 단지 카드 열 장이 뒤집어졌을 때부터 참가자들 손바닥의 땀샘은 이미 뭔가 꼼수가 있음을 알아챈 것이다. 그렇다. 참가자들 손바닥의 땀샘은 롤러코스터 카드 쪽으로 갈 때마다 조금씩 더 많은 땀을 분비했다. 그뿐만이 아니다. 동시에 참가자들은 자신도 모르게 안전한 카드 쪽으로 더 자주 손을 뻗기 시작한 것이다! 직관적인 자아가 위험을 인식하고 그들을 안전한 쪽으로 이끌었던 것이다.

나는 직관은 실재하며, 훈련을 하면 중요한 결정을 내릴 때 직관을 더 잘 활용할 수 있다고 믿고 있다. 미래까지 예견할 수 있다고 믿지는 않지만 중요한 결정에 직관이 요긴하게 먹힌다는 것은 확실히 믿는다. 그리고 날마다 직관의 목소리를 들으려고 노력한다. 당신도 그렇게 하면 어떻게 되는지를 살펴보라.

2. 심신상관 치유는 가능하다

앞에서 내가 청소년 시절에 심각한 여드름을 달고 살았다고 했었다. 덕분에 이렇다 할 만한 친구가 없어서 책을 많이 읽었다. 그러다가 창조적 심상화에 관한 책을 읽게 되었다. 명상 후 머릿속에 소망하는 삶의 모습을 상세하게 그려보는 것으로 믿음을 바꿀 수 있다는 내용이었다. 잠재의식은 진짜 경험과 상상한 경험의 차이를 구별하지 못한다는 생각을 바탕으로 한 연습법이 들어 있었고, 그래서 나는 내 피부가 좋아진 것을 상상하기 시작했다. 단 5분씩 하루에 세 번 내 피부가 치유되고 있는 모습을 마음속에 그렸다. 나는 나에게 강력하게 느껴지는 종류의 심상을 이용했다. ― 하늘을 쳐다보면서 하늘에 손을 뻗어 그 눈부신 파란색을 살짝 떠낸다. 그리고 그것을 내 얼굴에 골고루 바른다. 그러면 그 파란색이 얼굴에서 굳어진다. 그리고 죽은 피부와 함께 떨어져나간다. 내 얼굴에는 뽀얀 새 피부만 남는다. 요컨대 이 과정은 무의식을 훈련시켜 새로운 믿음을 만들어낸다. 나의 경우 그것은 '나의 피부는 아름다워지고 있다'는 믿음이다.

이 기법을 한 번에 5분씩 하루에 세 번, 한 달 동안 연습하자 여드름 문제는 사라져버렸다. 심신상관 치유란 알아차림이나 심상화 같은 의식 훈련을 통해 자신의 특정한 측면을 치유시키는 것이다. 나는 5년 동안 여드름을 달고 살면서 여러 병원을 전전했지만 아무 소용이 없었다. 그러다 창조적 심상화로 단 4주 만에 그것을 치유했다. 이 일로 나의 자부심과 자신감은 엄청나게 높아졌다.

이 창조적 심상화 연습을 해보고 싶은 사람들을 위해 동영상을 하나 제작했다. 이 동영상에 내가 피부를 치료하기 위해 썼던 방법도 그대로 설명했다. 비범코드 홈페이지(5쪽 일러두기 참고)에 들어가면 그것을 무료로 다운받아 볼 수 있다.

3. 행복하게 일하면 생산성도 높아진다

우리는 열심히 일하라는 말을 듣는다. 그런데 행복하게 일하라고 말해주는 사람은 별로 없다. 선진국 사람들은 평균적으로 깨어 있는 시간의 70퍼센트에 가까운 시간을 직장에서 보낸다. 그런데 다양한 연구에 따르면 우리 중 50퍼센트는 자신의 일을 싫어한다고 한다. 현대를 사는 수십억의 인구에게 이것은 불행한 일이 아닐 수 없다. 자신의 일에 열정이 조금이라도 없다면 우리 삶의 큰 부분이 불만으로 남아 있을 수밖에 없을 테니까 말이다.

나는 일이란 매일 아침 침대에서 벌떡 일어나게 할 정도로 신나는 것이어야 한다고 믿는다. 마인드밸리를 처음 시작할 때부터 나와 동료들은 '행복하게 일하면 생산성도 높아진다'고 믿었다. 따라서 우리는 일하면서 동시에 무한한 재미도 느낄 수 있는 독특한 기업문화를 고안해냈다. 행복감을 북돋아주는 다양한 현실 모델과 삶의 방식을 개발해낸 것이다. 덕분에 우리 회사 사무실은 영감을 고취하는 아름다운 인테리어로 재탄생했고, 직원들은 근무시간을 택해서 일할 수 있고, 거의 매주 친교모임을 가져서 인맥과 친분을 쌓으며, 업무목표를 달성할 때면 팀원들끼리 낙원과도 같은 아름다운 섬으로 포상휴가도 가게 되었다.

이렇게 행복하게 일하는 문화는 우리가 급성장을 하며 달려오느라 겪어야 했던 스트레스를 줄이는 데 큰 도움이 되었다. 이런 문화가 있었기에 나 자신도 목표달성을 위해 매일같이 야근을 하면서도 온전한 정신상태를 유지할 수 있었다. 행복하게 일하는 문화는 어떤 작업환경에서든지 만들어낼 수 있다. CEO든 프리랜서든 비서든 매니저든 자신의 일을 즐길 방식을 찾아내는 것은 매우 중요하다. 직장동료 혹은 사업 파트너들과 한 달에 한 번, 혹은 한 주에 한 번씩이라도 같이 점심을 먹어보라. 매일 누군가에게 일을 잘했다는 칭찬을 해보라. 아니면 리처드 브랜슨의 충고를 따라보는 건 어떨까? 그는 이렇게 말했다. "나는 근무가 끝난 직원들을 가끔씩 즐겁게 놀게 해주는 것이 아주 좋으며, 이것은 가족적인 분위기 속에서 자유롭게 즐기며 일하는 기업문화를 만드는 데도 매우 중요하다고 확신한다. 재무담당 최고책임자가 손에 맥주병을 들고 림보 게임을 할 때 사내의 계급서열 관계로 문제가 생길 일은 거의 없다."

한 마디로, 행복과 일은 함께해야 한다는 것이다.

일을 행복하게 하기 위한 나의 현실 모델에 대해 좀더 알고 싶은가? 나는 일에 행복감을 더하여 생산성을 높이는 방법에 대해 여러 번 자세히 강연한 바 있다. 나의 짧은 TEDx 강연을 봐도 좋고, 90분으로 좀더 긴 훈련편을 봐도 좋다. 훈련편에는 행복의 모델을 회사나 사업에 적용하는 법을 알려준다. 둘 다 비범코드 홈페이지(5쪽 일러두기 참고)에서 볼 수 있다.

4. 종교적이지 않고도 영적일 수 있다

기존의 전통적인 현실 모델은 이렇게 말한다. "특정한 종교를 따라야만 영적일 수 있다." 하지만 영적 자아는 종교제도와 상관없이 존재할 수 있다는 생각은 왜 해보지 않는가? 그리고 도덕성은 종교나 신에 대한 믿음에 달려 있지 않다는 생각은 또 어떤가?

선善과 사랑과 황금률을 꼭 종교를 통해서 배워야만 하는 것은 아니다. 하버드 대학의 교목이자 휴머니스트인 그렉 엡스타인의 저서 《하나님 없어도 좋아》(Good without God)에 따르면 사람들이 인생을 살면서 기독교, 이슬람교, 힌두교 다음 네 번째로 많이 지키는 신념은 휴머니즘이라고 한다. 휴머니즘은 종교 없이도 선하게 살 수 있다고 말한다. 휴머니즘은 '신'이 존재한다고 믿기 때문에 무신론과는 다르다. 하지만 휴머니즘의 신은 절대 심판하지 않고 다른 많은 종교의 신들처럼 분노하지도 않는다. 휴머니즘에서의 '신'은 우주이기도 하고, 영靈이기도 하고, 지상의 생명체들을 연결해주는 끈이기도 하다. 기존 종교의 견칙들은 거부하지만 그렇다고 무신론자가 되고 싶지는 않은 사람들에게 휴머니즘은 영적으로 좋은 대안이다. 현재 지구상에는 10억의 휴머니스트가 살고 있고, 계속 증가하고 있는 추세다.

휴머니즘과 더불어 기존의 종교들이 말하는 견칙을 버리고 자기만의 종교를 창제해보는 건 어떨까? 스스로 찾아낸 경험과, 전통으로부터 얻은 지혜를 종합하여 만들어낸 당신만의 풍성한 종교 말이다. 《나만의 종교》(A Religion of One's Own)에서 토머스 무어는 우리는 모두가 자기만의 종교를 창조해내야 한다고 주장한다.

이 새로운 종교는 더 이상 신봉자가 아니라 창조자가 되라고 말한다. 나는 영성에서 새로운 종류의 창조가 이루어질 것으로 내다본다. 그러면 우리는 더 이상 주어진 교리를 믿고 특정 전통을 맹목적으로 따를지 말지를 정하지 않아도 된다. 이제 우리는 건강하고 경건하기까지 한 회의주의를 스스로에게 허용한다. 무엇보다도, 우리는 더 이상 한 가지 전통만을 택해야 한다는 압박을 느끼지 않고 풍요로운 영성을 누릴 수 있는 무수한 길들을 즐길 수 있다. 이 새로운 종교는 개인의 영감과, 영감을 주는 전통의 어우러짐이다.

개인적으로, 나도 기존의 종교를 버리고 나서는 한동안 혼란스러웠다. 나는 높은 권능의 존재를 믿었기 때문에 완전한 무신론은 마음에 와닿지 않았다. 그래서 휴머니즘이나 범신론 같은 모델들을 탐구했고, 나만의 답을 찾았다. 즉 휴머니즘, 범신론의 이론들, 명상 같은 수행법들, 힌두이즘과 기독교에 기반한 우리 가족 전통의 신앙 속에서 나에게 힘을 주는 부분들만 골라서 적절히 잘 조합하여 받아들인 다음 나만의 종교로 만들어 믿고 있다.

연습 _ 조율이 필요한 열두 분야에서 당신의 현실 모델을 점검하라

앞장에서 살펴봤던 조율이 필요한 열두 분야를 다시 불러와보자. 컴퓨터나 수첩에다 각각의 분야에서 당신이 지니고 있는 현실의 모델을 적어보라. 시작에 도움이 되도록, 사람들이 흔히 지니고 있는 모델을 아래에 몇 가지 적어보았다. 그리고 3장에서 매긴 점수와 연결성이 있는지를 살펴보라. 점수를 낮게 매겼던 범주에 있는 현실의 모델이 당신을 가장 무력하게 하는 모델일 가능성이 높다.

1. **애정관계**. 사랑을 어떻게 정의하는가? 사랑하는 관계에서 무엇을 기대하는가? 무엇을 주고 무엇을 받고 싶은가? 사랑이 상처를 준다고 믿는가? 사랑이 영원할 수 있다고 믿는가? 멋진 사랑을 할 능력이 있다고 믿는가? 사랑받고 귀한 대접을 받을 자격이 있다고 믿는가?

2. **우정**. 우정을 어떻게 정의하는가? 우정이 오래 지속될 수 있다고 믿는가? 친구들이 주기보다는 더 많이 받아가는 것 같은가? 친구 만들기가 쉽다고 생각하는가, 어렵다고 생각하는가?

3. **모험**. 모험에 대해 어떻게 생각하는가? 모험은 여행, 육체활동, 예술과 문화, 도시나 시골의 풍경과 소리와 관계가 있는가? 전혀 다른 곳에서 사는 사람들을 구경하는 것과는? 삶의 모험을 즐기기 위해 시간과 공간을 할애하는가? 장거리 여행을 떠나기 전에 노후를 위해 저축부터 해둬야 한다고 믿는가? 여행을 위해 회사를 그만두거나 가족을 두고 혼자 여행을 떠난다면 죄책감을 느끼는가? (스카이다이빙 같은) 경험에 돈을 투자하는 것이 경솔하다고 생각하는가?

4. **환경**. 어디서 가장 행복한가? 당신이 살고 있는 곳과 사는 방법에 만족하는가? '집'을 어떻게 정의하는가? 환경의 어떤 측면(색깔, 소리, 가구 종류, 자연과의 근접성 혹은 문화 공간과의 근접성, 단정함, 편리한/비싼 가재도구 등)이 가장 중요한가? 좋은 집을 가질 자격이 있다고 믿는가? 여행 중에는 최고급 호텔에 머물 자격이 있다고 생각하는가? 좋은 환경에서 일할 자격이 있다고 믿는가?

5. **건강과 체력**. 육체적 건강을 어떻게 정의하는가? 어떤 식습관이 건강한가? 유전적으로 비만이나 다른 건강 문제에 취약하다고 믿고 있는가? 부모님만큼, 혹은 부모님보다 더 오래 살 거라고 믿는가? 잘 나이 들어가고 있다고 생각하는가, 아니면 늙고 노쇠해간다고 생각하는가?

6. **지적인 삶**. 얼마나 배우고 있는가? 얼마나 성장하고 있는가? 일상적인 생각을 비롯한 자신의 마음을 전반적으로 잘 통제하고 있다고 생각하는가? 목표를 성취하기에 적합한 지성을 갖추고 있다고 믿는가?

7. **기술**. 어떤 일을 '잘한다'고 생각하는가? 못하는 일이 있는가? 그 일을 못한다고 생각하게 된 배경은 무엇인가? 무엇 때문에 새로운 것을 배우지 못하는가? 버리고 싶은 기술이 있는가? 당신이 변화하지 못하게 막고 있는 것은 무엇인가? 훌륭하다고 할 만한 특별한 능력과 성격적인 특징을 갖고 있는가? 자신이 무엇에 대해서는 '완전 꽝'이라고 생각하는가?

8. **영적인 삶**. 어떤 종류의 영적 가치관을 지니고 있는가? 그 가치를 어떻게, 얼마나 자주 실천하는가? 사회 속에서, 혹은 개인적으로 영성을 경험하고 있는가? 그다지 좋아하지도 않으면서도 다른 사

람들에게 상처를 줄까봐 두려워서 특정 종교나 문화 모델을 떠나지 못하고 갇혀 있지는 않은가?

9. **일.** 일 혹은 직업을 어떻게 정의하는가? 일을 얼마나 즐기고 있는가? 일에서 인정받고 주목받고 있다고 느끼는가? 성공에 필요한 것을 갖추고 있다고 느끼는가?

10. **창조활동.** 자신이 창조적이라고 믿는가? 어떤 창조적인 일을 하고 있는가? 창조적인 작업을 수행할 재능이 있다고 믿는가? 존경하는 창조적인 인물이 있는가? 그 사람의 어떤 점을 존경하는가?

11. **가족.** 배우자로서 자신의 주된 역할이 무엇이라고 믿는가? 아들, 혹은 딸로서 나의 역할은 무엇이라고 믿는가? 가족과 함께하는 삶이 만족스러운가? 가정을 일구면서 소중하게 생각하는 것은 무엇인가? 가족이 당신의 행복에 부담으로 작용한다고 믿는가, 아니면 동력으로 작용한다고 믿는가?

12. **공동체 생활.** 현재 속해 있는 공동체의 가치관에 공감하는가? 한 공동체의 최고 목적은 무엇이라고 믿는가? 공동체에 공헌할 수 있다고 믿는가? 공헌하고 있다고 느끼는가?

현실의 모델을 재구축하기 위한 도구 두 가지

위의 연습을 다 했다면 이제 업그레이드해야 할 모델들이 보일 것이다. 당신의 모델을 업그레이드하기 위해서 꼭 열탕에서 스님의 말씀을 들어야 하는 것도, 최면치료를 받아야 하는 것도 아니다. 물론 키스 한 번으로 즉각 업그레이드가 돼버린다면 그보다 더 좋을 수는 없겠지만 말이다. (열탕에서 내가 경험했듯이) 문득 찾아온 깨달음을 통해 나쁜 모델이 사라져버릴 수도 있다. 혹은 명상, 영성서적 읽기, 혹은 비파사나(위빠사나) 수행 끝에 사라지기도 한다. 아니면 그냥 혼자 앉아서 인생을 반추하며 '나는 어쩌다 이런 세계관을 갖게 되었을까?'라고 자문해보는 중에 사라져버리기도 한다.

이 책을 읽다 보면 문득 통찰이 떠오르면서 '아하' 하는 경험도 하게 될 것이다. 그러면 자신을 무력하게 만드는 현실 모델을 놓아 보낼 수 있게 된다. 구체적인 연습도 하게 될 텐데, 연습이 가져다주는 깨달음을 통해 바람직하지 못한 모델을 쉽게 버릴 수 있게 될 것이다. 하지만 우선은 날마다 만들어내고 있는 부정적인 현실의 모델을 즉석에서 제거하는 데 쓸 수 있는 기법 두 가지를 살펴보자. 이 기법은 모두 어떤 현실 모델을 무의식적으로 받아들이기 전에 당신의 이성을 각성시키기 위한 것이다.

질문 1. 나의 현실의 모델은 절대적으로 참인가, 상대적으로 참인가?

이 세상에는 절대적인 참으로 받아들여지는 것들이 있다. 모든 문화권의 사람들에게 참으로 받아들여지는 것으로, 예컨대 '부모는 자식이 자신을 스스로 돌볼 수 있을 때까지 돌보아야 한다', '살기 위해서는 먹어야 한다' 같은 믿음이 있다. 반면에 상대적으로만 참인 것들도 있다. 이 진실은 문화에 따라 참일 수도 있고 아닐 수도 있는 진실로서 가정교육, 식습관, 영적 표현, 남녀관계 등등을 둘러싼 각각의 고유한 방식들이 여기에 속한다.

당신의 현실의 모델은 절대적으로 참인가, 상대적으로 참인가? 과학적으로 입증된 모델이 아니라면 주저 없이 도전하라. 종교적인 신념이라도 다르지 않다. 아홉 살의 어린 내가 소고기를 못 먹게 하는 규율에 의문을 제기한 데는 여러 가지 이유가 있었지만 이 세상에 사는 다른 무수한 사람들이 다 소고기를 즐기고 있음을 알았기 때문이기도 했다. 그렇다면 왜 나는 먹을 수 없단 말인가?

당신이 속한 문화권에는 인류 모두가 참으로 받아들이지는 않는 상대적 진실이 있는가? 그것을 좋아한다면 계속 믿으라. 하지만 그 진실이 당신의 삶에 해롭게 작용하고, 특정 방식으로만 먹고 입게 하거나, 특정한 결혼관습을 강요하거나, 당신이 싫어하는 방식으로 살기를 강요한다면 자신을 위해서 그 상대적인 진실을 버려야 한다. 견칙은 깨어지기 마련이다.

지금은 어떤 하나의 문화나 종교가 지배하는 세상이 아니다. 어떤 종교도 지구 인구의 대다수를 지배하지는 못한다. 당신이 속한 문화가 무엇을 믿으라고 하든 간에 나머지 대다수의 사람들은 그것을 믿지 않을 것임을 알라. 그리고 우리는 믿지 않기를 선택할 수 있다. 무엇을 믿고 무엇을 믿지 않을지를 선택할 권리는 우리가 스스로에게 줄 수 있는 가장 큰 선물이다.

가슴과 직관이 하는 말에 귀 기울이는 것이 종종 가장 큰 도움이 되곤 한다. 우리의 현실 모델에는 모두 유효기간이 있다는 사실을 기억하라. 절대적인 진실처럼 보이는 것조차 미래에는 그렇지 않을 수도 있다. 이 첫 번째 질문은 사회와 문화에 의해 주입된 현실의 모델을 살필 때 특히 유용하다. 하지만 우리 자신도 의미제조기를 통해 현실의 모델을 창조하고 있음을 명심해야 한다. 그러니 이제 질문 2를 살펴보자.

질문 2. 이것은 정말 내가 생각하는 그것을 의미하는가?

모티와 셸리 레프코는 신념을 해킹하는 흥미로운 모델을 하나 가지고 있는데, 이 모델은 마음속의 의미제조기를 꺼준다. 모티에 따르면 우리는 일주일에 최대 500개에 이르는 온갖 '의미'를 만들어낼 수 있다. 하지만 '이게 정말일까? 정말 그렇다고 100퍼센트 확신할 수 있을까?'와 같은 질문을 하면서 스스로 점검하면 그 수를 줄일 수 있다고 한다.

모티는 머릿속에 들어 있는 '의미'의 재고조사를 수시로 하면서 무의미한 것에서 의미를 만들어내고 있지는 않은지를 꾸준히 점검하기만 하면 일주일에 그 500개에서 200개까지는 쉽게 줄일 수 있다고 말한다. 그렇다면 이것은 연습하면 되는 일이다. 그러면 언젠가는 사건들에 의미 부여하기를 멈추게 될 것이다. 그러면 스트레스를 덜 받고 당신의 삶에 발을 들인 다른 사람들에게 화도 덜 내게 될 것이다. 이것은 결혼생활에도 도움이 되고, 단언컨대 상사나 동료와의 관계에도 도움이 된다. 나는 200명으로 구성된 팀을 이끄는 CEO로서, 일에 임하여 자신의 의미제조기를 잘 다스리는 사람이 더 효율적인 리더가 될 수 있다는 사실을 거듭 확인했다.

나도 모티와 셸리가 개발한 '레프코 신념 다루기 과정'(Lefko belief process)을 경험했는데, 그때 모티와 나누었던 긴 대화를 촬영해두었다. 이 동영상은 모티가 2015년 11월 저세상으로 떠나기 전에 마지막으로 행한 신념 다루기 훈련을 촬영한 것이므로 나에게는 개인적으로도 의미 깊은 것이다. 그리고 그가 남긴 마지막 지혜의 말을 널리 공유하는 것이 나의 의무라고 생각한다. 이 동영상은 비범코드 홈페이지(5쪽 일러두기 참고)에서 볼 수 있다.

나는 낡은 현실의 모델은 아름답게 보내주는 것이 우리가 할 수 있는 최선이라고 믿는다. 그것을 역사의 한 자락으로 남게 하라. 살아가는 내내 새로운 아이디어, 생각, 철학, 존재방식, 삶의 방식을 받아들여 정신적, 정서적, 영적으로 진화해갈 수 있는 우리 자신의 비범한 능력을 자축하자. 충분히 많은 사람들이 견칙에 도전하여 최적의 현실 모델을 채택할 때 인류는 점차 더 진화해갈 것이다. 그리고 충분히 많은 사람들이 '동시에' 자신의 현실 모델을 최적화한다면 인류는 변혁을 경험할 것이고, 그 집단적 깨달음의 힘이 추진력이 되어 우리를 새로운 질서의 세계로 쏘아 올려줄 것이다.

진정으로 탁월한 것은 자신의 세계관을 이해하고 그 속에서 질서와 논리와 영성을 찾는 것이 아니다. 진정으로 탁월한 것은 질서와 논리와 영성에 대한 당신의 관점이 당신의 세계를 지어내며, 따라서 '당신이' 모든 것을 끝없이 변화시킬 수 있음을 아는 것이다. ─ 마이크 둘리

지금까지 현실의 모델이 어떻게 생겨나는지에 대해 자세히 알아보았고, 우리 삶 속의 대표적인 현실의 모델도 일부 찾아냈으니 이젠 이런 통찰을 의식공학의 다음 단계로 연결시킬 차례이다. 다음 장에서는 현실의 모델과 일상(당신의 삶의 방식)이 어떻게 서로 빈틈없이 맞물려 돌아가는지 알아보고 삶의 방식을 최적화하여 모든 분야에서 비범한 성장을 이끌어내는 데 필요한 무대를 설치할 것이다.

5장

삶의 방식을 업그레이드하라

나날의 삶의 방식을 끊임없이 업데이트하여
더 나은 삶을 구축하다

피드백 회로를 갖고 있는 것이 매우 중요하다. 그래야 자신이 해온 일에 대해 지속적으로 생각할 수 있고 더 잘할 수 있는 방법을 찾을 수 있다. 최고의 조언을 하나만 해야 한다면 이것이다. "끊임없이 자신에게 의문을 품고 어떻게 하면 더 잘할 수 있을지를 생각해보라." **엘론 머스크**

리처드 브랜슨의 삶의 비방

리처드 브랜슨 개인 소유의 넥커 섬에서 보낸, 별이 쏟아지던 어느 밤이었다. 해변 파티는 절정을 지나 나른한 소강상태에 빠졌고, 그럴 때면 으레 그렇듯 모두 긴장이 완전히 풀린 채 야외에 앉아 별을 응시하며 우리를 둘러싼 아름다운 야경을 만끽하고 있었다. 그것은 브랜슨의 넥커 섬 저택을 두 번째로 방문했을 때였고, 기업가들로 이루어진 다른 한 무리의 사람들과 함께 리더십과 모험을 주제로 열린 나흘짜리 휴가 모임이었다.

조용한 가운데, 나는 리처드와 단 둘이서 인생이 무엇인지로부터 시작해서 자녀교육과 개인적 철학에 이르기까지 모든 종류의 문제에 대해 이야기를 나눌 기회를 갖게 되었다. 당시 아내와 나는 둘째를 가지려고 애쓰던 중이었는데 4년 동안이나 뜻대로 되지 않아 낙담하고 있었다. 그걸 알고 리처드는 수정의 확률을 높이기 위해 할 수 있는 일들을 말해주었다(브랜슨에게서 생식에 관련된 조언을 들은 일은 앞으로도 언제나 흥미로운 기억으로 남아 있을 것이다). 그가 너무나 진지하게 걱정해주는 바람에 나는 감동을 받았다.

그러다 문득 세상에서 가장 위대한 기업가로 손꼽히는 사람과 일대일로 대화를 나누게 된 이 귀한 때에 정자 수를 늘리는 방법이나 이야기하고 있어서는 안 되겠다는 생각이 들었다. 그보다는 그의 천재성이 돋보이는 분야에 대해 알아봐야 할 것 같았고, 그래서 나는 이렇게 물었다. "리처드, 당신은 서로 상관없는 분야에서 전혀 다른 회사를 여덟 개나 일으켜서 수십억 달러짜리 회사로 일구어내는 정말 대단한 일을 하셨는데, 어떻게 그런 일을 해낼 수 있었는지를 한 문장으로 말한다면 뭐라고 하시겠어요?"

리처드는 눈 한 번 깜빡이지 않고 그 즉시 이렇게 대답했다. 마치 현명하고 친절한 성자 같았다.

자신보다 똑똑한 사람들을 찾아서 고용한 다음 좋아하는 일을 하게 해주기만 하면 돼. 그리고 그들을 신뢰하고 방해하지 않는 거야. 그래야만 나도 더 큰 미래의 청사진에 집중할 수 있지. 아주 중요한 문제야. 하지만 더 중요한 건 그들이 하는 일이 하나의 소명임을 분명히 깨닫게 해주는 걸세. 그게 다라네.

리처드의 말에 따르자면 이것이 업계의 판도를 바꾼 회사들을 일궈낸 그만의 '삶의 방식'이었다. 리처드는 똑똑한 사람들을 고용하여

자율적으로 일하게 하고, 자신은 계속 자신의 미래의 청사진을 생각하는 동안 그들이 소명감을 갖고 회사를 일구어나가게 하는 것이다.

삶의 방식이란 어떤 일을 완수하기에 최적화된 일종의 패턴으로서, 반복적이라는 특징을 지닌다. 아침에 옷을 입는 방식도 삶의 방식의 하나다. 이메일을 쓰는 방식도 대개 하나의 삶의 방식이다. 일, 자녀교육, 운동절차, 사랑하고 관계를 맺는 법, 창조적인 일을 하는 법… 모두가 삶의 특정한 방식에 속한다.

나는 삶의 방식을 컴퓨터가 특정 업무를 수행하기 위해 사용하는 소프트웨어에 비유한다. 삶의 방식이란 아침에 일어나는 순간부터 파자마로 갈아입고 나서 책을 읽는 등 잠들기 전에 하는 일까지, 이 세상에서 기능하기 위해 우리가 하는 일들을 가리킨다. 그리고 교육체제, 경영구조, 사회제도와 같은 사회적인 삶의 방식도 있다.

삶의 방식은 어디서 생겨나는 것일까? 3장에서 살펴보았듯이 삶의 방식은 무엇이 참이고, 무엇이 옳고, 선하고, 건강하고, 필요하고, 적당하고, 효율적인지에 대한 우리의 믿음에서 나온다. 삶의 방식은 현실의 모델 다음으로 의식공학에서 중요한 요소이며, 삶의 방식을 잘 다룰 때 우리는 잠재력을 마음껏 발휘하여 비범한 존재가 될 수 있다.

그런데 문제가 하나 있다. 우리는 대부분 옛날에 이미 구닥다리가 된 삶의 방식을 사용하고 있다. 빌 젠슨도 자신의 책 《강력한 미래》(Future Strong)에서 이렇게 말했다. "인간 역사에서 전환이 가장 용이한 시대에 접어들었음에도 불구하고 문명의 체계와 구조는 여전히 과거에 머물고 있는 것이 현재 우리가 당면해 있는 가장 큰 문제다. 우리는 20세기의 접근방식에 갇혀 있고, 그래서 바로 지금 우리를 기다리고 있는 인간 능력의 근본적이고 거대한 전환을 이뤄내지 못하고 있다."

업그레이드된 삶을 위한 업그레이드된 방식

좋은 소프트웨어는 끊임없이 업데이트된다. 최신 버전을 사용할 수 있는데 아직도 윈도우 95를 쓰는 것은 바보 같은 짓이다. 그런데도 삶의 방식(우리 내면의 소프트웨어) 문제에 관해서만은 우리는 최적화와는 거리가 한참 먼 방식을 사용하고 있다.

스마트폰에 앱을 다운로드하듯이 삶의 방식도 새롭게 업그레이드할 수 있다면 어떨까? 무력하고 낡은 현실의 모델을 힘 있는 새 모델로 대체하고, 그 새 모델에 적합한 새로운 삶의 방식을 만들어 매일매일 실천한다면 삶의 질이 놀랄 만큼, 그리고 아주 빨리 좋아질 것이다.

이 장에서 우리는 삶의 방식에 대해 매우 체계적으로 다시 생각해볼 것이다. 목표는, 더 많은 일을 더 짧은 시간에 더 창조적으로 더 즐겁게 하게 되는 것이다.

그날 밤 넥커 섬에서 리처드 브랜슨과 나눈 이야기와 관련된 예를 하나 들겠다.

나는 오랫동안 책을 하나 써야겠다고 생각했었는데 어떻게 시작해야 할지를 모르고 있었다. 간단히 말해 준비가 아직 되어 있지 않았다.

나는 독자들이 즐겁게 읽을 수 있도록 흥미로운 이야기들이 여기저기 포진해 있으면서도 실질적으로 배울 것이 많은 그런 책을 쓰고 싶었다. 그런 책들 중에 브랜슨이 1998년에 자서전으로 출판한 《나는 늘 새로운 것에 도전한다》(Losing My Virginity)가 내가 제일 좋아하는 책이다. 내가 이 책을 좋아한 것은 자기계발에 좋은 강력한 교훈들 사이에 리처드의 개인적인 이야기들이 양념처럼 골고루 배어 있기 때문이다. 나도 그런 책을 쓰고 싶었다.

하지만 인생에서 성취한 정도로나 삶의 모험을 즐기는 정도로나, 나는 브랜슨과는 비교도 안 되는 풋내기였다. 그래서 나는 '언젠가' 내 회사를 거대기업으로 키워서 나 자신의 가치를 입증하고 나면 그런 책을 하나 쓰겠다고만 생각하고 있었다.

넥커 섬에서 자녀교육에 대해 의견을 나누던 그날, 나는 브랜슨에게 내가 가진 삶의 철학을 이야기했다. 그런데 브랜슨이 갑자기 내 말을 가로막더니 "책을 쓰게나!"라고 말하는 것이었다.

나는 놀라서 할 말을 잃고 말았다. 그날의 그 작은 독려가 있었기에(아마도 리처드는 기억도 못하겠지만) 나는 자신감을 갖고 지금 쓰고 있는 이 책에 대해 본격적으로 진지하게 생각하기 시작할 수 있었다.

그럼에도 주제를 정하는 데만 3년이 더 필요했다.

그리고 틀을 짜는 데 또 꼬박 한 해가 걸렸다.

그리고 첫 장을 쓰는 데 석 달이 걸렸다.

진행이 더뎠고 고통스러웠다.

그래도 나는 날마다 나의 삶의 방식을 계속 최적화시켜갔다.

나는 제목을 정하는 방법, 구성 방법, 개인적 이야기를 쓰는 스타일을 개발했다. 심지어 흥미로운 이야기를 쓰는 데엔 어떤 위스키가 가장 도움이 되는지도 알아냈다(스카치, 켄터키, 일본 위스키 등등. 혹시나 궁금하실까봐 결론을 말씀드리면 짐 빔 켄터키 버번이 가장 좋았다).

그러던 어느 날 나는 내 글쓰기 작업의 생산성이 급격하게 좋아진 것을 경험했다. 이제 나는 하루 만에 한 장(chapter)을 쓸 수도 있다. 석 달 전에는 불가능에 가까운 일이었는데 말이다. 다음은 나의 글쓰기 작업의 효율성을 측정해서 그래프로 그려본 것이다. 글쓰기의 방식을 최적화하고 나서 내가 어디까지 갈 수 있었는지가 보일 것이다. 시작은 정말 어려웠지만 방식이 제대로 구색을 맞추자 속도가 정말 **빨라졌다.**

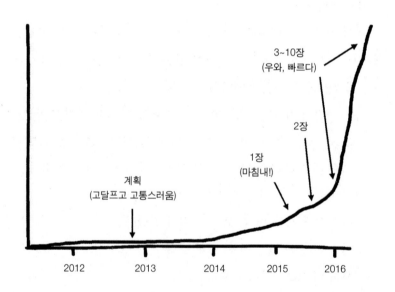

삶의 방식을 최적화하면 자기가 정말 중요하다고 생각하는 분야에서 급격한 성장을 경험할 수 있다.

비범한 사람들은 비범하게 효율적인 삶의 방식을 찾아낸다

비범한 사람들은 현실의 모델만 비범한 것이 아니다. 이들은 삶의 방식(다시 말해 세상에서 당신이 실질적으로 하는 일들)이 체계적으로 잘 정립되어 있는지, 지속적으로 최적화되고 있는지도 꼭 점검한다.

나는 내 삶의 방식 중 일주일에 최소한 한 가지는 업그레이드하려고 애쓴다. 문제가 있어서라기보다 뭔가 새로운 것을 시도하는 것이 삶에 얼마나 활기를 주는지를 잘 알기 때문이다. 새로운 앱을 다운로드하듯이, 삶의 방식을 새롭게 바꿔치기할 수 있다는 생각만 해도 나는 마음이 들뜬다.

이제 삶의 방식을 효과적으로 업그레이드하는 좋은 방법을 하나 소개하겠다. 세 단계의 방법이다.

1. **물색**. 책이나 강연회나 온라인 강좌를 통해 새로운 방식을 물색하는 것이 가장 흔하고 좋은 방법이다. 예컨대 근력 단련을 위해서는 어떤 방법이 좋은지에 관한 글을 읽는다. 그리고 조사를 좀더 한 뒤 그 방법을 지금까지 해온 운동방식에 추가하기로 한다. 한두 달 후 결과를 평가한다. 혹은 강연에서 새로운 경영전략에 대해 듣고 그것을 당신의 팀에 적용해서 효과가 있는지 살펴볼 수도 있다. 나는 자녀교육이나 일이나 운동 같은, 나에게 중요한 분야의 실용서를 폭넓게 읽어서 새로운 방식을 계속 찾아내는 것을 습관으로 삼고 있다. 이것은 앱스토어를 둘러보는 것과도 비슷하다. 다른 사람들이 유용하게 쓰고 있고 나에게도 유용할 것 같은 뭔가를 발견해내는 일은 아주 흥미진진한 일이 될 수 있다.

2. **갱신**. 갱신속도란 삶의 방식을 업그레이드하는 빈도를 말한다. 예를 들어 나는 해마다 새로운 운동법을 실험한다. 2013년에는 레스밀의 바디펌프 운동에 꼬박 30일을 투자했다. 그다음 해에는 크리스틴 블럭의 토탈 트랜스포메이션 프로그램 같은 최소의 운동으로 최고의 효과를 내는 방식을 시도해보았다. 올해는 케틀 벨 트레이닝을 시도하고 있다. 이것들 중에 그냥 어쩌다 시작하게 된 것은 하나도 없다. 관련서를 여러 권 읽고, 열정적으로 체력단련에 매진하는 친구들과 의논해보고, 나에게 정말 필요한지 어떤지를 잘 생각해보고 나서(나는 뱃살을 제거할 필요가 있다) 선택한 것들이다. 내가 이렇게 운동법을 자주 바꾸는 것은 이전에 하던 운동이 나빠서가 아니라 주기적으로 운동법을 바꿔주면 지루하지 않게 더 열심히 운동할 수 있기 때문이다. 또 운동법을 바꿔주면 안 쓰던 근육을 쓰게 되어서 몸 전체를 건강하고 날씬하게 유지할 수 있다.

3. **허용치와 측정**. 당신의 삶의 방식은 얼마나 효율적인가? 새로운 방식은 정말 이전 것보다 좋은가? 여기서는 새롭게 발견하고 갱신한 방식의 효율성을 측정하고 유지한다. 중요한 부분이다(삶의 방식의 효율성을 점검해봐야 한다는 사실을 우리는 자주 잊어버린다). 허용치는 그 아래로는 떨어지지 말도록 정해놓은 값이다. 예를 들어 나는 나의 운동방식에 허리둘레의 허용치를 정해두었는데, 덕분에 지난 10년 동안 허리둘레가 똑같은 사이즈로 유지되고 있다. 나는 내가 제일 좋아하는 벨트를 매보는 것으로 허리둘레를 잰다. 허용치(특정한 구멍)에서 조금이라도 늘어나면 꼭 다이어트나 운동을 해서 허용치로 돌아간다. 늘어난 허리둘레에 맞춰 새 벨트를 사는 일은 없다.

이제부터 이 세 과정이 단계적으로 잘 맞물려서 인생을 효율적으로 영위하게 해줄 삶의 방식이 만들어지는 과정을 살펴보자.

물색

패트릭 그로브는 호주와 아시아태평양 지역에서 가장 성공한 기업가 중의 한 사람이다. 그는 호주 경제주간지 〈비즈니스 리뷰〉 선정 호주 최고의 부자 200인에 들었고, 네 개의 회사를 한꺼번에 일으켜 상장 시킨 믿기 힘든 기록 덕분에 아시아태평양 지역에서는 회사 상장의 귀재로 알려졌다. 그는 같은 동네에 사는 나의 가까운 친구이기도 하다. 한번은 동네 스타벅스에서 마주치기도 했는데 패트릭은 한 장의 종이에다 뭔가를 맹렬히 휘갈기고 있었다. 뭘 하고 있느냐고 묻자 그는 "큰 문제를 하나 해결하려고 하네"라고 대답했다.

"무슨 문제 말이야?" 내가 물었다.

"1년 안에 1억 달러를 벌어야 하거든." 그가 대답했다.

나는 웃었지만 패트릭은 진지해 보였다. 패트릭은 통이 큰 사람이다. 보통 사람이라면 1년에 1억 달러를 버는 일은 불가능하다고 하겠지만 패트릭처럼 비범한 정신의 소유자들에게는 덤벼볼 만한 문제다. "그게 가능할까?"의 문제가 아니라 "언제 가능할까?"의 문제인 것이다.

패트릭은 2008년에 그렇게 말하고 나서 결국 2013년에 1억 달러를 벌어들였다. 동남아시아 전역으로부터 중고차를 판매하는 작은 웹사이트를 세 개 매입한 후, 아이카 아시아 iCar Asia 그룹으로 이름 짓고 호주에서 상장하는가 싶더니 1억 달러가 넘는 가치를 창출해냈다. 모두가 단 '1년' 안에 벌어진 일이었다.

패트릭은 사무실 밖으로 나와서 크고 어려운 질문들을 자신에게 던지기를 즐긴다. 그의 말에 따르면 그러면 종종 사업의 영감이 떠오른다고 한다. 여유가 없는 때라도 이 일을 위해서만은 꼭 시간과 공간을 할애한다. 많은 사람이 무언가를 '하느라(doing)' 너무 바빠서 한발 물러서서 자신이 그 일을 '어떻게(how)' 하고 있는지, '왜(why)' 그일을 하는지를 생각해볼 시간을 전혀 갖지 못한다. 나는 이런 상태를일의 함정(do-do trap)에 빠진 상태라고 말한다. 해야 할 일들로 너무바쁜 나머지 그 방식은 더 이상 쓸모가 없는데도, 아니, 쓰레기인데도 불구하고 전혀 눈치를 채지 못하는 것이다.

그렇기 때문에 패트릭 같은 사람들은 사무실 밖으로 나올 시간을짜내고 생각에 잠길 공간을 찾아내어 자신의 방식에 대해 의문을 던지고, 새롭고 더 대담한 목표들을 찾아 세우는 것이다.

발견에서 중요한 것은 자각이다. 잊을 만하면 한 번씩, 하던 일을'멈추고' 자료를 모으라. 일주일에 몇 번씩 헬스클럽에 가서 운동을하는 사람들이 많다. 하지만 거기서 하는 운동이 정말 최대의 효과를내고 있는가? 예를 들어 나는 한 달에 한 번은 헬스클럽 가야 할 날에가지 않고 쉰다. 그 대신에 새로운 운동법에 관한 글을 읽어보거나새로운 체력단련 앱을 구입하거나 헬스클럽의 운동효과를 최대한으로 높이는 새로운 방법을 연구한다. 내가 말하는 '물색'이란 바로 이런 것이다. 현재 하고 있는 일에서 한 발 물러서서 그 일을 더 잘할수 있는 새로운 방법을 물색해보라.

마인드밸리에서는 일의 함정에 빠지지 않기 위해 '공부하는 날'을따로 둔다. 매달 첫 번째 금요일이 되면 우리 회사에서는 아무도 일하지 않는다(아주 중요한 일이 있는 날만 빼고). 대신에 모두가 어떻게 하면 일을 더 잘할 수 있을지를 연구한다. 고객지원팀은 고객들과 어떻게 하면 개개인의 요구에 좀더 부응하는 소통을 할 수 있을지를 연구하거나, 상품의 질을 높이는 데 도움이 될 소비자의 피드백을 살핀다. 프로그래머는 새로운 코딩 언어를 시험해본다. 직원들은 하루종일 앉아서 일에 관계된 책을 읽기도 한다. 이 과정을 통해 새로운 아이디어가 떠오르고 새로운 시스템이 생겨나며, 새로운 작업방식이 태어난다.

일에서든 건강, 체력, 개인적 성장, 문화에서든, 혹은 다른 무엇에서든 간에 발견은 삶에 긍정적인 느낌을 가져다준다. 삶을 단지 좀더 흥미롭게 해주는 것이 아니라, 하고 싶은 것을 더 잘할 수 있게 해준다. 패트릭 그로브는 네 상장회사들의 회장이지만 아직도 여전히 한 발 물러서서 자신의 방식을 재고해보기 위한 시간을 가진다. 누군가는 바로 그 점이 그를 네 상장회사의 회장으로 만들었다고 말할지도 모른다. 어쨌든 패트릭이 시간을 낼 수 있다면 우리 중에 문제를(큰 문제든 작은 문제든) 풀 또 다른 방법을 궁리하기 위해 시간을 내지 못할 사람은 없을 것이다.

갱신

관심은 있지만 아는 것은 별로 없는 분야에 관한 책을 가장 최근에 읽은 적이 언제인가? 그런 강좌에 참가신청을 한 적은? 친구에게 정직한 피드백을 요청한 적은? 스타벅스에 앉아서 남들은 정신 나갔다고 할지도 모르는, 꼭 이루고 싶은 꿈들을 끼적여본 적은? 아니면 삶의 방식에 활기를 보강해준 적이 있는가? 삶의 방식을 늘 새롭게 유지하는 것도 그 자체로서 하나의 삶의 방식이다. 이 일을 얼마나 자주 하느냐가 당신의 갱신속도이다.

연습 _ 당신의 갱신속도는?

3장에서 살펴보았던, 조율이 필요한 열두 분야로 돌아가보자. 최근에 이 분야 중 어느 한 분야에서라도 삶의 방식을 업데이트했는가? 그러지 못했다면 갱신 단추를 눌러야 할 때다.

변화가 필요한 영역을 적어보라. 동반자와의 관계에 관한 것일 수도 있고 아이를 키우는 방법, 인간관계나 직장의 일에 관한 것일 수도 있고 구직활동에 관한 것일 수도 있다. 의식주에 문제가 있을 수도 있고 큰 꿈, 놀랍고 새로운 경험, 영적 깨달음 혹은 창조적 성장을 위한 시간이 없을 수도 있다. 어쩌면 당신은 이 모든 영역에서 총체적인 조율이 필요할지도 모르겠다. 그렇다면 그렇게 하게 될 것이다.

중요한 것은 삶의 방식을 향상시키는 법을 배우고, 거기에 투자하기를 잊지 않는 것이다. 그럼 이제 열두 분야를 다시 불러보자. 이번에는 각 분야마다 내가 가장 좋아하는 책을 덧붙여두었다. 각 주제에 대한 대담하고 새로운 관점을 얻는 데 도움이 될 만한 책들이다.

1. **애정관계**. 존 그레이의 《화성에서 온 남자, 금성에서 온 여자》 (Men are From mars, Women are from Venus). 이 책은 이성과 사랑하며 같이 사는 방법에 대한 아름답고도 익살스러운 관점을 제공한다.

2. **우정**. 데일 카네기의 《인간관계론》(How to Win Friends and Influence People). 나는 스무 살이 되기 전에 이미 이 책을 일곱 번이나 읽었다. 모두에게 도움이 될 멋진 책이다.

3. **모험**. 리처드 브랜슨의 《나는 새로운 것에 도전한다》(Losing My Virginity). 이 책은 큰 목표를 추구하면서 모험과 즐거움이 가득한 삶을 살고 싶어지도록 당신을 부추겨줄 것이다.

4. **환경**. 데이비드 J. 슈워츠의 《크게 생각할수록 크게 이룬다》 (The Magic of Thinking Big). 삶의 질을 업그레이드하고 집, 사무 공간, 당신이 몰고 다니는 차 등등에 대한 더 큰 꿈을 꾸게 만드는 책이다.

5. **건강과 체력**. 남성과 여성에게 각각 다른 책을 추천한다. 남성들에게는 데이브 애스프리의 《불릿프루프 다이어트Bulletproof Diet》가 좋겠다. 데이브는 내 좋은 친구이고 유명한 바이오해커이다. 이 책으로 데이브는 과학과 식습관을 접목시켰다. 여성들에게는 JJ 버진의 《777다이어트》(The Virgin Diet)를 추천한다. 이 책은 칼로리와 운동에 대한 기존의 규칙을 깨주고 얼마나 먹느냐가 아니라 신체의 '화학 공장'에 얼마나 적합한 음식을 적합한 순서로 공급해주느냐가 중요하다고 말한다.

6. **지적인 삶**. 지적인 삶을 최적화하는 데에 빨리 배우는 법과 기억력 향상으로 학업방식을 업그레이드해주는 것보다 더 좋은 방법이 있을까? 그런 의미에서 짐 크윅Jim Kwik의 수업을 추천한다.

7. **기술**. 티머시 페리스의 《네 시간》(The 4 Hour). 특별한 기술을 빨리 개발하게 하는 비법을 일러준다.

8. **영적인 삶**. 닐 도널드 월시의 《신과 나눈 이야기》(Conversations with God)는 영적 성장 분야에서 내가 읽은 최고의 책이다. 하지만 스티브 잡스가 가장 좋아했던 파라마한사 요가난다의 자서전 《요가난다》(Autobiography of a Yogi)도 그만큼 좋았다.

9. **일**. 애덤 그랜트의 《오리지널스Originals》는 틀 밖에서 사고하면서 일을 더 창조적으로 하는 법, 아이디어를 파는 법, 변화

를 일궈내는 법에 대해 내가 읽은 최고의 책들 중 하나다.

10. **창조활동**. 스티븐 프레스필드의 《최고의 나를 꺼내라》(The War of Art)는 잠자고 있는 예술가 기질을 일깨워서 창조활동을 하게 한다. 이 책은 내가 읽은 책 중에서 가장 아름다운 책이기도 하다.

11. **가족**. 나는 가족문제의 근본은 대부분 자기애가 부족하기 때문이라고 믿고 있다. 따라서 돈 미겔 루이스의 《사랑하라, 두려움 없이》(The Mastery of Love)를 추천한다.

12. **공동체 생활**. 자포스 CEO 토니 셰이의 《딜리버링 해피니스 Delivering Happiness》는 큰 사업을 일궈서 세상에 크게 돌려주는 일에 관해 좋은 영감을 제공해준다.

당신은 지금 정체 중이라서 점프가 필요한가? 한 주에 한 권씩 책을 읽어보라. 그것이 어렵다면 먼저 속독법부터 배우라(독서방식부터 업그레이드하는 것이다). 몇 가지 간단한 요령만 터득하면 읽기 속도가 대단히 빨라질 것이다.

갱신속도를 높이기에 가장 쉽고 가장 좋은 방법은 독서다. 하지만 온라인 강좌나 조력집단, 네트워킹 그룹, 세미나 등에 참여하는 것도 고려해보라. 패트릭 그로브는 뭐든 배우지 않으면 좀이 쑤시는 사람이다. 우리가 친구가 된 것도 둘 다 개인적 성장에 관심이 많아서 관련 세미나나 강좌에서 자꾸 만나게 되었기 때문이다.

넥커 섬에 간 것도 배우고 싶어서였다. 다시 말해 멘토로서 우리를 도와주었던 브랜슨과 날마다 함께하면서, 동시에 큰 사업을 이루고자 하는 다른 기업가들과 아이디어를 교환하고 연계하고 서로 협력하기 위해서였다. 이 글을 쓰고 있는 현재 회원 수가 100만 명을 넘고 있는 마인드밸리 아카데미를 창립한 이유도 사람들에게 세계적으로 위대한 스승들로부터 새로운 현실의 모델과 삶의 방식을 배울 수 있는 기회를 제공하고 싶었기 때문이다. 이 스승들은 우리 마인드밸리 아카데미에서 웹 세미나를 열어 가르치는데, 그중에는 완전 무료인 것도 많다.

배움의 기회를 찾고, 배운 것을 삶에 더 많이 적용할수록 우리의 갱신속도도 높아진다.

허용치와 측정

삶의 방식을 갱신하는 것은 멋진 일이다. 그런데 한 번 갱신해서 좋아졌다면 그다음에는 어떻게 해야 그 상태를 지속시킬 수 있을까?

기껏 일생의 도전에 성공했는데 그 결과가 조금씩 무너져가는 것을 지켜봐야 한다면 그 기분이 어떨지는 당신도 잘 알 것이다. 다이어트에 성공했는데 살이 슬금슬금 다시 찌기 시작한다. 혹은 미루는 습관에서 벗어났다고 생각했는데 다시 자꾸만 미루기 시작한다. 또 돈을 저축하기보다는 자꾸 쓰기 시작한다. 기껏 돈독해졌다고 생각한 친구와의 관계도 소원해지고, 명상도 띄엄띄엄해지고, 아이들과도 멀어지기 시작하고, 사랑하는 사람을 따뜻하게 안아줄 시간도 없어진다.

이런 문제라면 나도 누구 못지않게 시달리고 있다. 하지만 나는 나의 삶의 방식이 무너지기 시작할 때 스스로를 다잡는 방법을 하나 찾아냈다. 다름 아니라 '불타협 허용치'라는 도구를 고안해낸 것이다.

나는 이 도구를 다음과 같이 내 인생에 활용한다.

나는 와인, 위스키, 초콜릿, 치즈를 무척 즐긴다. 하지만 살이 찌기는 싫다. 육체적 컨디션이 최상일 때 기분도 좋고 무슨 일에든 최선을 다할 수 있기 때문이다.

나이가 점점 들어가면서 나도 노화를 늦추고 행복감을 유지하기 위해 정신적, 육체적으로 간단한 시도들을 해왔다. 그중에서도 내 몸을 위해 내가 스스로 정한 불타협 허용치는, 언제든지 엎드려 팔굽혀펴기를 50회 할 수 있어야 한다는 것이다. 예외는 있을 수 없다. LA에서 20시간 비행기를 타고 쿠알라룸푸르의 집으로 날아왔다면 곧장 뻗어버릴 것이다. 하지만 잘 자고 일어나서도 팔굽혀펴기를 50회할 수 없다면 무언가 잘못된 것이다. 팔굽혀펴기 50회는 내가 건강을 점검하는 도구이다. 출장이 잦거나 가족, 지인들과의 만찬이 과도해서 컨디션이 좋지 않게 되면 나는 스스로 금방 알아차린다. 그럴 때면 운동할 때 팔굽혀펴기 50회를 하기가 힘들어지기 때문이다. 그러면 나는 현재의 몸 상태가 어떤지를 잘 살피고 약간의 변화를 주어야 한다.

아이들과 함께하는 시간, 참을성, 일주일에 읽어야 할 책의 수, 재정 등등의 문제에도 우리는 이와 같은 점검방식을 수립할 수 있다.

모든 일은 나빠질 수 있다. 특히나 그렇게 나빠질 때 그것을 알려주는 탐지기가 없을 때는 더욱 그렇다. 허용치는 바로 그 탐지기이다.

연습 _ 당신만의 불타협 허용치

허용치는 자신을 위해 이것만큼은 절대 무너뜨리지 않겠다고 만들어놓는 마지막 보루 같은 것이다. 그리고 허용치와 목표는 다르다. 목표는 우리를 앞으로 끌고 가지만 허용치는 지금 갖고 있는 것을 유지하게 한다. 우리는 이 두 가지가 다 필요하다.

당신에게 중요한 일이라면 무엇에든지 허용치를 정할 수 있다. 그리고 이것은 사실 비밀인데, 허용치가 느슨해지는 것을 막거나 깜빡한 것을 상기시켜주는 일만 하는 것은 아니다. 허용치는 우리를 성장하게 한다. 다시 말해 허용치를 계속 지키다 보면 어느새 우리는 많이 '성장해 있는' 자신을 보게 된다. 나이가 들수록 더 건강해지고, 파트너와 더 가까워지고, 경제적 상태도 더 탄탄해지고, 아이들과도 더 친해지는 상황을 상상해보라. 허용치와 관련해서 아주 간단하게 써먹을 수 있는 기술이 하나 있다. 이 기술을 잘 쓰면 게임에서 이기는 것은 시간문제다(이 기술이 무엇인지는 곧 알게 될 것이다). 그러니 이제 당신만의 허용치를 정해보라.

1단계: 당신의 삶에서 허용치를 정하고 싶은 부분을 찾아내라.

3장에서 우리는 인생에서 조율이 필요한 열두 분야에 점수를 매겼었다. 그중 어디에서 가장 낮은 점수를 받았는가? 당신은 어디에서 자꾸 느슨해지는가? 구체적이고 실현가능한 허용치를 정하고 싶은 분야 두세 개를 택하고 집중하라. 나중에 분야를 더 넓힐 수 있지만 일단은 당신에게 정말 중요한 두세 개의 분야에서부터 시작하라.

2단계: 허용치를 정하라.

이제 앞에서 선택한 각 분야에서 각각의 허용치를 정한다. 여기서는 '절대적으로 실현가능한 허용치를 정하는 것'이 무엇보다 중요하다. 그 이유는 곧 알게 될 것이다.

숫자로 측정할 수 있는 것(예를 들어 몸무게나 은행잔고)이라면 숫자로 구체적으로 허용치를 정하면 된다. 예컨대 내 몸무게 허용치는 X이다. 내 은행잔고 허용치는 Y이다. 내 지적인 삶을 위한 허용치는 한 달에 책 X권 읽기처럼 정할 수도 있다. 심지어 일에 관해서도 '나는 일을 더 잘하기 위해 일주일에 두 시간은 연구하고 공부하겠다'와 같은 허용치를 정할 수 있다. 허용치가 구체적일수록 기억하고 지키기가 더 쉬울 것이다.

다음은 조율이 필요한 열두 분야에서 허용치를 정하는 데 당신이 참고할 만한 것들이다.

1. **애정관계**. 함께 하는 시간으로 허용치를 정하라. 데이트하는 횟수도 좋고 같이 운동하는 횟수도 좋고 정기적으로 사랑을 나누는 횟수도 좋다.

2. **우정**. 연락 횟수로 허용치를 정하라. 예를 들어 일주일에 최소한 한 번 전화를 거는 것도 좋고 한 달에 한 번 브런치나 저녁 시간에 친구들을 초대해도 좋다. 힘든 시간을 보내고 있는 누군가에게 매주 짧은 문자를 보내는 것도 좋다.

3. **모험**. 휴가나 모험 여행의 횟수로 허용치를 정하라. 나는 온 가족과 1년에 최소한 두 번은 긴 여행을 떠난다. 이국적인 다른 나라를 가야 할 필요도, 비싼 곳에 갈 필요도 없다. 다만 오랜

시간을 온전히 가족하고만 보내는 것으로 오랫동안 기억할 수 있는 추억도 쌓고, 내가 얼마나 그들을 사랑하는지도 보여준다. 바로 근처에 있는 곳이라도 매달 새로운 곳을 방문하는 것은 어떨까? 인생의 모험을 즐기는 데에 돈이 꼭 필요한 것은 아니다. 정기적으로 새로운 곳을 탐험하다 보면 당신의 세계가 더 커지고 더 밝아지는 걸 느끼게 될 것이다.

4. **환경**. 집을 깨끗하게 유지하기 위해 몇 가지 간단한 허용치를 정하라. 예를 들어 매일 아침 침대를 정돈한다, 설거지를 다음 날 아침까지 미루지 않는다, 우편물은 받자마자 정리한다, 필요 없는 물건은 기부한다 등등. 삶의 질을 유지하기 위한 허용치도 정해두라. 예를 들어 일주일에 한 번 전신 마사지를 받거나 온천을 가는 건 어떨까?

5. **건강과 체력**. 체력점검의 기준으로서 허용치를 정하라. 나에게는 팔굽혀펴기가 그 허용치다. 허리 수치 얼마를 넘기지 않겠다고 정하거나 매주 요가나 필라테스 수업에 나가기로 정할 수도 있다. 심지어 시력이나 혈압 수치를 허용치로 정할 수도 있다.

6. **지적인 삶**. 지적으로 풍성한 삶을 위한 삶의 방식을 몇 가지 도입하라. 매일 밤 잠들기 전에 책을 몇 페이지씩 읽어도 좋고 미술관을 방문하거나 매주 박물관 전시실 하나를 탐구하는 것도 좋다. 연극을 한 달에 하나씩 보는 것도 좋다. 무엇보다 한 달에 책을 최소한 두 권은 읽겠다고 결심한다면 더할 나위 없다.

7. **기술**. 자신의 분야에서 기술을 향상시키기 위해 관련 자료를 공부하거나 책을 읽는 데에 최소한 일주일에 몇 시간 정도는 할애하라. 나는 한 달에 하루는 일을 하지 않고 일을 더 잘할 방

법을 연구하고 공부하는 데에 보낸다.

8. **영적인 삶**. 매일 15분씩 명상을 하기로 하는 것은 어떨까? 매일 기도를 하거나 영성 관련서를 몇 페이지씩 읽어도 좋고, 문제를 겪고 있는 사람에게 당신의 생각을 전할 수도 있다. 이 범주에서 내가 정한 허용치는 하루에 최소 15분 명상을 하는 것이다.

9. **일**. 당신의 일과 관련된 전문가 모임에 가입하여 1년에 몇 번은 꼭 참석하라. 일 관련서를 한 달에 한 권은 읽으라. 직업을 바꾸고 싶다면 원하는 새로운 분야에 발을 들이는 방법 등에 관한 자료를 일주일에 얼마나 읽을지를 허용치로 정해두라.

10. **창조활동**. 창조성을 발휘할 방법을 하나 선택해보라. 실행 가능한 허용치를 정해서 창조활동을 일상으로 만들라. 예컨대 그것은 매일 20분 정도 일기를 쓰는 일일 수도 있고 매주 즉흥연주나 연기수업에 참가할 수도 있다. 좀처럼 진도가 나가지 않지만 꼭 해보고 싶은 창조적인 일이 있다면 그것을 실현하기 위한 목표를 설정할 수도 있다. 나는 매주 일정 분량의 글을 쓰는 것을 허용치로 정해놓고 쓰고 있다.

11. **가족**. 매주 정해진 시간을 할애해서 아이들, 가족 전체, 부모님, 혹은 다른 친척들과 함께하라. 아니면 사흘에 한 번은 부모님께 전화를 해서 안부를 묻는다든지, 일요일 아침은 가족과 함께 먹는다든지, 매일 밤 아이와 놀이시간을 보내는 등의 허용치도 좋다.

12. **공동체 생활**. 매년 좋은 일에 기부할 돈의 한도를 정해놓거나 정기적으로 자원봉사를 할 곳을 알아보라. 나는 연간 최소 기부금 허용치를 정해두고 매년 내가 좋은 일이라고 믿는 곳에

가능한 최대한의 금액을 기부하려고 한다.

3단계: 허용치 테스트를 하고 이상을 바로잡으라.

나는 팔굽혀펴기 50번을 매주 한 번씩 해본다. 운동을 게을리해서, 혹은 기운이 없어서, 혹은 살이 쪄서 50번을 하지 못하면 그 즉시 허용치 복구작업에 돌입한다.

이 복구작업은 다시 정상궤도에 오르기 위한 특별조치 같은 것이다. 팔굽혀펴기를 50번 할 수 있는 체력으로 다시 돌아가야 할 때 나는 이 특별조치를 취한다. 즉, 바로 저탄수화물 다이어트를 시작해서 원래의 몸무게로 돌아가고 일주일에 세 번씩 꼭 헬스클럽에 가서 체력단련을 하는데, 이 특별조치는 나에게만큼은 늘 효과가 있다. 보통은 이렇게 일주일만 하면 원래의 몸무게와 체력으로 돌아온다.

이 책이 출판되는 올해 나는 마흔 살이 된다. 나는 백 세까지 살려고 한다. 그리고 백 세에도 팔굽혀펴기 50번을 할 수 있기를 바란다. 이 부분에서 느슨해지는 것은 좋지 않다고 생각한다.

복구작업은 중요하다. 느슨해져서 허용치를 유지하지 못하게 되는 순간 반드시 자기관리를 잘해서 느슨해진 부분을 바로잡아야 한다. 그렇게 할 수 있어야 다음 단계로 나아갈 수 있다.

4단계: 긍정적인 압력을 가하라.

허용치에서 아래로 떨어질 때, 다시 올라가되 목표를 '조금 더 높게' 잡으라. 예를 들어 팔굽혀펴기 50번이 당신의 허용치인데 50번을 채우지 못하게 됐다면 50번에서 조금 더, 그러니까 51번을 목표로 정하는 것이다. 파트너와 매주 한 번 둘만의 밤을 즐기기로 했는데 그것을 하지 못하게 됐다면 다시 둘만의 밤을 즐기되, 거기에 덧붙여 다음 날 아침에도 로맨틱한 시간을 가지라. 스스로에게 긍정적인 압력을 가하는 것이다. 다만 갑자기 압력을 지나치게 가하면 안 된다. 자신도 눈치챌 수 없을 정도로 조금씩만 압력을 더하라. 그리고 그 새로운 압력에 익숙해지면 거기에 맞게 허용치를 조정하라.

이렇게 하면 정체를 방지할 뿐만 아니라 실제로 '성장해가게' 된다. 허용치 시스템을 도식화하자면 이렇게 된다.

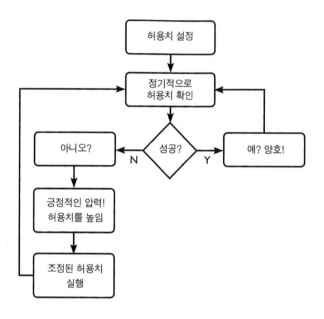

나이가 들면 대개 매사에 느슨해진다. 하지만 불타협 허용치를 정해두면 나이가 들수록 더 발전해간다. 나는 사람은 누구나 인생의 마일리지가 쌓일수록 해마다 전보다 더 나아질 수 있다고 믿는다. 허용치를 놓고 타협만 하지 않으면 말이다. 허용치에 대해 더 알고 싶다면 비범코드 홈페이지(5쪽 일러두기 참고)를 방문하기 바란다.

허용치의 긍정적 심리학

허용치가 효과를 발휘하는 데는 강력한 이유가 있다. 목표를 달성하지 못하고 느슨해지면 사람은 자연히 실패했다고 느끼게 된다. 그런데 허용치를 정해두면 실패가 곧 도전이 된다. 팔굽혀펴기 50번을 할 수 없다면 새 목표치를 정하면 된다. 51번으로 하라. 그러면 실패했다는 느낌은 사라지고 목표 추구라는 긍정적인 느낌이 그 자리를 대신한다.

실현가능한 목표를 세우는 것이 중요하다. 내가 긍정적인 압력을 가할 때 팔굽혀펴기 50번에서 55번이나 60번이 아니라 51번으로 목표를 높였다는 사실에 주목하라. 목표를 너무 높게 잡으면 고문이 따로 없는 상황이 펼쳐진다. 그 정도의 성과를 한 번에 이루겠다는 생각은 비현실적이다. 압력은 조금씩 가해야 실패할 염려 없이 탄력을 받을 수 있다.

허용치를 이전보다 약간만 높게 정하면 삶의 모든 측면에서 지속적인 발전을 이룰 수 있다. 이제 법칙 5을 살펴볼 때가 된 것 같다.

법칙 5 삶의 방식을 업그레이드하라

비범한 정신의 소유자는 인생, 일, 마음, 영혼의 발전을 위해 끊임없이 새로운 삶의 방식을 찾고 업그레이드하고 측정한다. 이들은 자기혁신을 거듭하며 끊임없이 발전해간다.

미래의 삶의 방식

바로 지금 나와 한 가지 실험을 해보자.

지금 이 책을 비행기나 지하철 같은, 사람이 많은 곳에서 읽고 있다면 옆 사람들의 냄새를 맡아보라. 주저하지 말고 옆 사람 쪽으로 약간만 머리를 기울여서 냄새를 맡아보라.

이 책을 지금 혼자서 읽고 있다면 자신의 냄새를 맡아보라.

무슨 냄새가 나는가? 대부분의 경우 향수, 남자들이 면도 후에 바르는 스킨, 비누, 탈취제 등의 냄새가 날 것이다. 아니면 그냥 아무 냄새도 안 날 수도 있다.

그런데 지금부터 150년 전으로 돌아가 똑같은 실험을 해본다면 당신 주변의 모든 사람들이 지독한 냄새를 풍길 것이다. 150년 전의 사람들에게는 매일같이 샤워하는 습관이 없었다. 매일같이 이를 닦지도 않았다. 향수는 거부들만이 사용했다. 탈취제는 존재하지도 않았다. 하지만 1900년대의 사람들은 자신의 몸에서 풍겨 나오는 지독한 냄새에 익숙했으므로 문제없이 잘 살았다.

현대의 우리는 아침에 일어나면 그날 하루를 잘 보내기 위해 몸을 닦고 치장하는 데 할 수 있는 모든 일을 다 한다. 이를 닦고 샤워를 하고 향수를 뿌리고 옷을 골라 입는다. 어제처럼 오늘도 우리는 몸을 청결하고 말쑥하게 관리한다. 그런데 그 수십억의 사람들이 매일 아침마다 걱정과 스트레스와 불안과 두려움을 느끼며 일어나면서도 그것에 대해서는 아무것도 하지 않는다. 원래 그런 거라고 치부해버리지만 그건 원래 그런 것이 아니다. 몸을 씻는 것과 똑같이, 심신을 쇠약해지게 만드는 감정을 완전히 '씻어내는' 삶의 방식을 찾아볼 수도 있는 것이다.

다소 우스꽝스럽긴 했지만 '이웃의 냄새를 맡아보는 실험'이 보여주듯이 우리는 자신의 마음과 영혼을 돌보는 삶의 방식보다 육체를 돌보는 삶의 방식에 훨씬 더 많은 주의를 기울이고 있다.

우리는 아침마다 스트레스와 불안과 두려움과 걱정을 안고 일어나는 것을 정상으로 여기는 사회를 만들어냈다. 하지만 이것은 정상이 아니다. 이런 느낌은 원래 지속되어서는 안 되는 것들이다. 이런 느낌은 일종의 경고 시스템으로서, 우리에게 참고 지내지 말고 해결해야만 할 것들이 있음을 경고해주도록 진화된 것이다. 원래부터 자신이 하는 일을 혐오하고 하루하루를 끔찍하게 여겨야 하게끔 태어난 사람은 없다. '해피 아워'가 또 한 주일을 살아남은 것을 축하하면서 금요일 밤에 마시는 술이 되어서는 안 된다.

그런 감정들을 눌러 감추기 위해 약을 복용하거나 건강치 못한 습관에 빠지는 대신, 그런 감정들에서 벗어나게 해주는 삶의 방식(습관)을 채택할 수 있다. 게다가 놀라운 것은 이런 삶의 방식이 매우 인기를 얻고 있고, 매우 빠르고 강력한 변화를 불러온다는 사실이다. 나는 이런 삶의 방식을 초월 연습이라 부른다. 감사 연습, 명상 연습, 자비 연습, 축복 연습 등이 이에 속하는데, 일반적인 혹은 단순히 물질적인 인간 경험의 스펙트럼 너머를 맛보여주는, 즉 일상적 경험의 스펙트럼을 초월하게 하는 연습들이다.

이제 삶의 방식을 발견하고 갱신하고 허용치를 정하는 법을 배웠으니, 이 책의 나머지 부분에서는 우리의 의식(consciousness)을 위한 삶의 방식, 간단히 말해 초월 연습에 주목해보자. 이 방식을 삶과 일에 적용하면 다음 장에서 알게 되겠지만, 놀라운 보상을 받게 된다.

하지만 여기서는 먼저 세계적 인물인 한 여성이 어떻게 초월 연습을 삶과 일에 적용하고 있는지에 대해 내가 깊이 공감한 점부터 공유하고자 한다.

아리아나 허핑턴의 마음 다스리기

2014년에 나는 아리아나 허핑턴을 인터뷰할 멋진 기회를 얻게 되었다. 그녀의 책 《제3의 성공》(Thrive)이 막 출판되던 때였다. 나는 아리아나를 흠모한다. 그녀는 허핑턴 포스트라는 거대한 미디어 제국을 이끌어가면서도 침착과 친절이 온몸에 배어 있는 사람이다. 그런 아리아나가 바쁜 일상에 초월 연습을 더한 이래로 자신의 삶에 어떤 변화가 일어났는지를 말해주었다.

2007년 4월 6일, 아리아나에게는 일생일대의 전환이 일어났다. 허핑턴 포스트를 일으키는 일에 2년의 시간을 바쳐 믿을 수 없는 성공을 거두긴 했지만 그것은 그야말로 뼈 빠지게 일해야 하는 나날이었다. 그리고 바로 그날 아리아나는 돈과 권력만이 성공의 척도가 될 수는 없다는 생각이 문득 들었다고 한다. 그것 말고 사람들의 주목을 충분히 받지 못하는 한 가지 척도가 더 있었던 것이다. 아리아나의 말을 들어보자.

창업한 회사를 일구다 보면 밤낮없이 일해야 한다는 망상을 당연한 듯이 받아들이게 되죠. 하지만 그러는 동안에도 우리는 일 외의 다른 인생도 살아야 합니다. 당연하죠. 우리가 허핑턴

포스트를 만들어가던 시기에 저의 큰딸은 대학에 진학해야 할 때가 되어서, 저는 딸을 데리고 여기저기 대학교를 탐방하며 다녀야 했답니다.

그날도 대학을 하나 탐방하고 왔는데 잠도 부족한 데다 지치고 피곤해서 쓰러졌는데 그만 머리를 책상에 찧고 말았어요. 광대뼈가 부러지고 오른쪽 눈가를 네 바늘이나 꿰매야 했지요. 그 후 내 몸에 무슨 이상이 있지 않나 싶어서 이 의사 저 의사를 찾아다니다가 저는 속으로 대학 졸업 후 더 이상 묻지 않았던 질문을 다시 해보기 시작했어요. ― '어떤 삶이 멋진 삶일까? 성공이란 무엇일까?' 그리고 돈과 권력이라는 두 가지 척도에만 근거해서 우리가 정의하는 성공으로만 인생을 재단하는 것은 어딘가 턱없이 부족하다는 결론을 내리게 됐어요. 그건 마치 다리가 두 개인 의자에 앉으려고 하는 것과도 같아요. 언젠가는 넘어지게 되어 있지요. 그때 저는 성공의 세 번째 척도에 대해 생각하게 됐어요. 성공의 세 번째 척도는 네 개의 기둥으로 되어 있어요. 평안(well-being), 지혜, 경이, 베풂이 그 네 기둥이지요.

이어서 아리아나는 자신의 나날의 삶의 방식에 대해 말해주었다. 특히 명상을 강조했다.

나는 효율적이거나 생산적이기만 한 사람이 되고 싶지는 않아요. 나는 즐겁게 살고 싶어요. 여덟 시간 동안 잠을 자고 나면 나는 매일 아침 최소한 20분간 명상을 한답니다. 주말이면 한 시간이나 한 시간 반 동안 명상을 하려고 애써요. 그 시간이 정말 좋습니다.

그다음 우리는 감사하는 마음에 대해 이야기를 나눴다.

예전에는 일어나자마자 스마트폰을 확인했어요. 지금은 그러지 않아요. 지금은 그 시간에 그날의 일과를 미리 생각해보고, 이것이 얼마나 축복받은 삶인지를 알고 깊이 감사한 다음에 그날의 목표를 세우지요. 이 시간은 정말 1분도 채 안 될 때도 있지만, 뭔가에 쫓기는 듯한 그릇된 느낌이 즉석에서 사라져버려요. 우리는 스스로 자신을 재촉해서 서두르는 경향이 있어요. 그래서 쓸데없는 스트레스를 받곤 하지요.

아리아나의 메시지가 나는 참 마음에 든다. 아리아나 삶의 방식은 명상, 감격, 감사, 그날의 의도 세우기를 중심으로 돌아간다. 세상에서 가장 영향력 있는 여성 중 한 명인 그녀가 이런 식으로 하루를 시작하는 것이다.

한번은 강의 중에 청중을 대상으로 명상에 가장 큰 걸림돌이 되는 것이 무엇인지를 조사해보았다. 그 결과 사람들이 명상을 하지 못하는 가장 큰 이유는 시간이 없기 때문임을 알게 되었다. 참으로 역설적이지 않을 수 없다. 왜냐하면 명상을 하면 사고활동과 창조활동을 최적화할 수 있어서 일의 효율이 높아지므로 사실상 시간을 벌게 되기 때문이다.

아리아나는 바쁘다. 아리아나는 〈타임〉지가 선정한 세계에서 가장 영향력 있는 인물 100인에도 들었고, 〈포브스〉지가 선정한 세계에서 가장 영향력 있는 여성 100인에도 들었다.

하지만 그녀는 이렇게 말한다.

명상하는 데 시간이 많이 필요하지는 않아요. 그럼에도 삶의 질이 좋아져요. 하루하루 살다 보면 많은 일이 벌어지지요. 당신에게도, 다른 모든 사람들에게도… 매일같이 문제를 헤쳐 나가야 하니 하루하루를 사는 것이 힘들 수 있어요. 하지만 불가피한 일이 닥치면 저는 '과잉반응 없이 다뤄나갈 수 있는 상태'로 들어가요. 나쁜 일이 일어났다고 스트레스받지 않고 당장 해결해야 할 일부터 처리해가는 겁니다.

아리아나는 5분 명상부터 시작하면 된다고 말한다.

그러다 보면 결국 20분~30분, 혹은 그보다 더 오래 명상할 수 있게 될 거에요. 하지만 몇 분만 투자해도 습관을 들이게 될 것이고, 그러면 명상이 주는 온갖 혜택을 누릴 수 있게 될 거예요. 명상이 주는 혜택이라면 많은 사람들이 증명해 보여주고 있죠. 저는 제 책에서 그에 대해 뒷부분에 55페이지나 되는 과학적 설명을 덧붙여놓았어요.

아리아나에게서 배운 지혜로 아마 책을 한 권 쓸 수도 있을 것이다. 아리아나는 정말 멋진 여성이어서, 이외에도 자신이 습관으로 만들어놓은 삶의 방식들을 많이 알려줬다. 아리아나를 진정으로 비범하게 만들어준 습관들 말이다.

비범코드 홈페이지(5쪽 일러두기 참고)를 방문하면 아리아나와의 대담을 전부 담아놓은 동영상을 볼 수 있다. 이 동영상을 보고 그녀로 하여금 성공적이고도 평화롭고 행복한 삶을 살 수 있게 한 더 많은 삶의 방식들을 배우기 바란다.

초월 연습과 다음에 배울 것들

아리아나의 지혜는 켄 윌버의 철학을 떠올리게 한다. 앞서 3장에서 켄 윌버가 특유의 달변으로 말했듯이, 우리는 현대세계의 현실의 모델과 삶의 방식에다 초월 연습을 덧붙여야만 한다.

나는 인류가 바야흐로 육신과 지성과 영성이 잘 조율된 새로운 시대로 발을 들여놓고 있다고 믿는다. 이것이 이제부터 우리가 자신의 내면세계로 들어가면서 탐사할 내용이다.

Part 3

자신을 다시 코딩하기
내면세계의 변혁

의식공학을 공부하면 뭔가 아름다운 일이 일어나기 시작한다. 일단 우리를 구속하던 온갖 견칙을 벗어나게 되고, 그러면 새로운 힘과 자유를 감지하게 되고, 성장에 가속도가 붙기 시작한다.

이 시점이 되면 종종 내면에서 큰 열망이 일어나기 시작한다.

'더 많은 일을 하고 싶고, 더 큰 무언가가 되고 싶고, 더 많이 공헌하고 싶다.'

이제부터 이 책은 그렇게 할 수 있는 방법을 제시해줄 것이다.

지금까지 우리는 주변 세상에 초점을 맞추어 과거에 토대한 현실의 모델을 벗어던지는 법을 배웠다. 이제부터는 초점을 내면세계로 돌려서 우리의 현재와 미래를 살펴볼 것이다. 습관과 믿음과 감정과 욕망과 야망이 부딪쳐 갈등을 일으키고 있는 우리의 내면세계 말이다. 우리는 이 내면의 세계에 아름다운 질서와 균형을 불러올 것이다.

그것을 위해 당신은 다음 두 가지를 자문해보게 될 것이다.

■ 행복이란 정확히 무엇이며, 어떻게 하면 바로 지금 행복할 수 있
  는가?
■ 나는 미래를 위해 어떤 목표와 꿈을 갖고 있는가?

행복지수를 극적으로 올려줄 새로운 삶의 방식을 배워보자. 구
체적으로 말해, 우리는 나날을 더없이 행복하게 살기 위한 강력
한 접근법 세 가지를 배워볼 것이다. 이 접근법들을 나는 지복수행
(Blissipline)이라 부른다. 즉, 날마다 '더없이 행복하기(bliss)' 위한 훈련
법(discipline)이다.

당신은 문화배경 속의 견칙들에 굴복하지 않고 미래를 위해 즐거
운 목표를 정하는 법도 터득하게 될 것이다. 그리고 진짜 목표(뛰어난
발상)와 수단에 지나지 않는 목표(좋지 않은 발상)를 구분하는 법도 배울
것이다. 이 모든 것이 단순하면서도 심오한 질문 세 가지를 던져보는
것으로 가능해진다.

당신이 지금 행복을 누리면서도 한편으로 미래에 대한 꿈을 품고
나아가고 있다면 당신의 내면세계는 바깥세상과 더없이 원만하게
함께 가고 있는 것이다. 이때는 행운이 당신의 편이고 우주가 든든히
뒤를 봐줄 것이다. 이런 상태에 있다면, 마치 축복을 받은 것처럼 당
신에게 가능한 최고의 인생이 펼쳐질 것이다. 이런 상태를 나는 '현
실을 구부리는 상태'라고 말한다.

6장

현실을 구부리라
인간 존재의 궁극적 경지를 보다

나는 과거와 미래란 순전히 환영으로서 현재 속에 존재한다는 것과, 현재만이 실재하며 현재만이 실재하는 모든 것임을 깨달았다

앨런 와츠, 선불교 철학자

사랑이 나의 경력에 끼친 파급효과

대학 졸업 직후의 내 모습은 '크게 성공할 것 같은 사람'과는 거리가 한참 멀었다. 대학 졸업 후 3년 동안 내가 받은 성적표는 다음과 같다.

- 회사를 창업하려 했으나 두 번 실패했다.
- 괜찮은 직장에서 샐러리맨으로 살려고 했으나 해고당했다. 이 또한 두 번이나.

한동안 백수로 지내다 2002년 마침내 법률사무소용 소프트웨어를 파는 전화영업을 하게 되었다. 그리고 (3장에서 언급한 기술 덕분에) 일을 잘해서 판매부 책임자가 된 데 이어 뉴욕 시 지사장이 되었다.
그러다가 또 뜻밖의 난관에 부딪혔다.

사랑을 하게 된 것이다.

당시 여자친구였던 크리스티나는 어디를 가든 사람들의 시선을 끄는 멋진 여자였다. 그런데 큰 문제가 하나 있었다. 그녀는 에스토니아 탈린에서 살고 있었다. 뉴욕에서 4,167마일(약 6,700㎞) 떨어진 곳이다. 물론 계산해봤다.

우리는 적어도 넉 달에 한 번은 만나는 것으로 타협을 보려고 했다. 그리고 파리, 그리스 등지에서 만났고 다른 모든 가난한 연인들처럼 싸구려 호텔에서 세상에서 가장 로맨틱한 휴가를 보냈다. 믿을 수 없이 멋진 여자는 쉽게 만날 수 있는 것이 아니라서, 나는 3년 동안이나 장거리 연애를 참아냈다. 하지만 마침내 나는 두 가지 이유에서 청혼을 했다. 로맨틱한 이유 — 이제는 정말 같은 도시에서 함께 살고 싶었다. 경제적인 이유 — 대륙을 넘나드는 비행기 값과 휴가비로 통장 잔고가 바닥을 드러냈다.

그래서 나는 직장 상사에게 4주간의 휴가를 요청했다. 유럽에서 결혼한 다음 신혼여행을 갔다가 친구들도 좀 만날 생각이었다. 그리고 생각대로 모든 일이 순조롭게 진행되었다. 그런데 크리스티나와 함께 뉴욕으로 돌아온 날 상사가 전화를 해왔다. 그리고 말했다. "자네는 일을 잘하고 난 자네를 정말 좋아해. 하지만 자네 자리를 비워둘 수가 없었네. 다른 사람을 앉혀야 했어. 사업은 사업이니까."

나는 놀라서 할 말을 잃고 말았다. 미국 영주권이 없어서 다른 곳에 일자리를 구할 수도 없었다. 크리스티나도 사정은 마찬가지였다. 상사가 말했다. "그럼 이렇게 하자구. 다른 자리를 줄게. 하지만 전에 받던 것의 절반밖에 못 받아."

전화기는 들고 서 있었지만 내 영혼이 빠져나가는 것 같았다. 나는 조용히 대답했다. "음… 좋아요. 그렇게 하겠어요."

속으로는 미국 해병대 뺨칠 정도의 지독한 욕을 내뱉었다.

크리스티나는 취업 허가증을 얻지 못해서 미국에서는 일을 할 수 없었다. 생활비가 빠듯하게 됐지만 우리는 아메리칸 드림을 포기하지 않았다.

기회는 늘 최악의 상황에서 오기 마련이다. 가진 거라곤 통장에 있는 두 달 정도의 생활비와 반 토막 난 월급뿐이었으므로 나는 돈을 벌 다른 길을 찾아야 했다. 그래서 온라인 마케팅에 관한 책을 몇 권 읽었는데 컴퓨터와 마케팅에 관해 그동안 쌓아온 지식을 바탕으로 간단한 웹사이트를 하나 만들면 도매로 산 물건을 팔 수 있을 것 같았다. 나는 명상에 관심이 많았기 때문에 일단 명상 관련 상품들부터 팔면 좋을 듯했다. 그래서 내가 찾은 가장 저렴한 도메인인 mindvalley.com이라는 주소를 확보하고 작은 온라인 쇼핑몰을 열었다. 매일 밤 퇴근하고 와서 몇 시간 정도 쇼핑몰 관리를 했다.

그 첫 달에 800달러를 잃었다. 두 번째 달에는 300달러를 잃었다. 세 번째 달에 드디어 얼마간의 이익이 났다. 계산해 보니 매일 4달러 50센트씩 번 셈이었다. 얼마 안 되는 돈이었지만 나쁘지 않았다. 그 돈이면 최소한 아침은 사 먹을 수 있었다. 나는 아침에 스타벅스에서 커피 마시기를 좋아했는데 이제 그 작은 웹사이트 사업이 아침마다 스타벅스에서 커피를 사 마셔도 될 만큼의 돈을 벌어다 주는 것이다. 처음에는 카페 모카 그란데 사이즈 정도밖에 살 수 없었지만 나의 개미 사업은 거기서 멈추지 않았다. 곧 나는 매일 5달러 50센트씩을 벌었다. 벤티 사이즈를 마실 수 있게 된 것이다. 그때 얼마나 기뻤는지 모른다.

여섯 달째가 되자 나는 매일 6달러 50센트씩 벌었다. 벤티 사이즈에 (두둥~ 기대하시라!) 헤이즐넛 향까지 첨가할 수 있었다. 그리고 그 몇 달 후에는 아침 스타벅스 커피에 추가로 점심을 위한 서브웨이 샌드위치도 살 수 있었다. 정말이지 흥분으로 가득한 시절이었다. 맥주를 마시며 친구들에게 부업에서 나오는 수익으로 아침과 점심을 해결한다고 자랑도 했던 것 같다. 그리고 또 몇 달이 지나자 저녁까지 해결되었다.

마인드밸리는 기본적으로 그렇게 시작되었다. 큰 사업을 일으켜보겠다는 생각은 없었다. 큰 목표도 없었다. 압박감도 없었다. 그것은 부업으로 먹을거리를 어느 정도까지 해결할 수 있을지를 점쳐보는 작은 게임 같은 것이었다. 나는 나도 모르는 사이에 비디오게임 디자이너나 심리학자들이 오래전부터 잘 알고 있던 비밀 아닌 비밀을 하나 알게 되었다. 나는 내 인생을 '게임처럼' 즐기고 있었던 것이다.

수입은 계속 늘어났다. 나는 목표를 새로 설정했다. 당시 우리의 최소 생활비는 4천 달러였다. 크리스티나와 내가 맨해튼에서 먹고 자고 집세를 내고 검소하게 살면서 사업에 재투자까지 하는 데 드는 최소한의 돈이 그 정도였다. 당시 본업에서 나는 7천5백 달러를 벌고 있었지만 뉴욕에서 크리스티나와 살아남는 데는 4천 달러면 된다고 생각했다. 2003년 추수감사절 직전, 마인드밸리는 처음으로 월 4천 달러의 수익을 내주었다. 그 즉시 나는 회사에 사직서를 냈다.

게임이 고생거리로

법률사무소용 소프트웨어 영업 일을 그만두었다는 것은 더 이상 미국 체류 비자를 받을 수 없다는 뜻이었다. 크리스티나와 나는 선택을 해야 했다. 크리스티나의 본가가 있는 에스토니아로 돌아가거나, 아니면 내가 태어난 말레이시아로 돌아가거나. 에스토니아는 아름다운 나라지만 겨울이 끔찍하게 추웠다. 그래서 우리는 따뜻한 말레이시아에 정착했다.

"그렇게 우리는 미국을 떠났습니다"라고 말하고 끝낼 수 있으면 좋으련만, 사실은 그렇지 않았다. 9/11테러 이후 미국은 초경계 태세에 돌입했다. 그리고 일부 국가에서 온 외국인 방문자들을 감찰하기 위해 특별관리대상이라는 게 만들어졌는데, 몇 가지 이유로 해서 나도 그 목록에 올랐다. 불행히도 말레이시아가 그 일부 나라들에 속했고, 미국 정부의 누군가가 나도 충분히 '의심스러운' 사람이므로 감찰대상이 되어야 한다고 정해버린 것이다.

나는 오직 정해진 몇몇 공항을 통해서만 출입할 수 있었는데, 그 공항들에서는 입국할 때마다 특별심사란 걸 받아야 해서 힘들게 두세 시간씩 더 기다려야 했다. 하지만 그것보다 최악은 미국에 체류 중일 때는 매달 지역 이민국에 신고를 해야 했다는 것이다. 거기서도 늘 줄을 서서 기다려야 했는데, 때로는 그 줄이 다음 블록까지 이어져서 추운 겨울에도 밖에서 네 시간씩 기다려야 했다. 그러고 나면 담당 공무원이 내 얼굴을 확인하고 지문과 사진을 찍고 내 신용카드 사용내역을 조사했다. 내가 뭔가 위험한 것을 사지는 않았는지 살피는 것이다. 끔찍하고 모욕적인 경험이었다.

그런 경험을 네 번까지 참다가 크리스티나와 나는 아메리칸 드림을 포기하고 미국을 떠나기로 결심한 것이다. 나는 미국을 늘 사랑했다. 말레이시아에서 자라긴 했지만 나는 지금도 나 자신이 미국인에 더 가깝다고 느낀다. 하지만 아무리 내가 사랑하는 나라라도 가석방 상태처럼 감시를 받으며 살 수는 없었다.

우리는 말레이시아 쿠알라룸푸르에 정착했다. 내 가장 친한 친구들, 내가 세상에서 가장 사랑하는 도시, 내 고객들, 거래처를 정확하게 지구 반 바퀴를 돌아야 만나게 되는 곳에 살게 된 것이다.

처음에 말레이시아 마인드밸리 사무소에는 나와 내 충실한 래브라두들 반려견인 오지뿐이었다(나는 오지를 나의 PR 매니저로 삼았다. 오지는 '온라인 쇼핑몰 사업에서 돈을 받고 일을 하는 지위를 얻은 첫 번째 견공'이 되었다). 하지만 사업은 곧 커가기 시작했다. 처음으로 직원들을 고용했고, 쿠알라룸푸르의 낙후된 지역 어느 창고 뒤편에 작은 사무실을 얻어서 공간도 확장했다. 그러자 또 직원을 대폭 늘려야 했고 프로젝트 수도 늘어났다. 어느덧 나는 '진짜' 사업체를 운영해야 하는 자리에 앉아 있게 되었다. 사무실 임대료, 직원 고용, 인건비 지급, 세금 신고, 은행거래 등등. 일 자체는 좋아했지만 없는 돈에 큰살림을 꾸려나가야 했으므로 이런저런 걱정에 늘 지쳐 있었다. 미국에서 지리적으로 너무 먼 곳이라서 생각만큼 사업이 잘되지도 않았다.

나는 매일같이 일만 하면서 전투하듯이 살았다. 게다가 유리 천장(여성이나 다른 비주류 집단이 높은 자리에 오르지 못하게 하는 눈에 보이지 않는 장벽, 역주)이 높은 것도 상황을 더 나쁘게 했다. 그렇게 처음의 4년이 큰 도약 없이 흘러갔다. 다소 형편이 좋아진 때도 있어서 직원 수가 열여덟 명으로 늘어나기도 했지만 근근이 명맥을 이어갈 뿐, 사업은 여전히 돌파구를 찾지 못했다. 그러다 2008년에 나는 딜레마에 빠졌다. 회사는 매달 25만 달러 상당의 매출을 올렸지만 매달 만5천 달러가 적자였다. 그런 출혈을 멈추려면 열여덟 명의 직원 중 몇 명을 해고해야만 했다.

처음엔 게임이었던 일이 어느새 고생거리가 되어버렸다. 이 시절의 나는 분명 1장에서 말했던 그런 위기 중의 하나를 겪고 있었다. 그런데 뭔가 정말 아름다운 일이 막 일어나려 하고 있었다. 그때는 단지 그것을 모르고 있었을 뿐이다. 그 일이 내 현실의 모델에 대대적인 전환을 야기할 참이었다. 그 일이 나를 자극하여 일과 인생을 위한 새로운 삶의 방식을 채택하게끔 할 참이었다. 그리고 그 결과는 너무도 강력해서 단 여덟 달 만에 우리 회사는 감히 꿈도 못 꿔본 성장을 이뤄냈고, 그 이후의 내 인생도 영원히 바뀌어버렸다.

그러고 나서 일어난 일

내 안에서 정확하게 어떤 전환이 일어났느냐고? 곧 말해주겠다. 그 전에 먼저 그 전환 후 여덟 달 동안 무슨 일이 있어났는지부터 살펴보자.

- 사업이 폭발적으로 성장했다. 직원 해고 직전까지 갔다가 단 여덟 달 만에 매출을 400퍼센트까지 올렸다. 회사 창립 이래 처음 있는 일이었다. 2008년 5월에 우리는 25만 달러의 매출을 올렸는데, 그 여덟 달 뒤 같은 해 12월 말에는 처음으로 100만 달러 매출

을 올렸다.

■ 일이 즐거워졌다. 더 이상 압박감에 답답해하지 않아도 되었고 일이 고되지도 않았다.

■ 꿈의 고객들을 얻기 시작했다. 더 이상 전화통을 붙잡고 흥정을 할 필요가 없었다. 고객들이 스스로 찾아와주었다. 나는 거절을 담당하는 역할도 해야만 했다.

■ 멋진 팀을 구성했다. 그 1년 만에 직원이 열여덟 명에서 50명으로 늘었다.

하지만 더 대단한 일이 기다리고 있었다. 파산 직전이던 때에서 정확히 1년이 지난 2009년 5월, 내 인생이 완전히 바뀌었다. 그해 5월을 나는 죽을 때까지 결코 잊지 못할 것이다. 그해 5월에 나는 사무실에서 단 5일만 일했고 나머지 날들 중 21일을 전 세계의 해변에서 보냈다. 나는 멕시코 카보에서 한 친구의 결혼식에 참석하고 토니 로빈슨의 피지 리조트에서 9일을 보냈으며, 넥커 섬에서 리처드 브랜슨과 다른 기업가들과 함께 여러 날을 보냈다(리처드를 만나고 싶다는 개인적인 꿈이 이루어진 것이었다). 이 모든 일이 일어나는 동안 우리 회사는 최고 판매기록을 다시 갱신했고, 일일 최고 판매기록도 갈아치웠다. 전화로 그 소식을 들었을 때 나는 토니 로빈슨의 개인 빌라에서 그와 그의 아내와 함께 있었다. 나는 믿을 수 없이 멋진 사업체와 아내와 가족을 갖고 있었다. 멋진 인생이었다. 처음으로 나는 그 모두를 사랑했다.

모든 곳에서 마법이 펼쳐지고 있는 듯했다. 감히 꿈도 못 꿨던 일이 이루어졌다. 마치 갑작스런 행운의 축복을 받은 듯했다. 그러면 그 어떤 통찰이 내 인생을 그토록 짧은 시간에 그토록 급진적으로 바꿔놓은 것일까?

재미도 보고 수익도 얻는 '현실 구부리기'

앞의 장들을 읽었고 연습도 했다면 인간은 문화배경 속에서 흡수한 '진리'를 따라 살아가는 경향이 있음을 당신도 잘 알고 있을 것이다. 그리고 자신의 인생을 구속해온 주요 견칙들도 알아냈을 것이고 의식공학의 원리를 적용하여 당신의 발목을 잡고 있는 현실의 모델과 삶의 방식도 찾아냈을 것이다. 이로써 당신은 개인적 성장을 위한 새롭고 든든한 틀을 채택한 것이다.

하지만 우리의 여정은 거기서 그치지 않는다. 의식공학과 놀기 시작하고 새로운 사고방식과 삶의 방식들을 실험해가다 보면 인생의 무대는 점점 더 커지고 더 흥미진진해진다. 그리고 당신은 한 인간으로서 더 많은 일을 하며 더 성장하게 되고 정말로 번영할 준비가 된다. 문화배경을 벗어나는 법에 통달하면 당신은 이제 새로운 유형의 인간으로 자신을 다시 코딩하여 우주에다 당신만의 흔적을 남길 준비가 된 것이다.

하지만 그 일을 관례를 좇아서 하지는 않을 것이다(문화 해커들은 보통 관례를 따르지 않는다). 대신 이른바 성공의 두 큰 기둥, 곧 행복과 목표성취라는 것에 대해 의문을 제기하고 그것을 재정의하게 될 것이다.

당신은 매우 행복해질 것이고 목표도 원하는 대로 이루게 될 것이다. 하지만 고군분투하는 것으로는 그것을 얻을 수 없다. 그보다는 균형을 이룸으로써 그것을 얻을 수 있다. 다시 말해서 행복지수와 미래의 꿈 사이에서 미묘한 균형을 유지하는 존재상태가 될 때 그것을 얻을 수 있는 것이다. 이렇게 균형이 유지되는 상태를 나는 '현실을 구부리는' 상태라고 부른다. 그처럼 균형이 유지되는 상태에 있으면 마치 온 우주가 내 뒤를 받쳐주는 것 같고 행운이 나의 편인 것 같이 느껴지기 때문이다. 내 마음대로 현실을 구부려서 완벽한 나날을 만들 수 있고, 꿈이 믿을 수 없이 빠른 속도로 펼쳐져 실현되는 것 같다. 2008년 여름, 나의 일과 삶이 어마어마한 속도로 확장되어가기 시작했을 때, 나는 바로 그런 상태에 진입했던 것이다. 훌륭한 기술자가 그렇듯이, 나는 이 상태를 해독해보기로 했다. 그래야만 나 자신을 비롯하여 다른 사람들도 이와 같은 상태를 거듭 복제해낼 수 있을 테니까.

모든 것은 마음속에서 일어난다

2008년 봄, 사업이 힘들 때 나는 하던 일을 잠시 멈추기로 했다. 그때까지 나는 창업회사 운영과 마케팅에 대한 셀 수도 없이 많은 전략을 연구한 후, 또 무수히 많은 시간을 들여 실행에 옮기는 일을 해오고 있었다. 그러다가 그 대신 한동안은 개인적인 성장에만 집중해보기로 한 것이다.

나는 뭔가가 잘못되어가고 있음을 알고 있었다. 단지 그것이 무엇인지를 알지 못했다. 하지만 그것이 뭔가 내면적인 것이라는 사실은 알고 있었다. 나는 수많은 책을 읽고 연구했고, 각종 세미나에도 참석했다. 밥 프록터와 닐 도날드 월시의 책들, T. 하브 에커와 에스더 힉스의 세미나가 깊은 통찰을 불러왔다. 그중에서 가장 큰 통찰은, 자신의 믿음이 자신의 세계를 만들어낸다는 것이었다.

나는 믿음이 하나의 세계를 만들어낸다는 것을 머리로만 알고 있었지, 그 생각을 실질적으로 활용해서 강력한 결과를 불러오는 법은 모르고 있었다. 그래서 일으켜놓은 사업으로 살아남기 위해 헛발질만 계속 열심히 하고 있었던 것이다. 은행 잔고는 점점 줄어들고 강제해고라는 위협적인 결말이 성큼성큼 다가오고 있는 것 같았다. 직원들 앞에서는 자신 있게 행동하려고 애썼지만 마음속 깊은 곳에서는 패배감을 지울 수가 없었다.

그 가장 큰 통찰이 언제 일어났는지는 잘 모르겠지만 결과만큼은 심오했다. 나는 이렇게 생각했다. '행복해지기를 더 이상 미루지 말고 지금 행복해져. 너의 생각과 믿음이 너의 현실을 만들어. 하지만 오직 너의 현재 상태가 즐거울 때만 그래.' 나는 내가 연료도 없이 빈손으로 달리고 있었음을 깨달았다. 행복이라는 연료 말이다. 나는 행복해할 많은 것을 가지고 있었지만 판매목표를 달성하는 일에만 집착하고, 그 일로 스트레스를 너무 많이 받은 나머지 두려움과 불안이 내 마음을 다 갉아먹고 있었다.

하루에 4달러 50센트를 벌면서도 스타벅스 커피를 사 먹을 수 있다고 기뻐했던 때를 돌이켜봤다. 얼마나 소박했던가? 얼마 안 되는 돈을 벌 때마다 나는 참으로 기뻐했었다. 그러자 나는 그 소박했던 때의 현실의 모델을 지금도 채택하지 않을 이유가 없다고 생각했다. '목표는 크게 유지하라. 단지 행복의 기준을 목표 성취에 두지는 말

자신을 다시 코딩하기

라. 지금 당장 행복하라.'

나는 내 사고방식을 바꿈으로써 게임의 판도를 바꾸기로 했다. 일단 매출 슬럼프에서 빠져나오기 위한 새로운 목표를 설정했다. 그리고 재미와 행복을 하루 일과의 중요한 부분으로 만들기로 결심했다. 미래에 목표를 달성할 때까지 내 행복을 미루는 짓은 하지 않겠노라고 결심했다.

나의 인생과 일을 그렇게 해킹하기 시작하자 멈춰 있던 바늘이 움직이기 시작했다. 나는 6월의 매출목표를 30만 달러로 설정했다. 그리고 달성했다. 목표 달성을 축하하기 위해 전 직원에게 휴가를 주어 바닷가에 가서 쉬게 했다. 그 바닷가에서 우리는 50만 달러로 다음 달 매출목표를 세웠다. 그날 그 해변에서 종이에다 목표치를 적어 들고 찍은 사진을 나는 아직도 내 방 벽에 걸어놓고 있다. 우리는 열심히 일했다. 하지만 그만큼 즐기기도 했다. 그리고 그해 10월에 50만 달러 매출을 달성했다. 그러자 우리는 100만 달러 매출 목표를 세웠다.

어떻게 그런 일이 벌어졌는지 모르겠지만 그 해 12월 우리는 매출 100만 달러를 돌파했다. 2008년 5월에 매출이 25만 달러였는데 8개월도 채 지나지 않은 같은 해 12월에 매출이 100만 달러가 된 것이다. 그러는 내내 나는 즐기면서 내 인생 최고의 나날을 보내고 있었다.

이 모든 일의 시작은 내 마음속의 모델에 일어났던 그 전환이었다.

목표는 크게 유지하되 행복의 기준을 목표 성취에 두지 말라. 목표를 성취하기 전에도 행복해야 한다.

이때부터 나는 이 모델을 하나의 철학으로 만들었다. 일명 '현실 구부리기' 철학이다. 왜냐하면 이 상태 속에서 살면 삶 속의 모든 것이 내가 원하는 방향으로 구부려져서 별다른 노력을 하지 않아도 일이 원하는 대로 일어나고, 나아가 무슨 일이든지 가능해지기 때문이다.

그러니 중요한 것은 섬세한 균형이다.

1. 당신은 당신을 앞으로 끌어당겨주는 미래의 대담한 꿈을 갖고 있다.
2. 그런 한편⋯ 당신은 '지금 이 자리에서' 행복하다.

하지만 열쇠는 여기에 있다. ─ 이것은 '둘 다' 현재로부터 생겨난다. 파울로 코엘료도 《연금술사》에 이렇게 썼다.

나는 과거에도 미래에도 살지 않는다. 나는 오직 현재에만 관심이 있다. 오직 현재에만 집중할 수 있으면 당신도 행복한 사람이 될 것이다.

과거 속에 주저앉아 있을 이유도, 미래에 대한 불안에 빠져 헤맬 이유도 없다. 지금 이 순간 우리는 가능성의 장 속에 있다. 지금 어떻게 하느냐에 따라 인생이 달라질 것이다.

현실을 구부리고 있으면 당신의 꿈은 끊임없이 당신을 앞으로 끌어당긴다. 하지만 그것은 일처럼 느껴지지 않는다. 마치 좋아하는 게임을 즐기고 있는 것 같다. 하지만 동시에 미래의 꿈과는 상관없이 행복하다. 바로 지금 이 순간 신나고 행복하다. 꿈을 실현시켰을 때만이 아니라 꿈을 추구할 때도 행복하다. 그러니 당신은 현재에 굳건히 발을 딛고 서 있는 것이다.

이 새로운 모델을 시험해볼 준비가 되었는가? 그것이 어떻게 작동하는지에 대해 내가 지금 이해하는 바는 이것이다.

인간 존재의 네 가지 상태

현재의 행복과 미래의 꿈을 두 가지의 재료라고 생각하라. 이 둘은 서로 조합되는데, 적절히 잘 섞이는 것이 무엇보다 중요하다. 어느 한 쪽이 너무 많으면 균형이 흐트러져서 앞으로 나아갈 수가 없다. 삶 속의 어느 순간에서든, 이 둘이 어떻게 섞이느냐에 따라 우리는 네 가지 서로 다른 정신적 상태에 있게 된다. 다음 냅킨 그림이 이해를 도와줄 것이다.

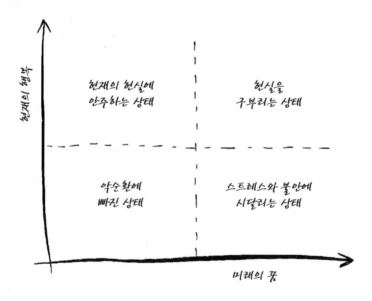

1. **악순환에 빠진 상태**. 이 상태에 들면 우리는 불행하고 미래에 대한 전망도 없다. 현재 즐길 것도, 앞으로 기대할 것도 거의 없다. 누구나 빨리 벗어나고 싶은 고통스러운 상태다. 이 상태에 있을 때는 대개 우울하다.

2. **현재의 현실에 안주하는 상태**. 현재 행복하므로 기분이 좋은 상태다. 가끔씩 이 상태에 드는 것은 좋다. 예를 들어 놀라운 경험을 하거나 휴가 중일 때가 이 상태다. 하지만 행복감 그 자체는 언제고 사라질 수 있음을 기억하라. 대마초를 피우면 그 순간은 행복해질 수 있지만 행복감과 성취감을 지속적으로 느끼기 위해서는 뭔가가 더 필요하다. 다시 말해 사회에 공헌하고 스스로 발전해가고 뭔가 의미 있는 일을 할 필요가 있다. 이 상태는 일시적인 행복감을 느끼게 하지만 지속적인 '성취감'을 느끼게 해주지는 않는다.

3. **스트레스와 불안에 시달리는 상태**. 사업을 일으키려고 발버둥치는 동안 나는 이 상태에 있었다. 기업가들, 출세지향적인 사람들이 대개 이런 상태에 잘 빠진다. 이 상태의 우리는 큰 목표는 갖게 되지만 그 목표 자체를 행복의 기준으로 삼는 실수를 범한다. 행복해지기 위해서는 큰 거래가 성사될 때까지, 혹은 새 사무실로 이전할 때까지, 혹은 새 판매기록을 세울 때까지 기다려야 한다. 큰 목표를 가지고 대단한 일을 이뤄내는 것은 좋다. 하지만 그러는 동안 행복해지기를 자꾸만 뒤로 미룬다면 바람직한 상태라 할 수 없다. 열심히 일은 하는데 어쩐지 진전이 없거나, 분명히 능력은 있는 것 같은데 원하는 곳에서 일하지 못하고 있다면 이 상태에 빠져 있을 가능성이 크다.

4. **현실을 구부리는 상태**. 지금 행복하면서 미래의 꿈을 품고 있어서 앞

으로 나아갈 수도 있는, 가장 이상적인 상태다. 아직 꿈을 성취하지 못해도 이미 행복하다. 이 상태에 있으면 즐겁게 성장해간다. 목적지로 가는 길도 목적지만큼 중요하다. 이 상태에 있으면 흥미롭게도 온 우주가 '내 뒤를 받쳐주는 것' 같다. 이밖에 이 기분을 뭐라고 표현할 수 있을까? 어쨌든 아주 행운아가 된 것 같다. 최상의 기회와 아이디어와 사람들이 절로 나타난다. 마치 행복감을 강력한 연료로 삼아 꿈이 성취되는 곳으로 날아가는 것만 같다.

현실 구부리기에 필요한 요소 두 가지

이제 인생의 스펙트럼에서 언제 현실 구부리기가 가능해지는지 감을 잡았으니 그곳에 도달하려면 반드시 작용해야 하는 두 가지 핵심 요소를 좀더 자세히 살펴보자.

1. 지금 이 자리에서 행복하라

꿈의 성취 여부와는 상관없이 행복하게 사는 것은 현실 구부리기 상태의 핵심적인 요소다. 꿈은 추구하되, '이미' 가진 것에 감사할 때 행복할 수 있다.

행복하기 위해서 뭔가를 기다릴 필요는 없다. 꿈을 추구하면 자연스럽게 행복해진다. 그리고 깊은 성취감을 느낀다. 그리고 늘 동기부여를 받기 때문에 미친 듯이 앞으로 나아가게 된다. 일을 갈망하게 된다. 열두 시간을 쉬지 않고 일할 수도 있다. 피곤은 하겠지만 회복하지 못할 정도로 지치지는 않는다. 내가 아는 진정으로 위대한 사람들은 모두 목표를 추구하는 데서 오는 이런 아름다운 행복감을 느끼며 산다. 원대한 꿈을 향해 멀고도 힘든 길을 가면서도 행복해하는 것, 이것이야말로 목표를 성취하는 유일한 길이라고 나는 굳게 믿고 있다.

넥커 섬에서 브랜슨이 자신이 인생을 살면서 터득한 지혜들을 나눠줄 때, 누군가가 브랜슨에게 물었다. "늘 행복해 보이십니다. 슬플 때는 어떻게 하나요?"

브랜슨이 대답했다. "음… 슬펐던 때가 기억나지 않습니다. 나는 내 인생에서 좋은 일만 기억합니다."

브랜슨과 지내면서 나도 분명히 목격한 부분이다. 브랜슨은 늘 즐겁게 지낸다. 그는 내가 만나본 가장 위대한 사상가들 중의 한 사람으로, 대단한 목표들을 늘 달고 살지만 끊임없이 즐긴다.

브랜슨만 그런 것도 아니다. 백 년만 거슬러 올라가도 당대에 대단한 영향력을 끼쳤던 한 거두를 만날 수 있다. 그는 이런 시를 남겼다.

어릴 때부터 일과 놀이를 같이 하라는 말을 들었네,
내 인생은 길고 행복한 휴가였네.
일과 놀이로 가득한—
그 길에 걱정은 떨쳐버렸으니—
신은 날마다 내게 친절하셨네.

존 D. 록펠러는 이 시를 그의 나이 86세에 썼다. 록펠러는 그 시절 세상에서 가장 부유한 사람이었다. 록펠러의 말은 단순하고도 명쾌하다. 즉 그는 걱정을 떨쳐버리라고 말한다. 그리고 인생을 일과 놀이의 장으로 만들라고 한다. 그러면 인생이 바로 '길고 행복한 휴가'가 된다. 록펠러가 자신에게 친절했다고 한 신을 '행운'이나 '운수'나 '우주'로 대체해도 무방하다.

그러니 현재 당신의 인생이 어떤 상태이든 이것만은 명심해야 한다. ― 목적의 성취 여부와 상관없이 행복할 수 있다. 목적을 성취하기 전에도 행복해야 한다. 그러면 인생은 즐겁고 재미있는 놀이로 가득해질 것이며 원하는 목표도 전에 없이 빨리 성취하게 될 것이다.

행복을 해킹하는 통찰

행복은 붙잡기 어려운 것이라고들 생각한다. 행복에 대해 그릇 생각하게끔 훈련받았기 때문이다. 우리는 대부분 '만약 ~한다면' 행복해질 것이라는 잘못된 행복 모델의 함정에 빠져 있다. (원하는 직장을 구하면, 완벽한 짝을 찾으면, 이 꿈의 집을 구입하면, 아이를 가지면, 야구에 대한 책을 쓰면… 나는 행복할 거야.)

나에게 이 모델은 두 가지 점에서 잘못됐다.

1. **이 모델은 행복이란 우리가 어쩔 수 없는 것이라고 말한다.** 이 모델은 행복을 줄 수 있는 권능을 가진 것이 우리 자신이 아니라 직업, 다른 사람, 집, 아기, 책 같은 것들이라고 말한다. 이 얼마나 정신 나간 소리인가?
2. **행복할 때 우리는 뭐든 더 잘하고 더 매력적이고 삶의 모든 것에서 더 뛰어나게 된다.** 나는 한때 스트레스와 불안감 속에서 빠져나오지 못했다. 남들처럼 행복추구란 걸 하고 싶었지만 사업의 성공이 먼저라고 생각했다. 따라서 사업에 위기가 오자 내 인생도 위기에 빠

졌다. 그러자 도저히 사업을 일으킬 수 없는 마음상태가 돼버렸다. 그러자 사업은 더 큰 위기에 빠졌다. 그래서 나는 더 불행해졌다. 이렇게 나는 위기와 불행의 악순환 속에 빠져 있었다. 이른바 성공했다는 사람들이 이런 일을 겪는 모습도 많이 보아왔다.

원하는 것을 해야만 행복해지는 것이 아니다.
행복해야만 원하는 것을 할 수 있게 된다.

행복은 목표 성취를 향해 더 빨리 달려갈 수 있게 할 것이다. 하지만 목표 성취가 행복의 기준이 되어서는 안 된다. 목표를 달성하기 위해 우리가 할 수 있는 최선의 일은 지금 바로 행복할 수 있도록 삶의 균형을 되찾는 것이다. 날마다 지금 당장 만족감을 느끼게 하는 일들을 함으로써 목적지보다는 여정 자체에 집중하게 하라. 그것이 스트레스와 불안감에서 벗어나는 길이고, 그렇게 스트레스와 불안감에서 벗어날 때, 꿈을 실현하기에 가장 좋은 상태에 이른다. 지금 당장 만족감을 느끼게 하는 일들에 대해서는 다음 장에서 살펴볼 것이다.

2. 신나는 미래의 꿈을 꾸라

내가 만나거나 책에서 읽은 비범한 사람들에게는 공통점이 하나 있었다. 다름 아니라 이들은 모두 자신의 미래에 대한 청사진을 갖고 있었다. 새로운 예술작품을 창작하는 것, 세상에 새로운 서비스나 상품을 선보이는 것, 산을 하나 오르는 것, 가정을 일구는 것 등등, 그 꿈은 다양했다.

그런 의미에서 그들은 미래에 살고 있다고 할 수도 있다. 전통적으로, 영적 성장에 관한 이야기들은 모두 '현재'를 살라고 말한다. 하지만 나는 현재를 사는 것은 전체 이야기의 한 부분일 뿐이라고 믿는다. 현재 행복하다면 우리는 현재에 사는 것이다. 하지만 우리는 전진을 위해 대범한 꿈을 꿀 필요도 있다. 비범한 사람들은 세상에 족적을 남기고 싶어한다.

이제 중요한 경고를 하나 해야겠다. 견칙에 근거한 목표는 절대안 된다. 만약 견칙에 근거한 목표를 세운다면 기껏 좇아가 성취해봤자 허탈감만 느끼게 될 것이다. 그 대단한 마이크로소프트에 취직했을 때 내가 그랬던 것처럼 말이다. 혹은 경제적으로 잘살기 위해서만 사업을 일으킨 수많은 기업가들의 경우처럼 목표를 이루어봤자 기다리고 있는 것은 날마다 꼬박꼬박 처리해야 하는 산더미 같은 일뿐일 수도 있다.

그보다는 당신의 영혼이 소망하는 꿈을 가져야 한다. 그런 꿈이 진짜 목표다. 이 진짜 목표를 세우는 법은 8장에서 배울 것이다. 이 목표를 세우기 위해서 우리는 세 가지의 가장 중요한 질문을 던져볼 것이다.

꿈을 해킹하는 통찰

목표를 설정하는 방법에 관한 책이라면 너무 많이 읽어서 다 헤아릴수도 없을 지경이다. 사업을 일으킬 때도, 그저 일을 조직화할 때도 목표설정은 필수다. 그런데 행복에 대해 잘못 배워서 손해를 보고 있는 것처럼, 목표설정에 대해서도 잘못 배워서 우리는 자주 길을 잃고 헤맨다. 그렇게 되는 세 가지 경우가 있다.

1. **견칙과 목표를 혼동한다.** 어떤 직장에 취직을 하겠다, 어떤 식으로 살겠다, 어떤 외모를 만들겠다와 같은 목표는 대개 사회가 설정해놓은 견칙에 근거를 두고 있다. 비범한 정신의 소유자는 문화 배경이 전염시키는 그런 '바람직한' 목표 따위에는 눈길도 주지 않는다. 대신 자기만의 목표를 설정한다.

2. **자신이 아는 것만을 심상화할 수 있다.** 자신을 행복하게 해줄 것 같은 것을 심상화하고 추구하는 것은 잘못된 일이 아니지만, 우리는 자신이 이미 알고 있는 것만을 심상화할 수 있다는 사실을 알아야 한다. 그보다 훨씬 더 멋진 꿈과 목표가 존재한다면(오직 당신만이 세상에 줄 수 있는 선물 같은 것) 어쩌겠는가? 그 보이지 않는 미지의 꿈이 눈앞에 드러나게 할 수 있다면? 이 부분에 대해서는 4부에서 자세히 탐사해볼 것이다.

3. **인간은 자신이 주어진 시간 안에 어떤 일을 해낼 수 있는지를 예측하지 못하는 것으로 악명이 높다.** 우리는 a) 짧게는 씹어 삼킬 수 있는 것보다 더 많은 양을 베어 무는 경향이 있다. 그리고 b) 길게는 자신에 대해 그다지 크게 기대하지 않는 경향이 있다. 이 두 가지가 다 청사진을 멋지게 그려내지 못하게 훼방한다. 우리는 1년 안에 할 수 있는 일에 대해서는 과대평가하고, 3년 안에 할 수 있는 일에 대해서는 과소평가하는 경향이 있다.

다음의 두 장에서는 지금 행복하기 위한 연습과 미래의 아름다운 청사진을 그리는 방법에 대해 깊이 공부해볼 것이다. 하지만 지금은 법칙 6을 살펴볼 때다.

연습 _ 여덟 가지 진술

다음의 여덟 가지 진술은 당신이 현재 어느 정도까지 현실을 구부리고 있는지를 측정하는 데 도움이 될 것이다. 진술 아래에는 각각의 진술이 당신에게 어느 정도까지 사실인지를 표시할 수 있는 항목이 있다. 이 항목 중 하나를 고르라. 옳은 대답도 없고 틀린 대답도 없다. 자신이 이제야 걸음마 단계에 있다고 하더라도 걱정할 것 없다. '그곳'에 도달하는 법에 대해서 더 이야기할 테니까.

1. 나는 현재 하고 있는 일을 일로 느끼지 않을 정도로 사랑한다.

    전혀 그렇지 않다 / 어느 정도 그렇다 / 정말 그렇다

2. 내 일은 나에게 의미 있는 일이다.

    전혀 그렇지 않다 / 어느 정도 그렇다 / 정말 그렇다

3. 일을 하다가 자주 시간이 어떻게 흘렀는지도 모를 정도로 행복해지곤 한다.

    전혀 그렇지 않다 / 어느 정도 그렇다 / 정말 그렇다

4. 일이 잘못될 때도 걱정하지 않는다. 뭔가 좋은 일이 일어날 것을

알기 때문이다.

전혀 그렇지 않다 / 어느 정도 그렇다 / 정말 그렇다

5. 지금보다 더 좋은 일이 기다리고 있음을 늘 알기 때문에 미래를 생각하면 흥분된다.

전혀 그렇지 않다 / 어느 정도 그렇다 / 정말 그렇다

6. 스트레스와 불안에 동요하지 않는다. 나는 목표를 달성할 수 있다고 믿는다.

전혀 그렇지 않다 / 어느 정도 그렇다 / 정말 그렇다

7. 나만의 대담한 목표를 곧 성취할 것을 알기 때문에 나는 미래를 고대한다.

전혀 그렇지 않다 / 어느 정도 그렇다 / 정말 그렇다

8. 신나는 미래의 꿈을 생각하느라 시간을 많이 보낸다.

전혀 그렇지 않다 / 어느 정도 그렇다 / 정말 그렇다

1~4번 진술에서 '정말 그렇다' 항목을 선택했다면 당신은 현재 행복할 것이다.
5-8번 진술에서 '정말 그렇다' 항목을 선택했다면 당신은 현재 멋진 꿈을 가지고 있을 것이다.
여덟 개 진술에 모두 '정말 그렇다' 항목을 선택했다면 당신은 지금 현실을 구부리는 상태에 있다.
하지만 이 테스트를 한 사람들 대부분은 행복 관련 진술에서만 '정말 그렇다'를 선택하거나 꿈 관련 진술에서만 '정말 그렇다'를 선택한다. 두 부분 모두에서 '정말 그렇다'를 선택하는 경우는 드물다.

현실을 구부릴 때의 느낌

현실을 구부릴 때는 거의 마술이 펼쳐지는 것만 같이 느껴진다. 모든 일이 '척척' 이루어진다. 일을 하지만 그 일을 사랑하기 때문에 전혀 일같이 느껴지지 않는다. 나는 이 상태가 되면 거의 일이란 것이 존재하지 않는 것처럼 느낀다. 게다가 직관과 통찰이 문득문득, 쉽게 일어난다. 이것은 꿈에 강렬히 집중하고 있기 때문에 그 꿈을 구현하는 데 도움이 될 만한 것이라면 뭐든 알아채게 되기 때문일 것이다. 그리고 당신은 행복하고 즐거운 상태에 있기 때문에 창조성이 활짝 꽃을 피운다. 때로는 마치 꼭 필요한 사람과 사건과 기회가 찾아와서 목표를 향해 당신을 밀어주고 끌어주는 것만 같다. 이게 바로 그 신비로운 '끌어당김의 법칙'일까, 아니면 신경망 활성화 시스템(RAS: 의식의 여과장치로 작용하는 뇌의 한 부분으로, 자신의 관심사나 원하는것만 여과해서 인지하게 한다, 역주)의 작용일까? 아무튼 원인은 내게 중요하지 않다. 나에게 이로운 현실의 모델이기만 하면 그만이다.

원하는 현실의 모델을 무엇이든 택하여 그것을 진실로 받아들일 수 있다면, 문자 그대로 현실을 맘대로 구부릴 수 있다고 말하는 모델을 택하지 않을 이유가 있는가?

지금까지 말한 이 모든 이유로 나는 이 '현실 구부리는 상태'를 인간 존재의 궁극적 상태라고 부른다. 순전히 실질적인 관점에서 보자면 그것은 생산성이 궁극에 이르도록 조작할 수 있는 상태이기도 하다. 이 상태에 있으면 마치 현실을 구부려서 마음속의 꿈을 향해 점점 더 빨리 달려가고 있는 것 같은 느낌이 든다. 불안도 초조도 없이 수월하게 다가오는 꿈을 향해서 말이다.

누구나 이런 느낌을 한두 번은 경험해보았을 것이다. 하지만 이 궁극의 상태에 좀더 오래 머무는 것이 관건이다. 가장 비범한 사람들은 그곳에 오래 머무는 법을 알고 있다.

그리고 그 방법은 사실 배우고 연습할 수 있는 하나의 수행법이다. 나는 이것을 지복수행(Blissipline)이라 부른다. 지복수행이 구체적으로 무엇인지는 곧 살펴볼 것이다.

2009년 캐나다 앨버타 주 캘거리에서 달라이 라마와 함께했던 그무대에서, 사실 나는 이 현실 구부리기 아이디어를 처음으로 발표했었다. 이 장에서 말한 이야기를 했고, 현실 구부리기 아이디어를 사업과 팀워크에 적용하는 것에 관한 이야기를 덧붙였다. 당시 나는 현실 구부리기가 아닌 '흐름 타기'라는 표현을 썼다. 그 후 몇 년 동안더 연습했더니 현실 구부리기라는 표현이 더 적당한 듯했다. 당신도 현실 구부리기 기술을 터득하면 당신의 '흐름'만이 아니라 주변 세상의 전체 스펙트럼까지도 주무를 수 있음을 깨닫기 시작할 것이다. 2009년 그날의 강연은 비범코드 홈페이지(5쪽 일러두기 참고)에서 볼 수 있다.

지복을 수행하며 살라

일상이 더없이 행복해지게 하는 기술을 배우다

우리의 뇌는 부정적일 때는 말할 것도 없고 중립적일 때도 아니라 긍정적일 때 가장 잘 기능하도록 배선되어 있음이 밝혀지고 있다. 그런데도 오늘날 우리는 얄궂게도 성공을 위해 행복을 희생하고, 그로써 오히려 뇌의 성공률을 낮춰놓고 있다.

숀 아처, 《행복의 특권》 중에서

테이블 위에서 춤추는 억만장자

버진 아일랜드에 있는 리처드 브랜슨의 꿈의 휴가지 넥커 섬에서 보낸 또 다른 어느 아름다운 밤이었다. 크리스티나와 나는 리처드와 다른 손님들과 함께 기다란 대형 목조 테이블에 둘러앉아 끊임없이 나오는 음료를 마시며 맛있는 음식들을 즐기고 있었다. 해변에서 막 돌아온 때라 분위기는 흥에 넘쳤다. 집주인 브랜슨이 내뿜는 행복한 기운이 우리 모두에게 전염된 듯했다.

그런데 식사 분위기가 어느 정도 무르익자 몇몇 기업가들이 좀더 진지한 대화를 나누고 싶어하는 듯했다. 그리고 리처드에게 사업에 대한 질문을 던지기 시작했다. 투자를 어떻게 해야 하는지를 묻는 사람도 있었고 큰 기업을 운영하는 데 참고될 좋은 금언을 부탁하는 사람도 있었다. 그럴 만도 했다. 브랜슨 같은 전설로 남을 기업가가 옆에 있으면 그 사람이 가진 지혜를 조금이라도 나눠 받고 싶은 법이다. 그럼에도 불구하고 나는 타이밍이 좋지 않다고 생각했다. 지금은 가볍게 즐겨야 할 때였다.

그때 리처드가 놀라운 일을 했다. 그는 정중하게 대화를 중단시키더니 플립플롭(일명 쪼리, 역주)을 신은 채 접시와 유리잔이 널려 있는 테이블 위로 올라갔다. 그러고는 내 옆에 앉아 있던 크리스티나에게 손을 내밀었다. 크리스티나도 테이블 위로 올라갔다.

"춤춥시다." 그가 말했다.

둘은 같이 춤을 추었다. 만찬 테이블 한복판에서 천천히, 그리고 아름답게. 모두가 그 둘을 바라보고 놀라워하고 즐거워했다. 식기나 와인 잔이야 어떻게 되든 상관없었다.

일이 인생의 전부가 아님을 그보다 더 완벽하게 보여줄 수 있을까? 우리는 짧은 인생 동안 행복하기 위해서 여기 함께 있는 것이다. 그리고 그것은 너무나 리처드 브랜슨다운 행동이었다. 나에게 영감을 주는 비범한 사람, 리처드 브랜슨, 그는 큰 꿈을 추구하면서도 매 순간 행복할 줄 아는 사람이었다.

지복수행(Blissipline): 일상에 지복至福을 불러들이는 훈련

그 특별한 저녁 만찬에서 리처드 브랜슨은 행복이란 우리가 하기 나름임을 보여주었다. 삶의 균형이 깨져도 우리는 스스로 다시 삶의 축복 속으로 돌아갈 수 있다.

행복감을 관리할 수 있는 능력이 이 세상에서 최적의 상태로 영

자신을 다시 코딩하기

위하기 위한 핵심적인 요소 중의 하나임을 현대과학이 보여주고 있다. 그리고 행복감을 관리할 수 있는 능력은 현실 구부리기를 터득하기 위해서도 꼭 필요하다. 이것은 훈련하면 얻을 수 있는 능력이지만 많은 사람들이 아직도 그것을 어렵게 느낀다.

이 장에서는 '바로 지금 행복해지는 법'을 터득하는 데 좋을 단순한 삶의 방식을 하나 소개할 것이다. 이 삶의 방식을 잘 훈련하면 평화로움을 느끼게 되고, 더 나아가 진정 기쁨과 행복이 흘러넘치게 될 것이다. 이 방식은 영적인 힘과 현실적인 소망을 결합시키는데, 그러면 목표와 의도한 것들이 이루어질 수 있다. 나는 이 삶의 방식을 지복수행이라 부른다. 바로 날마다 더없는 행복을 불러오는 훈련이다.

행복이 왜 중요한가?

행복이 효율성에 미치는 영향에 대한 연구가 활발하다. 이 연구가 발견해낸 것들 중에서 강력한 것을 몇 가지만 추려보았다.

행복이 직장에서 좋은 성과를 내게 한다. 《행복의 특권》이라는 훌륭한 책에서 숀 아처는 어떤 실험을 예로 든다. 의과대학 수련의들은 환자의 증상이나 병력을 적은 기록을 보고 진단을 내리는 훈련을 자주 한다고 한다. 기본적으로는 수련의의 의학적 지식을 시험하는 것이지만, 무엇보다 처음 내려진 진단에 고착되지 않고 틀 밖에서 생각하는 능력이 얼마나 되는지를 살피는 시험이다. 숀 아처가 예를 든 그 실험에서도 일단의 의사들이 그런 분석을 한다. 의사들은 세 그룹으로 나뉘었는데 그중 한 그룹은 분석을 하기 전에 '행복해지게 하는' 조치를 받았다. 또 다른 그룹은 분석 전에 '일상적인' 의학 자료를 읽었다.

그리고 마지막 '대조' 그룹의 의사들은 아무런 조치도 없이 분석에 들어가게 했다. 그 결과 행복해지게 하는 조치를 받은 의사들이 대조 그룹의 의사들보다 거의 두 배나 빨리 적확한 진단을 내렸다(그리고 대조 그룹의 의사들보다 기존의 진단에 훨씬 덜 휘둘렸다). 그렇다면 그 행복해지게 하는 조치란 과연 무엇이었을까? 그 의사들은 다름 아니라 사탕을 받았다. 하지만 그 사탕을 먹지조차 않았다. 혈당이 올라가서 연구결과에 영향을 줄지도 모른다는 우려 때문이었다! 아처는 자신의 책에서 이 실험에 대해 다음과 같은 유쾌한 결론을 내렸다. "막대 사탕은 의사가 환자에게 줄 것이 아니라 환자가 의사에게 주어야 하는 것인지도 모른다."

좋은 태도가 더 나은 결과를 가져온다. 긍정심리학 분야의 개척자이자 《학습된 낙관주의》의 저자 마틴 셀리그만은 자신이 개발한 방법으로 보험회사 메트라이프 영업담당 신입사원 만5천 명을 대상으로 낙관적인 태도의 정도를 측정했다. 그리고 그 후 3년 동안 그들의 실적을 추적해보았다. 결과는 낙관적이기로 상위 10퍼센트 안에 들었던 영업사원들이 비관적이기로 상위 10퍼센트 안에 들었던 사원들보다 자그마치 88퍼센트나 좋은 실적을 올렸다. 셀리그만은 다른 직종에서도 낙관주의가 큰 힘을 발휘한다는 사실을 밝혀냈다. 그리고 일반적으로 낙관적인 영업사원들이 비관적인 사원들보다 놀랍게도 20~40퍼센트나 높은 실적을 낸다고 결론 내렸다.

행복한 아이들이 공부도 잘한다. 《행복의 특권》에서 숀 아처는 네 살 난 아이들에게 '학습과제'를 주어 실험한 결과도 언급했다. 아이들을 두 그룹으로 나눠 한 그룹은 공부를 시작하기 전에 행복한 생각을 하게 했다. 그 결과 행복한 생각을 한 그룹의 아이들이 훨씬 더 빨리 학습을 마쳤고 실수도 적게 했다. 이런 결과들을 보면 아이들의 행복지수를 고려하여 학교 시스템을 만들면 과연 어떤 일이 벌어질지 매우 궁금해진다.

행복감이 일의 수행능력을 높여준다는 증거가 이토록 많은 것을 보면 행복감을 제어하고 유지하는 법을 배우는 것이 비범한 삶을 위해 중요한 부분임이 분명해 보인다. 하지만 그보다 먼저 행복이란 것이 정확히 무엇인지부터 알아야 한다.

행복은 어떻게 생겨나는가

지복수행에 본격적으로 들어가기 전에 먼저 행복의 정의부터 살펴봐야 한다. 나는 뚜렷이 구별되는 세 종류의 행복이 있다고 믿는다.

1. 특별한 경험에서 오는 행복

특별한 경험을 하면 우리는 행복을 느낀다. 황홀한 섹스는 심장이 터질 것 같은 행복감을 준다. 단체 경기에서 이길 때도 우리는 서로 주먹을 부딪치며 기쁨을 나눈다. 큰 거래를 성사시켰을 때도 흥분해서 가슴이 한없이 부풀어 오른다. 환각체험이란 것도 있다. 화학물질을 복용하거나 기타의 방법으로 황홀경에 빠지는 것이다. 하지만 이런 행복은 강력하되 찰나적인 것이다. 환각체험의 경우 나중에 뇌 화학물질이 급감하면 바닥으로 떨어져 환멸을 느끼게 되기도 한다. 조금만 복용하면 환상적일 수도 있지만 정신이 흐려져서 중독되기 쉽고, 파국을 불러올 수도 있다. 하루 24시간 1년 내내 우리 몸에 이런 화학물질을 주입해주는 즉석 행복기계 같은 것이 있다면 인류문명은 진보를 멈춰버릴 것이다(행복에 너무 취해서 그러든가 말든가 신경도 쓰지 않을 테지만). 특별한 경험에서 오는 행복은 일종의 단기 행복이다. 이것이 행복의 전부일 리는 없다.

2. 성장과 깨달음에서 오는 행복

경험에서 오는 행복도 멋지지만 또 다른 종류의 행복도 있다. 이 행복은 드문 편이지만 더 오래 지속되는 것 같다. 바로 수행자들이 말하는 초월적 수행으로 얻을 수 있는 행복이다. 나는 그것을 성장과 깨달음에서 오는 행복이라고 부른다. 이 행복은 의식의 높은 상태에 도달할 때 온다. 우리는 알아차림 명상이나 다른 온갖 종류의 수행과 영적인 경험을 통해 깨달음을 추구한다. 이런 차원의 행복이 인간에게 얼마나 중요한지는 영적인 길을 걷는 수백 만의 구도자들이 보여주고 있다.

3. 의미 추구에서 오는 행복

나는 내 아이들을 사랑해 마지않는다. 하지만 솔직히 말해 육아가 늘 즐겁기만 한 건 아니었다. 잠도 제대로 못 자고 냄새나는 기저귀를 수도 없이 갈아야 하고 빽빽 울어대는 아기를 안고 몇 시간이고 집안을 서성대야 했다. 그러니 부모로서 늘 행복했다고는 말 못하겠다. 그리고 아이를 낳고 나면 행복감이 줄어든다는 연구결과도 없지 않다. 하지만 힘들고 지칠 때라도 나는 내 아이들을 그 무엇과도 바꾸고 싶지는 않았다. 압도적인 다수의 부모들도 그럴 것이다.

　사회심리학자 로이 바우마이스터는 이 같은 '자녀양육의 역설'이 생기는 이유가 자녀양육은 의미 추구의 한 방편이기 때문이라고 설명했다. 자녀양육은 매우 힘들고 개인적 희생을 야기해서 단기적으로는 불행을 부르기도 하지만 더없이 의미 있는 일이다. 그렇다면 '자녀양육의 역설'은 흥미롭게도 우리 인간이 자신의 행복을 희생할 정도로 의미 추구를 중요하게 여긴다는 사실을 보여준다.

인생의 '의미'는 행복에 중요한 요소로서, 6장에서 논의했던, 건강한 미래의 꿈이 있을 때 생겨난다. 의미를 발견해내는 법에 대해서는 이어지는 장들에서 집중적으로 살펴볼 것이다. 그리고 각자의 소명을 찾아내어 비범한 삶의 길을 걷는 법도 알아볼 것이다.

이 세 종류의 행복은 일생 동안 우리를 그림자처럼 따라다닌다. 특별한 경험, 성장과 깨달음, 인생의 의미를 찾아낼 기회는 우리 주변에 늘 있다. 단지 우리가 그것을 열심히 찾지 않는 것일 뿐이다. 그리고 그것을 열심히 찾지 않는 이유는 기존의 행복지수에 익숙해져서 그 상태가 전부인 줄 알고 만족해버리기 때문이다.

당신의 행복지수

당신의 인생에서 가장 행복했던 날로 돌아가보자. 사랑에 빠졌던 날, 결혼한 날, 아기가 태어난 날, 꿈을 성취한 날, 영적 깨달음을 얻은 날일 수도 있고, 아니면 그저 살아 있음에 행복했던 날일 수도 있다. 몇 분 동안 그때의 기분을 되새겨보라. 그때는 정말 좋았을 것이다. 그렇지 않은가?

이제 지금의 느낌은 어떤지 느껴보라.

기분이 최고로 좋지도 않고 최고로 나쁘지도 않을 가능성이 가장 크다. 당신은 그 둘 사이의 어디쯤에 있다. 우리는 감정의 스펙트럼 중 가장 높은 곳과 가장 낮은 곳에서는 대개 오래 머물지 않는다.

연구결과에 따르면 사람은 제각기 다른 행복 수준에서 살고 있고, 각자의 그 수준이 높든 낮든 간에 그곳으로 돌아가려고 하는 경향이 있다. 전문용어로 '쾌락 적응 현상'이라는 것인데, 굉장히 좋은 일에서 느꼈던 기쁨조차 그다지 오래 지속되지 못하는 현상을 말한다(물론 이런 현상 덕분에 우리는 비극적인 사건에서도 언젠가는 빠져나올 수 있다). 우리 인간은 적응력이 매우 좋아서 무슨 일이 일어나든 적응해버리고는 살아온 대로 계속 살아간다.

하지만 행복조차 해킹이 가능하다는 것이 연구를 통해 밝혀졌다. 우리는 이미 인생에서 조율이 필요한 열두 분야의 허용치를 높이는 법을 배웠다. 행복도 마찬가지다. 행복지수를 높이는 것도 삶의 방식을 최적화하는 일이다. 실제로 어떤 일이 일어나든 상관없이 행복지수를 높여 날마다 더 행복해질 수 있다. 그러기 위해서는 다음 세 가지 구체적인 삶의 방식이 특히 도움이 될 것이다.

지복수행: 행복지수를 높이는 세 가지 삶의 방식

다음 세 가지의 지복수행이 삶의 질을 업그레이드하도록 도와줄 것이다. 이것은 초월 연습이라 불리는데, 당신이 습득하고 체화하게 될 의식의 훈련이다. 이 연습의 효과는 당신도 금방 알게 될 것이다.

이 연습을 하다 보면 일상에 만족감이 커지고, 그 즉시 행복감이 밀려올 테니까 말이다.

그렇다고 해서 나쁜 일은 전혀 일어나지 않을까? 혹은 불행한 일이 영원히 없어질까? 물론 그렇지는 않다. 하지만 지복수행을 지속적으로 하면 역경이 닥쳐왔을 때 좀더 나은 위치에서 그것을 더 잘 극복할 수 있게 될 것이며, 그렇게 그것을 극복하고 나면 행복의 허용치가 한 단계 더 올라가 있을 것이다.

다음의 세 가지 삶의 방식은 행복감을 한층 높여주는 것으로 과학적으로 증명된 것들이다. 때로는 몇 달 동안이나 지속되는 행복감을 낳기도 한다. 이것들은 내가 2008년에 스트레스에서 벗어나고 일과 사업에 활기를 되찾기 위해 사용했던 삶의 방식이기도 하다. 이 방식은 견칙을 벗어나 짜릿하고 '안전하지 않은' 삶을 추구할 때 가끔 처하게 될 수 있는 불가피한 고비들을 극복하는 데도 도움이 된다.

지복수행 1: 감사의 힘

감사의 실천만큼 행복감을 한 번에 크게 높여주는 연습도 없다. 그만큼 많은 전문가/과학자들이 감사하는 마음에 주목하고 있다. 감사의 실천에 관한 과학적으로 입증된 이점으로는 다음이 대표적이다.

- 활력이 높아진다.
- 용서하고 싶어진다.
- 덜 우울하다.
- 덜 불안하다.
- 사회적 연대감이 커진다.

- 잠을 잘 잔다.
- 두통이 줄어든다.

로버트 A. 에몬스와 마이클 매컬러프의 연구결과에 따르면 일주일에 감사한 것 다섯 가지를 그냥 적어보기만 해도 좋지 않은 일 다섯 가지를 적는 사람들보다 행복지수가 25퍼센트 더 높아진다고 한다. 전자의 사람들은 감사한 것을 적다 보니 운동도 더 많이 하게 되고 따라서 더 건강해짐을 느꼈다고 한다.

에몬스는 또 다른 실험도 했는데, 여기서는 매일 좋은 일을 적게했다. 이 사람들은 감사하는 마음이 커졌을 것뿐만 아니라 다른 사람들을 더 많이 도와주게 되었다고 보고했다. 감사하는 마음이 생기면 베풀게 되고, 베풀면 나도 더 행복해지고 다른 사람들도 감사하는 마음을 갖게 된다. 이것이야말로 내가 지지하는 사회 전염이다.

지나온 길을 감사하라

그렇다면 어떻게 하면 날마다 감사하며 살 수 있을까? 지나온 길을 보면 된다. 이것은 비즈니스 코치 댄 설리반이 한 말인데, 다음 그림이 보여주듯이 우리는 대부분 가야 할 길을 바라보도록 훈련받았다. 지금 서 있는 자리와 앞으로 서 있고 싶은 자리 사이의 거리 말이다. 새로운 수익목표를 달성하면, 마침내 결혼을 하면, 아이를 낳으면, 은행에 돈이 이만큼만 있으면 등등… 우리는 무엇이 어떻게만 되면 행복할 것이라고 말한다.

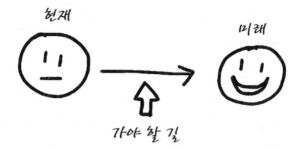

하지만 여기에는 문제가 하나 있다. 가야 할 길만 보면서 가는 길은 절대 끝나지 않는다. 아무리 좋은 일이 있어도 우리는 지평선 위의 다음 목적지로 달려가야 할 것이다. 그리고 지평선에 가닿을 수 없는 것처럼, 그 목적지에도 결코 도달할 수 없다. 지평선은 항상 우리 앞에 있다. 무엇이 어떻게 되기만 하면 행복해질 것이라는 생각은 지평선을 따라잡으려고 애쓰는 것과 같다. 그러면 행복은 언제나 우리 손이 닿지 않는 곳에 있을 것이다.

대신에 댄은 지나온 길을 보고 얼마나 멀리 왔는지를 감사하라고 한다.

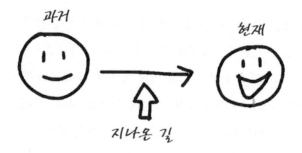

댄의 설명을 들어보자.

실망이나 낙담 혹은 긴장을 느끼기 시작하는 순간 나는 그 즉시 이렇게 자문한다. "좋아, 비교대상이 뭐지?" 그러면 어김없이 내가 이상적인 상황과 지금을 비교하고 있음을 깨닫는다. 그 순간 나는 이렇게 말한다. "좋아, 그럼 이제 고개를 돌려서 처음 출발했던 곳을 봐." 그렇게 고개를 돌리는 순간 출발점을 비교대상으로 삼게 된다. 와우! 기분이 좋아진다… 그동안 얼마나 많은 것을 배웠는지가 보인다. 엄청나게 발전해온 것이 보인다. 이상에서 한참 먼 곳에 있다고 느끼는 부정적인 상태에 있던 나는 불과 몇 초 만에 실제로 많이 진보했음을 깨닫는 긍정적인 상태로 전환된다.

아무리 힘들어도 언제나 고개를 돌려 그동안 얼마나 멀리 왔는지, 얼마나 많은 것을 배웠는지, 그러는 동안 얼마나 많은 사람들이 우리를 도와주었는지를 돌이켜볼 수 있다. '지나온 길' 돌아보기는 완벽한 감사 연습이고, 미래의 행복을 위해 발버둥치는 것보다 우리를 훨씬 더 행복해지게 만들어준다. 감사가 그토록 강력한 지복수행인 이유는 이 때문이다.

나는 하루하루를 감사하는 마음으로 시작하고 끝내야 한다고 믿는다. 그리고 아침에 명상할 때마다 감사하기를 잊지 않는다. 매일 아침 지나온 길을 되돌아보며 내 인생에서 감사한 것 다섯 가지를 생각해본다. 그다음엔 나의 일에서 감사한 것 다섯 가지를 생각한다. 대개는 이런 것들이다.

내 삶에서 감사한 것

1. 내 딸 이브, 그리고 이브의 예쁜 웃음
2. 어젯밤에 레드와인을 한 잔 마시며 BBC 방송에서 셜록 홈즈를 시청한 것
3. 내 아내, 내 인생의 동반자
4. 아들과 스타워즈 레고 신상을 조립하며 같이 시간을 보낸 것
5. 우리 회사의 홍보담당자 타니아가 내 책상 위에 두고 간 맛있는 커피 한 잔

일에서 감사한 것

1. 우리 회사의 출중한 경영진
2. 내 온라인 '의식공학' 강좌를 들은 학생들이 특별하고도 멋진 감사의 편지를 보내온 것
3. 어제 문화의 날을 맞아 회사에서 전 직원이 정말 즐겁게 보낸 것
4. 다가오는 A-페스트의 계획이 마무리되었고 이번에도 멋진 장소에서 축제가 펼쳐질 거라는 설렘
5. 동료들이 곧 친구라는 사실. 이들이 매일 아침 나를 안아주며 반겨주는 것

이 감사 연습은 전부가 기껏해야 90초도 걸리지 않는다. 하지만 이 90초가 나의 하루에 미치는 영향력은 너무나 강력하므로 아마도 나에게는 하루 중에서 가장 중요한 90초일 것이다.

연습 _ 날마다 감사하기

4장에서 우리는 부정적인 현실의 모델이 뿌리내리지 않게 하는 사전 조치로서 감사하는 법 두 가지를 배웠다. 각각 1~2분밖에 걸리지 않는 연습이었다. 여기서는 그 연습을 조금 더 깊게 들어가보려 한다. 날마다 몇 분 정도 지나온 길을 돌이켜보라. 당신의 인생에 어떤 감사한 일들이 있었는가? 다음을 생각해보라.

자신의 삶에서 감사한 것 3~5가지

일에서 감사한 것 3~5가지

주변 사람에게나 지금 하고 있는 일에 감사하기가 영 어색한 사람도 많을 것이다. 감사할 줄 모르는 생활에 너무나 익숙해 있으니 어쩌면 당연한 일이다. 그리고 바로 그래서 그런 어색한 기분을 떨쳐버리는 것이 무엇보다 중요하다. 다음은 감사하기에 게을러질 때 마음을 다잡기 좋은 몇 가지 요령이다.

느낌에 집중한다. 감사 연습을 많이 하다 보면 기계적으로 목록을 작성하거나 감사하고 싶은 것이 아니라 감사해야만 할 것들을 적게 되곤 한다(견칙에 휘둘리고 있다는 증거임). 이런 함정을 피하고 싶다면 '감정에 집중하라.' 행복하게 해주거나 긍정적인 마음이 되게 하는 일, 편안한 느낌을 주거나 자신감을 불어넣어주는 일, 친절해지게 만들거나 자신이 자랑스럽다고 느끼게 해주는 일, 섹시하다고 느끼게 만들어주는 일, 크게 웃게 되거나 사랑하는 마음이 커지게 해주는 일에 감사하면 된다. 감사할 감정이 생각났다면 5~10초 정도 그 감정이 마음속에서 최대한 커지게 해보자. 이런 연습을 하다 보면 누가 봐도 정말 감사할 일이 생길 때면 — 아이에게 갑자기 좋은 일이 생기거나 드디어 여드름이 다 없어졌다거나 하는 등 — 그 즉시 지복의 상태에 들게 될 것이다.

이 연습을 아침저녁으로 하루에 두 번씩 한다. 아리아나 허핑턴에게 아침 명상이 하루를 제대로 시작하게 하는 도구인 것처럼, 아침에 하는 감사도 그날 하루에 더없이 좋은 영향을 줄 수 있다. 마찬가지로 감사하며 하루를 마감하면 4장에서 보았듯이 더 긍정적인 현실의 모델을 구축할 수 있다.

감사의 좋은 점을 이웃과 공유한다. 당신 삶 속의 이웃들과 이 연습을 함께하며 활용할 방법을 연구해보라. 나처럼 아이들과 함께해도 좋고 주말에 부모님과 와인 한 잔을 곁들이며 감사하는 시간을 가져도 좋다(이것이야말로 진짜 해피아워다.). 감사하는 마음은 나눌수록 좋고, 다른 사람이 무엇에 감사하는지를 들으면 당신의 삶에도 감사할 것이 더 많아지게 될 것이다.

지복수행 2: 용서

실리콘밸리에서는 '자가측정' 운동이 점점 인기를 끌고 있다. 이른바 바이오해커들은 자기 존재의 모든 측면을 수치화하여 측정한다. 수면의 질을 측정하기 위해 스마트폰 슬립앱을 써본 적이 있거나, 만보기 같은 것을 달고 하루에 얼마나 걷는지를 측정해본 적이 있다면 당신도 이미 자가측정 운동에 동참하고 있는 것이다. 자가측정 운동이란 간단히 말해서 측정과 계량을 통해 몸과 마음의 건강을 추구하는 것이다.

이제는 명상 분야까지도 기존의 뇌파측정기계를 적극 활용하는 것으로 자가측정의 물결에 합류하고 있다. 그런데 명상 분야의 자가측정은 뜻밖의 대단히 흥미로운 방향전환을 보여주고 있다.

최근에 나는 친구 데이브 애스프리의 초청으로 이 새로운 방식의 명상을 직접 경험해볼 수 있었다. 데이브는 불릿프루프 커피 브랜드를 만든 대단한 기업가로, 내가 아는 가장 똑똑하고 예리한 사람이며 가장 탄탄한 몸매의 소유자이기도 하다. 그런데 9년 남짓 전까지만 해도 그는 136킬로그램의 거구였고 인생도 엉망진창이었다고 한다. 데이브는 이 새로운 방식의 명상을 경험하고부터 모든 것이 바뀌었다고 했다.

나는 곧장 브리티시컬럼비아 주의 빅토리아 시로 날아가 데이브를 만났고 '선禪 40년'(40 Years of Zen)이란 프로그램을 시작했다. 무슨 이름이 이러냐고? 흠, 이 명상법을 개발한 과학자들은 각계에서 주목할 만한 사람들(억만장자, 통찰력이 뛰어난 사람, 창조성이 뛰어난 사람, 스님, 신비주의자 등등) 다수의 뇌파를 연구했다. 그리고 이 명상법으로 명상할 경우 참선을 21~40년 동안 해온 사람과 같은 뇌파 패턴이 나타남을 확인했다.

그리하여 나도 또 다른 일단의 주목할 만한 사람들과 함께 이 프로그램의 여정을 시작했다. 우리 그룹은 유명한 할리우드 배우, 자신의 회사를 방금 10억 달러에 매각하고 왔다는 어떤 사람, 세계 일류 의사, 영양과 체력 전문가 JJ 버진, 전설적인 마케팅 귀재 조 폴리시, 그리고 데이브와 나 이렇게 일곱 명으로 구성되었다.

어떤 면에서 그것은 수면의 질을 측정하기 위해 슬립앱을 사용하는 것과 비슷했지만 그와는 비교도 할 수 없는 최첨단기술이 동원됐다. 우리는 최신식의 특화된 바이오피드백(생체자기제어) 장비를 머리에 붙이고 뇌파를 측정했다. 장비는 우리가 생산하는 뇌파의 종류에 따라 다른 신호음을 냈다(알파파일 때는 창조성, 연민, 통찰, 용서, 사랑의 감정이 고조되고, 세타파일 때는 직관과 영감이 번쩍하고 떠오르고, 델타파일 때는 '현실을 바꿀 수 있는' 상태가 된다고 들었다). 스크린에 떠오르는 숫자를 통해 뇌파의 진폭과 좌우뇌 사이의 연계성을 확인할 수 있었다(뇌파의 진폭은 클수록 좋고 좌우뇌의 연계성이 좋을수록 의식상태가 안정적이다).

'선禪 40년' 명상과 전통적인 명상(혹은 알아차림 명상)의 차이점은 간단하다. 선禪 40년 명상은 바이오피드백에 기초한다. 명상할 때 머리에 전선을 달고 뇌파의 변화를 샅샅이 기록해보면 어떻게 명상하면 되는지를 정확히 알 수 있다. 마음속에서 일어나는 일의 결과를 볼 수 있으니까 말이다.

그것도 그 즉시.

우리는 알파파를 늘려 창조성을 높이고 긴장을 풀며 문제해결 능력을 향상시키는 훈련에 집중했다. 이 정도의 혜택을 누리려면 보통은 명상을 몇 년은 해야 한다.

우리는 모두 큰 도약을 이루었다. 프로그램을 다 마칠 즈음 나는 무시할 수 없는 모종의 다른 느낌을 느꼈다. 사실 명상을 해오면서 그토록 짧은 시간에 그렇게 빠르게 진보한 적은 처음이었다.

결론적으로 말해서 알파파를 늘리는 가장 큰 비결은 단지 한 가지였다. 우리는 7일 동안 그 한 가지에만 집중했다.

그것은 다름 아니라 용서였다.

그 프로그램을 개발한 사람들은 알파파를 억누르는 가장 큰 요소는 분노와 원한의 감정임을 알아냈다. 그러므로 모든 분노와 원한의 감정을 우리의 삶의 방식 밖으로 몰아낼 수 있느냐 없느냐가 아주 중요한 관건이었다.

그 프로그램에 동참하겠다는 서명을 할 때 받은 안내서에는 용서에 대한 아무런 설명도 없었다. 우리는 사고능력과 창조능력을 향상시키고 깊은 명상상태를 경험하고 스트레스와 불안감을 경감시키기 위해 그 프로그램에 참여하겠다고 서명한 것이다. 그런데 용서가 우리가 원했던 그 모든 것을 주었다. 그 결과도 뉴로피드백(뇌파측정 자료)을 보고 확인할 수 있었다.

우리는 우리에게 조금이라도 잘못했던 사람들을 모두 찾아내어 용서해야 했다.

나는 나에게 크든 작든 잘못을 저지른 사람들을 고등학교 때 선생님이건 동업자이건 가족이건 구별할 것 없이 모두 찾아내어 용서했다.

그리고 용서를 한 번 할 때마다 알파파가 급등했다. 그 방법은 믿을 수 없이 효과적이었다.

개인적으로 타이밍이 좋았다. 당시 나에게는 꼭 용서해야 할 사람이 한 명 있었다.

악몽에서 벗어나다

살다 보면 때로 재미있다 못해 쓴웃음을 짓게 만드는 상황에 빠지기도 한다.

선禪 40년 프로그램을 체험하기 3개월 전에 나는 내 인생에서 최악이라 할 만한 경험을 하나 했다. 우리 회사에는 직원이 150명 정도 되는 사무소가 하나 있다. 내가 신뢰하는 사람에게 그 사무소 운영과 다른 사무소들의 관리를 맡겼는데, 어느 날 이 사람이 오랫동안 회사 돈을 조금씩 빼돌렸다는 사실을 알게 되었다. 이 사람은 에어컨 수리 업체로부터 청소 용역업체에 이르기까지 온갖 가짜 거래처를 만들어놓고 우리 회사로 하여금 받지도 않은 서비스의 대가로 터무니없는 돈을 지불하게 했다. 회사건물과 사무실 유지를 위해 내가 고용했던 사람이 사실은 우리 회사에 서비스를 제공하는 자신의 유령회사에 우리 회사의 돈을 지불하고 있었던 것이다. 법적으로 크게 문제가 되는 부정행위였다.

들통이 났을 때는 그렇게 빼돌린 돈이 이미 10만 달러(약 1억 원)가 넘었다. 굳게 믿었던 사람이 그렇게 나를 이용했다는 사실이 나는 믿기지 않았다. 나는 몇 년 동안이나 그를 전혀 의심하지 않았다. 나는 몹시 화가 났는데, 그 사람이 미워서 그런 것도 같았고 내가 상처를 받아서 그런 것도 같았다.

그런데 불행은 거기서 끝나지 않았다. 결국 그 사람을 해고하고 경찰에 고소를 했는데, 그러자 그는 미친 듯이 나를 괴롭히기 시작했다. 폭력배를 고용해서 나를 흠씬 두들겨 패주겠다느니 차를 미행하겠다느니 위협을 했고 우리 회사 건물이 화재 시 대피로가 없다고 거짓말을 해서 소방국 직원들이 출동하게 하는 등 몇 달 동안 자신이 동원할 수 있는 온갖 수단을 다 써서 회사업무를 심각하게 방해했다. 나에게나 내 가족에게나 모두 힘든 시간이었고 내 인생에서 그렇게 긴장했던 때도 드물었던 듯하다.

선禪 40년 용서 명상을 하는 동안 나는 이 사람을 맨 마지막 차례로 미뤘다.

그리고 마침내 나는 그 어두운 홀에 앉아 명상에 들어갔다. 우리 회사의 돈을 훔쳐간 자, 나의 신뢰를 배반한 자, 내 육신의 안위를 위

246

협했던 그를 용서하기 위해서. 그리고 용서를 끝내자 바이오피드백 기계가 갑자기 요란스럽게 울어댔다.

그날 알파파는 극에 달하는 기록을 세웠다.

그 남자를 용서하는 것으로 나는 자유를 되찾았다. 용서가 극도로 강력한 도구임을 늘 알고는 있었지만 그 정도인 줄은 몰랐다. 그리고 그를 정말 완전히 용서할 수 있었다는 점도 진정 놀라웠다. 그런데 거기서 그치지 않고 나는 그에 대한 깊은 연민의 감정까지 느꼈다.

그 남자로 인해 괴롭힘을 당했지만 오늘 그를 다시 만난다면 편하게 마주 앉아 커피라도 한잔하며 오랜 시간 이야기를 주고받을 수 있을 것 같다. 화를 내거나 신경질을 부리지 않고 그를 이해하려고 할 것 같다.

이것이야말로 '용서를 사랑으로 승화한' 것이다.

지복수행을 정복하고 싶다면 용서가 그 열쇠다.

연습 _ 진정으로 용서하여 자신을 해방하라

다음은 내가 배운 용서 연습을 간단하게 요약한 것이다.

준비

노트나 컴퓨터에 당신에게 잘못했던 사람들과 상처를 입었던 상황을 쭉 적어보라. 최근 일도 좋고 아주 오래전의 일도 좋다. 상처가 컸거나 안 좋은 상황이 오래 지속된 경우라면 정리해나가기가 쉽지는 않을 것이다. 인내심을 발휘하고, 행복과 마찬가지로 용서도 훈련하면 숙달할 수 있는 기술임을 기억하라. 시간과 노력을 들여 마음속의 분노와 상처를 풀어주는 일은 충분히 가치 있는 일이다. 준비가 되었다면 목록에서 한 사람을 골라 연습을 시작하라.

1단계: 장면 회상

먼저 눈을 감고 2분 정도 그 일이 일어났던 바로 그 순간으로 돌아간다. 주변 환경을 그려보라. (예를 들면 나의 경우엔 나를 벌하기 위해 뜨거운 태양 아래 몇 시간이고 세워두었던 그 부당한 교장선생님이 농구장에 있는 모습을 떠올렸다.)

2단계: 분노와 고통을 느낀다

당신에게 잘못했던 그 사람이 눈앞에 보이면 당시의 감정을 그대로 느껴보라. 분노와 고통을 끄집어내어 터지게 하라. 하지만 이런 감정의 발산은 몇 분을 넘지 않게 한다.

감정을 충분히 끌어올렸으면 다음 단계로 넘어간다.

3단계: 용서를 사랑으로 승화한다

그 사람은 아직도 당신 앞에 있다. 하지만 이제 당신은 그 사람에 대한 연민을 느낀다. 마음속으로 이렇게 물으라. — 이 일에서 나는 무엇을 배웠나? 이 일로 내 인생은 어떻게 더 좋아졌나?

이 연습을 할 때 나는 내가 좋아하는 작가 닐 도날드 월시의 이 말을 상기했다. "(우주는) 천사만 보낸다." 이 말은 '우리의 삶에 들어오는 사람들은 모두, 우리에게 상처를 준 사람들조차도 뭔가 중요한 것을 가르쳐주기 위해 온 메신저일 뿐이다'라는 현실의 모델을 채택하라고 일러주는 듯하다.

아무리 고통스러운 상황이라도 그 상황에서 얻을 교훈이 무엇인지를 생각해보라. 그 일로 당신은 얼마나 성장할 것인가?

그다음, 당신에게 잘못한 그 사람을 생각해보라. 이 사람은 어떤 고통을 겪어왔고 어떤 고민을 짊어지고 살았기에 나에게 그런 짓을 했을까?

상처받은 사람만이 상처를 준다. 언제였든 어느 정도였든 자신도 상처를 받았기 때문에 남에게 상처를 주는 것이다. 그 사람은 어쩌면 어린 시절이나 최근에 상처를 크게 받았을지도 모른다.

이 연습을 할 때 나는 회사 돈을 훔쳐간 그 사람을 보며 그가 어린 아이였을 때를 상상해보았다. 어쩌면 그는 가난했을지도 모르고 학대를 당했을지도 모른다. 사는 게 너무 힘들었던 그 아이는 뭔가를 훔쳐야만 살 수 있었을지도 모른다. 그 사람이 진짜로 어떤 어린 시절을 보냈는지는 모르고, 알 필요도 없지만, 그에 대해 분노보다는 연민을 느낄 만한 상황을 상상해보는 것은 꽤 도움이 되었다.

이 과정이 몇 분 정도 걸린다. 이 과정을 마쳤다면 상대에 대한 부정적인 감정이 약간 사라지는 것을 느낄 것이다. 그 사람에 대한 미움이 사랑으로 바뀔 때까지 이 과정을 반복하라. 심각한 공격을 가한 사람일 경우 사랑하기까지 몇 시간 혹은 며칠이 걸릴 것이다. 회사 동료와의 작은 갈등 같은 것이라면 몇 분 정도면 충분할 수도 있다. 그 상대에게 가서 당신도 용서해달라고 말할 것까지는 없다. 그냥 그 상대를 용서하기만 하면 된다. 전적으로 당신에게 달린 문제다.

이제 중요한 문제를 하나 짚고 넘어가야 할 것 같다. '용서를 사랑으로 승화하라'는 것이 무조건 다 포기하라는 뜻은 아니다(나의 경우 소송을 취하할 필요는 없었다). 그 사람을 완전히 용서했다고 해도 여전히 필요하다면 자신을 보호하기 위한 조치는 해두어야 한다. 특히 범죄 행위는 꼭 당국에 알려야 한다.

하지만 고통으로 자신을 소진시켜서는 안 된다.

선禪 40년 명상을 함께했던 내 친구 조 폴리시가 프로그램을 마친 다음 날, 나에게 인터넷에서 발견했다면서 이런 문장을 문자로 보내왔다.

강철 멘탈(Unfuckwithable): 다른 누구도 아닌 자기 자신으로 살며, 마음이 진정으로 평화로운 사람이다. 자신에게 누가 뭐라고 하든 무슨 짓을 하든 상관하지 않는다. 부정적인 기운에는 전혀 휘둘리지 않는다.

진정으로 용서하는 법을 배우면 우리는 강철 멘탈이 된다. 물론 누군가가 부당하게 굴면 방어도 할 것이고 필요에 따라 자신을 보호하는 조치도 취할 것이다. 하지만 그 일로 에너지를 낭비하지는 않고 그저 자기만의 인생을 계속 살아갈 것이다.

나는 선禪 40년 프로그램을 통해 내 인생에서 가장 강렬한 내면의 성장을 경험했다고 생각했는데, 그 이유는 이 프로그램을 마치고 나서 그만큼 엄청난 자유를 느꼈기 때문이다. 오랫동안 마음속에 쌓아두었던 무수한 원한이 다 풀리고 나도 모르는 사이에 내 어깨를 짓누르고 있던 고통스러운 기억들이 사라졌다. 그리고 나에게 잘못했다고 믿었던 사람들에 대한 부정적인 감정들도 다 사라졌다.

나는 지금 나 자신과 더없이 평화롭게 지낸다. 당신도 이렇게 될 수 있다.

지복수행 3: 베풀기

달라이 라마가 말했다. "내가 행복하면 다른 사람들도 행복해진다."

그리고 나도 행복하고 다른 사람도 행복하게 하는 데는 베풀기만한 것도 없을 것이다.

베풀기는 감사하는 마음의 자연스러운 발로다. 감사할 때, 삶에 긍정적인 감정과 에너지가 넘치게 된다. 나의 컵에 물이 가득해야 다른 사람에게 나눠줄 수 있다. 에몬스 박사의 연구에 따르면 감사 연습을 하는 사람들이 타인도 더 잘 돌본다. 바우마이스터 박사의 연구에 따르면 자신을 '받는 사람'이라기보다 '주는 사람' 쪽이라 칭한 사람들이 의미 있는 삶을 중요시한다고 한다. 바우마이스터 박사도 남에게 좋은 일을 하는 것과 삶의 의미가 서로 연결되어 있음을 밝혀낸 것이다.

타인을 행복하게 하는 일은 주는 사람에게나 받는 사람에게나 대단히 강력한 정신적 고양을 일으키고, 그다지 어렵지도 않다. 왜냐하면 행복은 전염성이 강하기 때문이다. 진심을 다해 웃거나 인사를 하는 것만으로도 좋고, 서류가방이나 점심 도시락에 작은 쪽지를 붙여둬도 좋다. 일을 위해 좀더 멀리까지 발걸음하기를 마다하지 않는 것도 좋고, 시키지도 않은 집안일을 알아서 하는 것도 좋다. 동료의 책상에 감사의 인사를 남겨도 좋고, '별날 아닌데도' 콘서트 표를 들고 애인의 직장 앞에까지 가서 기다리는 것도 좋다.

타인을 행복하게 해주는 데는 베풀기만 한 것도 없다. 돈도 전혀 소용없는, 잘 모르는 문화권에 들어갔을 때는 서로 간에 교환하는 친절과 너그러움만이 유일하게 정말로 중요한 통화가 된다.

2012년 나는 우리 회사 마인드밸리에서 베풀기 실험을 해보기로 했다. 나는 더 건강하고 협동적인 근로문화를 만들기 위해 이른바 문화 해킹을 종종 시도하곤 한다. 문화 해킹이란 다름 아니라 한 집단을 대상으로 의식공학을 적용하여 그 구성원들이 서로 협력하고 성장할 수 있게 하는 것이다. 당시 나는 직원들의 사이가 좀더 돈독해지면 어떨까 하는 생각이 들었다. 그리고 그렇게 만들기 위해 베풀기 기술을 사용하면 좋을 것 같았다. 마침 밸런타인데이가 가까워지고 있어서 짝이 없는 직원들이 불평하는 소리가 자꾸 들리기에 실험을 하나 해보기로 했다. 밸런타인데이 일주일 전, 전 직원에게 모든 직원의 이름이 담긴 모자를 내밀고 하나씩 뽑게 했다. 그리고 다음 일주일 동안 자신이 뽑은 '인간'을 위한 비밀 천사가 되어 활동하게 했다. 천사들은 모두 자신이 이름을 뽑은 '인간'을 위해 하루에 한 가지씩 좋은 일을 해야 했다. 아침 커피와 크루아상, 사탕, 꽃, 카드 등을 배달시키거나 단지 감사의 메모만 남겨도 좋을 터였다. 이것은 단지 작은 예일 뿐, 사람들이 서로에게 베풀 수 있는 방식은 무한하다. 그 주가 끝나면 비밀폭로 시간을 가지며 서로 웃고 안아주며 실컷 즐거운 시간을 보내면 되는 것이다. 우리는 그 주를 '사랑 주간'이라고 불렀다.

그런데 뜻밖에도 우리 직원들은 자신의 '인간'들에게 매우 적극적인 선물공세를 퍼부었다. 따끈따끈하고 화려한 도시락을 배달시켜준다거나 직접 고른 수공예품을 주기도 했고 책상 전체를 꽃이나 풍선으로 장식해준 천사들도 있었다. 심지어 휴가를 위한 항공권을 사준 천사도 있었다.

또 다른 놀라운 일도 있었다. 물어보니 직원들 대다수가 선물을 받는 것보다 주는 것이 실제로 더 즐거웠다고 대답했다는 사실이다.

자신의 '인간'이 좋아할 깜짝 선물을 날마다 계획하는 시간이 정말 좋았다는 것이다. 자신의 '인간'에 대해 잘 모를 때는 다른 동료들에게 몰래 물어물어 깜짝 놀랄 선물을 생각해내기도 했는데, 그 과정도 상당히 즐거웠던 모양이다.

그 실험은 대성공으로 끝났고, 그때부터 우리는 매년 이 '사랑 주간'을 지키고 있다. 사랑 주간이 끝나면 사무실 전체가 행복감에 넘친다. 혹시나 즐겁게 노느라 일을 하나도 못하지 않았을까 싶겠지만 사실 사랑 주간은 생산력 증강을 위해 우리 회사가 매년 개최하는 이벤트이고 그 효과도 가장 좋은 이벤트다. 천만 명 이상의 근로자를 대상으로 한 어느 갤럽 조사에 따르면 "내 상사 혹은 직장의 중요한 누군가가 나에 대해 개인적으로도 마음을 쓰고 있다"고 대답한 사람들의 생산성이 더 높고 수익 창출에도 더 크게 공헌하며 그 회사에 상당히 더 오래 머무는 경향이 있다고 한다.

삶에 더없는 행복을 불러오기 위해서는 베푸는 것만큼 강력한 방법도 없는 것이다. 동료에게 던지는 칭찬 한마디, 손으로 직접 쓴 감사의 말, 바빠 보이는 사람에게 내 차례를 양보하는 것… 이렇게 작은 일처럼 보이는 것들이 행복감을 높여준다. 이런 작은 일들이 일으키는 파도는 너무 작아서 잘 안 보일지도 모르지만 그것이 모이면 이 세상이 훨씬 더 친절해지고 훨씬 더 아름다워질 것이다.

인정사정 보지 말고 친절을 베풀라.

연습 _ 베푸는 법

1단계: 타인에게 줄 수 있는 것들을 적어보라.

시간, 사랑, 이해, 연민, 기술, 아이디어, 지혜, 에너지, 육체노동 등등

2단계: 좀더 구체적으로 적어보라.

기술이라면 어떤 기술? — 계산 업무, 전문적인 도움, 과외, 법적인 자문, 글쓰기, 사무 업무, 예술적 기법 등등.

지혜 — 직업에 대한 상담을 해줄 수도 있고, 아이들과 잘 지내는 법을 알려줄 수도 있고, 질병을 극복하거나 어떤 범죄의 희생자가 되었던 경험을 현재 필요한 사람에게 얘기해줄 수도 있다.

육체노동 — 물건을 고쳐주거나 어르신들을 도와주거나 요리를 해주거나 시각 장애인에게 책을 읽어주는 등등.

3단계: 도움 줄 수 있는 곳을 생각해보라.

가족 혹은 대가족의 일원이라면 그곳에 당신의 도움이 필요할 수 있다. 아니면 직장에서도 도움이 필요한 사람이 있을 것이다. 당신이 사는 곳의 이웃들, 당신이 사는 도시, 지역 산업체, 영적 공동체, 지방도서관, 청소년기관, 병원, 요양원, 정치단체, 비영리단체 등, 도움이 필요한 곳은 많다. 스스로 비영리단체를 만드는 건 어떨까? 아니면 소외집단을 사람들에게 알리는 일도 있다.

4단계: 직관을 따르라.

작성한 목록을 다시 읽어보고 그중에서 가슴이 뛰게 하는 일들을 따

로 표시하라.

5단계: 행동을 취하라.

촉수를 세우고 우연한 기회가 찾아오기를 기다리라. 가능성을 탐색하라.

당신의 사무실이나 작업실에 '사랑 주간' 같은 제도를 적용할 수도 있을 것이다. 마인드밸리는 다른 회사들이 이 사랑 주간을 실행하는 데 도움이 될 지침서를 만들어두었다. 짧은 영상으로도 만들어 놓았으니 비범코드 홈페이지(5쪽 일러두기 참고)에 와서 보고 각 단계를 따라 해보라. 그런 다음 우리처럼 밸런타인데이 주간을 시작해보라.

지복수행의 길

마지막으로 내 아내 크리스티나가 이 땅에서 가장 지혜로운 분이라 할 만한 사람을 만났던 이야기를 하고 싶다.

크리스티나는 비영리단체 일을 했는데 당시에는 유엔난민기구에서 자원봉사를 하고 있었다. 아시아에서 사는 난민들의 삶은 비참하기 짝이 없었기 때문에 크리스티나는 자신의 일에 보람을 느끼면서도 매일 그런 곤궁한 삶들을 지켜보아야 하는 것에 매우 괴로워하고 있었다. 아내의 말을 빌리자면 가끔은 '자신이 이렇게 행운아이고 이렇게 행복한 것에 죄책감을 느낄 정도'였다.

이 문제로 아내는 매우 고심했기 때문에 캘거리에서 열린 그 콘퍼런스에 참석했을 때, 달라이 라마에게 질문할 기회가 생기자마자 이렇게 여쭈었다. "비극적이고 비참한 삶을 사는 사람들을 날마다 보는데 어떻게 행복할 수가 있을까요?"

달라이 라마는 간단한 질문으로 대답을 대신했다. "하지만 당신이 행복하지 않으면 누굴 도울 수 있겠어요?"

지복수행을 이해하는 데에 가장 중요한 말이 아닐 수 없다. 많은 사람들이 고통스러워하는 모습을 지켜보며 살아야 할 수도 있다. 그들의 고통을 함께 느끼며 아파할 수도 있다. 하지만 지복수행은 결국 우리로 하여금 세상에 더 많은 행복을 퍼뜨리게 한다. 그리고 이것이 야말로 가장 비범한 삶이다.

이것은 우리를 법칙 7로 데려간다.

법칙 7 지복을 수행하며 살라

비범한 정신의 소유자들은 행복이 내면에서 온다는 것을 잘 안다. 이들은 현재의 행복에서 출발하고, 그 행복을 연료로 삼아 자신과 세상을 위한 꿈과 의도를 밀고 나간다.

이 장의 이야기들을 통해 지복수행의 일상화가 참 쉬운 것임을 느꼈기를 바란다. 그리고 이 지복수행의 효과가 얼마나 강력한지도 깨달았기를 바란다. 지복을 수행하며 살고, 그것을 나누기 바란다. 그러면 행복이 뿌리를 내려 자라날 것이다.

8장

미래의 꿈을 창조하라
지속적 행복을 불러오는 목표 찾기를 배우다

인간은 건강을 해치면서까지 돈을 번다. 그러고 나서 건강을 되찾는 데에 그 돈을 다 써버린다. 그러고 나면 미래가 너무나 불안해서 현재를 즐기지 못한다. 그 결과 현재에도 살지 못하고 미래에도 살지 못한다. 죽지 않을 것처럼 살다가 제대로 한 번 살아보지도 못하고 죽는 것이다

제임스 J. 라차드, 〈신과의 인터뷰〉 중에서

전진의 동력

꿈, 청사진, 열망, 목표… 이름은 다 다르지만 모두 비범한 삶에 필수적인 것들이다. 이것들은 앞으로 나아가게 하는 힘을 지니고 있으므로 나는 이것을 전진의 동력이라 부른다. 전진의 동력이 없으면 삶에 의미를 찾을 수 없고, 그러면 꼼짝도 할 수 없게 된다. 마치 물 한 모금 없이 사막에 서 있는 것과 같다.

이 장에서는 더 대담하고 더 나은 목표를 설정함으로써 비범한 삶을 향한 당신만의 길을 나서는 법을 배울 것이다. 내가 만난 비범한 정신의 소유자들(이 책에 소개된 사람들을 포함하여)은 모두 뻔뻔할 정도로 대담한 꿈을 꾸었다. 인생의 모든 분야에서, 목표를 세우고 꿈을 추구하는 데 도움이 될 단순명쾌하고도 유쾌한 삶의 방식을 알아

보자. 나는 당신이 지금으로부터 10년 후에, "무엇이 잘못된 거지?"
가 아니라 "정말 대단했어. 내일은 또 어떤 일이 벌어질까?"라고 말
하게 되길 바란다.

목표설정의 위험요소

목표를 설정한다는 관습은 불합리하기가 그지없어서 나는 그 짓
을 오래전에 그만두었다. 잘 모르고 할 경우 너무나 위험한 것이 바
로 이 목표설정이다.

고등학교나 대학의 많은 수업에서 우리는 학생들에게 인생의 목
표를 잘 설정하라고 말하지만, 사실 비범한 삶을 살아가는 데 정말로
도움이 될 방법은 전혀 가르치지 않는다. 오히려 문화배경 속의 흔해
빠진 견칙을 좇으며 살도록 가르친다. 그리고 그런 견칙들은 결국 이
러거나 저러거나 별 상관없는 것들을 좇아다니게 만든다. 우리의 교
육은 안전하게 살라고 하지, 진정으로 살라고 하지 않는다.

좋은 직업을 갖기 위해서 인생설계를 잘해야 한다는 생각이 그런
견칙들 중에서도 가장 우두머리 견칙이다. 이 견칙 때문에 우리는 미
래의 꿈이나 목표를 설정할 때 주로 직업과 돈에 집중하게 된다. 이
보다 더한 허튼짓은 없다.

다음은 선불교 철학자 앨런 와츠가 남긴 유명한 말이다.

돈은 잊어버리라. 돈을 버는 것이 가장 중요한 일이라고 생
각한다면 인생을 송두리째 낭비하게 될 것이다. 당신은 돈을

벌기 위해 하기 싫은 일을 할 것이다. 그리고 계속 그렇게 하기 싫은 일을 하고 있을 것이다. 멍청한 짓이다. 비참하게 오래 사느니, 하고 싶은 일을 하면서 짧게 사는 것이 낫다.

얼마나 많은 사람들이 자신을 행복하게 해줄 '것 같은' 목표를 추구하며 사는가? 그러다가 매일 그날이 그날 같은 지루하고 답답한 40대가 된 어느 날 생각한다. ─ 도대체 무엇이 잘못되었던 걸까?

우선 선진국이라는 많은 나라들에서 인생을 둘러싼 가장 큰 문제는, 법적으로 맥주를 살 수도 없는 이른 나이에 미래의 직업을 선택해야만 한다는 사실이다. 열아홉 살 대학교 1학년 때, 나는 내가 정말 좋아하는 것이 뭔지도 모르면서 컴퓨터공학을 선택하여 경력을 쌓아가야 했다. 마이크로소프트에서 해고를 당하는 등, 수년 동안 온갖 비참한 드라마를 찍고 나서야 나는 나 자신이 제 발로 어떤 무덤 속으로 기어들어갔는지를 깨달을 수 있었다. 현대의 목표설정 방식은 근본적인 결함을 갖고 있다. 견칙으로 흐려져 있는 정신은 수단과 목표를 혼동할 수밖에 없다.

수단에 지나지 않는 목표가 아닌 진짜 목표를 택하라

'목적을 위한 수단'이라는 말을 들어봤을 것이다. 하지만 현대에는 목적 자체도 수단인 경우가 많다. 수단인 목표와 진짜 목표를 혼동하는 일이 다반사니까 말이다. 우리는 마치 그 자체가 하나의 목표인 양 대학 전공, 직업, 인생의 길을 정하지만, 사실 그것들은 '진짜 목표를 위한 수단'에 지나지 않는다. 우리는 진짜 목표인 척하는, 수단에 지나지 않는 목표를 위해 여러 해 동안 돈과 노력을 투자한다. 문제의 소지가 다분한 일이 아닐 수 없다. 나는 더 많은 사람이 수단에 지나지 않는 목표와 진짜 목표의 차이를 좀더 어린 나이에 배웠으면 좋겠다. 진짜 목표는 이 땅에 사는 모든 이에게 주어지는 아름답고 신나는 보상 같은 것이다. 진짜 목표는 진정한 사랑을 느끼게 하고, 진정으로 행복한 일을 하게 하고, 세상에 공헌하여 삶의 의미를 찾게 하고, 순수한 기쁨을 느끼게 한다.

당신의 영혼이 열망하는 목표가 진짜 목표다. 이런 목표는 사회가 말하는 외부적인 가치, 기준, 꼬리표를 만족시켜서가 아니라 그 자체로 기쁨이다. 진짜 목표는 돈이나 물질적인 보상을 위한 것이 아니다. 진짜 목표는 일생을 두고 기억할 만한 최고의 경험 같은 것이다.

내가 정말로 선망하는 진짜 목표는 이런 것들이었다.

- 키나발루 산 정상에 올라 발아래 구름을 내려다보며 보르네오 섬 위로 떠오르는 일출을 감상하는 것
- 신혼여행으로 북극의 눈보라를 헤치며 노르웨이 스발바르 제도를 도보로 여행하는 것
- 수년 동안 꿈꿔왔던 최첨단 스팀펑크 스타일(아날로그 감성과 최첨단 기술이 결합한 스타일, 역주)의 아름다운 사무실을 만들어 직원들에게 보여주고 그 놀란 얼굴을 지켜보는 것
- 내 딸 아이가 처음으로 춤추는 모습을 보는 것(노래는 빌리 레이 사이러스의 〈아프고 찢어지는 마음Achy Breaky Heart〉)

하지만 나는 대부분의 인생을 수단에 지나지 않는 목표만 추구하며 살았다. 행복해지기 위해서는 이뤄야만 한다고 사회가 일러주는 목표들 말이다. 내가 목표로 써놓았던 거의 모든 것이 사실은 진짜 목표가 아니라 진짜 목표를 위한 수단에 지나지 않았다. 바로 다음과 같은 것들 말이다.

- 좋은 성적으로 고등학교 졸업하기
- 좋은 대학에 들어가기
- 여름 방학 인턴 자리 따내기
- 텍사스 주 오스틴에 위치한 소프트웨어 회사 트릴로지에 취직하기

이 외에도 수단에 지나지 않는 목표들은 많다. 연봉 올리기, 내가 한 일에 어느 정도 좋은 평가를 받고 승진하기, 어떤 사람과 함께 살기 등등이 그 흔한 예다.

하지만 이런 수단에 지나지 않는 목표에만 집중하다 보면 중요한 것을 다 놓친다.

나는 조 비탈리의 이 조언을 좋아한다. "약간 겁나고 엄청 흥분되는 목표가 좋은 목표다." 진짜 목표이자 좋은 목표가 불러일으키는 두 가지 아름다운 느낌이 있다면 바로 흥분과 두려움이다. 겁이 난다는 것은 자신의 경계를 넓히려 한다는 뜻이기 때문에 좋은 것이다. 이렇게 경계를 넓혀가야 비범한 삶 속으로 들어갈 수 있다. 흥분한다는 것은 가슴이 정말로 원하는 목표라는 뜻이다. 다른 사람을 기쁘게 하기 위해서도 아니고 사회가 정해준 견칙에 순응하는 것도 아닌, 바

로 당신이 원하는 목표 말이다.

내가 회사를 그만둔 날

나에게 경고의 벨이 울린 것은 2010년이었다. 나는 전부터 나 자신과 약속을 하나 해두었다. 2주 이상, 아침에 일어났는데 회사에 출근해야 하는 현실이 끔찍하게 느껴진다면 회사를 그만두고 다른 일을 찾아보겠다고. 그리고 2010년 그때, 처음으로 출근이 끔찍하게 느껴졌다.

당시 마인드밸리는 지금과는 전혀 다른 회사였고, 나는 공동창립자이자 미시간 대학 동창인 마이크와 동업 중이었다. 마인드밸리는 작은 창업회사로서 또 다른 작은 웹 중심 사업체들을 만들어 파는 것으로 수익을 냈으므로 벤처회사를 만드는 벤처회사였던 셈이다. 우리는 인터넷 쇼핑몰을 여러 개 열었고, 블로그 게시물의 수준을 측정해 보여주는 소프트웨어 알고리즘을 개발하기도 했고, 심지어 소셜 북마크 엔진까지 개발해 팔았다.

우리는 둘 다 일은 잘했지만 친구로서는 벌써 한참 전에 멀어진 사이라 더 이상 같이 일하는 것이 즐겁지 않았다. 마인드밸리의 일이 한결 수월해지자 나는 다른 사업을 시작했고, 마이크도 그랬다. 나는 창업회사를 하나 일으킨 다음 팔아서 기업가로서 경력을 쌓고 싶었다. 그리고 생각대로 일도 잘 되고 있었다. 나의 두 번째 창업회사인 동남아시아 기반의 데일리 딜Daily Deal(회원제로 운영되며 그때그때 다른 상품을 하루나 이틀 사이에 판매하는 인터넷 사업 유형, 역주) 사이트가 궤도에 오르면서 상당한 금액의 사업 투자금도 막 받아둔 상태였다. 나는 두 사업체를 동시에 운영하고 있었고 원했던 목표를 이루었으니 행복해야 마땅했다. 다음이 당시 내가 적어놓았던 목표들의 성적표다.

- 고속 성장하는 사업 — 목표 달성
- 투자금 확보 — 목표 달성
- 언론과 미디어의 주목받기 — 목표 달성
- 돈 많이 벌기 — 목표 달성
- 적당한 지위와 보상 — 목표 달성

하지만 나는 행복하지 않았다. 일이 지겨웠고 일을 해도 만족스럽지가 않았고, 일을 하러 가기가 끔찍하게도 싫었다. 그리고 외로웠다. 친구란 대부분 사업 파트너이거나 직원들이었는데 일이 싫어지면 친구관계에도 문제가 생긴다. 마인드밸리는 수익 창출을 위해 존재할 뿐, 인류에 공헌하지도 않았고 나에게 삶의 의미를 일깨워주지도 않았다.

어쩌다 이렇게 됐을까?

그 전의 나는 분명 '현실을 구부리고' 있었고, 행복했고, 앞으로 나아가게 하는 청사진도 갖고 있었다. 덕분에 나는 믿을 수 없을 정도로 성공했고 부자가 되었다. 하지만 기업가로서 모든 목표를 달성했는데도 뭔가를 놓치고 있는 것 같았다.

나는 당시 의도치 않게도 수단에 지나지 않는 목표와 진짜 목표를 혼동하는 함정에 빠져 있었다. 나는 잘 나가는 사업체를 두고 은행에 돈도 넣어둔 기업가가 되어 있었다. 눈치 볼 상사도 없었다. 하지만 그 모든 것을 넘어서서 진짜 목표를 설정했어야 했는데 그러지 못했던 것이다.

그렇다면 당시 내 가슴이 진정으로 원했던 것은 무엇일까?

- 나는 전 세계의 이국적인 나라와 아름다운 곳들을 여행하기를 원했다.
- 나는 특급호텔에 가족과 함께 머물며 화려한 삶을 경험하고 싶었다.
- 여행하면서 아이들에게 특별한 배움의 기회를 주고 싶었다.
- 인간 중심의 가치를 추구하며 큰일을 하는 전 세계의 멋진 사람들과 친구가 되고 싶었다.
- 사업적인 면에서나 개인적 성장 면에서나 영감을 주는 세계적인 전설들을 많이 만나고 싶었다.
- 나만의 개인 성장 모델을 전 세계에서 가르치고 책으로 내고 싶었다.
- 내 일을 죽도록 즐기고 싶었다.

2010년 나는 목표를 이렇게 적었었다. 창업을 하겠다느니, 돈을 벌겠다느니, 사업을 일으키겠다느니 하는 생각은 더 이상 나의 목표가 될 수 없었다. 나는 기쁘고 의미 있는 삶을 살고 싶었다.

마음속에 분명한 미래상을 그려놓으면 흥미로운 일이 벌어진다. 그 목표가 수단에 지나지 않는 목표든 진짜 목표든 간에, 우리의 마음은 그것을 이루기 위한 길을 찾아낸다. 바로 이 때문에 뭘 모르고 세우는 목표가 위험할 수 있다고 한 것이다. 기껏 힘들여 가보니 정말로 원했던 곳이 아닐 수도 있는 것이다. 하지만 진짜 목표와 그 의미를 이해하고 이 장에서 내가 나눠줄 연습을 해나간다면 당신은 곧 가슴과 영혼이 진정으로 열망했던 곳에 서게 될 것이다.

그렇게 새로운 목표를 설정했을 때까지도 나는 그 목표들이 이루어지리라고는 전혀 생각하지 않았다. 하지만 흥분되는 꿈의 동력을 받으면 인간의 마음은 변화를 위한 놀라운 힘을 발휘한다. 그리고 전혀 예기치 못한 방식으로 그 진정한 목표에 다가가게 될 수도 있다. 나의 경우가 확실히 그랬다.

지루하고 답답한 일상에서 삶의 의미와 모험에 목말라 있던 그때, 나는 앞의 장들에서 언급한 것과 같은 인생의 위기를 보내고 있었음에 틀림없다. 그리고 그렇게 우울의 수렁에 빠져 있던 바로 그때, 문득 축제를 하나 만들어보자는 정신 나간 생각이 들었다.

당시 나는 개인적 성장을 위해 이런저런 세미나에 두루 참석했었는데, 사기꾼 같아 보이는 초청연사들이 자기계발이라는 명목 아래 의심쩍기 이를 데 없는 '당장 부자가 되는 비법'을 어찌나 쏟아놓던지, 나는 그만 자기계발에 대한 흥미를 몽땅 잃어버리고 말았다. 하지만 같은 생각을 가진 영혼들을 하나로 묶어 서로 연락하고 도움을 교환할 수 있게 하는 행사들에서는 깊은 인상을 받았다. 나는 서밋 시리즈Summit Series(젊은 기업가, 예술가, 활동가들을 위한 콘퍼런스와 이벤트를 주최하는 미국의 단체 혹은 이 단체의 행사, 역주) 같은 행사들에 연사로 초대되었었는데 강연장 밖에서 사람들이 마치 같은 부족처럼 어울리며 서로 친분을 쌓는 모습이 참 보기 좋았다. 그래서 생각했다. '어떻게 하면 이런 활동을 더 발전시킬 수 있을까?' 워싱턴 DC에서 이 책의 생각들 일부를 강연하다가 막바지에 이르러서 나는 청중들에게,

나와 함께 일주일을 보내면서 그날의 강연 내용을 좀더 심도 있게 탐구해보고 싶은 사람이 있느냐고 물었다. 날짜와 장소도 정해지지 않는 상황이었지만 60명의 사람이 관심을 보였다. 나는 그 사람들을 다른 방으로 모은 다음 나와 함께 어떤 시간을 보내고 싶은지 구체적으로 말해달라고 했다. 그 사람들은 개인적 성장에 대해 내가 말했던 독특한 모델에 대해 좀더 알아보고 싶어했는데, 다만 그 일을 좀더 멋진 곳에서 좀더 조직적인 부족의 분위기에서 재미있게 하고 싶다고 했다. 그리고 그들 중 한 명이 그럴 수만 있다면 "굉장할 것 같다"고 했다.

나는 그 표현이 마음에 들었다. 그래서 우리만의 축제를 만들고 당분간 '굉장한 축제'(Awesomeness Fest)라고 부르자고 제안했다. 그리고 바로 그 자리에서 날짜도 장소도 정하지 않은 채 6만 달러 상당의 표를 팔았다. 종잣돈이 마련된 것이다.

그 후 몇 달 동안 나는 '축제' 준비를 했다. 호텔 사업가인 칩 콘리와 경영대학원 교수 스리쿠마 라오, 서밋 시리즈 창립자인 엘리엇 비스나우 같은 멋진 연사들과 건강 전문가 등 다른 강연자들을 대거 초대했다. 그리고 내 비서 미리엄과 둘이서만 코스타리카에서 벌어질 250명을 위한 행사 전체를 기획했다.

그렇게 축제는 시작되었고, 나중에 우리는 이 축제를 A-페스트라고 부르기로 했다. 현재 매년 40개가 넘는 회사에서 수천 명의 사람들이 우리가 지구 어딘가에서 한 해에 두 번 개최하는 A-페스트에 참가신청을 해오고 있고 늘 매진 사태를 겪는다. 인간 활동의 다양한 분야에서 세계적 권위를 자랑하는 전문가들과 트레이너들, 그리고 나, 이렇게 명단에 올라 있는 강연자들은 바이오해킹, 뇌와 신체의 관계, 신념 해킹 같은 개인적 성장에 관한 가장 최근에 밝혀진 사실들을 축제에 참여한 모든 사람들과 공유한다. 매일 밤 게스트들은 멋진 이벤트와 파티를 즐기면서 잊을 수 없는 추억과 함께 친구도 만든다.

우리는 낙원 같은 카리브 해의 섬이나 유럽의 고성古城에서부터 발리의 세계 문화유적지까지, 가장 멋진 장소들을 물색한다. 거기에 음악, 예술을 비롯한 여러 요소들을 더하여 창조적인 분위기를 조성하기 때문에 거기서 게스트들은 서로 깊이 연결되고, 그 결과 우리 축제에서 만나 둘도 없는 친구가 되거나 결혼을 하거나 사업 파트너가 되는 경우도 많다. 그리고 이 모든 일을 하는 동안 나는 더할 수 없는 기쁨과 엄청난 모험을 즐겼다. 그리고 이 모든 일을 수백 명의 비범한 사람들과 함께했으므로 이들은 모두 이제 나의 친구가 되었다.

A-페스트는 점점 커지고 있고, 이제는 내가 가장 열정적으로 하는 일 중의 하나가 되었다. 하지만 여전히 A-페스트는 어디로 튈지 모른다. 그런데 여기 정말 멋진 일이 하나 있다. A-페스트는 당시 내가 정해놓았던 모든 목표들, 즉 당시 내 인생에 부족했던 부분들을 모두 채워주었다.

- 친구 ― 목표 달성
- 멋진 호텔에 머무는 것 ― 목표 달성
- 전 세계의 아름다운 곳들을 여행하는 것 ― 목표 달성
- 내 아이들에게 좋은 사람들을 소개하고 특별한 배움의 기회를 주는 것 ― 목표 달성
- 내가 흠모하는 전문가들, 경영분야의 전설들을 만나는 것 ―

목표 달성

■ 굉장한 재미 — 두 배로 목표 달성

A-페스트 그 자체는 결코 나의 목표가 아니었다. A-페스트는 내 버킷리스트의 모든 진짜 목표들이 서로 어우러져 춤을 추며 합체한 다음 '진화하여 나타난 것'이었다. 그리고 이 모든 목표는 나에게 세상에 없는 완전히 새로운 현실의 모델을 창조해내는 길을 가리켜주고 있었다.

그리고 이것이 진짜 목표의 가장 중요한 측면이다. 진짜 목표는 우리로 하여금 닳고 닳은 길, 제약에 찌든 현실의 모델과 삶의 방식, 학교나 사회가 강요하는 견칙을 벗어나게 한다. 진짜 목표는 우리를 평범한 일상이라는 러닝머신에서 내려와서 비범성을 향한 궤도에 들어서게 한다.

지금 전 세계에 두루 퍼져 있는 내 절친들의 80퍼센트는 A-페스트에서 만난 친구들이다. 하지만 A-페스트는 내가 진짜 목표에 집중함으로써 얻게 된 내 삶의 많은 것들 중 한 가지 예에 지나지 않는다. 그 외에도 많은 일이 일어났다.

나는 나를 꽤 힘들게 했던 두 번째 사업체를 매각했다. 내 지분을 한 친구에게 모두 넘긴 다음 손을 뗀 것이다. 계속했다면 돈은 많이 벌었겠지만 나에게는 가치가 없는 일이었다.

그리고 나는 마인드밸리를 떠나든지, 아니면 마인드밸리를 내가 자랑스러워할 만한 뭔가로 바꿔놔야 한다고 생각했다. 그리고 동업자와 내가 그 점에 서로 동의하지 않는다면 우리 중 한 명은 마인드밸리를 떠나야 한다고 생각했다. 그런데 마인드밸리를 시작한 사람은 나이고, 그만큼 마인드밸리에 대한 애정이 컸기에 나는 동업자의 지분을 사들이기로 결심했다. 그에게 수백만 달러를 지불하느라 빚을 져야 했지만 2011년, 나는 내 회사를 다시 혼자서 소유하게 되었다. 경제적으로 쪼들렸지만 행복했다. 그리고 그 행복감을 연료로 삼아 1년 만에 회사를 69퍼센트 성장시켰고, 그동안 절대 뒤를 돌아보지 않았다.

목표를 설정하는 방식을 바로잡자 지루하고 짜증스럽던 삶은 모험과 의미로 가득한 삶으로 변신했다. 인생의 진짜 목표에 관한 진실을 좀더 일찍 깨쳤으면 좋았을 걸 그랬다. 그랬더라면 남 보기에만 멋져 보이고 내 가슴이 소중하게 느끼는 것에는 전혀 도움이 안 되는 그런 목표만 추구하느라 그렇게 여러 해를 낭비하지 않아도 되었을 텐데 말이다.

그러니 하나의 경력을 택하지 말라. 지루한 직장에서 그날이 그날인 나날을 보내다가 끝내지 않으려면 말이다. 그저 기업가가 되겠노라고 선언하지도 말아야 한다. 지겹고 스트레스 쌓이는 사업을 떠안고 싶지 않다면 말이다. 그 대신 당신의 진짜 목표를 생각한 다음 직장이나 새로운 뭔가가 당신을 '찾아오게' 하라.

그렇다면 자신이 옳은 길을 가고 있는지를 어떻게 알 수 있을까? 다음은 당신의 목표가 수단에 지나지 않는 목표인지 진짜 목표인지를 살펴보는 방법이다.

수단에 지나지 않는 목표와 진짜 목표 사이의 중요한 차이점

다음 네 가지 점만 주의해서 살피면 간단하게 구분할 수 있다.

수단에 지나지 않는 목표 알아내는 법

1. **수단에 지나지 않는 목표에는 보통 '그래서'가 따라붙는다.** 수단에 지나지 않는 목표들은 뭔가 다른 것으로 향한 디딤돌로서 존재할 뿐, 독자적으로 존재하지 못한다. 연속적인 사건들 속의 하나에 불과한 것이다. "고등학교에서 좋은 성적을 받아서 좋은 대학에 들어가라"가 그 한 예이다. 즉, 수단에 지나지 않는 목표들이 이어질 때 연속적인 사건들로 이루어진 인생이 만들어진다. 이렇게 말이다. ─ 고등학교에서 좋은 성적을 얻는다. 그래서 좋은 대학에 들어간다. 그래서 좋은 직장을 구한다. 그래서 돈을 많이 번다. 그래서 좋은 집, 차 등등을 장만한다. 그래서 돈을 저축한다. 그래서 은퇴 후 정말 하고 싶은 일을 할 수 있게 될 것이다. ─ 당신의 목표에는 이 '그래서'가 따라붙는가?

2. **수단에 지나지 않는 목표는 대개 견칙이거나 견칙에 순응한 것이다.** 당신의 다른 궁극적인 목표를 위해 '꼭 이뤄야 하는' 목표라면 그것은 수단에 지나지 않는 목표다. 예를 들어 만족스러운 직업을 얻기 위해서 대학을 졸업해야 한다고 생각하는가? 혹은 사랑을 위해서는 결혼을 해야 한다고 믿는가? 수단에 지나지 않는 목표는 그 속에 견칙을 교묘히 숨겨놓고 있다. 결혼을 꼭 해야만 하는 것은 아니다. 대학 졸업장이 꼭 있어야만 하는 것도 아니다. 꼭 기업가가 되어야만 하는 것도 아니고 꼭 가업을 이어야만 하는 것도 아

니다. 우리는 단지 아름다운 사랑을 하고 싶은 것이고, 배우고 성장하여 자유로워질 수 있는 기회를 끊임없이 갖고 싶은 것이다. 이것은 여러 다양한 형태로 올 수 있다. 이제 수단에 지나지 않는 목표들이 보이는가?

진짜 목표 알아내는 법

1. **가슴을 따르는 것이 진짜 목표다.** 진짜 목표를 추구할 때는 시간이 쏜살같이 지나간다. 열심히 일해야 하지만 그럴 가치가 있다고 느낀다. 진짜 목표는 인간으로 산다는 것은 정말이지 멋진 일이라고 느끼게 한다. 진짜 목표를 추구하는 것은 '일'처럼 느껴지지 않는다. 몇 시간이고 일만 해야 할 수도 있지만, 그래서 행복하고 살아가는 의미를 느낀다. '재충전'을 위해 쉴 필요도 없다. 진짜 목표를 추구하는 것은 소모적인 일이 아니기 때문에 그 자체가 재충전이다. 예를 들어 나에게는 이 책을 쓰는 일이 진짜 목표에 속한다. 너무나 재미있어서, 돈 한 푼 받지 못한다고 해도 할 것이다.

2. **진짜 목표는 주로 느낌이다.** 행복해지기, 사랑하기, 계속 사랑을 느끼기, 계속 기쁨을 느끼기… 이것은 모두가 매우 좋은 진짜 목표다. 학위, 상패, 덩치 큰 사업계약 같은 다른 성취들도 분명이 좋은 느낌을 불러오지만 그것을 '추구하는 동안에도' 행복하지 않다면 진짜 목표가 아니다. 다시 말해 학위를 위해 공부하는 것 자체, 계약을 성사시키기 위해 애쓰는 것 자체가 행복해야 한다. 진짜 목표는 그것을 추구하는 것 자체가 행복이다.

세 가지 가장 중요한 질문

어떻게 하면 수단에 지나지 않는 목표를 추구하게끔 만드는 함정을 피할 수 있을까? 이를 위해 나는 목표설정 기법을 하나 개발하여 다듬어왔다. 이 기법은 다름 아니라 세 가지 가장 중요한 질문을 해보는 것인데, 이 질문들을 순서대로 잘 던져보면 인생에서 정말로 중요한 진짜 목표를 빨리 알아차리는 데 도움이 될 것이다.

나는 진짜 목표는 모두 다음 세 바구니 중 최소한 하나에는 들어간다는 사실을 발견했다.

첫 번째 바구니는 경험의 바구니다. 인류의 기원에 대한 가설은 다양하지만, 우리가 이 땅에 태어난 것은 세상이 제공하는 것을 경험하기 위해서라는 것만큼은 이론의 여지가 없다(이 세상이 제공하는 물질과 돈이 아니라 경험 말이다). 경험은 우리로 하여금 지금 이 자리에서 행복해지게 한다. 그리고 행복은 비범한 삶의 중요한 구성요소다. 다시 말해서 우리는 행복을 유지하기 위해 일상에서 경이와 흥분을 느껴야 한다. 그리고 행복해야 우리는 목표를 추구하며 앞으로 나아갈 수 있다.

두 번째 바구니는 성장이다. 성장은 지혜와 깨달음이 깊어지는 것이다. 우리가 선택하여 성장할 수도 있고 예기치 못한 상황에 처해서 성장하게 될 수도 있다. 따라서 그 어떤 일에서도 성장할 수 있으므로 인생은 끝없는 발견의 여정이라 할 수 있다.

세 번째 바구니는 공헌이다. 많이 경험했고 성장했다면 우리는 어디에든 공헌할 수 있다. 세상에 기여함으로써 우리는 세상에 자기만의 특별한 흔적을 남길 수 있다. 베풂은 비범한 삶에 꼭 필요한 요소로서 우리 삶에 의미를 부여해주고 최고 수준의 행복과 깨달음에 이르게 한다.

진짜 목표의 이 세 가지 중요한 특성을 질문의 형태로 바꿔보자.

세 가지 가장 중요한 질문

1. 나는 이 생에서 어떤 경험을 하고 싶은가?
2. 나는 어떻게 성장해가고 싶은가?
3. 나는 어떤 공헌을 하고 싶은가?

이 장에서 이 '세 가지 가장 중요한 질문'을 던지는 연습을 해보면 지금까지 틈틈이 살피고 연구해온 '조율이 필요한 열두 분야'가 이 세 가지 가장 중요한 질문과 완벽하게 연결된다는 것을 알게 될 것이다. 사실 나는 이 세 가지 가장 중요한 질문으로부터 조율이 필요한 열두 분야를 뽑아냈다. 이 두 범주가 서로 어떻게 연결되는지를 다음 그림이 보여준다.

이제 이 세 질문을 좀더 구체화해보자. 이 과정을 이 장 끝까지 정독한 다음(질문 던지기 연습 요령을 익히게 될 것이다) 준비가 되었다고 생각되면 연습을 해보라.

질문 1: 나는 이 생에서 어떤 경험을 하고 싶은가?
더 구체적으로 이렇게 질문해보라.

시간과 돈이 충분하고 누군가에게 허락을 구할 필요도 없다면 내 영혼은 어떤 경험을 갈망하겠는가?

이 질문을 '조율이 필요한 열두 분야' 중 처음 네 분야에 던져보라. 이 네 분야는 주로 경험과 연관된다.

1. **애정관계**. 당신이 생각하는 이상적인 사랑은 어떤 것인가? 모든 측면에서 상상해보라. 대화는 어떻게 해야 하고, 어떤 공통점을 가져야 하며, 어떤 활동을 함께하고 싶으며, 둘이 같이 보내는 일상이나 휴가는 어떤 모습이어야 하는가? 그리고 둘은 어떤 도덕적, 윤리적 신념을 공유해야 하는가? 어떤 종류의 격정적이고 열정적인 섹스를 하고 싶은가?

2. **우정**. 친구와 어떤 경험을 공유하고 싶은가? 그런 경험을 어떤 친구와 나누고 싶은가? 당신이 생각하는 이상적인 친구란? 사람, 장소, 대화, 활동이 모두 완벽한 세상에서 완벽한 사회생활을 꾸려나가는 모습을 상상해보라. 당신이 생각하는 친구와 함께하는 완벽한 주말이란 어떤 모습인가?

3. **모험**. 멋진 모험을 감행한 사람들에 대해 잠시 생각해보라. 그들은 무슨 일을 했는가? 그리고 어디까지 도달했는가? 당신은 모험을 어떻게 정의하는가? 늘 가보고 싶었던 곳이 있는가? 늘 하고 싶었던 모험적인 일이 있는가? 어떤 모험이 당신의 영혼을 춤추게 하겠는가?

4. **환경**. 멋진 인생에 어울리는 멋진 집은 어떤 모습일까? 매일 그런 집에 돌아오는 기분은 어떨까? 당신이 가장 좋아하는 방을 묘사해보라. 그 아름다운 방에는 무엇이 있는가? 당신이 들어가 잘, 천상의 침대에 가장 가까운 침대는 어떤 침대인가? 원하는 자동차는 뭐든 가질 수 있다면 어떤 차를 갖겠는가? 이제 완벽한 사무실을 상상해보라. 일을 가장 잘할 수 있는 공간을 생각해보라. 그리고 외출할 때 가장 가고 싶은 레스토랑과 호텔은 어떤 모습인가?

질문 2: 나는 어떻게 성장해가고 싶은가?

어린아이들이 정보를 흡수하는 모습을 보면 인간은 결국 배우고 성장하기 위해 태어난 존재라는 생각이 든다. 성장은 아이 때만이 아니라 평생에 걸쳐 일어날 수 있고, 또 그래야만 한다. 이 두 번째 질문을 좀더 구체적으로 해보자면 이렇다.

앞에서 언급한 경험들을 하기 위해 나는 어떻게 성장해가야 할까? 나는 어떤 사람으로 진화해가야 할까?

이 질문이 첫 번째 질문과 어떻게 연결되는지가 보이는가? 이제 조율이 필요한 열두 분야 중 다음 네 분야를 살펴보자.

5. **건강과 체력**. 육체적으로 매일 어떻게 느끼고 싶고 어떤 모습을 갖고 싶은가? 지금으로부터 5년, 10년, 20년 뒤에는 어떤 모습이었으면 좋겠는가? 어떤 식습관과 체력단련법을 갖고 싶은가? 해야 해서가 아니라 호기심이 있어서 탐구해보고 싶은 건강/체력 단련법으로는 어떤 것이 있는가? 건강/체력 관련 목표를 성취하고 싶은 이유가 (등산이든, 탭 댄스 배우기든, 헬스클럽을 빠지지 않고 가는 것이든) 그것을 성취할 수 있음을 자신에게 보여줄 때 얻을 수 있는 순수한 희열 때문인가?

6. **지적인 삶**. 앞에서 적은 경험들을 하려면 무엇을 배워야 할까? 당신은 무엇을 가장 배우고 싶은가? 어떤 책이나 영화가 당신의 정신을 확장시키고 감각을 키워주는가? 어떤 종류의 미술, 음악, 연극에 대해 더 알고 싶은가? 잘하고 싶은 외국어가 있는가? 초점을 진짜 목표에다 두기를 잊지 말라. 배우는 과정 자체가 즐거운 그런 기회를 택하라. 그래야 배움이 학위 같은 최종목표를 위한 수단으로 전락하지 않는다.

7. **기술**. 직업적으로 어떤 기술이 도움이 될까? 어떤 기술이라면 터득할 때까지 즐겁게 배우겠는가? 직업에 변화를 주고자 한다면 어떤 기술이 필요하겠는가? 오직 재미로만 배우고 싶은 기술이 있는가? 알면 행복하고 자신이 자랑스러울 것 같은 기술이 있는가? 학교로 다시 돌아가서 단지 재미를 위해 원하는 것은 뭐든 배울 수 있다면 무엇을 배우겠는가?

8. **영적인 삶**. 영적으로 지금 당신은 어디에 있으며 어디에 있고

싶은가? 이미 하고 있는 수행에 더 깊이 들어가보고 싶은가, 아니면 다른 새로운 것을 시도해보고 싶은가? 영적 수행에서 무엇을 가장 열망하는가? 자각몽을 경험하거나 깊은 명상 상태에 들고 싶지는 않은가? 아니면 두려움, 걱정, 스트레스를 극복하는 방법을 배우고 싶은가?

질문 3: 나는 어떤 공헌을 하고 싶은가?

행복해지고 싶다면 앞서 언급했던 달라이 라마의 말을 명심하면서 다른 사람도 행복해지게 만들자. 특별한 경험을 많이 하면서 성장을 이뤘다면 이제 우리는 세상에 공헌할 수 있다. 꼭 크고 극적인 행동일 필요는 없다. 새로 이사 온 이웃을 야외 파티에 초대하는 일도 세상에 공헌하는 일이다. 신입사원에게 점심을 사줄 수도 있고 유치원에서 피아노를 칠 수도 있고 버려진 동물의 입양을 도울 수도 있고 직장 내 헌옷 기부하기에 앞장설 수도 있다.

이 세 번째 질문은 본질적으로 이런 질문이다.

앞서 언급한 경험들을 하고 이토록 놀랍게 성장도 했다면 나는 내가 받은 것을 어떻게 세상에 돌려줄 수 있을까?

여기서도 이 질문이 앞의 두 질문과 어떻게 연결되는지를 주목해보라. 이제 조율이 필요한 열두 분야 중 마지막 네 분야에서 당신이 세상에 무엇을 줄 수 있는지를 생각해보라.

9. **일.** 당신은 직업에 대해 어떤 전망을 갖고 있는가? 일에서 어느 정도까지 경쟁력을 갖고 싶은가? 그리고 그 이유는 무엇인가? 당신의 사무실이나 회사를 어떻게 더 나아지게 하고 싶은가? 당신의 전문분야에서 어떤 공헌을 하고 싶은가? 일로써 세상에 그다지 의미 있는 공헌을 못 하고 있는 것 같다면 그 이유를 꼼꼼히 찾아보라. 의미가 없는 일을 하기 때문은 아닌가? 남들이 다 의미 있는 일이라고 해도 당신에게는 무의미한 일을 하고 있을 수도 있다. 어떤 일을 하고 싶은가?

10. **창조활동.** 어떤 창조활동을 하고 싶은가? 배우고 싶은 것이 있는가? 요리부터 노래, 사진(사진은 내가 즐기는 분야이다), 그림, 시 쓰기, 소프트웨어 개발 등, 무엇이든 배워볼 수 있다. 당신의 창조성으로 세상에 공헌할 수 있는 방법은 없는가?

11. **가족.** '억지로'가 아니라 행복해하면서 가족과 함께하는 자신을 그려보라. 당신은 가족과 무엇을 하고 무슨 말을 하는가? 가족과 함께 어떤 멋진 일들을 꾸미고 있는가? 어떤 가치를 구현해서 자녀들에게 전해주고 있는가? 가정에 공헌할 수 있는 당신만의 특별한 방법이 있다면? 꼭 전통적인 형태의 가족일 필요는 없다. 게다가 전통적인 가족 개념 속에는 견칙이 많이 숨어 있다. 동거인, 동성 동반자도 '가족'이고 자녀를 갖지 않기로 한 부부만으로도 가족이며 독신이라도 가까운 친구들을 가족으로 여길 수 있다. 사회가 말하는 가족의 정의에 오도되지 마라. 대신 새로운 현실의 모델을 만들어내고 진정으로 사랑하고 같이 있고 싶은 사람들을 가족으로 여기라.

12. **공동체 생활.** 우리가 삶을 나누는 친구, 이웃, 우리가 살고 있는

도시, 주, 국가, 자신이 소속된 종교, 그리고 이 세계, 이 모두가 공동체이다. 당신이 속한 공동체에 어떻게 공헌하고 싶은가? 당신이 갖고 있는 능력, 생각, 당신이 경험했던 특별한 일들을 모두 잘 들여다볼 때, 즉 당신 자신을 잘 살펴볼 때 세상에 어떤 흔적을 남기면 깊은 행복감과 만족감을 느끼겠는가? 나는 우리 아이들을 위해 세계의 교육제도를 개혁하고 싶다. 당신은 무슨 일을 하고 싶은가?

이제 법칙 8을 알아볼 때이다.

법칙 8 미래의 꿈을 창조하라

비범한 정신의 소유자는 문화배경의 기대에 개의치 않고 자기만의 미래상을 그린다. 이 미래상은 진정한 행복을 불러오는 진짜 목표에 초점이 맞춰져 있다.

'세 가지 가장 중요한 질문'을 직장과 가정과 공동체에 적용하기

세 가지 가장 중요한 질문 던지기 연습은 혼자 해도 되고 다른 사람과 함께 해도 된다. 현재 미국의 많은 학교와 아프리카의 많은 마을 사람들이 이 연습을 이용하여 학생들의 영감을 북돋아주고 있다. 다양한 기업들도 이 연습을 이용하는데, 직원들 사이의 결속력이 좋아지고 업무 집중도가 높아진다고 한다. 이 연습을 동반자와 함께하는 사람도 많은데, 질문에 대한 대답을 서로 보여주는 즉시 동반자들 사이에 강한 연대감이 생긴다고 한다. 생일이나 기념일에 파트너와 함께 이 질문들을 해보라. 시간이 지남에 따라 목표가 변하고 진화해 가는 모습이 흥미롭기 그지없다.

영혼을 위한 청사진

세 가지 가장 중요한 질문에 답하기는 매우 중요한 연습이라서 우리는 마인드밸리 가족으로 들어오는 모든 사람에게 이 연습을 하게 한다. 우리 회사의 신입사원들은 모두 이 책에서 소개된 것과 유사한 커리큘럼으로 의식공학 훈련을 받아야 하는데 보통 이 세 가지 중요한 질문에 대답하는 것으로 그 모든 신고식을 마무리한다. 편지지 크기의 종이 위에다 세로로 네모 칸을 세 개 만들고 각각의 칸 맨 위에다 경험, 성장, 공헌이라고 쓴다. 그리고 그 밑에 그 각각에 대한 자신의 꿈과 포부를 써내려간다. 마지막에 그 종이는 대충 이런 모습이 된다.

경험	성장	공헌

나에게 이것은 단지 하나의 종잇조각이 아니다. 이 종이는 우리 회사에 막 입사한 누군가의 꿈과 야망과 동기를 고스란히 보여주기 때문이다. 따라서 우리는 이 종이를 '영혼을 위한 청사진'이라고 부르며 소중하게 여긴다.

우리 회사는 거대한 코르크판에 모든 직원의 청사진을 사진과 함께 붙여놓아 서로의 꿈을 보고 공유할 수 있게 한다. 층마다 코르크판을 달아두고 그 층에서 일하는 직원들의 청사진을 붙여놓게 했다. 한자리에 모인 모든 직원의 빛나는 열망들을 읽다 보면 뭐라 설명할 수 없는 힘이 솟아난다. 수백 명 직원들의 꿈을 한데 모아둔 거대한 벽이라니⋯ 이곳이야말로 마인드밸리 안에서 가장 아름다운 장소가 아닐까 한다.

이 코르크판은 또한 투명함의 극치를 보여준다. 우리는 이 코르크판을 보기 때문에 다른 동료들의 삶의 원동력이 무엇인지를 잘 안다. 매니저는 자신의 팀 멤버들을 움직이게 하는 것이 무엇인지 알고 나도 직원들 모두의 삶의 원동력이 무엇인지를 잘 안다. 그리고 직원들도 내 삶의 원동력이 무엇인지를 잘 안다.

많은 성공스토리가 이 청사진으로부터 시작되었다. 아미르는 수단 사람으로, 스물두 살에 마인드밸리에 입사했다. 세 가지 가장 중요한 질문에 답해보라고 하자 그는 큰 꿈들을 적었다. 그는 전문 강연자가 되고 싶었고 책을 쓰고 싶었다. 당시 아미르가 처한 상황을 고려하면 믿을 수 없이 대담한 꿈이었지만 스물여섯 살에 아미르는 그 꿈을 거의 다 이루었다. 그는 《나의 이슬람: 근본주의는 내 정신을 훔쳤고 의심은 내 영혼을 해방시켰다》(My Islam: How Fundamentalism Stole My Mind And Doubt Freed My Soul)라는 책을 썼고

이 책은 〈포린 폴리시Foreign Policy〉 지가 선정한 '2013년에 반드시 읽어야 할 책 25권'에 꼽혔다. 현재 아미르는 작가이자 자문 상담가이며 구글, 컬럼비아 대학 같은 세계 일류 무대에 서는 강연자이다.

루미니타 세비우크는 루마니아 사람이다. 영혼의 청사진에 루미니타는 '세계적으로 유명한 작가와 연사'가 되고 '영성 분야에 세계적인 지도자'가 되겠다고 적었다. 그리고 매우 흥미롭게도 이 목표들은 전혀 예상치 못한 방식으로 이뤄졌다. 루미니타는 〈행복해지기 위해 포기해야 할 것 15개〉라는 글을 자신의 개인 블로그 www.PurposeFairy.com에 올렸는데 그 1년 후 그 포스팅이 주목을 받더니 페이스북에서 널리 퍼지게 되었다. 120만 명이 공유할 정도로 반응이 뜨거웠다. 그 몇 달 뒤 루미니타는 책 출간 계약을 하게 되었다. 큰 목표 두 개를 성취한 것이다.

이제 이런 이야기는 흔해졌다. 나는 큰 목표를 전혀 뜻하지 않았던 방식으로 달성하게 된 일화들을 늘 듣고 있다.

그런데 영혼을 위한 청사진의 가장 좋은 점은, 성장하고 베풀게 한다는 것이다. 우리는 청사진을 담은 코르크판에서 다른 사람들이 무슨 일을 하는지를 보고, 그 일이 '마음에 들면' 그것을 자신의 청사진에 추가할 수도 있다. 꿈에 독점권이란 없으니까 말이다.

영혼을 위한 청사진 덕분에 꿈을 공유하는 사람들 사이의 합작도 가능해진다. 우크라이나 출신의 우리 회사 제품 총괄책임자 마리아나에게는 네팔에 가서 히말라야를 오르겠다는 꿈이 있었다. 마리아나는 벽에 붙어 있는 청사진들을 샅샅이 뒤져서 네팔에 가고 싶다고 한 다른 직원 세 명을 찾아냈다. 넷은 똘똘 뭉쳐서 서로 도와 일을 빨리 끝낸 다음 함께 일주일 휴가를 내어 네팔로 떠났다.

꿈과 목표를 공공연히 이야기하고 다니면 그것을 실현하기에도 좋다. 꿈을 다른 사람에게 털어놓기는커녕 자신에게 그런 꿈이 있다는 것을 인정조차 하지 않는 사람이 더 많다. 그런 의미에서 이 세 가지 가장 중요한 질문 연습은 우리의 꿈을 온 우주에 내보이는 것이다. 즉 당신과 나, 그리고 신비한 그 너머의 것들에게 우리의 꿈을 보여주는 것이다. 그렇기 때문에 이 세 가지 가장 중요한 질문에 답해보는 것이 그토록 강력한 힘을 발휘하는 것이다.

직장 내 팀 멤버나 가족 구성원의 '청사진'을 알아두면 그 사람이 꿈을 성취하고 성장해가는 데 도움이 될, 소소한 선물을 하기에도 좋다. 이것은 내가 리더로서 오랫동안 회사를 이끌면서 개발해온 경영 기술 중에서 가장 즐겨 사용하는, 가장 훌륭한 기술이기도 하다. 나는 모든 직원의 '영혼을 위한 청사진'을 스마트폰으로 찍어서 늘 갖고 다닌다. 그리고 가끔씩 읽어보면서 각자가 꿈을 성취하는 데 도움이 될 것 같은 책을 깜짝 선물로 건네곤 한다. 최근에 새로 입사한 한 친구는 대중연설에 대해 배워서 언젠가는 TEDx에서 연설을 하는 것이 꿈이라고 했다. 나는 《어떻게 말할 것인가: 세상을 바꾸는 18분의 기적 TED》(Talk Like TED)를 한 권 구입한 다음, 공감의 말을 몇 마디 써넣어서 선물했다. 이런 일을 하면 마치 마술 같은 일이 벌어진다. 단순한 관심 표명으로 치부될 수도 있지만 누군가가 자신의 꿈을 지지해주고 있음을 알게 되면 사람은 누구나 어디서든 빛을 발하게 되어 있다. 서로 신뢰를 쌓기에도 더할 수 없이 좋다. 의미 있는 표현을 위해 꼭 비싼 돈을 들여야만 하는 것은 아니다. 진실하기만 하면 된다.

연습 _ 세 가지 가장 중요한 질문 던지기

간단하게 시작하라. 필요한 것은 대답을 쓸 도구뿐이다. 수첩, 컴퓨터, 스마트폰 등등 어디든 좋다. 각 질문에 대답할 때마다 타이머를 3분 정도에 맞춰놓는다. 시간을 설정해놓으면 논리에 빠지지 않아서 좋다. 낡고 위험한 견칙이나 구식의 현실 모델이 등장해 모든 것을 엉망으로 만들기 전에 직관과 창조성이 날개를 맘껏 펼치게 하라. 타이머를 설정해두면 세 가지 질문에 다 답하는 데 10분이면 충분하다.

오래 생각하지 말라. 직관은 답을 알고 있으니 직관을 믿으라. 너무 오래 생각하지 말고 제대로 된 문장인지 아닌지 걱정하지도 마라. 말이 막힘없이 나오게 두라. 도움이 될 것 같으면 그림을 그려도 좋다. 시간을 3분으로 제한하는 것은 논리가 아닌 직관이 당신이 진짜 원하는 것을 거침없이 드러내줄 수 있도록 하기 위해서다. 원한다면 3분 후에 자신이 대답한 것을 따져보고 적절하지 않은 것 같은 대답을 추려내도 된다. 하지만 처음에는 3분의 규칙을 따르기 바란다.

수단에 지나지 않는 목표와 진짜 목표의 차이점을 기억하라. 이 차이점을 기억하는 데 가장 빠른 길은 감정에 집중하는 것이다. 이 목표를 이루면 결국 어떤 느낌이 들까? 예를 들어 환경과 관련해서, 감정에 집중한 목표는 다음과 같은 것이 있다: '매일 아침 행복하게 일어날 수 있는 집을 갖고 싶다.' '최소한 한 달에 두 번 사랑하는 사람이나 친구들과 맛있는 음식으로 외식을 하고 싶다.'

궤도에서 이탈하지 않기 위해 다음 다섯 단계를 거치라. 정말 원하는 목표인지 아닌지를 확인하기 위해 다음 지침을 이용하라. 이 다섯 단계는 우리의 A-페스트 진행책임자인 미아 코닝이 고안해낸 것으로, 이 연습의 정확도를 더해준다.

1. 목표를 찾아내라.

2. 더 이상 대답이 안 나올 때까지 다음 질문에 끝까지 대답해보라.
   — 이 목표를 달성하면 나는 _____ 을 할 수 있을 것이다.

3. 더 이상 대답이 안 나올 때까지 다음 질문에 끝까지 대답해보라
   — 이 목표를 달성하면 나는 _____ 을 느낄 것이다.

4. 2와 3의 대답을 바탕으로 이 목표 뒤에 숨겨져 있는 진정한 목적을 찾아내라.

5. 이 목적을 원래의 목표와 비교해본 다음 이렇게 질문해보라.
   - 이 원래의 목표가 이 목적을 이루기 위한 유일한 길 혹은 최선인가?
   - 이 원래의 목표는 이 목적을 이루기에 충분한가?
   - 이 목적을 좀더 효과적으로 이룰 방법은 없을까?

이 과정을 거치다 보면 '진짜 목표'라고 생각했던 것이 사실은 '수단에 지나지 않는 목표'로 판명 나는 경우가 많다. 그리고 '진짜 목표'도 더 분명히 알게 될 것이다. 그리고 자신이 정말로 진짜 목표를 추구하고 있음을 확신하게 될 것이다.

사람들과 나누라. 질문에 대답한 것을 눈에 띄는 곳에 붙여두어 의식적, 무의식적으로 그 목표를 향해 나아가게 하라. 그리고 사람들과 나누라. 그러면 다른 사람들도 힘을 얻어 앞으로 나아갈 수 있고 당신도 새로운 기회를 얻어 성장해갈 수 있다. 이 연습은 회사에서도 이루 말할 수 없는 강력한 힘을 발휘한다. 마인드밸리에서도 훌륭한 기업문화를 만들어가는 데 가장 중요한 연습의 하나이지만, 다른 수천 개의 회사들도 마인드밸리의 선례를 따르고 있다. 그러니 당신의

회사에도 이 연습을 소개해보지 못할 이유가 무엇인가?

좋은 소식

시작이 반이라는 말이 있다. 이보다 더 좋은 소식이 있을까? 크고 아름다운 진짜 목표를 설정하고 나면 바로 그때부터 무언가 놀라운 일이 벌어지기 시작한다. 우리의 뇌는 우리가 보고 느끼는 것에 끌려 들어가게 되어 있다. 우리가 목표를 세우고 매일같이 그것을 상기하면 우리의 뇌는 그 목표를 달성하기 위한 길을 해킹하기 시작한다. 스티브 잡스는 이것을 다음과 같이 지혜롭게 표현했다.

미래를 내다보면서 지점들을 연결할 수는 없다. 하지만 되돌아보면 모든 지점들이 서로 연결되어 있음을 볼 수 있다. 그러므로 미래에도 지점들이 연결되리라고 믿어야 한다. 직관이든, 운명이든, 인생이든, 카르마든… 무언가를 믿어야 한다. 왜냐하면 장래에 지점들이 연결될 것임을 믿을 때, 기존의 닳고 닳은 길에서 벗어나게 될지라도 가슴이 시키는 일을 하겠다는 확신이 생길 것이기 때문이다. 그리고 바로 그때 모든 것이 달라질 것이기 때문이다.

'세 가지 가장 중요한 질문'을 제대로 던질 때 우리는 '장래에 지점들이 연결될 것임을 믿는 것'이다. 그러면 당신은 원하는 곳으로 다가가게 해주는 길을 알아차리고 발견하기 시작할 것이다. 과학자들은 이런 현상을 신경망 활성화 시스템이 활동하기 때문이라고 할지도 모르겠다. 그리고 신비주의자들은 우주, 신, 운명, 동시성 현상, 끌어당김의 법칙 때문이라고 하거나 생각이 현실을 만든다고 할지도 모르겠다. 스티브 잡스는 이런 현상을 '직관, 운명, 인생, 카르마 혹은 무언가'가 작용한 결과라고 했다.

나는 이것을 '비범한 정신이 일으키는 현상'이라고 말한다.

이 무기를 지혜롭게 사용하라.

———————

마인드밸리는 '세 가지 가장 중요한 질문'에 관한 추가 자료로 다음의 몇 가지 짧은 영상을 만들어 제공하고 있으니 비범코드 홈페이지(5쪽 일러두기 참고)에서 확인하기 바란다.

- 브레인스토밍 과정에 대한 간단 안내
- '세 가지 가장 중요한 질문'을 당신의 단체에 적용하는 방법: 마인드밸리가 이 과정을 조직에 어떻게 적용하는지를 살펴보라. (나는 모든 회사가 이 방법을 도입하고, 모든 경영진이 사원들의 영혼을 위한 청사진에 관심을 보여야 한다고 강력하게 믿고 있다).

Part 4

비범해지기
외부세계의 변화

1부에서는 주변 세상과 문화배경을 관찰하고, 그것을 있는 그대로 보는 법을 배웠다.

2부에서는 자신이 경험하고 싶은 세상을 선택할 수 있음을 배웠다. 의식공학으로 자기만의 현실의 모델과 삶의 방식을 선택하여 성장과 깨달음을 가속시킬 수 있다.

3부에서는 내면세계에 대해 배웠고, 현재의 행복과 미래의 꿈 사이에서 균형을 유지하는 법을 배웠다. 현재 행복하고 미래의 꿈도 가질 때 '현실을 구부릴' 수 있게 된다.

4부에서는 이제 이 모든 것을 기반으로 다음 단계로 넘어간다. 여기서 당신은 세상을 바꿔놓는 법을 배우게 될 것이다.

비범한 정신의 소유자는 세상에 존재하는 것만으로는 만족하지 않는다. 이들은 소명의식을 가지고 자신이 가진 영향력으로 세상을 변화시킨다. 비범함을 향한 여정을 밟고 있는 당신도 지금 이미 문화배경을 흔들어놓고 싶다는 생각을 하고 있을지도 모르겠다. 사람들을 변화시킬 수 있는, 새로운 현실의 모델과 새로운 아이디어와 새로운 삶의 방식을 창조함으로써 말이다. 말하자면 문화배경을 벗어난 우리가 다시 문화배경으로 돌아가서 그것의 진화를 돕는 것이다. 비범한 정신의 소유자들은 모두가 이 과정을 겪는다. 이들은 다시 돌아와서 세상을 흔들고 바꿔놓는다.

하지만 세상을 바꾼다는 것은 간단한 일이 아니다. 그러려면 마지막 두 개의 법칙을 배워야 한다. 9장에서 우리는 그 첫 번째 교훈 '강철 멘탈이 되라' 편을 살펴볼 것이다. 세상을 바꾸려면 어느 정도는 강하고 담대해야 한다.

10장에서는 소명을 발견하는 법을 살펴볼 것이다. 이 세상의 '무엇을' 바꿔야 하는지를 어떻게 알 수 있을까? 당신은 혼자가 아니라는 것과, 우리는 모두 내면의 안내 시스템을 갖고 있기 때문에 언제든지 그 안내 시스템의 지원을 받을 수 있다는 것을 배우게 될 것이다.

마지막으로 부록, '여행 도구' 편에서는 내가 이 책에서 밝힌 삶의 방식들을 매일 15분만 연습하여 두루 습득하는 법을 배울 것이다.

9장

강철 멘탈이 되라
두려움에서 벗어나는 법을 배우다

잃을까봐 두려운 모든 것을 내려놓는 연습을 하라.
스타워즈 에피소드3 〈시스의 복수〉에서 요다가 한 말

영적인 '터프가이'가 되는 법

현대의 영성 분야에는 엄청난 신화가 하나 있다. — 영적인 사람이 되려면 세속적인 삶을 포기해야 한다는 신화 말이다. 다시 말해 영적인 사람은 큰 목표도 야망도 재물도 거부해야 한다는 것이다.

개소리다. 나는 현대세계에서는 인류의 진보를 돕는 사람이 가장 영적인 사람이라고 생각한다. 비범한 사람은 자신의 이런 영적인 측면을 자각하고 있으며, 그것이 자신으로 하여금 창조하게 하고 변하게 하고 발명해내게 하여 세상을 뒤흔들게 한다는 것을 잘 알고 있다.

오늘날 현존하는 가장 위대한 철학자인 켄 윌버도 이 주제에 대해 '이타성(Egolessness)'이라는 제목의 아름다운 글을 쓴 적이 있다.

보통 사람들은 현자라면 덜 인간적일 거라고 생각한다. 그러니까 대부분의 인류를 움직이는 혼란스럽고 질척거리고 복잡

비범해지기

291

하게 진동하고 갈망하여 집적대는 그런 온갖 추동력이 작용하지 않는 사람을 현자라고 생각한다… 현자들은 이 모든 힘이 범접할 수 없는 사람이어야 한다. 그리고 그 부재, 그 비어 있음, 그 '덜 인간적인' 성질을 우리는 흔히 '이타적인' 것으로 여긴다.

하지만 이타적인 것은 '덜 인간적인' 것이 아니다. 이타적인 것은 사실 '인간적인 데서 한 술 더 뜬' 것이다. 인간적인 성질이 줄어드는 것이 아니라 더해지는 것이다. 보통 사람의 특성을 모두 갖고 있는 위에 초개아超個我적인 품성이 덧붙여진 것이다. 모세로부터 예수와 파드마삼바바에 이르기까지 모든 요기들, 성자들, 현자들을 생각해 보라. 이들은 줏대 없고 나약하지 않았고 맹렬한 기세로 세상을 뒤흔들고 바꾸었다(필요하다면 사원에서 채찍을 휘둘렀고, 온 나라를 제압했다). 이들은 뜬구름 잡는 신앙을 말하지 않고 세상 속에서 세상의 방식대로 세상을 제압했다. 그리고 수천 년 동안 이어질 대규모의 사회적 혁명을 선동했다.

이들은 자신이 몸담고 있는 인간적 존재의 육체적, 정신적, 정서적인 특성과 에고를 피했기 때문에 그런 일을 할 수 있었던 것이 아니다. 이들이 그런 일을 할 수 있었던 것은 그 인간성 위에 세상을 뿌리째 흔들어놓을 치열한 모종의 추동력을 더할 수 있었기 때문이다.

켄 윌버의 이 심오한 글은 내가 영적인 길에서 겪어야 했던 내면의 갈등을 해결하는 데 큰 도움을 주었다. 영적인 존재가 되는 데는 다양한 길이 있다고 생각한다. 그리고 기백이 넘치는 것(to be spirited)도 그중 하나다. 현 상태에 안주하려는 힘에 도전하여 인류를 앞으로 나아가게 할 프로젝트에 매진하는 과학자, 기업가, 지도자들 같은 사람들이 그런 기백 넘치는 사람들이다. 이보다 더 멋진 일이 있을까? 붓다와 터프가이 중에서 하나를 선택할 필요는 없다. 둘 다 돼야 한다. 정말이지 하나를 잘하려면 나머지 하나에 통달하는 수밖에 없는 경우가 많다.

붓다냐 터프가이냐

스타워즈의 한 장면에서 요다는 화가 난 10대의 아나킨 스카이워커를 달래어 자리에 앉히면서 이렇게 말한다. "상실을 두려워하면 어둠에 빠진다… 잃을까 두려운 모든 것을 내려놓는 연습을 해라." 하지만 아나킨에게는 따르기 어려운 충고였다. 아나킨은 아내를 잃을지도 모른다는 두려움에 홀딱 빠져 있었고, 그 두려움은 점점 커져서 결국에는 그의 삶을 움직이는 동력이 되어버렸다(아나킨은 결국 악의 화신 다스 베이더로 변신한다). 이 장면은 인터넷에서 많은 논쟁을 낳았다. 사랑하는 사람을 잃을지도 모르는 처지에 놓인 아나킨에게 두려워하지 말라니 그게 말이 되는가? 그런 상황에 처한 인간이라면 두려움을 느낄 수밖에 없다.

하지만 나는 요다가 사실은 다음과 같이 말했다고 생각한다.

이 세상에서 진정으로 위대한 전사가 되고 싶다면 두려움을 극복해야 한다. 사람이나 목표에 집착하고 그것을 잃을까봐 두려워하는 것은 어쩔 수 없는 일이지만, 진정한 제다이라면 사람과 목표에 집착하면 앞으로 나아갈 수 없음을 알아야 한다. 집착 없이도 누군가를 미친 듯이 사랑할 수 있고 목표를 향해 나아갈 수도 있다. 우리가 정말로 두려워하는 것은 그 누구 혹은 그 무엇을 잃게 되는 것 자체가 아니라 그 누구 혹은 그 무엇이 느끼게 해주었던 우리 자신의 그 부분을 잃는 것인 경우가 많다. 왜 그럴까? 우리는 대개 자기 밖의 다른 사람 혹은 다른 것에서 자신의 가치와 행복을 구하기 때문이다.

얼마든지 사랑하라. 열심히 노력하여 목표도 성취하라. 단 우리는 외부의 다른 사람이나 목표가 아니라 내면에서부터 우러나오는 사랑과 성취감을 느낄 때 더욱더 강해짐을 알라. 사실 그럴 때만 우리는 더 잘 사랑하고 훨씬 더 수월하게 목표도 추구할 수 있다. 다만 그 모든 것의 시작은 내면의 감정이다.

나만의 특별한 소명(내가 '제압할' 세상의 측면들)을 찾기 전에 먼저 나만의 '터프가이 성질'(즉 강철 멘탈)을 계발하는 것이 좋다.

'선禪 40년' 바이오피드백 명상 중에 집중적으로 용서하는 시간을 가지면서 나는 깊은 내면의 평화를 느끼고 내 정신이 얼마나 명료해질 수 있는지를 깨달았는데, 그때 이 '강철 멘탈(unfuckwithable)'의 생각이 떠올랐다. 그때 나는 일종의 강철 멘탈 상태였다. 이 어휘의 정확한 유래에 대해서는 잘 모르겠지만 다음과 같은 설명이 들어간 이미지 파일로 2015년부터 인터넷에 등장하기 시작했다.

그럴듯하지 않은가?

문제는 어떻게 해야 그렇게 되는가이다.

강철 멘탈 상태에 이르는 데 도움이 될 현실의 모델이 두 개 있다. 이 모델을 잘 이용하면 있는 그대로의 자신으로서 현실에 뿌리박게 할 뿐만 아니라 자신의 마음 상태, 감정 상태에 대해서도 엄청난 지배력을 얻게 된다.

법칙 9   강철 멘탈이 되라

비범한 정신의 소유자는 다른 사람으로부터, 혹은 목표를 성취함으로써 자신의 가치를 확인받을 필요성을 못 느낀다. 이들은 자신은 물론 주변 세상과 진정으로 평화롭게 공존한다. 이들은 자기애와 내면에서 우러나오는 행복을 바탕으로 두려움 없이 살며, 비판과 칭찬에 영향받지 않는다.

강철 멘탈이 되는 데 필요한 첫 번째 요소: 나 하기에 달린 목표

늘 느끼고 싶은 진짜 느낌을 찾아낼 때까지 8장에서 살펴본 '그래서'란 질문을 끝까지 따라가 보라. 그러면 어떤 목표가 최종적으로 남게 될까? 2014년 8월, 사막 한가운데서 나는 이 질문에 대한 답을 찾았다.

나는 네바다 주의 블랙록 시에서 매년 벌어지는 유명한 아트 페스티벌, 버닝맨 페스티벌에 와 있었다. 전 세계 사람들이 아무것도 없는 사막에 모여서 도시를 만든 다음 다시 없애는 페스티벌이다. 수천 개의 구조물과 예술 장치들이 만들어지는데(놀라운 볼거리와 생각할 거리를 제공하는 창조성, 독창성의 축제이자 문화 축제이다) 참가자 무리가 떠나는 마지막 날이 되면 그것은 모두 해체되거나 태워진다. 이 축제의 참가자들은 스스로를 버너burner(불을 태우는 사람, 역주)라고 부르는데 2014년 이 축제에는 7만5천 명 이상의 버너가 참석했다. 이 축제로 깊은 영적인 경험을 하게 됐다는 사람이 많다.

버닝맨 페스티벌이 시작되면 매년 축제 본부 근처에는 사원이라 불리는 독특한 건물이 하나 세워진다. 2014년에 세워진 사원은 나무 조각들로 만들어졌는데 꽃문양을 비롯한 자연스러운 문양들이 들어갔고 아름다운 돔 모양을 하고 있었다. 그 안에서 수천 명의 사람이 명상하고 기도했다. 밤이 되어 태양의 열기가 좀 사그라지면 사막 전체에 산들바람이 불기 시작한다. 그러면 나는 늘 그렇듯 자전거를 타고 먼지가 자욱한 길을 달려 사원으로 갔고, 거기서 부드러운 모랫바닥에 앉아 수백 명의 다른 버너들과 함께 명상했다.

사원 안은 말로 표현할 수 없는 놀라운 에너지로 가득했다. 일시적인 구조물이기 때문에 그 사원의 모든 표면이 참가자들의 꿈과 희망, 죽거나 살아 있는 가족 친구에게 바치는 시詩 등으로 빈틈이 없었다. 그곳에는 집약된 형태의 인간 사고와 감정이 강력하게 진동하고 있었다.

나는 내 인생과 목표에 대해 숙고하기 위해 사원으로 갔다. 그러던 어느 날 밤 명상을 하려고 앉았을 때 꽝하고 머리를 내려치는 통찰을 하나 얻었다. 그 이래로 목표를 선택하는 나의 방식이 근본적으로 바뀌었다.

자신이 절대적인 통제권을 갖고 있는 목표가 진짜 좋은 목표이다. 아무도, 그 무엇도 앗아갈 수는 없는 목표 말이다.

나는 이제 이런 목표를 '나 하기에 달린 목표'라고 부른다. 예를 들어 바네사라는 여자가 있는데 이제 막 댄과 결혼했다고 하자. 바네사는 다음과 같은 진짜 목표를 설정한다.

"댄과 죽도록 사랑한다."

이것은 진짜 목표인가? 그렇게 보이겠지만 아니다. 왜 그럴까? 이 목표를 성취할 가능성이 다른 누군가에게 크게 달려 있기 때문이다. 바네사와 댄이 더 이상 사랑하지 않게 될 수도 있지 않겠는가?

바네사에게는 더 나은 진짜 목표는 이것이다.

"나는 늘 사랑과 함께한다."

이 진짜 목표의 멋진 점은 바네사가 통제할 수 있다는 것이다. 그러므로 '나 하기에 달린 목표'이다. 바네사와 댄이 오랫동안 건강한 결혼 생활을 한다면 이 목표는 달성된다. 하지만 이들의 결혼이 깨져도 바네사는 여전히 사랑과 함께할 수 있다. 친구, 가족, 새 파트너와 사랑하면 되고 무엇보다 스스로를 사랑할 수도 있으니까.

이런 폭넓고 매우 강력한 진짜 목표는 매우 간단하게 설정할 수 있고 대체로 우리의 통제권 안에 있게 된다.

버닝맨 페스티벌에서 나는 사랑에 관해서라면 "크리스티나와 사랑하며 살아간다" 혹은 "내 아이들과 가깝게 지낸다"가 내가 나 자신을 위해 택할 수 있는 최고의 진짜 목표가 될 수 없음을 깨달았다. 그보다는 "사랑과 늘 함께한다"가 맞다.

이 새롭게 정한 목표 덕분에 나는 사랑 문제에서 더 이상 다른 사람에게 의지하지 않게 되었다. 혹은 더 이상 다른 사람에게 사랑을 요구하지 않게 되었다고도 할 수 있다. 나는 내 아내와 아이들을 사랑하지만 그들에게 나도 사랑해달라고 요구할 수는 없다. 다른 사람에게 크게 의지하는 목표는 나를 무력하게 만든다. 누구에게나 그렇다. 우리는 사랑받기에 집착하지 말아야 한다.

아이들과의 관계도 마찬가지다. "아이들과 서로 사랑하고 가깝게 지낸다"라는 목표는 그럴듯하고 진짜 목표처럼 보이지만 아이들이 자라서 멀리 떠나버리거나 더 이상 우리와 딱 붙어서 지내고 싶어하지 않는다면? 나는 가족과 함께하는 삶에 대한 나의 목표를 "아이들과 가깝게 지낸다"에서 "내가 할 수 있는 최고의 아버지가 된다"로 바꾸었다. 이 새로운 목표는 내 통제권 '안에' 있다. 그리고 어떤 상황에서든 내가 아이들에게 해줄 수 있는 점들에 더 주목하게 한다.

이렇게 목표들을 바꾸자 내 내면의 안내 시스템이 작동하기 시작했다. 이런 목표를 달성할 수 있는 기회와 상황으로 끌려 들어가게 된 것이다. 사람들과의 관계가 눈에 띄게 좋아졌다. 나는 더 이상 사랑에 목마르지 않았다. 나는 이전의 어느 때보다 더 나 자신을 사랑하고 인정하기 시작했다. 그러자 다른 사람들도 더 사랑하고 인정할 수 있게 되었다. 내가 나 자신을 충분히 사랑하게 되니 그 어느 때보다 강해져서 다른 사람에게 부당하게 사랑을 요구할 필요가 없어진 것이다.

많은 숙고 후에 나는 여행과 모험에 대한 목표도 조정하여(나는 정말로 번지점프를 하고 싶었던 걸까? 남들이 하니까 그냥 하고 싶었던 건 아닐까?) 이렇게 바꾸었다. "나는 항상 인간이 할 수 있는 가장 놀랍고 아름다운 경험을 한다."

놀라운 인간 경험이란 언제든 가능하니까 내 통제권 안에 있다. 내가 구순이 되어도, 내 몸이 지금 같지는 않겠지만, 놀라운 인간 경험은 여전히 가능하다. 증손주들을 품에 안는 일, 아내와 고급 위스키를 한 잔 즐기는 일은 인간이 할 수 있는 얼마나 놀라운 경험인가?

새로운 목표를 설정하고 나니까 가족과 함께 매년 지구의 놀라운 곳들에서 휴가를 보내며 멋진 경험을 해야겠다는 생각이 들었다. 그때부터 우리는 스코틀랜드의 에든버러, 뉴질랜드 등지를 여행하며 멋진 경험을 했다. 하지만 내가 여행을 할 수 없거나 여행하고 싶지 않게 되어도 이 확장된 목표와 함께라면 나는 집에서 내 딸과 놀면서 혹은 아들과 스타워즈 레고 신상을 조립하면서도 세상에서 가장 아름다운 경험을 할 수 있다. 최근에 나는 세상에서 가장 맛있는 초콜릿과 함께 새로 발견한 굉장한 레드와인을 마시며 소파에 앉아 '코미디 센트럴'의 더 데일리 쇼를 시청했는데, 그렇게 행복할 수가 없었다(궁금하실까봐 말하는데 로이스의 건포도 럼 초콜릿이었다).

나의 세 번째 나 하기에 달린 목표는 "늘 배우고 늘 성장한다"이다. 나는 배움과 관련하여 "일주일에 한 권씩 책을 읽는다"라는 구체적인 목표를 오랫동안 갖고 살았다. 이 목표 자체에는 문제가 없지만 그래도 그것은 나에게 스트레스가 되는 목표였다. 직원이 수백 명인 회사를 경영하면서 두 아이까지 기르는 와중에 책 읽을 시간을 내기는 어려웠다. 사막의 그 사원에 앉아서 명상하는 동안 나는 배움에 관련된 목표를 바꿀 때가 왔음을 직관적으로 깨달았다.

일주일에 한 권씩 읽겠다는 것은 나에게는 결국 수단에 지나지 않는 목표였다. 내가 정말로 원했던 것은 지식을 습득하는 것이었다. 그렇게 좀더 확장적인 목표를 세우자 뭔가를 배울 수 있는 대안적인 방법들이 나타나기 시작했다. 나는 조력집단(Master Mind group: 멤버들이 서로에게 의견과 조언을 제공함으로써 개인 혹은 전체의 문제를 효과적으로 해결하기 위해 결성된 그룹, 역주)에 가입했고 온라인 강좌를 들었으며 '브레인 익스체인지'라는 것도 하게 되었는데, 이것은 두 사람이 한 시간 동안 통화를 하며 서로의 전문분야에 대해 배우고 각자가 가장 잘하는 일에 대한 정보를 공유하는 것이다.

목표가 바뀌면 그 목표를 달성할 도구도 바뀌게 되어 있다. 좋은 목표는 그곳에 도달하는 새롭고 혁신적인 길을 열어준다.

나 하기에 달린 목표의 가장 멋진 점

다음은 내가 현재 추구하고 있는 확장된 '진짜 목표'들이다. 이것들의 공통점을 살펴보라.

1. 늘 사랑과 함께할 것이다.
2. 나는 늘 인간이 할 수 있는 가장 놀랍고 아름다운 경험을 할 것이다.
3. 나는 늘 배우고 성장해갈 것이다.

모두가 바로 내 권한에 속한 것들이다. 아무도 이것을 내게서 빼앗아 갈 수 없다. 이런 목표를 가지고 있으면 인생에서 그 어떤 실패를 해도 나의 성장은 멈추지 않고 계속된다. 나는 가정을 잃을 수도 있고 외톨이가 될 수도 있고 뉴욕의 길거리에서 노숙자로 살게 될 수도 있지만 그럼에도 나의 사랑은 내면에서 오는 것이므로 나는 늘 사랑과 함께할 수 있다. 옛날 신문 한 장만 있어도, 혹은 버려진 책이 한 권만 있어도 나는 배우고 성장할 수 있다. 뉴욕의 센트럴 파크를 걷기만 해도 일상의 기쁨을 느낄 수 있으므로 인간이 할 수 있는 가장 아름다운 경험도 할 수 있다.

절대적으로 당신의 권한에 속해 있는, 나 하기에 달린 목표를 찾아내면 당신은 잃을 것이 아무것도 없게 된다. 사랑도, 배움도, 아름다운 경험도 다 온전히 남는다. 당신만의 방식으로 자유롭게 살게 될 것이고, 예전에는 불가능했거나 알아차리지 못했던 기회를 마음껏 탐사하게 될 것이다. 너무나 많은 사람들이 가진 걸 잃을까봐 두려워서 현실에 안주하는 삶을 살고 있다. 성장 없는 삶 말이다. 하지만 이 연습을 충실하게 해보면 잃어버릴 것은 없다는 것을 깨달을 것이다. 행복은 절대적으로 통제할 수 있는 것이다. 그리고 잃어버릴 것이 없으면 생각과 꿈이 대담해진다.

강철 멘탈로 살려면 두려움을 용기로 대체할 필요가 있다. 사람들은 대부분 사랑을 갈구하고 조급하게 성공하고 싶어하며 능력도 힘도 없다며 걱정하고 또 그런 인생을 지겨워하며 스스로 행복해질 기회를 박탈한다. 하지만 견칙을 버리고 자신이 정말로 원하는 것이 무엇인지를 알고 수단에 지나지 않는 목표를 넘어서 나 하기에 달린 진짜 목표를 세우면 지겨울 틈이 없는 삶을 살게 될 것이다. 더 이상 다른 사람이 당신에 대해 어떻게 생각할지, 당신에게서 무엇을 빼앗아갈지 두려워서 전전긍긍하지 않을 것이고, 자유롭게 큰 꿈을 꾸면서 인생의 모든 분야에서 창조력을 발휘할 것이다.

꼭 목표를 작게 잡아야 강철 멘탈이 되는 것은 아니다. 더 이상 다른 사람으로부터 무언가를 얻어내야만 이뤄지는 목표만 설정하지 않으면 된다. 지금의 나는 '세 가지 가장 중요한 질문' 연습을 토대로 한 원대한 꿈을 갖고 있다. 마인드밸리를 위한 나의 목표는 인류를 위한 학교를 설립하는 것이다. 많게는 10억 인구가 하나의 교육 광장에 모이는 것이다. 그 광장에서는 어른 아이 나눌 것 없이 모두가 기존의 학교에서 배우는 것은 물론이고 진정으로 비범해지기 위해 정말로 필요한 것들까지도 배울 수 있다. 이것은 10억 달러의 가치에 상당하는 원대한 목표이고, 나는 이 목표를 달성하기 위해 매일 열심히 일하고 있다. 하지만 10억 달러 상당의 교육기업을 구축하느냐 못하느냐에 내 행복이 달려 있는 것은 아니기 때문에, 나는 지금의 나 자신과 조화롭게 잘 지내고 있다. 이 목표는 확실히 심장을 뛰게 하고 나를 앞으로 나아가게 한다. 하지만 내 행복의 원천은 앞에서 말한, 내가 날마다 통제할 수 있고 그 무엇도 앗아갈 수 없는 세 가지의 단순한 진짜 목표들이다.

나의 행복은 지금 내 미래의 꿈을 먹여 살리고, 그 꿈은 다시 나의 행복을 먹여 살린다. 행복의 중요한 부분(사랑, 배움, 경험)이 이미 내 삶 속에 들어와 있기 때문이다. 모든 것은 서로 연결되어 있다.

옛날의 선사禪師들(그리고 요다)이 집착을 끊으라고 했을 때 뜻한 바가 그랬다고 생각한다. 그들은 목표를 갖지 말라고 했던 것이 아니다. 목표를 세우라. 하지만 행복이 그 목표의 달성 여부에 달리게 해서는 안 된다. 그 목표를 달성했을 때 느끼게 될 느낌을 '바로 지금' 얻는 연습을 우리는 할 수 있다. 이것을 깨달으면 더 이상 무엇을 잃어버릴까봐 두려워하지 않아도 된다. 꿈은 상세하게 꾸어도 된다. 그리고 담대하라. 두려움 없이 행동하라. 그리고 행복하라. 바로 지금.

강철 멘탈이 되는 데 필요한 두 번째 요소:
자신이 이미 충분함을 깨닫기

4장에서 나는 영국의 저명한 최면치유 전문가 마리사 피어를 소개하며 그녀 덕분에 유년기부터 시달려온 나의 정신적 불안이 어른이 되어서 목표를 설정하고 성취하는 일에도 부정적인 영향을 미치고 있음을 깨닫게 되었다고 했다.

우리 자신이 그 자체로 충분한 존재임을 믿지 못하게 만드는 상황이나 사람을 경험하지 않고 유년기를 통과하기란 사실 거의 불가능하다. 많은 청중이 몰렸던 A-페스트 연설에서 마리사 피어는 우리가 늘 짊어지고 다니는 그 정신적 모델, 즉 '너는 충분하지 못해'라고 말하는 그 현실 모델을 '인류가 앓고 있는 가장 큰 병'이라고 했다.

우리는 자신이 충분하지 못하다는 현실의 모델이 끔찍하도록 고통스럽기 때문에 오로지 자신이 충분한 존재임을 입증하기 위해서 발버둥치며 살아간다고 해도 과언이 아니다. 그래서 돈도 많이 벌려고 한다. 예컨대 나는 내가 충분한 존재임을 입증하고 싶었기 때문에 기업가로서 어느 정도 성공을 거둘 수 있었다.

하지만 이런 방식이 최선일 리가 없다. 왜냐하면 자신이 충분함을 입증하려고 애쓰다 보면 문제가 하나 생기기 때문이다. 다른 누군가로부터 인정을 받아야만 하는 문제 말이다.

퇴근해서 집에 오면 배우자가 내가 원하는 방식으로 맞아주고 대접해주기를 바란다. 그런 대접을 못 받으면 언짢아지거나 거부당한 것 같은 느낌이 든다.

직장에서는 상사나 선배가 내 이야기를 잘 들어주고 알아주고 칭찬해주기를 바란다. 그러지 않으면 무시당하고 있다거나 인정을 못 받고 있다고 느낀다. 혹은 상사가 고약한 사람이라고 생각할 수도 있다.

아들이나 딸이 기대만큼 전화를 자주 하지 않거나 형제자매가 생일을 제대로 챙겨주지 않아도 기분이 슬슬 나빠지기 시작한다.

이런 모든 상황에서 실제로 '내가 아무래도 부족한가 보다'라는 생각을 하게 되지는 않는다. 이 현실 모델은 정말 교활한데, 왜냐하면 이 현실 모델을 가지고 있을 때는 자신이 그것을 가지고 있다는 사실을 인정하기가 어려워지기 때문이다. 인정은커녕 자신이 그러고 있으리라고 의심조차 못한다. 대신 이 모델은 그냥 묻어두고 오히려 자신이 인정받고 싶어하는 사람에 대한 다른 현실의 모델들을 만들어낸다. 그러니까 우리 뇌의 의미제조기를 마구 돌려서 다음과 같은 모델을 만들어내는 것이다.

- 남편은 어떤 땐 배려라고는 눈곱만큼도 없는 못된 놈 같다.
- 아들은 나에게 고마워할 줄을 모른다.
- 누나는 끔찍할 정도로 가족을 등한시한다.
- 우리 상사는 안목이라고는 눈곱만큼도 없는 얼간이다.

이런 현실 모델만큼 우리를 무기력하게 만드는 모델도 없다. 왜냐하면 자신의 삶에서 일어나는 일을 모두 외부 상황의 탓으로 돌리고 있기 때문이다. 이런 모델을 가지고 있으면 우리는 자신의 삶을 통제할 능력을 잃어버린다. 하지만 다른 사람이 하는 일은 몰라도 그들에 대한 우리의 반응은 통제할 수 있다. 진정한 강철 멘탈이 되고 싶다면 타인의 사랑이나 인정을 받고 싶어하는 마음을 없애고, 그들이 그런 것을 주지 않을 때 비난하고 싶어하는 마음도 버려야 한다.

구멍을 메워 온전해지기

내가 다른 사람의 행동에 의미를 부여하거나 그 사람이 내가 필요로 하는 것을 주지 않는다고 비난하고 있다면 자신을 잘 살펴보라. 사실은 그 사람이 우리 마음속의 구멍을 상기시키기 때문에 그 사람으로부터 자꾸 위안을 받고 싶어하는 것일 가능성이 매우 높다. 어쨌든 이 모든 것의 근본 원인은 자신이 있는 그대로 충분하지 못하다고 느끼는 데 있다. 그래서 자꾸 다른 사람의 인정과 사랑과 칭찬을 바라는 것이고, 비판이나 평가나 무례한 일을 당할 때 상처를 받는 것이다.

하지만 명심하라. 우리는 내면의 그 구멍을 스스로 메울 수 있다.

그리고 여기 역설이 하나 등장한다. 내면의 그 구멍을 스스로 메워서 더 이상 다른 누군가가 그 구멍을 메워주기를 바라지 않게 되면, 실제로 우리가 그토록 원했던 멋진 인간관계를 갖게 될 가능성이 높아진다.

자기 자신을 깊이 사랑하여 그 긍정적인 에너지와 사랑을 다른 사람들과 세상에 전파하는 사람만큼 매력적인 사람은 없기 때문이다.

타인의 태도, 비판, 평가에 대한 면역력 키우기

누군가의 태도나 말에 지나치게 의미를 부여하거나 상처를 받고 있다면 마음속에 메워야 할 구멍이 있음을 알아차려야 한다.

타인이 우리에게 하는 행동을 못하게 하기는 어렵지만, 우리의 반응을 스스로 조절할 수는 있다. 다시 말해서 우리의 의미제조기가 타인의 행동을 이해하는 방식을 고칠 수는 있다. 스스로를 증명하려는 욕구 혹은 타인의 사랑이나 인정이 없으면 자신이 부족하다고 느끼는 경향을 없애는 것이 무엇보다도 중요하다.

10대 때 나도 그런 순간이 있었다. 지금 생각하면 아무 일도 아니지만 그때는 너무 고통스러웠기에 나는 지금도 그 순간을 생생히 기억한다. 1990년이었고 나는 열네 살이었다. 바닐라 아이스의 랩 〈아이스 아이스 베이비Ice Ice Baby〉가 대히트를 쳤던 해이다. 나도 그 노래를 좋아했으므로 학교의 다른 모든 멋진 아이들처럼 가사를 외우려고 무진 애를 썼다.

그러던 어느 날 쉬는 시간에 멋진 아이들 무리가 모여 있는 것이 보였다. 누구나 다 친구로 지내고 싶어하는 아이들이었다. 아이들은 책상 하나에 둘러앉아 〈아이스 아이스 베이비〉를 부르고 있었다. 야구모자 챙을 뒤로 돌려쓰고 두 손가락을 서로 튕기는 모습이 영락없이 90년대 학교에서 가장 잘 나가던 아이들 모습이었다.

노래가 특정 부분에 이르자 불현듯 때가 왔다는 생각이 들었다. 나도 유행에 밝다는 것을 그 아이들에게 보여줄 때 말이다. 다음 순간, 나는 어느새 그 무리에 뛰어들어 그 부분을 부르고 있었다. 아주 큰 소리로, 전형적인 래퍼의 얼굴을 하고서.

하지만 거기서 불러야 할 가사는 그게 아니었다. 나는 노래 부르기를 멈췄고 아이들은 잠시 뚫어져라 나를 응시했다. 입을 딱 벌린 채 말이다. 감히 바닐라 아이스의 그 멋진 가사에 흠집을 내다니. 그것은 신성모독이었다. 바로 그때 그 무리에 있던, 누구나 그 애의 입에서 나오는 칭찬을 듣고 싶어하던 그 여자아이가 말했다. "뭐야, 찐따 같은 게!"

나는 고개를 푹 숙이고 교실을 나왔다. 엄청난 충격에 휩싸였다. 실패자. 자신의 멋짐을 인정받지 못한 나는 죽고만 싶었다.

그로부터 25년이 지난 지금도 나는 여전히 그 순간을 생생히 기억한다. 그 가사를 안다는 것을 보여주어서 그 무리에 끼는 것이 내게 그토록 의미 있는 일이었다는 사실이 지금은 믿기지 않는다. 지금의 나는 그때 내가 왜 그랬을까 싶다(게다가 바닐라 아이스의 음악도 내 스타일이 아니다). 하지만 그때는 그랬다. 누구나 돌이켜보면 그런 순간들이 있을 것이다. (재미있는 것은 지금도 나는 〈아이스 아이스 베이비〉의 가사를 전부 외우고 있다. 그때 이후로 가사를 틀린 적이 한 번도 없다.)

가장 고통스러운 일이든, 가장 행복했던 일이든, 인격형성에 영향을 미친 경험들을 다시 돌아보면 그때 의미제조기가 얼마나 활발하게 작동했는지를 깨닫게 된다. 누군가의 말이나 태도가 어떤 방식으로든 우리 안으로 들어왔고, 우리는 거기에 엄청난 의미를 부여한 것이다.

강철 멘탈이 되려면 그런 사람들의 말과 행동에 대한 면역력을 키워야 한다. 비판만큼이나 칭찬에 대해서도 마찬가지다. 누군가의 칭찬에 우쭐하다가는 바로 그 사람의 비판에 무너지게 되어 있다. 그러므로 칭찬이나 비판을 들을 때는 누군가가 단지 자신의 현실 모델에 대해서 하는 말임을 알아차리고 들으라. 칭찬과 비판은 진정한 당신 자신과는 아무 상관이 없다.

우리는 태어날 때부터 너무나 충분한 가치를 지닌 존재들이다. 다른 사람의 지지가 없이도 온전하고 편안한 자신을 느낄 수 있어야 한다. 그러기 위해서는 다행히도 다음의 연습들이 큰 도움이 된다.

강철 멘탈이 되기 위한 연습

몇몇 놀라운 사람들로부터 나는 강철 멘탈이 되는 데 좋은 여러 방법을 배웠다. 그중에서도 다음의 이 세 연습(삶의 방식)이 내 있는 그대로의 모습을 인정하고 나를 진정으로 깊이 사랑하고 나에게 집중하고 걱정이나 두려움 없이 사는 데에 도움이 되었다. 이 세 연습이 적절히 조화를 이루면 당신도 강철 멘탈이 될 것이다.

연습 1 _ 거울 속의 사람(자기애 훈련)

나는 이 연습을 실리콘밸리의 기업가이자 투자가인 카말 라비칸트에게서 배웠다. 카말은 나의 의식공학 프로그램 훈련 강좌를 들으러 왔었다.

카말은 큰 병과 우울증을 앓고 있었는데, 자기애가 부족한 것이 그 원인이었음을 깨닫고 다시 건강해졌다고 한다. 그 이야기가 궁금하다면 카말의 짧지만 놀라운 책 《죽을 만큼 자신을 사랑하라》(Love Yourself Like Your Life Depends on It)를 읽어보기 바란다.

카말이 말한 기법 중 하나가 거울을 보고 자신에게 "사랑해"라고 말하는 것이다. 거울을 보며 나에게 말하다 보면 마치 나의 영혼에게 말하는 것 같은 느낌이 든다. 특히 눈을 보고 말할 때가 그렇다. 누군가의 눈을 오랫동안 쳐다보는 것이 얼마나 불편한 일인지 잘 알 것이다. 그런데 알고 보니 그렇게 하면 사랑과 교감이 느껴지기 때문에 그렇게 불편한 것이었다.

한쪽 눈만 보는 것으로 시작하라. 어느 정도 흔들림 없이 보게 되면 (큰 목소리로 혹은 조용히) "사랑해"라고 되풀이해서 말하라. 이만하면 됐다 싶을 때까지 해보라.

카말은 이 연습을 매일 하라고 한다. 헬스클럽을 가는 것처럼 규칙적으로 해야 한다. 아침에 이를 닦은 후에 하는 일로 습관을 들이는 것도 좋다. 양치질을 끝냈으면 편안한 느낌으로 거울 속의 자신을 바라보라.

이 연습의 강력함은 내가 보장한다. 나는 카말이 가르쳐주자마자 이 연습을 시작했는데 자기애와 편안한 느낌이 놀랍도록 커졌다. 연습한 지 일주일도 안 되었을 때 이미 주변 사람들을 완전히 다른 방식으로 대하고 있었다.

이 기법에 대해 더 배우고 싶다면 2013년 A-페스트에서 카말이 들려준 이야기를 들어보라. 이 동영상은 비범코드 홈페이지(5쪽 일러두기 참고)에서 볼 수 있다.

연습 2 _ 자신에게 감사하기(자기인정 훈련)

4장에서 언급했던 '내가 나에 관해 좋아하는 것 찾기' 연습을 꼭 하라. 이 연습은 의미제조기의 작동 스위치를 끄는 데 아주 좋다. 자신이 무가치하다고 느끼게 만들었던, 어린 시절에 주입된 부정적 생각과 싸우는 데에도 도움이 된다.

그냥 자신에 대해 좋은 점을 생각해보라. 당신은 유머감각이 좋은가? 책을 고르는 눈이 (감사하게도) 높은가? 오늘 레스토랑에서 웨이터에게 팁을 후하게 주었는가? 나날이 성장하려고 노력하는 모습도 정말 좋은 점이다. 은행에 돈이 많은가? 아니면 파산했지만 행복한가? 당신에 관한 크고 작은 좋은 점들을 찾아내면 된다. 의미제조기가 특히 끈질기게 작동하는 날에는 특별히 더 자신에 관해 자랑스럽게 여길 것들을 세 개에서 다섯 깨까지 꼭 찾아내보라.

나는 아침에 일어나면 매일 이 연습을 한다. 당신도 그날그날 일어날 일들이나 인생의 아름다움에 깊이 감사하며 하루를 시작해보라. 단 인생의 아름다움 속에 꼭 당신 자신도 포함시키라. 당신에게는 좋은 점이 많이 있다. 당신을 그토록 아름다운 한 인간으로 만들어주는 것들 말이다. 그것에 감사하라. 그런 다음, 그날 어떤 일이 벌어지는지를 보라.

연습 3 _ 현재에 살기(갑작스러운 두려움과 불안 제거 훈련)

갑자기 불안이 엄습해올 때 다시 강철 멘탈로 돌아갈 수 있는 즉효약 같은 것이 있으면 좋을 것이다. 나도 가끔은 갑작스런 불안을 느낀다.

2015년 11월의 어느 날, 가족과 함께 보내는 별다를 것 없는 어느 일요일이었다. 할로윈 축제가 막 끝난 때였는데 우리는 플로리다 올랜도에 있는 유니버설 스튜디오를 방문하고 코스타리카에서 진행되던 A-페스트에 참석한 다음 로스앤젤레스와 피닉스에 있는 친구들을 방문하는 2주간의 여행을 막 끝낸 참이었다. 집으로 돌아오게 돼서 좋았지만, 가족과 함께 집 근처의 레스토랑에 앉아 있을 때 나는 갑자기 뭔가가 잘못된 듯한 느낌을 받았다.

심장이 비정상적으로 빠르게 뛰었고 평소 같지 않게 내부에서 뭔가 신경을 건드리는 고통이 느껴졌다. 그것은 두려움 같기도 했고 불안 같기도 했다. 2주 동안 즐긴 휴가의 대가였을까? 나는 나날이 발전하는 회사의 CEO 자리로 다시 돌아왔지만 마치 무언가에 짓눌리고 있는 것 같았다. 400통이 넘는 이메일이 내 답장을 기다리고 있었다. 책 집필 마감이(바로 이 책이다) 2주 앞으로 다가왔다. 거기다 집안일도 밀려 있었다. 내 옆에는 유모차에서 한 아기가 자고 있었고 식사에 도움이 필요한 여덟 살 난 아이도 하나 있었다. 나는 불편해졌고 스트레스에 짓눌렸다. 이제부터 해야 할 그 모든 일을 생각하니 어깨가 너무 무거웠다.

그때 문득 나의 친구이자 작가인 소니아 쇼켓의 충고가 기억났다. ─ 현재에 머물라.

나는 두려움과 걱정을 떨쳐버리고 대신 테이블 위에 놓인 식물의 잎사귀들에 눈길을 돌려 거기에 의식을 집중했다. 낱낱의 잎사귀 속에 뻗쳐 있는 섬세한 생명의 맥이 보였다. 나는 그 초록의 표면에 가 닿는 햇살을 관찰하고, 손을 뻗어 그 줄기의 부드러운 질감을 느껴봤다. 그 시간은 1분도 채 되지 않았지만 나는 마치 진정제를 맞은 것 같았다. 모든 것이 거의 정상으로 돌아왔다. '현재에 머물기'는 그 정도로 강력한 힘을 발휘한다. 현재에 집중하면 세상과 세상 사람들로부터 받는 그 어떤 스트레스, 두려움, 비판, 분노, 혹은 좌절까지도 떨쳐낼 수 있다. 그리고 진정한 나 자신을 기억하고 현재에 존재할 수 있다.

이제부터는 평정심을 잃었거나 사랑하는 사람으로부터 모욕이나 비판이나 상처를 받은 것 같을 때, 현재에 머물기를 기억하라. 이것은 정신적 즉효약 같은 것으로 정신상태를 자동으로 수정해주고, 그러면 우리는 그 즉시 긴장과 불안감에서 벗어나 행복한 현재로 돌아온다.

아리아나 허핑턴을 인터뷰하면서 현재에 닻을 내리고 사는 그녀만의 심오한 비결을 하나 들을 수 있었다. 그녀는 긴장하거나 서두르거나 산만해질 때면 호흡에 의식을 집중한다. 아리아나의 말을 들어보자.

호흡에 집중하면 온전히 현재를 살게 돼요. 아리아드네가 테세우스에게 준 실 알죠? 그 실 덕분에 테세우스는 미노타우로스를 죽이고도 미로에서 빠져나올 수 있었죠? 저에게는 호흡이 바로 그 실이에요. 긴장할 때, 걱정이 될 때, 누군가로부터 비판을 받을 때… 하루에도 수백 번 호흡으로 돌아가죠. 그럴 수 있어서 얼마나 다행인지 모릅니다. 이 실은 누구나 가질 수 있어요. 숨을 쉬지 않는 사람은 없을 테니까요.

강철 멘탈의 역설

어느 행사에서 마리사 피어의 강연을 촬영하던 우리 회사의 카메라맨 알 이브라힘은 "우리는 현재 모습 그대로 충분히 가치 있는 사람"이라고 하는 마리사의 말에 의문을 품었고, 그래서 강연이 끝나자마자 마리사에게 다음과 같은 요지의 질문을 했다.

"'나는 지금 이대로 충분하다'는 게 사실이라면, 즉 다른 사람의 인정이나 칭찬이 필요 없다면, 무엇 때문에 큰일을 하고 싶은 마음이 들까요? 그냥 행복하게 소파에 늘어져서 TV나 보게 되지 않을까요? 아무것도 하지 않고 현재를 즐기면서요."

마리사는 이렇게 대답했다.

당신이 하루종일 소파에 늘어져 아무 일도 하지 않는다면 그건 바로 당신 스스로 자신이 충분히 가치 있는 사람이라고 생각하지 않기 때문이에요. 당신은 두려운 거죠. 실패할 것이 두려운 거예요. 거절을 당할까봐 두려운 거고요. 또 그런 실패와 거절이 당신이 부족한 사람이라는 것을 증명해 보여줄까봐 두려운 거예요. 그래서 아무 일도 하지 않는 겁니다.

마리사는 이어서 이렇게 말했다.

하지만 자신이 그 자체로 충분히 가치가 있다고 믿으면 바로 그때 행동을 취하게 될 거에요. 밖으로 나가서 무언가 새로운 일을 시도하죠. 정말로 원하는 일에 지원도 할 겁니다. 연봉도 올려달라고 할 겁니다. 왜냐하면 당신은 충분히 가치 있는 사람이니까요. 그리고 그렇게 해서 실패했다고 해도 당신은 좌절하지 않아요. 왜냐하면 당신이 실패한 것이 아니라(당신은 실패할 수 없어요. 당신은 부족하지 않으니까요) 당신이 썼던 방법이나 기술이나 접근법이 실패한 것이니까요. 그리고 당신이 가치 있는 사람이라는 걸 아니까 그 방법이나 기술이나 접근법을 더 좋은 것으로 바꿀 수 있다는 것도 알아요. 그리고 다시 시도하죠.

나는 여기서 아름다운 역설을 하나 발견한다. — 자신이 충분함을 알 때 우리는 '더 잘, 더 많이 일하고 최선을 다할' 용기를 갖게 된다. 강철 멘탈이 되는 법을 배우면 두려움을 없애고 앞으로 나아갈 수 있다. 그리고 담대하게 큰 꿈과 목표를 추구해갈 수 있다.

하지만 가진 것을 모두 잃고 목표를 하나도 달성하지 못하더라도 우리는 행복할 것이다. 왜냐하면 우리의 진짜 목표는 나 하기에 달린 목표들이기 때문이다(예를 들어 사랑이 가득한 삶, 아름다운 경험을 즐기는 삶, 배우고 성장하는 삶 혹은 그런 삶이 야기하는 감정들).

내면의 구멍을 메우는 법을 알면 자신이 충분함을 알기 위해 외부의 인정을 구할 필요가 없다. 그리고 의미 있는 삶을 살기 위해 마음 깊은 곳에서 우러나오는 진짜 목표를 설정하면 우리는 다음 단계로 나아가 자신을 다시 코딩하고 비범함을 향한 자기만의 길을 갈 수 있다. 그때 우리는 불굴의 용기로 무장된다. 정말 원대한 목표를 추구할 때는 이 불굴의 용기가 필요하다. 문화배경 자체를 바꿔놓고 우주에 흔적을 남기는 그런 목표 말이다.

강철 멘탈이 되면 모든 자잘한 문제들이 사라진다. 데이트를 했는데 상대방이 문자를 보내지 않는다고, 가스값이 올랐다고, 동료가 자꾸 딴지를 건다고 안달하지 않는다. 그보다는 더 걱정해야 할, 더 급한 일들이 생긴다.

대부분의 사람들에게 진짜 문제는, 그들이 문제 삼는 것이 너무 사소한 것들이라는 점이다.

어떤 사람이 당신에게 잘못을 하거나 원한을 품거나 경쟁심을 느껴도 개의치 않을 것이고 자잘한 문제에 시달리지도 않을 것이다. 정치적 게임, 손가락질, 분란 일으키기, 중상모략, 따돌리기, 고자질, 책임전가 혹은 다른 엄청난 시간의 소모를 요구하는 것들에 소비할 시간이 없다. 인생을 지겨워하는 불행한 사람들만이 허구한 날 이런 짓을 하며 시간을 보낸다.

강철 멘탈이 되면 우리는 그 모든 것을 졸업한다. 그리고 그보다 훨씬 더 큰 것들을 생각한다. 문제를 해결하여 세상을 바꾸거나 곤란에 처한 사람을 돕는다. 그리고 그런 문제들을 해결하는 것이 우리의 목표가 된다.

이런 목표를 우리는 '소명'이라 부른다. 이제 다음 장에서 이 '소명'에 대해 알아볼 것이다.

───────────

비범코드 홈페이지(5쪽 일러두기 참고)에서 마리아 피어의 멋진 2014년 A-페스트 강연, '인류가 앓고 있는 가장 큰 질병: 나는 충분하지 않다' 동영상을 감상하라.

10장

소명을 맞아들이라
종합하는 법과 의미 있는 삶에 대해 배우다

가장 작은 사람조차 미래의 향방을 바꿔놓을 수 있다.
《반지의 제왕》에서, J. R. R. 톨킨

출발했던 곳

이 책은 각 부마다 일종의 진화를 논하고 있다. 그 각각의 진화를 통해 우리는 한 단계 새로운 수준에서 깨어 세상을 자각하고, 그 세상에 영향을 줄 한 단계 새로운 수준의 능력을 갖게 된다. 이 점진적으로 확장해가는 진도를 간단한 그림으로 표현하면 다음과 같다.

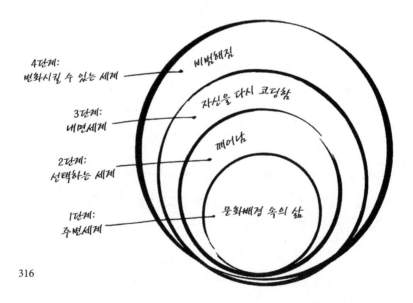

4단계:
변화시킬 수 있는 세계 — 비범해짐

자신을 다시 코딩함

3단계:
내면세계 — 깨어남

2단계:
선택하는 세계

1단계:
주변세계 — 문화배경 속의 삶

1단계: 문화배경 속의 삶

1부에서 우리는 문화배경이 우리의 삶을 어떻게 지배하고 있는지를 보았다. 수천 년이나 된 문화적 규칙이 현재를 사는 우리에게 영향을 미치고 있다는 것도 알았다. 그리고 견칙에 대해 알아보았고 견칙을 알아차리고 피하는 법도 배웠다.

1단계에서는 주변 세계가 우리를 빚고 조종한다. 이때는 '나에게' 인생이라는 일이 '일어난다.' 하지만 깨어서 자각하기 시작하고 인생에 대한 영향력을 기르기 시작하면 2단계로 나아가게 된다.

2단계: 깨어남

2부에서 우리는 자신이 살고 싶은 세상을 선택할 수 있다는 것을 배웠다. 이제 우리는 마음을 단단히 먹고 원하는 세상을 창조하기로 마음먹는다. 이때는 인생이 우리가 '선택한 대로' 흘러간다. 이 단계에서는 의식공학의 기술을 연마하기 시작한다. 우리의 현실 모델과 삶의 방식이 미래의 우리를 결정하는 두 구성요소라는 것을 배운다. 나쁜 모델을 버리고 권능을 부여해주는 새로운 모델을 취하는 법을 배운다. 그리고 권능을 가장 많이 주는 모델만을 걸러내는 여과기도 만들어낸다. 이 과정에서 우리는 더 많은 일을 하고, 더 크게 생각하고, 원하는 대로 행복을 느끼는 능력을 얻기 시작한다. 이 깨달음이 우리를 3단계로 나아가게 한다.

3단계: 자신을 다시 코딩함

여기서는 내면세계와 교감한다. 그리고 미래의 꿈과 현재의 행복이 함께하는 것이 균형 잡힌 상태이며, 이 상태에 머물 때 미래의 목표를 향해 힘차게 나아갈 수 있게 됨을 배운다. 이때는 우리의 꿈과 야망이 쉽게 실현된다. 그리고 우리는 내면세계를 바꾸는 것으로 외부세계에도 영향을 줄 수 있음을 깨닫는다. 우리는 내면의 동력장치를 켜게 되는데, 이런 존재 상태를 우리는 '현실을 구부리는' 상태라 부른다. 이럴 때는 기회가 꼬리를 물고 이어진다. 그리고 4단계로 나아간다.

4단계: 비범해짐

4단계에 도달하면 우리는 안심하고 자신의 힘과 능력을 확신하게 된다. 그리고 강철 멘탈이 된다. 동시에 실제로도 주변 세계를 바꿔놓기 시작하고, 마침내 다른 사람들의 성장과 발전에도 공헌한다. 우리는 더 원대한 목적을 가지고 더 중요한 역할을 수행하기로 마음먹는다. 세상에 긍정적인 방식으로 영향을 주기로 결심한다. 우리는 더 나은 세상을 만들라는 부름을 받는다. 우리를 통해서 새로운 삶들이 펼쳐진다.

그러므로 단계가 올라가는 동안 인생과 우리의 관계도 다음과 같이 변한다.

처음에는 인생이라는 사건이 '우리에게' 일어난다.
그러다가 우리가 인생의 사건들을 '선택한다.'
그러다가 '우리로부터' 인생의 사건들이 일어난다.
그러다가 우주가 '우리를 통해' 인생의 사건들이 일어나게 한다.

4단계에 도달하면 인생의 사건들이 우리를 통해서 일어난다. 이때 우리는 우리가 누렸던 멋진 삶에 보답하는 의미로 사회에 기여하게 된다. 우리는 좀더 높은 부름을 받는 하인이 된다. 이 부름을 우리는 소명이라고 한다.

소명 발견하기

컴퓨터 게임에 등장하는 캐릭터나 고대 서사시에 등장하는 영웅들처럼, 우리도 강도 높은 배움의 길을 걸으며 인생을 사는 데 꼭 필요한 기술과 통찰들을 모으고 연마해왔다.

그런데 해내야 할 일이 한 가지 더 남았다. 오랜 세월 인류의 마음을 사로잡으며 건재해온 모든 영웅담을 보면 영웅들은 모두 소명을 갖고 있었다.

물론 오해는 말기 바란다. 우리는 효율적으로 삶을 영위하면서 3단계에 머물러 있을 수도 있다. 하지만 삶을 점점 더 능수능란하게 구부릴 수 있게 되고, 이런 새로운 삶의 방식이 주는 힘을 깨닫기 시작하고, 이 같은 고양된 방식으로 삶을 맛보기에 익숙해지면 당신은 이전에는 생각지도 못한 방식으로 이 힘을 이용하는 더 멋진 방법이 있지 않을까 궁금해하기 시작할 것이다.

이런 호기심 많고 모험적인 영혼들에게 4단계(소명이 작용하는 단계)가 기다리고 있다.

비범한 사람들의 공통점

이 책에서 내가 소개한 사람들은 어째서 기꺼이 위험을 감수하고 도박을 하면서 계속 도전하고 또 도전하는 걸까? 바로 크고 원대한 미래의 전망이 있기 때문이다. 그 꿈이 너무나 커서 이들은 일과 인생에 관한 기존의 모든 한계를 깰 수밖에 없고, 기존의 규칙 너머에서 움직일 수밖에 없다. 내가 아는 비범한 사람들을 보면 그들 속에는 뭔가 긍정적인 느낌이 내재해 있다는 생각이 든다. 이들은 자신이 이루고자 열정적으로 노력하는 일에다 그 긍정적인 에너지를 쏟아 붓는다. 아리아나 허핑턴은 미디어 제국을 경영하면서도 사람들이 건강하고 의미 있는 삶을 살도록 돕겠다는 자신의 소명을 다한다. X프라이즈 재단의 창립자인 피터 다이어맨디스는 획기적인 돌파구가 되는 일에는 거금의 상금을 주면서 세상의 문제해결에 기여하고자 한다. 딘 케이먼은 과학과 기술의 중요성을 알려서 아이들이 세상을 바꾸는 과학자로 자라게 하고 싶어한다. 엘론 머스크는 인류가 우주를 활보하는 그날을 위해 열심히 노력 중이다.

여러 해 동안 개인적 성장에 대해 연구하고, 많은 비범한 사상가와 행동가들과 대화를 나누면서, 나는 이것을 배웠다.

세상에서 가장 비범하다는 사람들에게는 경력이 없다. 그들이 가진 것은 소명이다.

소명이란 무엇일까? 사실 소명은 단순하다. 인류에 대한 나의 기여, 그것이 바로 소명이다. 우리의 아이들을 위해 더 나은 세상을 남길 수 있도록 돕는 일이 곧 소명이다. 꼭 혁신적이고 거대한 사업을 일구거나 놀라운 기술을 개발하는 것처럼 큰 소명일 필요는 없다. 책을 한 권 쓰는 일도 소명일 수 있다. 아이들을 헌신적으로 잘 키우는 것도 소명이다. 회사원으로 일하는 것도 소명이 될 수 있다. 세상을 바꾸기 위해 자신이 옳다고 생각하는 방식으로 사명감을 갖고 일할 수 있는 회사라면 말이다.

중요한 것은, 소명을 가질 때 일이 더 이상 일이 아니게 된다는 점이다. 이때 일은 흥분과 열정과 의미를 동반한 놀이가 된다. 일이 아니므로 돈을 받지 않아도 상관없다. 일과 삶 사이의 균형을 어떻게 유지하느냐는 질문을 받자 리처드 브랜슨은 이렇게 되물었다. "일? 인생? 뭐가 다르답니까? 나는 그저 삶이라고 부르지요." 일이 소명이 되면 일에 대한 낡은 모델(믿음)은 사라진다.

조직행동분석 전문가이자 예일 대학교 부교수인 에이미 프제스니에프스키는 일의 종류를 분류했는데, 이것은 우리가 자신의 일에 대해 어떤 인식을 갖고 있는지를 자각하고 일에 대한 만족감을 높일 수 있도록 도와준다.

에이미는 일을 다음의 세 부류로 나누었다.

1. **직업**(job): 생계를 위한 일. 수단에 그치고 애착을 갖기가 어렵다.
2. **경력**(career): 성장과 성취에 이르게 하는 여정. 위로 올라가게 하는 구체적인 사다리다.
3. **소명**(calling): 우리의 삶에 의미를 부여해주는 중요한 부분으로서의 일. 소명을 가진 사람은 보통 자신이 하는 일에 더 만족한다.

세 번째가 바로 내가 말하고자 하는 소명이다.

그리고 내게는 마인드밸리가 나의 소명이다. 마인드밸리의 임무는 세상에 밝은 생각들을 제시하여 10억 인구의 삶에 영향을 미쳐서 사람들로 하여금 살고, 일하고, 심신을 보살피는 방식을 바꾸게 하는 것이다. 나는 사람들을 마인드밸리로 초대하여 개인적으로 배우고 성장하게 하고 비범해지게 만들고 싶다. 이것이 나에게 진정으로 가치 있는 일이다. 교육(지식과 부유와 권능을 전하는 일)은 사랑의 특별한 표현이고, 내게는 이 표현이 특히 아름답고 매력적이다. 이 임무는 내 일에 깊은 의미를 부여해주고 나를 행복해지게 한다. 뉴욕에 있던 내 비좁은 아파트에서 컴퓨터와 씨름하며 작은 창업회사를 운영하던 그 몇 해 동안에도 나는 대중에게 명상을 알리겠다는 꿈을 실현해가고 있었으므로 행복했다. 그때와 비교하면 분명 지금의 내 인생은 많이 달라졌다. 하지만 그때나 지금이나 마찬가지로, 돈으로 받는 보상에는 한계가 있지만 사명을 추구하는 데서 얻는 보상은 한계가 없다.

아름다운 파괴

내가 앞의 장들에서 했던 말을 생각해보고 연습도 했다면 당신은 이미 이 마지막 단계로 향하고 있을 것이다.

소명을 찾는 일의 시작은 진짜 목표를 자각하는 것이다. 8장에서 말한 '세 가지 가장 중요한 질문'에 답하면서 이 삶에서 경험하고 성장하고 공헌할 것들을 적어봤다면 당신은 뭔가 마법 같은 일이 펼쳐질 무대를 설치한 것이다. 최종 목적지까지 정확히 어떻게 갈지, 심지어 그 목적지가 어디인지를 모를 수도 있다. 하지만 인간의 정신은 신비한 것이어서, 목적지를 선택하기만 하면 당신의 삶에는 동시성 현상(synchronicity)과 기회와 사람들이 나타나서 당신을 그곳으로 데려다준다. 어떤 사람들은 이것을 행운이 따른 것이라고 말한다. 하지만 내 생각은 좀 다르다. 나는 우리가 행운을 조종할 수 있다고 믿는다. 현재의 행복을 결코 잃지 않으면서 동시에 진짜 목표를 제대로 추구하면 소명을 달성하게 하는 행운이 우리의 방 문을 노크하게 되어 있다.

사실 때로는 우리가 소명을 찾아내는 것이 아니라 '소명이 우리를 찾아오는 것'으로 느껴질 정도이다.

그 길은 직선도로가 아닐지도 모른다. 우리는 먼저 (나의 것이든, 남의 것이든) 낡은 견칙과 현실의 모델과 삶의 방식에 도전하거나 그것을 깨뜨려야 할지도 모른다. 그리고 위기와 정체와 재출발과 과속방지턱을 계속 거쳐 가야 할지도 모른다. 하지만 이것도 모두 과정의 일부이다. 이 턱은 대개 이정표 같은 것들로, 우리를 올바른 방향으로 인도하고 소명을 따르게 하기 위해 계획된 것들이다. 인생의 재코딩(recoding)이 항상 깔끔하게 떨어지는 것만은 아니다. 다음을 기억하라.

다음의 큰일을 맞아들이기 위해서는 때로 삶의 한 부분을 파괴해야 할 때도 있다.

나는 이것을 '아름다운 파괴'라 부른다. 파괴에도 흔들리지 않는 비결은 바로 신뢰이다. 나는 아리아나 허핑턴에게 엘론 머스크에게

했던 것과 같은 질문을 던졌다. "아리아나는 어떤 사람입니까? 당신의 정수만 뽑아낸다면 그것은 무엇입니까?"

아리아나는 이렇게 대답했다.

신뢰라고 말하고 싶습니다. 나는 인생을 굉장히 신뢰하고 있어요. "모든 것이 너를 위해 맞춰져 있는 것처럼 인생을 살아라." 원문에서 약간 바뀌긴 했지만 내가 제일 좋아하는 명언이에요(13세기 페르시아의 신비주의 시인 루미의 말이 조금 변형된 것임, 역주). 나는 지독한 실연, 실망 등을 포함해서 내 인생에서 일어나는 일은 모두가 정확히 나의 또 다른 성장과 진화를 위한 것이라고 정말로 진심으로 믿고 있어요. 늘 그렇게 느꼈었는데 지금은 정말 그렇다고 진심으로 믿고 있어요. 나쁜 일이 일어날 때마다 그 속에 숨겨진 축복이 이제는 정말로 보이거든요.

소명으로 향하게 하는 작은 자극들을 일컫는 이름이 두 개 있다.

켄쇼Kensho와 사토리Satori로 들어가라

나의 친구이자 로스앤젤레스에 아가페 국제영성센터를 창립한 영감으로 가득 찬 인물인 마이클 버나드 벡위드 박사는 우리 인생에서 성장에 이르게 하는 두 가지 서로 다른 길에 대해 말하곤 한다. 바로 켄쇼와 사토리인데 켄쇼는 고통을 통해 성장하는 것이고 사토리는 깨달음을 통해 성장하는 것이다.

켄쇼는 점진적인 과정으로, 주로 인생의 시련을 통해 일어난다.

누구와 헤어졌지만 우리는 그 일에서 교훈을 배울 수 있고, 그러면 마음의 탄력성이 좋아진다. 사업에 실패해도 경력을 떠나 나 자신이 어떤 사람인지를 배우게 된다. 병이 들면 고통스럽지만, 자신에게 있는지도 몰랐던 힘을 발견한다. 켄쇼의 길에서는 우주가 우리를 엄한 방식으로 사랑한다.

우리는 시련 혹은 고난을 거치면서 다른 방식으로 느끼고 생각하고 존재하는 법을 배운다. 시련과 고난에 처한 당시에는 그런 변화를 잘 알아차리지 못한다. 그것은 대륙의 지질변화와 비슷한 것이다. 지질변화를 눈으로 볼 수는 없지만 오랫동안 측정해보면 지구가 변해 있음을 분명히 알게 된다.

훗날에 돌아보면, 고통스러웠던 일이 자신도 모르는 방식으로 우리의 발목을 잡고 있던 신념과 삶의 방식에 도전하게 하는 긍정적인 힘(흔히 말하는 전화위복이나 어둠 속의 광명 같은 것)이었음을 깨닫게 된다. 벡위드 박사는 켄쇼가 우리의 영혼이 성장을 불러들이는 하나의 수법일 거라고 말한다.

켄쇼의 길에서는 신혼여행에서 돌아왔더니 월급이 반으로 깎이는 일이 일어난다. 덕분에 시작한 부업이 마인드밸리가 되었다.

켄쇼의 길에서는 미국 비자를 못 받게 되는 일도 일어난다. 덕분에 나는 말레이시아로 돌아와야 했고, 그때만 해도 내가 기업가로서 이 나라에 어떤 영향력을 발휘하게 될지는 전혀 몰랐다.

켄쇼의 길에서는 2008년 마인드밸리가 파산할 뻔한 위기를 맞는다. 덕분에 나는 마음을 활용하게 하는 새로운 현실 모델을 발견하여 매출을 400퍼센트 올렸다.

반면에, 벡위드의 말에 따르면 사토리는 우리를 영구적으로 바꿔놓는 갑작스런 큰 통찰의 순간이다. 이런 통찰은 자연 속에 있을 때, 음악을 들을 때, 혹은 심리치료사나 스승이나 치유사 같은 사람들과 함께 성장을 모색하고 있을 때 등등, 언제 어디서든 일어날 수 있다. 사토리의 순간을 한 번 경험하고 나면 더 이상 아무것도 두렵지 않고 주저할 것도 없어진다. 전적으로 새로운 단계 혹은 영역에서 삶을 영위하기 시작하기 때문이다. 삶의 질을 기준으로 우리의 성장을 그래프로 그린다면 사토리의 순간을 나타내는 선은 위로 파열하듯이 터져 솟아올라갈 것이고 켄쇼의 순간은 위기와 그 위기를 극복하고 교훈을 얻는 순간을 보여주면서 내려갔다 올라왔다 할 것이다.

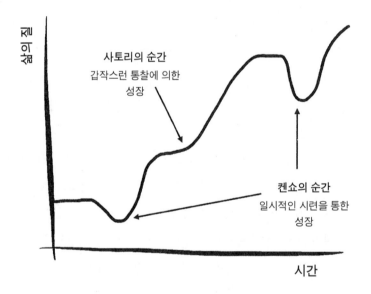

그러니 여기 인생에서 일어나는 문제들을 이해하는 데 유용한 새로운 현실 모델이 하나 보이는가? 인생의 문제란 선한 우주가 인생이라는 길을 가고 있는 우리의 귀에다 대고 "이봐, 그 길은 아니야.

이쪽으로 가보라고!"라고 속삭이는 것일지도 모른다.

벡위드 박사는 나와의 인터뷰에서 이런 대단한 지혜를 나눠주었다.

모든 문제의 배후에는 튀어나오려고 애쓰는 질문이 있다.

모든 질문의 배후에는 드러나려고 애쓰는 답이 있다.

모든 답의 배후에는 움직이려고 애쓰는 행동이 있다.

그리고 모든 행동의 배후에는 태동하려고 애쓰는 삶의 방식이 있다.

이 삶의 방식이 바로 당신의 소명이다. 누가 알겠는가? 그 소명이 세상과 주변 사람들에게 어떤 영향력을 끼칠지.

당신은 선택된 자다

우리가 소명을 택하는가? 아니면 소명이 우리를 택하는가? 우주가 우리를 부르고 있으니 우리가 해야 할 일은 그저 우주의 말에 귀를 기울이는 것뿐이라는 현실의 모델이 바야흐로 태동하고 있다.

에밀리 플레처는 내 친구이자 하버드 경영대학, 구글 같은 곳에서 강연하는 멋지고 쾌활한 명상 지도자인데 나와의 인터뷰에서 팝의 전설 마이클 잭슨과 우주에 관한(그녀는 우주를 '자연'이라 불렀다) 이런 이야기를 하나 들려주었다.

다큐멘터리 영화 〈마이클 잭슨의 디스 이즈 잇〉에 보면 그의 매니저를 인터뷰한 내용이 나와요. 그 매니저의 말에 따르면 마이클 잭슨이 평소에 새벽 3시, 4시, 5시 가릴 것 없이 아무 때나 전화를 했다고 해요. 그러고는 예컨대 이렇게 말해요. "반딧불이야. 우리는 반딧불이 필요해." 그럼 매니저는 이렇게 말해요. "마이클, 지금 새벽 4시야. 내일 아침에 얘기하자고." 그럼 마이클은 이렇게 말해요. "안 돼, 지금 받아 적어. 지금 일어나서 반딧불이라고 적어둬." 그럼 매니저가 말해요. "대체 왜 지금 그래야 한다는 거야? 내일 아침에 말하자니까." 그럼 마이클은 이렇게 말해요. "우리가 지금 이걸 적어두지 않으면 프린스가 할 거야."

나는 이 이야기를 좋아하는데, 왜냐하면 마이클은… 자신이 바로 행동을 취하지 않으면 자신이 창조를 선도하지 못하게 되고, 그러면 자연이 다른 사람을 찾으리라는 것을 알고 있었던 것 같거든요. 그러니까 자연은 늘 창조하고 있기 때문에 그 밤에도 깨어 있는 누군가를 찾고 있는 거죠. 자연은 기꺼이 손을 들어 구체화되지 않은 뭔가를 구체화해줄 누군가를 찾고 있는 겁니다. 그리고 나는 자연이 사람을 까다롭게 고른다고는 생각지 않아요. 이런 거죠. "흠, 네가 이걸 하지 않겠다고? 좋아, 그럼 나는 다른 사람을 택하겠어." 바로 그래서 창조를 하면 할수록 자연의 지원을 더 많이 받게 되는 겁니다. 그러니까 자연은 회사의 CEO이고 우리는 모두 그 회사원들인 거예요. 그리고 당신이 만약에 한 회사의 CEO라면 어떤 직원의 봉급을 올려주겠어요? 그리고 어떤 직원에게 더 중요한 일을 주겠어요? 아무 일도 하지 않는 직원? 아니면 매일 새로운 아이디어를 생각해내고 실천하는 직원?

에밀리는 임무를 수행해야 할 때가 오면 우주(혹은 자연)가 우리의 방 문을 두드리고, 그 사명에 축복을 내려준다고 말하고 있다. 하지만 그 축복을 받고 안 받고는 우리에게 달렸다. 우리가 받지 않으면 우주는 다음 사람에게로 갈 것이다. 우주의 입장에서는 누가 세상을 바꾸든 상관없다. 우주는 그저 아이디어를 붙잡고 실행하기 시작할 사람을 원할 뿐이다.

《빅 매직: 두려움을 넘어 창조적인 삶으로》(Big Magic: Creative Living beyond Fear)에서 엘리자베스 길버트도 비슷한 현상을 말한다. 길버트는 아주 구체적인 집필 구상을 하나 했는데 개인적인 일이 생겨 그 작업을 하지 못했다고 한다. 그런데 나중에 보니 다른 어떤 작가가 그 똑같은 구상으로 책을 쓴 것이다. 그 작가는 길버트와 달리 그 구상을 행동으로 옮겼던 것이다.

길버트는 이렇게 썼다. "영감은 언제나 우리와 잘 지내려고 최선을 다하는 것 같다. 하지만 우리가 준비되어 있지 않거나 시간이 없으면 영감은 우리를 떠나 협력이 더 잘 되는 다른 사람을 찾는다."

이런 현상을 뜻하는 말도 있다. '동시 발견'(multiple discovery)이라는 것인데, 다음이 길버트의 설명이다.

… 영감靈感은 양손에 전화기를 들고 일하며 분산투자를 한다. 영감은 원하면 그렇게 해도 되게 되어 있다. 영감은 사실 원하는 것은 뭐든 해도 되고 그 누구에게도 왜 그랬는지를 설명할 필요가 없다. (내 생각에, 영감이 말을 한 번이라도 걸어준다면 우리는 대

단히 운이 좋은 것이다. 영감을 추구하는 일은 상상도 할 수 없다.)

그러니 우주가 우리를 부른다는 모델이 사실이라고 해보자. 그렇다면, 흠… 우주가 내리는 진격 명령에는 무슨 일이 있어도 복종해야 할 것이다!

그런데 바로 여기에 나를 웃게 만드는 비밀이 하나 숨어 있다. 우주가 우리를 찾아온다는 게 사실이라면, 새롭고 대단한 뭔가를 실현시킬 사람으로서 우주가 우리를 선택한다면 그 모든 전설, 영화, 컴퓨터게임 속의 위대한 영웅들처럼 우리도 특정한 소명을 위해 선택된 자임에 틀림없다는 뜻이 된다.

이것 참 의미심장하지 않은가?

이 문제에 관해 나와 에밀리 플레처가 나눈 대화를 모두 보고 싶다면 비범코드 홈페이지(5쪽 일러두기 참고)를 방문하기 바란다.

신입자神粒子(Godicle) 이론

계단을 올라 4단계에 이르면 여러 가지 특별하고 아름답고 새로운 현실의 모델들에 눈을 뜨게 될 것이다. 이 책을 위해 내가 인터뷰한 사람들은 모두가 하나같이 다음과 같은 모델을 갖고 있었다. 이 모델들은 삶에 대한 특별한 접근법들로서, 각자 독립적이면서도 서로서로 연결되어 있다.

1. 비범한 사람들은 모든 생명에 특별한 유대감과 연결감을 느낀다.
2. 비범한 사람들은 이 유대감을 통해 직관적인 통찰을 잘 얻는다.
3. 비범한 사람들은 그 통찰이 자신을 앞으로 이끌어줄 꿈으로 발전하게 한다.
4. 비범한 사람들이 이 소명을 받들면 우주는 행운으로써 그들을 축복해준다.

행운이 따른다는 느낌은 다시 모든 생명에 대한 유대감과 연결감을 강화시킨다. 이 현실 모델은 서로가 서로를 불러오는 선순환을 일으킨다. 운이 좋은 사람이라는 느낌, 혹은 축복을 받았다는 느낌을 나눌 길을 찾다 보면 우주와 더욱더 큰 연결감을 느끼게 된다. 그림으로 그리면 이런 모습이다.

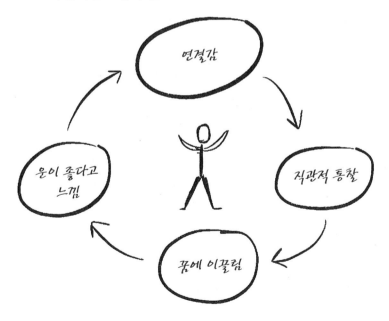

이 서로 연결된 현실 모델들을 함께 묶어서 나는 '신입자(Godicle) 이론'이라 부른다. 다음이 그 이유이다. 만일 신, 우주, 생명력 등등 뭐라 부르든 간에 그런 것이 실제로 있다면 나는 그것이 모든 인간, 모든 생명과 깊이 연결되어 있다고 믿는다.

그리고 그렇게 진짜로 연결되어 있다면 우리는 '신'의 입자들인 셈이다. 나는 이 입자들을 신입자라고 부른다. 당신과 나를 비롯한 지구상에 존재하는 모든 사람들이 신입자로서 창조를 경험하고 있는 것이다.

형이상학적으로 인간이 신의 본질을 닮게 만들어졌다고 믿든, 아니면 스타더스트stardust(소성단, 우주먼지란 뜻이지만 대중문화에서는 불로장생을 얻을 수 있는 귀중한 자원 대우를 받는다, 역주)로 만들어졌다고 믿든 상관없다. 양쪽 다 우리의 힘을 강화해주는 현실의 모델이니까 말이다. 현실의 모델이 과학적으로 입증되어야 할 필요는 없음을 기억하라. 힘을 부여해주는 모델이라면 그것을 하나의 철학으로 받아들이면 된다.

신입자 이론은 다음을 함축하기 때문에 흥미롭다.

첫째, 우리는 모두가 서로 연결되어 있다. 우리는 모두 한 배에 타고 있다.

둘째, 이렇듯 모두가 서로 연결되어 있다면 직관적인 통찰이 가능해진다.

셋째, 더 높은 수준의 집단정신이 있어서 인간 정신의 발전을 위한 새 청사진을 찾고 있고, 그 청사진을 실현시킬 개인적인 신입자들을 고르고 있다. 그리고 이 신입자들은 그 집단정신으로부터의 부름을 '소명'으로 받아들인다.

마지막으로 우리는 신의 입자이기 때문에 신과 같은 능력을 어느 정도 부여받는다(이것은 생각만 해도 멋지다).

아마도 바로 이 때문에 우리가 소명을 추구할 때는 '세상을 구부릴 수 있게' 되는 것이리라.

이 모든 것은 물론 이론일 뿐이다. 즉 현재 내가 갖고 노는 개인적이고 정신적인 현실 모델의 하나일 뿐이다. 하지만 이것은 내가 만난 모든 비범한 사람들을 관찰한 결론이기도 하다. 이들은 신입자 이론을 구현하고 있다. 당신도 그럴 수 있다. 단지 문화배경 밖으로 나온 다음 내면으로 들어가기만 하면 된다.

이제 4단계에 도달할 때 신입자 이론의 요소들이 어떻게 구현되는지를 좀더 구체적으로 살펴보자.

1: 모든 생명과 연결감을 느낀다

4단계에 이르면 세상과 깊은 유대감을 느끼기 시작한다. 인류(사람, 문화, 국가)가 한 가족처럼 나와 공명하는 것 같다. 켄 윌버는 이런 현상을 세계중심의식(world-centric consciousness)으로 진입하는 것이라고 표현했다. 간단히 말해서 4단계에 있는 사람들은 세상을 갈갈이 분리시켜놓는 견칙을 넘어서, 온갖 문화와 종교와 나라들이 전혀 다르지 않음을 이해하기 시작한다. 우리는 하나뿐인 지구에서 사는 같은 인간 종이다. 각자 머릿속에 있는 것만이 다를 뿐이다. 4단계에 이르면 우리는 각자의 조국에 대해 열렬한 애국심을 느끼고 자신의 종교에 감사하지만, 동시에 다른 문화와 나라와 종교도 똑같이 경외

하고 존경한다. 4단계에 있는, 내가 만난 사람들의 압도적인 대다수가 흥미롭게도 휴머니스트이다. 이들은 어떤 특정한 종교를 따르지 않고, 그 대신 인간성 자체의 능력을 높이 평가하고 숭상한다.

여기서 꼭 언급해야 할 점이 하나 있다. 인류역사를 보면 어떤 극단적인 임무를 감지한 사람들도 많이 보인다. 이들은 인류의 진보를 이끌기보다 전쟁을 일으키거나 대대적인 실패로 끝날 사회적 실험에 몰두하거나(예를 들어 스탈린) 종교적 근본주의 같은 위험한 생각을 하는 경향이 있다. 이 모든 사람들에게는 한 가지 공통점이 있다. 이들은 모두 특정 신념 혹은 특정 집단의 사람들이 다른 신념 혹은 집단보다 우월하다고 보았다. 이것은 진정한 연결감이 아니다. 진정한 연결감은 국경, 피부 색깔을 비롯한 모든 차별적 모델을 인정하지 않기 때문이다. 진정으로 비범한 정신은 인류를 하나로 바라보고 숭상한다.

2: 직관력이 좋아진다

이 단계에 이르면 직관력이 믿을 수 없이 커진다. 자동유도장치라도 달고 있는 듯, 필요한 사람이나 기회 쪽으로 끌려 들어가는 느낌이다. 아침에 일어났는데 머릿속에 놀라운 아이디어들이 떠다닌다. 그러면 그 일을 실현시키고 싶은 충동이 이는데, 이 충동은 또 적절한 기회와 아이디어들을 불러온다.

벡위드는 4단계에 이르면 우리로부터 인생의 사건들이 일어나는 것이 아니라 우주가 우리를 통해 인생의 사건들이 일어나게 한다고 했는데, 동의할 수밖에 없는 멋진 생각이다. 그리고 그 우주와 우리를 연결시켜주는 것이 바로 우리의 직관력이다. 그래서 지복수행

(Blissipline)이 그렇게나 중요한 것이다. 행복하지 않으면 직관력도 없다. 스트레스를 받거나 뭔가를 두려워하면 직관력은 무능 상태에 빠진다.

직관 덕분에 우리는 진짜 목표를 세울 때 그 목표를 '어떻게' 달성할지에 대해서는 생각하지 않아도 된다. 얼마나 많은 사람들이 현실적인 목표 속에 갇혀서 살고 있는가? 이 '어떻게'에 집착하고 있기 때문이다. '어떻게'는 걱정하지 말라. '무엇'을 할 것인지, 그리고 '왜' 할 것인지를 생각하면서 일단 시작하라. 이 세상에서 '무슨' 일을 '왜' 하고 싶은지 안다면 그 일을 하라. 그리고 직관이 시키는 행동을 하라.

3: 청사진이 우리를 이끈다

이 단계에 이르면 우리의 목표는 소명과 연결된다. 우리를 계속 나아가게 하는 것이 소명이다. 소명이 없다면 일은 단지 일일 뿐이다. 소명을 느낄 때 일은 더 이상 일이 아니다. 강력한 소명을 가진 사람들에게 일은 삶의 질을 떨어뜨리는 것이 아니라 높여주는 것이다.

그때, 기존의 낡아빠진 목표는 당신에게 더 이상 아무런 동기도 부여해주지 못한다. 대신에 우리는 세상에 봉사하는 더 큰 꿈에 끌려간다. 벅위드 박사는 목표를 갖고 사는 삶에 대해 이런 좋은 말을 해주었다.

(목표를 갖고 사는 삶은) 매우 고귀한 존재 방식이다. 그러니 목표도 임무도 포기하지 말라. 목표를 가지되 목표에 끌려가며 살지는 말라. 목표지향적인 모델을 가지고 살면 저절로 앞으로 나아간다. 동기는 필요하지만 목적을 가지고 살면 이제는 그

청사진이 우리를 끌고 간다.

이 단계에 이르면 우리는 매일 아침 그날 할 일에 가슴 벅차하며 일어난다. 그것은 날마다 해온 일일 수도 있고, 자원봉사 프로젝트일 수도 있고, 이제 막 시작한 벤처 사업일 수도 있다. 하지만 무슨 일을 하든지 강력한 소명감을 갖고 한다. 소명이 우리를 움직이게 한다. 우리는 의자에 앉아 잠시 쉴 새도 없이 뛰어다닐 것이다. 예전의 낡아빠진 목표를 갖고 있을 때는 목표를 달성하기 위해 동기가 필요했다. 그 탓에 동기부여 도구를 생산하고 판매하는 거대한 산업이 생겨났다. 하지만 동기는 수단에 그치는 견칙을 좇을 때만 필요하다. 진짜 목표를 추구할 때, 특히 소명과 관계된 진짜 목표를 추구할 때 우리는 더 이상 '동기부여'가 필요 없다. 청사진이 우리를 이끌고 갈 테니까 말이다.

4: 행운이 내 편인 것 같다

이 단계에 이르면 우리를 앞으로 나아가게 하기 위해 모든 종류의 우연과 동시성 현상과 행운이 작용한다.

소명에 맞지 않는 목표를 추구할 때는 자주 장벽에 부딪힌다. 우리가 목표를 달성하지 못하는 이유가 가끔은 바로 그렇게 소명에 맞지 않는 목표를 추구하기 때문이다. 하지만 그런 장벽에 부딪히는 순간을 켄쇼의 순간으로 간주하라. 켄쇼는 약간의 고통으로 눈을 뜨게 해서 인생에서 정말로 하고 싶은 일이 무엇인지를 깨닫게 한다.

실패에는 늘 행운이 숨어 있다는 말도 받아들이면 좋을 새 모델이다. 낡아빠진 삶의 방식을 파괴할 때 우리는 또 다른 위대한 꿈을 만들어낼 수 있다. 각자의 인생에는 소명이 있고, 우리는 수많은 영웅담 영화의 주인공처럼 그 소명을 위해 선택된 사람들이다. 그리고 마침내 그 소명을 제대로 깨닫게 되면 예전에 몰랐던 엄청난 미지의 힘들이 우리를 지지해줄 것이다. 그렇게 되면 어떤 사람들은 행운이 따랐다고 하겠지만 우리는 왜 그런지를 잘 알고 있다. 우리는 소명을 추구하게 된 수많은 신입자들 중의 하나일 뿐인 것이다.

이제 법칙 10을 알아볼 때다.

법칙10 소명을 맞아들이라

비범한 정신의 소유자는 소명 혹은 부름에서 동기를 얻는다. ― 소명은 세상에 긍정적인 변화를 일궈내고자 하는 욕구다. 이 욕구가 비범한 사람들을 앞으로 나아가게 하고, 의미를 찾게 하고, 의미 있는 공헌을 하게 한다.

시작하기

소명을 찾았다면 문화배경의 소산인 다음의 두 생각이 또다시 우리의 발목을 잡을 수 있으니 잠재적 견칙으로 기억하고 경계해야 할 것이다.

견칙 1: 기업가가 되어야 한다

특히 대학교에서 강연을 할 때 자주 놀라게 되는 점인데, 살면서 의미 있는 공헌을 하려면 기업가가 되어야 한다고 생각하는 사람들이 많다. 내가 "아닙니다. 소명을 이루기 위해서 기업가가 될 필요는 없습니다"라고 하면 다들 안도의 한숨을 내쉬곤 한다. 최근에 "가장 똑똑한 사람은 기업가가 되고 사원들은 그저 노동자일 뿐이다"라는 견칙이 떠돌아다닌다. 사실이 아니다. 나는 기업가가 될 것을 고취하고 다녔지만 마인드밸리에서 내가 고용한 최고의 직원들 중 많은 사람들이 전직 기업가였음을 알게 되고 나서는 이 견칙에 대해 의문을 품기 시작했다. 이들이 직업을 바꾼 것은 돌아보니 자신이 돈만 벌려고 했음을 깨닫게 되었기 때문이다. 이들은 뭔가가 (소명이) 결핍되어 있다고 느꼈다. 소명을 갖고 교육관련 사업을 하고 있었지만 좀더 크고 탄탄한 기업체에 속하는 것이 뜻한 바를 더 잘 이룰 수 있겠다고 생각하여 우리 회사에 합류한 사람들도 있다.

현재 세상에서 두각을 나타내는 사람들 중에는 기업가가 아닌 사람도 많다. 많은 선구적인 과학자, 기술자, 혁신가들이 체계적으로 운영되는 큰 기관들에서 직원으로 일하면서도 사명감을 느끼며 세상을 바꿔가고 있다.

기업가가 되겠다는 것은 수단에 지나지 않는 목표이지 진짜 목표가 아니다. 진짜 목표는 주로 자유와 돈이 줄 수 있는 경험과 삶의 목적이 잘 조화된 삶이다. 그런데 요즘 세상에서는 자신에게 맞는 회사를 잘 찾으면 그런 자유와 돈과 경험과 목적을 다 얻을 수 있다. 비범한 사람은 자신의 소명을 따를 수 있는 일이라면 무슨 일이든 가리지 않고 열심히 한다. 그러니 소명을 이루려면 기업가가 되어야 한다고 생각하는 대신 진짜 목표인 소명에 집중하고 그 소명의 인도를 따르라. 소명을 먼저 생각하고, 그 소명을 위해서 어떤 길이 좋은지를 생각해보라. 소명에 따라 기업가가 되는 편이 좋을 수도 있고 기존의 관련 집단에 들어가거나 다른 회사에 투자하거나 평범한 회사에 들어가 일하는 게 좋을 수도 있다. 기업가와 사원을 흑백으로 나누는 모델에 빠지지 말기 바란다. 요지는 기업가가 되는 것이 목표가 아니라는 것이다. 진짜 목표를 추구하다가 부수적인 결과로서 기업가가 될 수는 있다.

견칙 2: 경력 신화

당신의 경력에 대해 말해보자. 당신은 지금 정말 당신을 위한 경력을 쌓아가고 있는가? 돈이나 직위만을 보고 경력을 쌓아가고 있는 사람이 너무도 많다. 돈만 보고 가든 직위만 보고 가든, 둘 다 불행을 부른다는 점에서 위험하기는 마찬가지이다. 누구나 이런 모델의 함정에 빠질 수 있다. 이 현실의 모델이 의미 있는 인생을 살기에 적절해서가 아니라 대학에서 전공한 걸 살리려고, 혹은 부모님이 그 직장을 강요해서, 혹은 문화배경이 말하는 적절한 길이라서 따르다 보니 그렇게 된 것이다. 우리는 영혼을 갉아먹는 일을 하며 몇 년 동안, 혹은 심지어 몇십 년 동안이나 자신을 학대하며 살게 될 수도 있다.

때로는 선택의 여지가 없어질 수도 있다는 것도 잘 안다. 내가 전화영업 일을 할 때 그랬던 것처럼 생활비를 벌어야 할 때도 있는 것이다. 그런 일이 지금 당신에게 벌어지고 있다면 당신이 믿고 있는 소명으로 한 걸음씩 다가가게 하는 또 다른 일도 꼭 병행해야 한다. 이것은 아주 중요한 문제이다. 예를 들어 나는 그때 명상을 가르치기 시작했다. 명상 가르치는 일은 당시 내 직업이 주지 못했던 삶의 의미를 느끼게 해주었다.

직장생활에도 이면의 부정적인 측면이 있을 수 있다. 자신의 소명에 부합하는 회사를 찾았다면 매우 보람된 경력을 쌓아갈 수 있다. 하지만 반드시 제대로 된 회사를 선택해야 한다. 지금 어떤 회사에서 일하고 있거나 일할 예정이라면 꼭 살펴야 할 점이 한 가지 있다.

우리 회사는 인류에게 득이 되는 회사인가? 해를 끼치는 회사인가?

나는 경력을 쌓으면서 장기적으로 행복하기 위해 가장 중요한 것은 인류에게 득이 되는 회사와 해를 끼치는 회사를 잘 구분하는 능력이라고 생각한다. 그렇다면 어떤 회사가 득이 되고 어떤 회사가 해를 끼치는 회사인가?

인류에 해를 끼치는 회사는 보통 수익만을 위해 존재한다. 이것이 문제될 것은 없지만 세상에 가치 있는 것을 전혀 보태주지 못하는 회사를 열정적으로 다니기는 아무래도 어렵다. 내가 다니는 회사가 정크푸드 같은 해로운 상품을 팔거나 화석연료 같은 고갈 자원과 관련된 사업을 한다면 상황은 더 심각해진다.

인위적인 수요를 창출해야만 살아남는 회사도 인류에 해를 끼치는 회사이다. 이런 회사들은 정말 필요하지는 않은 상품, 혹은 심지어 위험하기까지 한 상품들을 웰빙이나 건강에 꼭 필요한 것인 양 광고하여 판다. 무슨 말인지 아셨으리라. TV를 켜면 매일 이런 광고들이 쏟아져 나온다.

반면 인류에게 득이 되는 회사는 인류의 발전을 도모한다. 예를 들어 깨끗하고 재생 가능한 에너지 자원에 집중하거나 건강한 식습관과 생활습관을 증진하거나 지상의 삶의 질을 높이고 향상시키는 새로운 방식을 찾으려 애쓴다. 이런 회사들을 지지하고 이런 회사들을 위해 일하거나 이런 회사들을 창립하는 것이 가장 이상적이다.

항공사, 보험회사, 전기회사 같은 전통적인 산업에 종사할 수도 있다. 이 회사들이 고객들에게 긍정적인 영향을 주겠다는 원래의 사명을 잃지 않고 굳게 지키고 있다면 말이다. 예를 들어 사우스웨스트 에어라인을 보면 전통적인 항공업을 하고 있지만 혁신적인 서비스로 승객들에게 멋진 비행 경험을 선사하며 세상에 기여하고 있다.

당신의 소명이 무엇으로 밝혀지든(직접 사업체를 시작하는 것일 수도 있고, 다른 사업에 참여하는 것일 수도 있고, 본업 외에 다른 일을 추구하는 것일 수도 있고, 창조적인 빛을 세상에 비추는 것일 수도 있고, 헌신적으로 멋진 아이들을 기르는 것일 수도 있다) 꼭 기억해야 할 것은 정말이지 이것 하나뿐이다.

세상을 구할 필요는 없다. 단지 다음 세대를 생각해서 세상을 망가뜨리지만 말라.

소명 찾아내기

소명을 찾아내려면 어떻게 해야 할까? 다음은 내 친구 마틴 루티가 개발해낸 소명을 찾아내는 기술이다. 마틴은 www.project heavenonearth.com을 만들었고 책도 쓰고 강연도 한다. 마틴은 다음 세 가지 질문을 해보면 소명을 빨리 발견하는 데 도움이 된다고 말한다. 나는 다른 사람들과 함께 이 기술을 실험해보았는데 사람들이 어찌나 빨리 인생의 목적과 사명을 발견하는지 깜짝 놀라고 말았다.

첫째, 이 땅에서 천국의 기분을 느꼈던 때의 기억을 떠올려보라. 그때 무슨 일이 있었는가?

둘째, 마술지팡이가 있어서 이 땅에서 천국을 창조할 수 있다고 가정해보라. 내가 상상하는 지상천국은 어떤 모습인가?

마지막으로, 지상천국을 실현하기 위해 24시간 동안 내가 취할 수 있는 가장 간단하고 쉽고 구체적인 행동은 무엇인가?

이 질문을 할 때 어떤 단어, 문구가 생각나는가? 어떤 이미지가 떠오르는가? 그 모두를 써보고 그림도 그려보라. 생각이 자유롭게 흐르게 하는 데 도움이 된다면 혼잣말을 녹음해도 좋다.

이렇게 하는 동안 자신의 감정이 어떻게 반응하는지를 잘 살펴보라(진짜 목표는 감정인 경우가 많다는 사실을 상기하라). 마음이 편안한가? 심장이 빠르게 뛰는가? 육감이 반응하는가? 호흡이 편안해지는가, 깊어지는가? 흥분으로 숨을 몰아쉬지는 않는가? 이런 반응들이 소명을 발견했다는 최초의 단서다. 스티브 잡스의 이 말을 기억하라.

용기를 내어 가슴과 직관의 말을 따르라. 가슴과 직관은 우리가 진정으로 원하는 것이 무엇인지를 이미 알고 있다. 그 밖의 것은 모두 부차적인 것들이다.

───────────

소명을 찾아내도록 도와주는 마틴 루티의 안내과정을 비범코드 홈페이지(5쪽 일러두기 참고)에서 동영상으로 볼 수 있다.

비범한 영혼을 위한 조언

어느 순간이 되면 당신은 결단을 내리고 과감하게 출발할 것이다. 하지만 성공은 쉽게 오지 않는다. 뉴스 기사의 주인공들을 보면 참 빨리도 성공하는 것처럼 보인다. 하지만 그렇지 않다.

실리콘밸리에서 가장 영향력 있는 인물 중 하나인 피터 다이어맨디스에게 "무엇이 비범한 사람을 만드나요?"하고 물어보았다. 피터는 싱귤래리티 대학(Singularity University: 학문 대통합 커리큘럼으로 미래의 흐름을 연구하고 지구와 환경 변화에 적합한 인재를 길러내고자 미국에서 만들어진 신개념 대학, 역주)과 X프라이즈 재단을 창립했다. 그리고 현재 가장 앞선 세계적 지도자로 손꼽히는 인물이다. 피터는 구글의 래리 페이지나 엘론 머스크와 친분이 두터우므로 (이들은 여러 사업을 같이 하고 있다) 나는 피터에게 그 자신을 포함해 래리 페이지나 엘론 머스크 같은 사람들이 그토록 성공을 누리는 이유를 물었다. 다음이 피터의 대답이다.

끈기 덕분이라고 말하고 싶네. 그리고 감정이 이끄는 진심 어린 열정이라고 말하고 싶네. 이 지상에서 우리가 해결하고 싶은 뭔가가 아침마다 우리를 깨우고 밤을 새우게 하지. 우리가 경멸하는 세상의 불의 같은 것을 없애려고 하는 거라네. 크고 대담한 일은 열정이 없으면 하기가 힘들어지지. 사람들이 실패하는 것은 장애물 때문이 아니라 포기했기 때문이야. 열정은 우리가 큰일을 할 때 정서적으로 기대며 갈 수 있는 북극성과도 같은 것이라네.

피터는 두 가지를 말했다. 큰일을 하는 것은 쉽지 않다는 것, 하지만 열정을 갖고 있다면 계속 나아갈 수 있으므로 유리하다는 것. 이것은 자기만의 구체적인 소명을 찾아내는 것이 왜 중요한지를 또 한번 말해준다. 소명은 우리 마음과 정신과 영혼에 열정의 불꽃을 일으켜주기 때문이다.

피터가 한번은 이런 말도 했다. "나한테 특별히 막강한 힘이 하나 있다면 그건 인내심일 걸세. X프라이즈를 설립하는 데 10년이나 걸렸다니까."

엘론 머스크도 비슷한 말을 했다. "나는 고통을 아주 잘 참는답니다."

나도 비슷한 일들을 겪어왔다(지금까지 들려드린 나의 인생 이야기를 떠올려보라). 나의 인생은 크게 성공한 만큼 크게 실패했었고, 행운만큼이나 불운도 많았다. 어떻게든 먹고 살기 위해 이런저런 일을 전전했었다. 최근 몇 년 동안에 큰 성공을 거두기 전까지 나의 직업적 경력은 뜻밖에도 평범했다.

여기 내가 전전했던 직업을 나이순으로 적어보았다. 내가 얼마나 평범하고 단순한 일을 해왔으며 그 틈틈이 얼마나 다양한 위기를 겪어왔는지를 살펴보라. 지금 당신이 내가 처했던 것과 비슷한 위기상황에 처해 있다면, 나의 경우에 비춰보고 자신이 지금 켄쇼의 순간에 처해 있는 것일 수도 있다는 사실을 깨닫기를 바란다.

- TV 광고 모델 — 18세
- 연극배우 — 19세
- 주방 설거지 담당 — 19세

- 무대장치 담당 — 19세
- 극단 감독 — 21세
- 자바 프로그래머 — 21세
- 포토 저널리스트 — 21세
- 프로그램 오류검사 담당(마이크로소프트) — 22세
- 비영리 단체의 부회장 — 23세
- 실업자 — 24세
- B2B 영업(기업을 상대로 하는 영업, 역주) 사원 — 25세
- 또 실업자 — 25세
- 전화영업 — 25세
- 영업담당 매니저 — 26세
- 명상 지도자 — 27세
- 작은 웹사이트 주인 — 28세
- 벤처회사 창업자 — 29세
- 마인드밸리 CEO — 35세

긴 고투의 시간이 있었지만 나는 멈추지 않았다. 당신도 멈추지 마시기 바란다. 단 장애물과 위기를 다룰 줄 알아야 하고 당신을 지탱해줄 소명을 꼭 가져야 한다.

우리가 당분간 서로 다른 길을 간다고 하더라도 아름다운 여정이 당신을 기다리고 있음을 알기 바란다. 당신도 나처럼 아이들이 "너는 커서 무엇이 되고 싶니?"라는 질문을 받는 세상에서 자랐을 것이다. 이런 질문은 견칙 인생을 부르고 만다. 미래에 우리는 아이들에게 "살면서 세상에 어떤 좋은 흔적을 남기고 싶니?"라고 묻게 되리라

고 나는 믿는다.

이 똑같은 질문을 지금 우리 자신에게도 할 수 있다. 너무 늦은 때란 없다.

당신은 궁금해할지도 모르겠다. 그런 새로운 삶을 살게 될 때 안 좋은 점은 없을까?

사람들은 당신이 미쳤다고 할지도 모른다. 당신이 걱정된다며 대화를 하자고 할 것이다.

하지만 당신에게 다가와서 같이 해보고 싶다고 하는 사람도 있을 것이다. 넘치는 열정과 에너지를 불태워 소명을 추구하는 사람만큼 매력적인 사람도 없다. 의미 있는 진짜 목표를 갖고 현재 행복한 사람들 말이다. 넘치는 에너지를 발산하는 사람은 의미 있는 삶을 살고, 다른 사람들도 그렇게 할 수 있도록 도와줄 수 있기 때문에 자석처럼 사람들을 끌어들인다. 비범한 차원에서 살다 보면 그 차원에서 살고 싶어하는 다른 사람들을 끌어들일 것이다. 그리고 그 사람들과 같이 후세대에게 물려줄 더 좋은 세상을 만들 것이다.

경력 쌓기가 아니라 소명을 찾아내는 일에 집중할 때 진정으로 위대한 일이 일어난다.

그러니 한 발만 내디뎌보라

마지막으로 나폴레온 힐의 《놓치고 싶지 않은 나의 꿈, 나의 인생》(Think and Grow Rich)에 나오는 지혜로운 조언을 함께 나누고 싶다. 기본적으로 힐은 어떻게 해야 할지 확신이 들지 않을 때도 한 발만 내디뎌 보라고 말한다. 아기 발걸음으로 한 발 정도면 된다. 우주가 당신을 부를 때는 어떻게 해야 할지 모르더라도 한 발만 내디뎌 보라.

그 한 발이 당신의 의도를 보여줄 것이다. 그 작은 행동이 당신이 차렷 자세를 하고 진격 명령을 받아들였음을 보여줄 것이다. 가게 되어 있는 그곳에 어떻게 해야 가장 잘 갈 수 있을지는 몰라도 당신은 이미 군화를 신었고, 가고 있다. 진격 명령을 따라 미지의 거대한 세계로 발을 내디디라.

그러면 뭔가가 일어날 것이다. 당신은 거기서 피드백을 얻을 것이고, 다음 걸음을 떼게 될 것이다. 방향을 잘못 잡았다고 해도 걱정하지 말라. 작은 켄쇼의 순간, 직관의 부추김이 당신을 인도해줄 것이다. 그럼 당신은 또 한 발자국 나아갈 것이고, 거기서 도움을 줄 사람을 만나거나, 있는지도 몰랐던 힘을 얻게 될 것이다.

이만하면 충분하다고 느낄 때까지 작은 걸음으로 신중하게 가라. 나의 첫 번째 한 걸음은 마인드밸리라는 이름으로 회사 등록을 한 것이었다. 내가 유한책임회사 소유주임을 말해주는 종이 한 장이 내 손에 들어왔다. 그뿐이었지만 최소한 그 종이 한 장이 손에 쥐어지고 회사에 이름이 지어지자, 나는 그 회사의 청사진을 그리기 시작하고 있었다. 맨 처음의 한 발은 생각보다 굉장한 힘을 갖고 있다. 그 한 걸음이 우리의 의도를 우주에 알린다. 우주는 이렇게 말한다. "목소리가 아주 크고 분명하구나. 말해보거라. 무엇이 필요한지. 내가 도와주마."

그러니 목표를 달성할 정확한 방법을 모르더라도 걱정하지 말라.

그저 한 번에 한 걸음씩 내딛기만 하면 된다.

1. 문화배경에서 빠져나온다.

2. 견칙을 버린다.

3. 의식공학 공구키트를 잡는다.

4. 내게 권능을 부여해주는 현실의 모델을 택한다.

5. 삶의 방식을 잊지 않고 잘 챙겨서 꾸려나간다.

6. 현실을 구부리는 마음 상태에 확고히 머문다.

7. 지복수행으로 살아간다.

8. 진짜 목표를 손에서 놓지 않는다.

9. 강철 멘탈이 된다.

10. 문을 열고 나가 소명을 향해 꿋꿋이 행군한다.

세상은 당신이 다음에 무슨 일을 할지를 보고 싶어 안달한다.

여행 도구

초월 연습: 이 책 속의 중요한 삶의 방식을 한데 묶어서
강력한 개인적 수행법으로 만드는 법을 배우다

그러니 지성인이라면 이제는 더 이상 어떤 형태로든 영적인 지방색을 주장할 권리가 없다. 서양과학이 말하는 진리가 더 이상 서양만의 진리가 아닌 것처럼, 동양의 영성이 말하는 진리도 더 이상 동양만의 진리가 아니다. 우리는 단지 인간의 의식과 그 의식이 도달할 수 있는 상태에 대해 말하고 있는 것일 뿐이다. 나의 목적은… 당신이 그 옛날 촌구석의 무지한 사람들이나 감동시켰던 형이상학적 관념을 받아들이는 대신, 어떤 통찰이 떠오를 때 당신이 스스로 그것을 들여다보도록 부추기는 것이다.

샘 해리스, 《잠에서 깨라》 중에서

초월이란?

초월이란 물리적 세계 너머로 나아가 눈에 보이지 않는 것들을 포용하는 것이다. 그런 의미에서 이 책에서 그동안 소개한 감사하기, 용서하기 같은 연습은 초월 연습이다. 이제 여기서는 좀더 깊이 들어가서 그런 연습의 과정에 체계를 부여하려고 한다. 즉 이 책에서 배운 여러 가지 새로운 삶의 방식들을 한데 모아 하나의 일상적인 습관으로 만들어볼 것이다.

나는 자주 이런 질문을 받곤 한다. "비셴, 그런 생각들을 다 종합해서 소화시키려면 일상에서 무엇을 어떻게 해야 합니까? 당신은 날마다 어떤 수행을 합니까?" 이제 내가 자체 제작하여 매일 사용하고 있는 초월 수행법을 공유하려 한다. 이 연습은 여섯 단계로 구성되어 있기 때문에 단순히 6단계(Six-Phase) 연습이라고 부른다.

이 6단계 연습은 이 책이 말하는 몇 가지 주요 아이디어들을 하나의 일상적 연습으로 통합시킨 것이다. 이 연습은 한 번 하는 데에 15분~20분밖에 소요되지 않지만 존재상태에 강력한 영향을 준다. 그리고 명상처럼 생각해도 되지만 명상 이상의 효과를 가져다주는 연습이다.

6단계 연습은 많은 과학적 연구와 나의 개인적 연구를 바탕으로 만들어졌다. 6단계 연습은 당신을 더 행복하고 편안해지게 할 뿐만 아니라 더 건강해지게 하고 소명의 길을 더 힘차게 걷게 한다. 현재 몇몇 프로 스포츠팀과 대기업들이 팀 내 정신훈련의 일환으로 이 6단계 연습을 하고 있다.

지난 10여 년 동안 나는 세계적으로 유명한 명상 프로그램과 앱을 다수 개발해왔고, 이제 명상을 대중화하는 일에 관해서는 꽤 영향력이 큰 사람이 되었다. 나는 뉴욕과 런던에서 명상 수업을 하고 옴하모닉스 같은 명상 브랜드와 옴바나 같은 명상 앱을 출시하여 30개국 이상의 나라에서 아이튠즈 건강·체력 관련 앱으로는 최고 판매기록을 세우기도 했다. 이런 말을 하는 것은 내가 명상을 가벼운 취미로 하는 사람이 아님을 말하고 싶어서다. 나는 지난 10년 동안 명상법을 연구하고 혁신시키고자 애써왔다. 하지만 6단계 연습을 전통적인 의미의 명상이라고 할 수는 '없다.' 이 점은 아무리 강조해도 지나치지 않을 것이다. 하지만 명상 수행의 정체기를 겪고 있거나 그저 명상을 할 수 없는 사람들이 이 6단계 연습으로 아주 대단한 효과를 보고 있다. 그리고 전통적인 명상을 해오다가 이 6단계 연습을 하기 시작한 사람들이 많은데, 그 이유는 6단계 연습을 해보니 명상에서 얻을 수 있는 여러 가지 좋은 점들에 더하여 일이나 인생의 예기치 못한 부분들에서도 성과가 눈에 띄게 좋아졌기 때문이다. 이런 여러 이유 때문에 나는 이 6단계 연습을 명상법이라기보다는 초월 연습이라고 부르는 것이다.

나는 내가 발견한 초월 연습들을 '최고로 잘' 종합한 형태(6단계 연습법)를 여기서 공유하고자 한다. 먼저 설명을 한 다음 그 구체적인 연습 방법도 알려줄 것이다.

더불어 이 연습은,

- 지복수행을 습관화하고 하루 내내 행복감을 유지하도록 도와준다.
- 진짜 목표와 그것을 달성하기 위한 행동에 주의를 집중하도록 도와준다.
- 불안감을 없애고 용서를 연습함으로써 강철 멘탈이 되도록 도와준다.
- 직관과 내면의 목소리에 연결되어 소명을 향한 최적의 길을 찾아내도록 도와준다. 그리고 견칙을 피해 길을 잘 가도록 도와준다. 6단계 연습을 하는 동안에는 종종 아이디어가 떠오르거나 통찰이 생기거나 고민했던 문제에 대한 답이 떠오른다.
- 소명을 따르는 길에서 불가피하게 부딪히는 장애물을 넘을 수 있는 힘을 준다.

그리고 이것은 단지 시작일 뿐이다. 덧붙여 당신은 명상으로 얼는 일반적인 혜택들도 물론 다 얻을 것이다. 명상으로 얻게 되는 혜택은 너무나 많아서 여기서 다 말할 수도 없다. 다만 이 책을 쓰고 있는 현재, 명상의 이점에 관한 연구가 약 천4백 건에 달한다는 사실만 알아두라.

명상의 문제

명상은 그 종류가 수천 가지나 되지만, 모두가 사원에서 나온 방식이거나 아니면 현대인을 위해 새롭게 고안된 방식이거나 둘 중 하나다.

도움이 되지 않는 명상은 없지만 스님이 아닌 이상 절에서 하듯이 수행을 하고 싶지는 않을 것이다. 그런 명상은 더디고 비효율적이다. 이런 명상법은 수백 년 동안 업데이트가 되지 않은 채 아직도 그 옛날의 신조만을 따르는 경우가 많다.

뉴욕에 지바Ziva 명상 학교를 세운 에밀리 플레처에 따르면, 사람들이 명상에 대해서 품고 있는 가장 큰 오해는 '명상을 하려면 생각을 멈춰야 한다'는 생각이다. 생각을 멈추려고 한 번 해보라. 어렵지 않겠는가? 에밀리도 말했지만 생각을 멈추려고 해보면 '바로 명상을 포기하게 될 것'이다. 에밀리는 이어서 이렇게 말했다.

그런데 명상의 목적이 명상을 잘하는 것이 아니라 '잘 사는 것'이라고 생각한다면, 그리고 생각을 멈추라고 해서 멈출 수 있는 사람은 아무도 없다는 현실을 받아들인다면, 명상은 훨씬 더 무해하고 훨씬 더 밝고 즐거운 일이 될 겁니다. 생각을 하지 말라는 것은 숨을 쉬지 말라는 것과 같아요. 그럴 수는 없어요.

6단계 연습은 서로 다른 여러 가지 방법을 취합하여 개인의 일정과 필요와 생활에 맞는 가장 효과적인 명상 경험을 끌어낸다. 이 방법은 과학적인 근거를 가지고 있고, 단 15분 만에 이 책이 이야기한 모든 아이디어들을 일상 속에 통합하여 소화시킬 수 있게 한다. 게다가 마음을 비우라고 요구하지도 않는다.

6단계 연습이란

6단계 연습이란 가장 빨리 비범한 상태에 이르게 하는 마음의 기술이다.

6단계의 각 단계는 주요 기술을 하나씩 터득하도록 설계되어 있다. 앞부분의 세 가지 기술은 지금 더 행복해지게 해주고 나머지 세 가지 기술은 미래의 꿈을 북돋아준다.

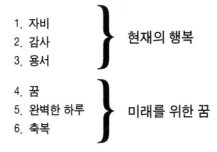

1. 자비
2. 감사
3. 용서
} 현재의 행복

4. 꿈
5. 완벽한 하루
6. 축복
} 미래를 위한 꿈

이 6단계에 주목하는 이유는 다음과 같다.

1. **자비**. 살아 있는 인간은 모두 사랑과 자비를 필요로 한다. 이 단계는 다른 사람과 우리 자신을 더 친절하게 대하게 한다. 자비는 자기를 사랑하기 위한 강력한 도구이다.

2. **감사**. 목표가 많더라도 지금까지 성취한 것들에 만족하고 감사하는 것도 중요하다. 감사는 우리의 행복과 안녕에 깊이 연결되어 있다.

3. **용서**. 세상과 주변 사람들과 평화롭게 공존할 때 지복수행을 더 잘할 수 있다. 게다가 용서는 강철 멘탈을 만들어준다.

4. **꿈**. 7장과 8장을 이해했다면 꿈을 가질 때 힘차게 앞으로 나아갈 수 있다는 것을 잘 알 것이다. 꿈이란 당신이 바라는 미래의 청사진이다.

5. **완벽한 하루**. 이 단계는 일상의 전개를 장악하고 있다는 느낌을 준다. 그리고 미래의 꿈도 조금씩 이루어갈 수 있다고 느끼게 한다.

6. **축복**. 아무리 큰 프로젝트를 진행하더라도 모든 것이 잘 되어갈 것임을 느끼고 우주로부터 지원을 받고 있음을 느낄 수 있어야 한다. 이 단계는 소명을 추구해가는 길에서 안전과 지지를 느끼게 한다.

이제 이 각 단계에 대해 좀더 자세히 알아본 다음 각 단계를 정확히 어떻게 연습해야 하는지를 살펴보자.

그리고 이 장의 마지막에 6단계 연습을 쉽게 설명해놓은 안내 앱과 동영상도 소개해두었으니 언제든지 찾아서 보라.

1단계: 자비

10장에서 논했듯이, 다른 존재들과의 연결감과 유대감을 느끼고 모든 생명체에 대해 자비심을 느끼는 단계이다. 이 단계에서 우리는 큰 자비와 사랑을 인류라는 폭넓은 대상으로 확장시키겠노라는 의도를 표한다. 가족과 지인들로부터 시작하여 지구 전체까지 확장한다. 자비 연습은 우리를 더 나은 인간으로 만든다. 연구결과에 따르면 이성에게서 느끼는 가장 매력적인 품성이 바로 자비, 혹은 친절함이라고 한다(그러니 자비 연습을 하면 연애에도 좋을 것이다).

2단계: 감사

과학적 연구에 따르면 감사할 때 활기가 생기고 불안감이 줄어들며 숙면을 취하게 되고 사회적 유대감을 느낀다고 한다(그래서 이 책에서도 감사에 집중하는 연습을 몇 가지 소개했다). 이 단계에서는 사생활, 직업, 자기 자신에 대해 감사하는 것을 각각 세 가지씩 생각해보라. 무엇보다 우리 자신에 대해 감사하는 것이 중요하다. 우리는 다른 사람이 자신을 사랑해주기를 바라면서 정작 스스로는 자신을 진심으로 사랑하지 않는 경우가 많다.

3단계: 용서

7장에서 언급했듯이 용서는 지복수행에 아주 중요하고, 비범한 삶으로 가기 위해 꼭 넘어야 할 산이다. 여기서는 7장에서 배운 용서 연습을 매일 하는 연습 속에 통합하는 법을 배운다.

용서가 요통을 줄이고 육상 경기력을 높이고 심장 건강에 좋고 굉장한 행복감을 준다고 말하는 과학적 연구결과들이 많다. 만성요

통에 시달리던 사람들에게 분노를 자비로 바꾸는 명상을 집중적으로 시켰더니 정기적으로 치료를 받은 다른 사람들보다 통증과 불안감이 더 많이 줄었다는 보고가 있다. 용서가 혈압을 좋게 하고 심장에 부담을 줄인다는 연구결과도 있다. 용서로 마음(heart)이 가벼워지게 한 것이 실제로도 심장(heart)이 더 건강해지게 한다는 점이 흥미롭다.

용서의 효과를 연구한 에라스무스 대학 로테르담 경영대학원의 쑤 쟁Xue Zheng은 "용서하는 사람이 세상을 더 우호적으로 보고 힘든 육체적 업무를 더 잘 소화해낸다"며 용서가 우리 몸을 더 강해지게 함을 보여주었다.

어떤 연구결과를 보면 자신을 해치려고 한 사람을 용서하는 글을 쓰고 나면 실제로 그 전보다 더 높이 점프할 수 있게 된다고 한다. 쟁의 또 다른 연구결과에 따르면 눈앞의 산이 얼마나 경사져 있는지를 추측해보라는 요구를 받은 연구 참가자들 중에서 누군가를 용서한 일을 글로 쓴 다음 질문에 답한 사람들이 그 산을 덜 가파르게 보았다고 한다. 앞에서 나는 용서 명상을 하고 나서 내가 얼마나 강력한 경험을 했는지를 이야기했었다. 그 때문에 이 용서를 6단계 연습의 하나로 포함시킨 것이다. 용서는 육체만이 아니라 정신도 강화해준다.

4단계: 꿈

지금까지는 현재에 집중했다. 이 4단계에서 당신은 미래의 행복에 대한 의도를 표한다. 나는 지난 몇 년 동안 나의 일에서 엄청난 성장과 기쁨을 경험해봤기 때문에 이 단계의 효과를 굳게 믿고 있다. 몇 년 전 나는 현재의 내 인생을 마음속에 그려두었다. 지금 나는 행복한 가운데 또 몇 년 후의 모습을 그려본다. 날마다 이 연습을 하면 나의 뇌는 나의 그 꿈이 이뤄지게 할 최적의 길을 찾아낼 것이다.

미래의 삶을 그려볼 때 나는 3년 후를 생각하는데, 당신도 이 단계에서 똑같이 해보기 바란다. 하지만 3년 후의 모습을 상상했다면 거기서 두 배 더 좋게 상상해보라. 왜냐하면 당신의 머리는 당신이 할 수 있는 일을 과소평가하기 때문이다. 우리는 3년 안에 할 수 있는 일을 과소평가하고, 1년 안에 할 수 있는 일은 과대평가하는 경향이 있다.

'영적인' 사람이라면 현재의 삶에 만족해야 한다고 말하는 사람들이 있다. 틀린 생각이다. 지금 어디에 있든 행복해야 한다. 하지만 그렇다고 꿈꾸고 성장하고 공헌하기를 멈춰서는 안 된다.

8장에서 살펴본 '가장 중요한 세 가지 질문'을 던져서 진짜 목표를 하나 선택하라. 그리고 그 진짜 목표를 달성할 경우 어떤 인생을 살게 될지를 몇 분 동안 기쁜 마음으로 생각하고 상상해보라.

5단계: 완벽한 하루

지금부터 3년 후에 이루어지기를 원하는 삶이 어떤 삶인지 알아냈다면, 그런 일이 일어나게 하려면 오늘 어떻게 해야 할까? 이 단계는 우리에게 완벽한 하루를 만들어줄 것이다. 우리는 이 단계에서는 오늘 하루가 원하는 모습으로 전개되는 상황을 그려볼 것이다. 아침을 흥분과 맑은 정신으로 시작하고 근사한 동료들과 멋진 회의를 하고, 머릿속은 아이디어로 넘쳐나며 발표를 잘 해내고, 퇴근 후 친구들을 만나 즐겁게 놀고 배우자와 맛있는 저녁을 먹고, 잠들기 전에 아이들과 놀아준다.

이렇게 완벽한 하루가 전개되는 모습을 상상할 때 우리는 뇌의 신경망 활성화 시스템(RAS)으로 하여금 긍정적인 것들을 알아차리도록 미리 준비시키고 있는 것이다. 흔한 예로 새로운 차를 하나 구입했다고 하자. 테슬라 모델S 흰색이 좋겠다. 그러자 우리 눈에는 갑자기 길거리에서 테슬라 모델S 흰색 차만 보인다. 이와 동일한 효과가 여기서도 나타난다. 점심 약속이 부드럽게 잘 흘러가는 것을 상상했다고 해보자. 얘기도 즐겁고 음식도 좋고 레스토랑 분위기도 더할 나위 없다. 그 몇 시간 후 당신은 실제로 그 레스토랑에 있다. 그런데 종업원이 주문을 잘못 전달해버린다. 하지만 당신은 아름다운 현실을 상상했기 때문에 당신의 신경망 활성화 시스템은 그 종업원의 실수보다는 그 레스토랑의 멋진 분위기나 앞에 앉아 있는 사람과 음식에 더 주목할 것이다. 왜냐하면 당신이 그렇게 하라고 했기 때문이다. 맞다! 부정적인 것들을 무시하고 긍정적인 것들을 포용하도록 뇌를 훈련시키는 것이다. 세상을 바꿀 필요는 없다. 우리가 주의를 보내는 곳만 바꾸면 된다. 그리고 알게 되겠지만, 그것은 엄청나게 강력하다.

6단계: 축복

이 최종 단계도 각자가 가진 종교적 혹은 영적 신념에 상관없이 누구나 연습할 수 있다. 만약에 믿고 있는 신이 있다면 그 신을 만났다고 상상하라. 그리고 그의 에너지를 머리끝에서 발끝까지 온몸으로 느껴보라. 그의 사랑과 지지를 느껴보라. 그게 전부이다. 30초밖에 걸리지 않는다. 신을 믿지 않는다면 자신을 재부팅하거나 조율하거나 내면의 힘을 불러낸다고 상상할 수도 있다. 이때도 마찬가지로 그 새로운 에너지를 온몸으로 느껴보라. 이제 당신은 소명을 향해 땅을 힘껏 박차고 달릴 준비가 되었다.

6단계 연습으로 '명상' 너머로 가기

명상에는 좋은 점이 참 많은데 왜 미국인들 중에는 매일 명상하는 사람이 2천만 명 정도밖에 없을까? 이 질문을 팔로워가 7만 명이 넘는 내 페이스북에 올렸더니 많은 사람들이 거기에 대답을 해주었다. 그 결과 나는 매일 명상하지 않는 사람들은 명상에 대한 다음 세 가지의 구식 현실 모델 중 하나를 갖고 있을 가능성이 높다는 것을 알게 되었다. 어떤 현실의 모델이 우리의 명상을 방해하고 있으며, 6단계 연습이 이 문제를 어떻게 풀어줄 수 있을지를 살펴보자.

1. '시간이 없다.'

이것은 논리에 맞지 않는 모델이다. 이 말은 "너무 배고파서 먹을 수가 없어"라고 말하는 것과 비슷하다. 규칙적으로 명상을 하는 아리아나 허핑턴, 미래학자 레이 커즈와일, 그리고 나 같은 사람들은 모두 하루에 15분만 명상해도 생산성이 엄청나게 높아진다는 사실을 잘 안다. 생산성뿐만이 아니라 장수에도 좋고 창조성, 문제해결 능력도 높아지고 더 행복한 하루를 선물받는다. 나는 명상하지 않고 하루를 시작하면 일이 효율적으로 되지 않고, 따라서 생산성도 떨어진다. 이런 사실에도 불구하고 많은 사람들이 명상할 '시간이 없다'고 생각한다. 그 이유는 15분의 시간을 낼 수 없어서가 아니라 어떻게 명상해야 할지, 혹은 무엇을 해야 할지를 모르기 때문이다. 6단계 연습은 우리의 정신으로 하여금 더 생산적이고 효율적이 되도록 준비시켜주기 때문에 사실 이 연습을 하면 덤으로 하루에 몇 시간을 더 얻는 셈이 된다. 6단계 연습을 하지 않고 넘어가는 것은 좋은 생각이 아니다.

2. '명상을 할 줄 모른다.'

명상의 문제는 예컨대 조깅과는 달리, 어떻게 해야 잘하는 건지를 알기가 어렵다는 것이다. 조깅은 한 지점에서 다른 지점으로 정한 시간 안에 달리기만 하면 된다. 반면에 명상은 하다 보면 그저 이 생각 저 생각 사이를 날아다니거나, 졸거나, 지루해서 끝날 시간만 기다리게 되기 쉽다. 그래서 명상은 비효율적인 것이라고 단정해버리곤 하지만 그건 제대로 된 방식을 사용하지 않기 때문이다. 제대로 된 방식(6단계 연습)은 15분 동안에 도달해야 할 지점들을 구체적으로 말해주기 때문에 집중할 수 있고 지루하지 않다. 이것은 엄청난 차이를 만들어낸다.

3. '마음을 비울 수가 없다.'

중국 속담에 "마음은 술 취한 원숭이 같아서 쉴 틈 없이 이 나무 저 나무를 뛰어다닌다"라는 말이 있다. 사실이다. 그러니 명상을 하려면 마음을 비워야 한다고 생각하지 말라. 그런 생각은 명상에 관한 가장 큰 신화 중 하나다. 수백 년 전의 은둔자들이라면 동굴에 앉아서 마음을 비우기가 지금보다는 쉬웠을 것이다. 그들은 직업도, 쌓아야 할 경력도, 가족도, 아이도 없었고 문자 알림 혹은 급한 일을 알리는 페이스북 알림도 오지 않았을 테니까 말이다. 세상은 달라졌고 명상법도 그에 맞게 조정할 필요가 있다. 그러므로 나는 마음을 비우면서 시작하라고 말하지 않는다. 6단계 연습은 오히려 우리의 관심을 여기저기로 자연스럽게 옮겨가게 한다. 심지어 우리는 6단계 연습을 문제 해결에 이용할 수도 있다. 직장에서나 사생활에서 긴급한 문제가 있다면 그것을 명상 속으로 가져와서 그 '문제'를 하나의 '프로젝트'로 바꿔놓을 수도 있는 것이다. 6단계 연습과 같은 명상에서는 정신이 활발하게 움직인다. 하지만 여전히 명상을 하고 있는 것이므로 고요한 마음이 주는 혜택도 전부 얻을 수 있다.

한 번도 명상을 해본 적 없는 지극히 바쁜 기업가들이나 주의력 결핍 장애를 갖고 있는 사람들도 현재 매일같이 6단계 명상을 하고 있다. 6단계 연습이 명상을 하지 못하게 만드는 온갖 문제를 해결해주기 때문이다. 나는 이런 사람들로부터 감사의 편지를 매일 받는다.

세계에서 가장 큰 코미디 클럽을 창립, 매각한 영국의 기업가 존데이비도 나를 처음 만났을 때 이런 말을 해주었다.

저는 6단계 연습을 시작한 이래로 약 100일 동안 하루도 거르지 않고 꾸준히 했어요. 그런데 100일이 지나자 사는 데 별문제가 없는 것 같아서 연습을 하지 않았죠. 그리고 일주일 정도 됐는데 갑자기 한 친구가 저에게 "존, 무슨 일이야? 너 또 까칠해졌어. 완전 긴장한 것 같고 말이야"라고 하더군요. 그때 깨달았죠. 6단계 연습을 하는 동안 제가 얼마나 극적으로 달라졌었는지를요. 그 연습을 멈추자 예전의 스트레스와 행동방식이 다시 돌아온 거예요. 친구들은 제가 복용하던 약을 끊은 게 아닌가 하고 생각했대요. 지금은 다시 연습을 하고 있고 두 번 다시 멈추지 않을 겁니다. 이 멋진 걸 왜 그만두겠어요.

이제 시작할 준비가 되었는가?

6단계 연습법

다음은 이 연습을 위한 약간의 지침들이다. 하지만 이 연습을 하는 방식에는 융통성이 많다.

언제 연습하나? 아침에 일어나자마자, 혹은 잠들기 전에 하는 것이 좋다. 물론 사무실에서 연습하는 사람도 있다. 중요한 것은 10~20분 동안 방해받지 않고 집중할 수 있는 시간을 내는 것이다. 나는 아침에 연습하는데, 그러면 하루를 활기차게 잘 보낼 수 있기 때문이다. 하지만 밤에 연습하는 것이 더 좋다면 그렇게 해도 된다. 다만 숙면을 하는 모습과 그다음 날 펼쳐질 멋지고 활기찬 하루를 마음속에 그리라.

자세는 어떻게 하나? 편한 대로 앉으라. 특별히 요구되는 자세는 없다.

집중하고 깨어 있으라. 명상을 하다가 잡생각을 하거나 조는 사람이 많다. 6단계 연습은 마음이 움직이는 자연스러운 방식(즉 늘 바쁘게 움직이는 것)에 맞게 설계되었다. 그러므로 생각을 잠재울 필요가 없다. 이런저런 생각이 떠올라도 괜찮다. 그냥 그 생각들을 옆으로 밀어두라. 아니면 그 생각들을 다음 단계들에서 써먹어도 좋다. 흥분되는 목표가 생겼는가? 좋다! 꿈을 그려보는 4단계에서 그 목표들을 살펴보자. 해야 할 회의가 자꾸 생각나는가? 5단계인 완벽한 하루에서 본격적으로 생각해보라. 뭔가 걱정되는 것이 있는가? 6단계 축복 단계에서 그것에 축복을 한가득 내려주라.

전통적인 명상을 하면 지루해지기 쉽기 때문에 조는 사람이 많다. 6단계 연습을 할 때는 마음이 활발하게 움직이기 때문에 졸게 될 일이 거의 없다. 그래도 연습하기 힘들 것 같으면 걱정하지 말라. 각 단계마다 안내해주는 오디오 가이드가 있으니(비범코드 홈페이지) 다운로드해서 사용해보라.

시작하자

여기서는 각 단계마다 정확히 무슨 일을 해야 할지를 설명할 것이다. 이 연습이 처음이라면 천천히 시작하라. 첫날은 1단계만 하고 둘째 날은 1단계와 2단계를 하는 식으로 하면 좋다. 그럼 여섯째 날에는 6단계 명상을 완수하게 될 것이다.

시작하기 전에 다음 설명을 읽으라. 읽기보다 듣는 편이 낫다면 내가 단순한 버전으로 만들어둔 무료 6일 코스를 다운받으라. 그것은 첫째 날부터 여섯째 날까지 각 단계에 숙달될 수 있도록 연습시켜줄 것이다. 여섯째 날이 되면 전체 명상을 끝낼 수 있다. 그때부터는 그 오디오의 마지막 장인 6단계 트랙만 들으면서 계속 연습하면 된다. 비범코드 홈페이지(5쪽 일러두기 참고)에서 다운로드할 수 있다.

이제 각 단계에서 정확히 무엇을 해야 하는지를 살펴보자.

1단계: 자비

당신이 진정으로 사랑하는 사람 한 명을 떠올리라. 심장이 경쾌하게 뛰게 만드는 얼굴이나 미소를 떠올리라. 나는 내 딸 이브를 생각한다. 이 글을 쓰는 지금 이브는 두 살이다. 이브의 미소는 정말 신비해서 나는 평생 그 미소만 생각하고 살 수도 있을 것 같다.

사랑하는 대상(배우자, 부모, 자녀, 친한 친구, 멘토, 애완동물 등등)을 떠올렸다면 그때 느껴지는 사랑과 자비의 감정을 기억해두라. 이 감정이 이 6단계 연습의 지주가 될 것이다.

이제 그 사랑이 비눗방울이 되어 당신을 감싼다고 상상하라. 그 사랑의 하얀 비눗방울 안에 있는 자신을 바라보라.

이제 그 비눗방울이 커져서 당신이 있는 방 전체를 감싼다고 상상하라. 그 방에 다른 누군가가 있다면 그들도 그 사랑과 자비의 비눗방울 속에 들어오게 하라.

이제 그 비눗방울이 당신이 있는 집 전체를 감싸게 하라. 그 집에 있는 모든 사람에게 사랑의 감정을 보내라. 그들에게 사랑이 전달되는 것을 '느끼라.' 아니면 머릿속으로 "나는 당신에게 사랑과 자비를 보내고 당신의 행복을 빕니다"라는 말을 반복해도 된다.

이제 그 비눗방울이 당신이 사는 동네 전체 혹은 일터가 있는 건물 전체를 온통 감싸게 하라.

그리고 당신이 있는 도시 전체를 감싸게 하라.

그리고 당신이 사는 나라, 당신이 사는 대륙 전체를 감싸게 하라.

이제 지구 전체를 그 비눗방울로 감싸라.

그렇게 상상할 때마다 그 비눗방울 안에 있는 모든 살아 있는 존재에 사랑과 자비를 보내라.

비눗방울의 모양이나 느낌에는 크게 신경 쓸 필요가 없다. 이 땅의 모든 시민에게 사랑과 자비를 보낸다는 생각만으로 충분하다.

이제 자비 단계가 끝났다. 2단계로 가보자.

2단계: 감사

먼저 개인적인 삶에서 감사하는 것 3~5가지를 떠올려본다. 따뜻한 이불에 감사할 수도 있고 멋진 직업에 감사할 수도 있다. 주방에서 당신을 기다리고 있는 한 잔의 따뜻한 커피같이 아주 단순한 것도 좋다.

이제 직장 생활에서 감사하는 것 3~5가지를 생각해보라. 회사와 가까이 살아서 출퇴근길이 편한가? 늘 웃어주는 동료 덕분에 힘을 얻는가? 상사의 인정을 받고 있는가?

아주 잘하고 있다.

이제 가장 중요한 부분이다. 당신 자신에 대해서 감사하는 것 3~5가지를 생각해보라.

좋아하는 옷을 입었더니 정말 잘 어울렸는가? 회의에서 옳은 결정을 신속하게 잘 내렸는가? 친구의 생일을 잘 기억하는가? 머리가 좋거나 좋은 책을 고르는 안목이 있는가?

자기 칭찬은 아낌없이 해줘야 한다.

3단계: 용서

용서는 우리 몸의 근육과 비슷하다. 다만 근육운동을 하면 몸이 강해지고 용서 연습을 하면 정신이 강해진다. 근육이 강해지면 강철맨이 되고 용서하는 능력이 강해지면 강철 멘탈이 된다. 강철 멘탈이 되면 부정적인 사람이나 사건에 별로 영향받지 않는다.

먼저 7장에서 만들어둔, 용서하고 싶은 사람과 사건들의 목록을 가지고 시작해보라. 6단계 연습을 한 번 할 때마다 한 사람이나 한 가지 사건에만 집중하라. 그것이 당신 자신이 될 수도 있다는 것을 염두에 두라. 과거에 했던 그 어떤 일 때문에 지금도 죄책감이 든다면 당신 자신을 용서할 수도 있다.

다음에는 용서하고 싶은 그 사람 혹은 그 사건을 머릿속에 떠올려본다.

이제부터 7장에서 언급했던 용서 연습의 세 단계를 반복할 것이다.

1단계: 장면 회상. 용서할 사람 혹은 일과 관련된 장면이나 이미지를 마음속에 떠올린다. 예를 들어 나는 잘못된 사업 결정으로 회사에 수백만 달러 손해를 보게 한 나 자신을 용서하고 싶다. 그래서 나는 2005년으로 돌아가서 당시 사무실에 있던 젊은 나의 모습을 떠올린다.

2단계: 분노와 고통을 느낀다. 당시의 고통과 분노를 그대로 느껴본다. 단, 어림잡아 2분이 넘지 않게 한다. 소리를 지르거나 쿠션을 때려도 괜찮다. 감정을 발산하되, 그 상태에 너무 오래 머무르지는 않는다.

3단계: 용서를 사랑으로 승화한다. 7장에서 언급했던 질문들을 하라. '이 일에서 나는 무엇을 배웠나? 이 일로 내 인생은 어떻게 더 좋아졌나?' 또한 '상처받은 사람만이 상처를 준다'는 사실을 기억하라. '이 사람은 인생에서 어떤 일을 겪었기에 나에게 그런 상처를 주었을까?'

이 질문을 하기 시작하면 상대방의 관점에서 상황을 볼 수 있다. 한 번의 연습으로 용서하기 힘든 경우도 있지만 아무리 큰 잘못이라도 언젠가는 용서하게 될 것이다. 그저 실천이 필요할 뿐이다.

일단 용서하는 마음이 일어나면 놀랍게도 철저하고 완벽하게 용서하게 되는 경우가 많다. 《연을 쫓는 아이》에서 할레드 호세이니는 이렇게 썼다. "나는 용서의 싹은 이렇게 트는 것일까 하고 생각해보곤 했다. 즉, 용서란 대단한 깨달음의 팡파르와 함께 오는 것이 아니라 고통이 자신의 물건들을 챙겨 가방에 넣고 한밤중에 소리 없이 몰래 빠져나갈 때 오는 것이 아닐까 하고."

이제 당신은 6단계 연습의 반을 완수했다. 여기까지 오는 데 6분에서 15분 정도 걸린다. 나는 보통 7분 안에 끝낸다. 이제 4~6단계로 나아가보자. 이 단계들은 모두 미래의 꿈과 관련되어 있다.

4단계: 꿈

8장에서 '세 가지 가장 중요한 질문'에 대답했던 것을 기억하는가? 여기서 그 대답을 사용해보기로 한다. 그때 대답한 것들 몇 개를 가져오라.

이제 공상에 잠겨보라. 그 대답으로 썼던 경험, 성장, 공헌, 능력을 이미 갖게 된 자신을 상상해 보라. 길게 보라고 (약 3년) 했던 것을 잊지 말라.

거기에 감정을 더하라. 감정을 더하는 것이 중요하다. 다른 새로운 나라를 방문하는 모습이 보인다면 그런 여행을 하면서 느낄 만한 경이로움과 흥분을 느껴보라. 혹은 어떤 새로운 기술을 쉽게 이용하는 자신의 모습을 그리면서 얼마나 자랑스럽고 뿌듯한지를 느껴보라.

나는 이 단계에 3~5분 정도 시간을 들인다. 이미지를 떠올리기가 어렵더라도 초조해하지 말라. 그럴 때는 목표가 달성된 모습을 떠올리기보다 크리스티 마리 셸턴이 말하는 '원대한 질문 던지기' 기술을 써보라. 자신이 바라는 꿈을 현재 시제의 질문으로 만들어보는 것이다. 예를 들어보자. ― '나는 왜 이렇게 쉽게 이 멋진 나라들을 방문할 수 있는 거지? 나는 어쩌다 돈을 벌고 지키고 늘리는 일을 이렇게 잘하게 된 거지? 나는 어쩌다 연애에 이렇게 성공한 거지? 나는 어쩌다 이렇게 날씬해진 거지?' 이미지를 상상하는 것보다 문장을 만드는 것을 더 편해하는 사람도 많다. 아니면 두 가지를 같이 연습해도 좋다. 기본적으로 중요한 것은 꿈에 대해 생각하는 것이다. 같은 방식으로 그 생각을 들어도 좋고 보아도 좋다. 심지어 냄새를 맡아도 좋다… 모두가 다 잘 먹힐 것이다.

5단계: 완벽한 하루

이 단계는 다음과 같은 간단한 질문으로 시작한다. '세 가지 가장 중요한 질문에 대한 답들(목표들)을 성취하려면 나는 오늘을 어떻게 보내야 하나?'

이제 오늘 하루가 전개될 모습을 상상해보자. 출근을 할 것이고 팀원들과 아침 회의를 할 것이고 오전에 해야 할 일이 있고 점심 약속이 있고… 일을 마치고 퇴근하고 명상하고 잠들기 전에 책을 읽는다.

당신의 하루의 이런 작은 조각들이 낱낱이 완벽하게 진행되는 모습을 상상하라. 에스더 힉스는 비관적이거나 부정적인 생각이 잘 드는 사람이라면 다음과 같이 말해보라고 한다. "만약 ~~할 수만 있다면 멋지겠어." 예를 들어 "좋아하는 음악을 들으며 편안히 출퇴근할 수 있다면 멋지겠어"라고 말해볼 수도 있다.

잠들기까지 하루의 모든 단계에 그렇게 말해보라.

그리고 그런 말을 할 때는 당신의 하루와 당신 인생의 전개를 바꿀 힘이 당신에게 있는 척하거나, 실제로 있다고 상상하라. 그런 힘을 갖고 있는 척하는 것만으로도 힘과 통제력을 더 많이 갖게 될 것이고, 비록 부정적인 일이 실제로 사라지는 것이 아니라 긍정적인 일을 더 많이 알아차리는 것에 그칠지라도 더 긍정적인 경험을 하게 될 것이다.

이제 6단계로 나아가보자.

6단계: 축복

어떤 높은 힘이 당신의 소명을 지원해줄 준비를 하고 있다고 상상하라. 무신론자든 종교인이든 상관없다. 높은 힘은 신화에 나오는 신이 될 수도 있고 당신의 문화권이 믿는 신이 될 수도 있다. 아니면 당신이 믿는 성자나 예언자, 영적인 존재, 천사가 될 수도 있다. 무신론자라면 당신의 내면에 잠재해 있는 불굴의 정신 혹은 힘을 상상할 수도 있다.

그 높은 힘이 정수리로 들어와 이마, 눈, 얼굴, 목, 어깨, 팔, 배, 엉덩이, 허벅지 다리를 거쳐 발바닥까지 흘러가는 것을 느껴보라.

당신을 보호하고 꿈을 향한 바른 길에서 벗어나지 않도록 도와줄 어떤 힘이 당신을 감싸고 있다고 상상하라.

이제 그 높은 힘 혹은 에너지에 감사하라. 그리고 하루를 시작할 준비가 된 자신의 이미지를 떠올려보라.

준비가 되었다면 눈을 뜨라. 이제 6단계 연습을 마친 것이다.

보이는 결과와 보이지 않는 결과

6단계 연습을 하면 다른 데서 읽어봤을지도 모르는 명상의 다양한 효과들을 거두기 시작할 것이다. 하지만 이 방식은 단지 긴장만 풀어주는 것이 아니므로 우리는 자비와 용서의 보상, 그리고 그보다 훨씬 더 많은 것을 받게 된다.

6단계 연습은 우리가 행복하고 평화로워질 수 있다고 말한다. 그리고 동시에 세상에 긍정적인 변화도 줄 수 있다고 말한다. 그리고 결코 멈추지 말고 계속 아름다운 꿈을 꾸라고 말한다.

개인적으로 나의 일상에서 가장 중요한 것이 바로 이 6단계 연습이다. 6단계 연습이야말로 나의 성공의 제일의 비밀이고 내가 가르치는 가장 중요한 기술이다. 이 연습이 얼마나 강력한지는 아무리 강조해도 모자란다. 나는 이 연습이 당신에게 어떤 도움을 주었는지를 듣게 될 날을 고대한다. 나의 이메일 주소(hellovishen@mindvalley.com)로 당신의 이야기와 경험을 나눠주기 바란다.

나는 이 6단계 연습을 거의 6개월에 한 번씩 업데이트하고 다듬는다(이것이 나의 갱신속도다). 나는 실험과 성장을 멈추지 않는다. 따라서 이 책과 약간 다른 옛날 버전의 이 연습이 인터넷에서 돌아다니는 것을 발견하게 될 수도 있다. 최신 버전은 항상 마인드밸리 교육 사이트에 공시된다. 비범코드 홈페이지(5쪽 일러두기 참고)에 가입하면 무료로 6일 코스와 6단계 안내명상을 다운받을 수 있다.

여행 도구
비범한 정신의 코드 따라가보기

여기에 이 책에서 소개된 모든 법칙과 주요 연습들을 참고용으로 모아두었다.

1장. 문화배경을 초월하라

우리는 두 가지 세계에서 살고 있다. 모두가 동의할 수 있는(예컨대 '불은 뜨겁다' 같은) 절대적 진실의 세계와 아이디어, 모델, 신화, 규칙과 같이 우리가 만들어 다음 세대에 물려주는 상대적 진실의 세계가 그것이다. 결혼, 돈, 종교 등이 살고 있는 곳은 이 상대적 진실의 세계다. 상대적 진실이란 모든 사람이 참으로 받아들이지 않는 진실이다. 그런데도 우리는 그런 진실을 마치 절대적 진리인 양 믿고 살아가는 경향이 있다. 상대적 진실은 우리에게 믿을 수 없이 큰 힘을 주거나, 반대로 우리를 믿을 수 없이 나약해지게 한다. 나는 이 상대적 진실의 세계를 문화배경이라 부른다.

2장: 견칙에 의문을 제기하라

문화배경이 부과하는 케케묵은 규칙을 따라 살아가는 사람들이 많다. 나는 이런 규칙들을 견칙이라 부른다. 우리 사회가 세상을 단순화하기 위해 채택하는 개똥 규칙들 말이다. 견칙에 의문을 품었다면 비범한 삶으로 한 걸음 들어선 것이다.

도전할 만한 흔한 견칙들

1. **대학 관련 견칙:** 성공하려면 대학을 가야 한다.
2. **문화 관련 견칙:** 같은 종교, 같은 민족의 사람과 결혼해야 한다.
3. **종교 관련 견칙:** 종교는 한 가지만 고수해야 한다.
4. **일 관련 견칙:** 성공하려면 열심히 일해야 한다.

연습 _ 견칙 테스트

어떻게 하면 견칙을 재빨리 알아차릴 수 있을까? 다음 다섯 가지 질문을 해보라.

질문1: 이 규칙은 인류에 대한 신뢰와 희망에 기반하고 있는가?

질문2: 이 규칙은 황금률에 위배되는가?

질문3: 이 규칙은 내가 특정 문화나 종교에서 받아들인 것인가?

질문4: 이 규칙은 이성적 선택에 의한 것인가? 아니면 전염된 것인가?

질문5: 이 규칙은 나를 행복하게 하는가?

법칙 2 견칙에 의문을 제기하라

비범한 정신의 소유자는 자신의 꿈과 소망에 맞지 않는다고 느껴지는 견칙에 의문을 품는다. 이들은 오래전에 사라졌어야 할 견칙을 맹목적으로 따르는 사람들로 인해 세상이 지금과 같아졌다는 것을 잘 알고 있다.

3장: 의식의 공학을 실천하라

의식공학을 (우리가 조종하는) 인간 정신의 운영체계라고 생각하라. 현실의 모델은 그 하드웨어로, 우리 자신과 세상에 대한 우리의 신념들이다. 삶의 방식은 그 소프트웨어로, 삶이 '돌아가게' 하기 위해 우리가 하는 일들이다. 즉 문제를 해결하고 자녀를 양육하고 친구를 사귀고 연애를 하고 인생을 즐기는 자기만의 일상적 습관들을 말한다. 우리는 컴퓨터의 하드웨어와 운영체계는 계속 업그레이드하면서도 자신의 낡은 믿음과 습관들은 고스란히 지키고 살면서 그런 사실조차 자각하지 못한다. 우리로 하여금 앞으로 나아가지 못하도록 가로막고 있는 낡고 고장 난 현실의 모델과 삶의 방식을 새것으로 교체할 때, 우리는 의식을 드높여 비범한 삶을 향한 길을 나서게 된다.

연습 _ 조율이 필요한 열두 분야

다음 각각의 범주에 1부터 10까지 점수를 매겨보라. 1은 '아주 나쁜 상태'이고 10은 '비범하게 좋은 상태'이다.

1. **애정관계**. 현재의 애정관계에서 당신이 얼마나 행복한지를 보여준다. 점수 _____

2. **우정**. 당신을 지지하는 관계망이 얼마나 든든한지를 보여준다. 점수 _____

3. **모험**. 세상을 경험하고 신나는 일을 하는 데에 얼마나 많은 시간을 할애하는가? 점수 _____

4. **환경**. 당신의 집, 차, 직장, 생활공간, 여행할 때의 숙박시설 등은 얼마나 안락한가? 점수 _____

5. **건강과 체력**. 당신의 나이와 현재의 신체 상태를 고려할 때 건강과 체력이 어느 정도라고 생각하는가? 점수 _____

6. **지적인 삶**. 얼마나 빨리, 그리고 많이 배우고 성장하고 있는가? 점수 _____

7. **기술**. 당신만의 전문기술을 제대로 닦아나가고 있는가? 아니면 정체 상태에 있는가? 점수 _____

8. **영적인 삶**. 삶에 균형과 평화를 느끼게 해주는 명상 혹은 영적 활동 혹은 사색 등에 시간을 얼마나 할애하고 있는가? 점수 _____

9. **일**. 직업적으로 성장해가고 있는가 아니면 쳇바퀴 돌 듯 단조로운 생활을 하고 있는가? 점수 _____

10. **창조 활동**. 창조성을 발휘할 수 있는 활동을 하고 있는가? 점수 _____

11. **가족**. 배우자, 자녀, 부모, 형제자매와의 관계는 어떤가?
    점수 _____

12. **공동체 생활**. 당신이 속한 공동체에 기여하고 공헌하거나 중요
    한 역할을 하고 있는가? 점수 _____

법칙 3 의식의 공학을 실천하라

비범한 정신의 소유자는 자신의 성장에 현실의 모델과 삶의 방식, 이 두 가지
가 중요함을 잘 안다. 비범한 정신은 가장 큰 힘을 주는 모델과 방식을 신중
히 골라서 자주자주 업데이트한다.

4장: 현실의 모델을 재구축하라

자신과 삶에 대해 어떻게 믿고 싶은지를 택하고, 아이들에게도
똑같은 선택권을 주는 것은 우리의 권한이다. 다음 연습은 현실의 모
델을 재구축하도록 도와준다. 아이들과 함께 연습해보라. 아이들이
자신에 대해 사랑스러운 점을 생각해내지 못하면 당신이 직접 말해
주라.

연습 _ 감사 연습

그날 하루에 대해 감사하는 점을 3~5가지 생각해보라. 사람들에게
웃어준 일처럼 작은 일부터 승진 같은 큰일까지, 뭐든 좋다.

연습 _ 내가 나에 대해 좋아하는 것

당신 자신에 대해 사랑스러운 점 3~5가지를 생각해보라. 성격이
될 수도 있고 그날 했던 자랑스러운 일이 될 수도 있다. 당신은 유머
감각이 좋은가? 위기가 닥치면 침착해지는가? 헤어스타일이 멋진가?
오늘 멋진 점프슛을 하지는 않았는가? 매일 몇 분씩 시간을 내어 '당
신'이 얼마나 멋진 사람인지를 인정해주라.

외부적인 현실의 모델

자신에 대한 내면의 현실의 모델(믿음)은 매우 강력하다. 하지만 우리
가 세상에 대해 믿고 있는 것, 즉 외부 현실의 모델도 못지않게 강력
하다. 다음은 내가 믿기로 정한 새로운 외부 현실의 모델인데 나의
삶의 질을 무한히 높여줄 정도로 매우 강력한 모델이다.

- 우리는 모두 직관력을 지니고 있다.
- 심신상관 치유는 가능하다.
- 행복하게 일하면 생산성도 높아진다.
- 종교적이지 않고도 영적일 수 있다.

연습 _ 조율이 필요한 열두 분야에서 각각 현재 가지고 있는 현실의 모델을 점검하라

1. **애정관계**. 애정관계에서 무엇을 기대하는가? 무엇을 주고 무엇을 받고 싶은가? 당신이 소중하고 사랑받을 자격이 있다고 믿는가?
2. **우정**. 우정이 무엇이라고 생각하는가?

3. **모험**. 모험이 무엇이라고 생각하는가?

4. **환경**. 어디서 가장 행복한가? 당신이 살고 있는 곳과 사는 방식에 만족하는가?

5. **건강과 체력**. 육체적 건강이 무엇이라고 생각하는가? 어떤 식습관이 건강한가? 자신이 잘 나이 들어가고 있다고 생각하는가? 아니면 늙고 노쇠해간다고 생각하는가?

6. **지적인 삶**. 얼마나 배우고 있는가? 얼마나 성장하고 있는가?

7. **기술**. 무엇 때문에 새로운 것을 배우지 못하는가?

8. **영적인 삶**. 어떤 영적 가치를 믿고 있는가?

9. **일**. 일 혹은 직업을 어떻게 정의하는가? 직업적으로 성공하는 데 필요한 것을 갖고 있다고 생각하는가?

10. **창조활동**. 자신이 창조적이라고 믿고 있는가?

11. **가족**. 배우자로서 자신의 주된 역할이 무엇이라고 믿고 있는가? 아들, 혹은 딸로서의 역할은 무엇이라고 믿고 있는가? 가족과 함께하는 삶이 만족스러운가?

12. **공동체 생활**. 공동체의 최고 목적이 무엇이라고 생각하는가? 공동체에 공헌할 수 있다고 느끼는가?

현실의 모델을 재구축하기 위한 도구 두 가지

날마다 만들어내는 부정적인 현실의 모델을 제거하는 데 이용할 수 있는 즉석 기술이 두 가지 있다. 두 기술이 다 무의식적으로 어떤 모델을 채택해버리기 전에 합리적인 생각을 해보게 한다.

질문1: 이 현실 모델은 절대적 진실인가 아니면 상대적 진실인가?
질문2: 이것은 정말 내가 생각하는 그것을 의미하는가?

5장: 삶의 방식을 업그레이드하라

사람들은 대개 바쁘게 사느라 한 걸음 물러서서 지금 어떻게 살고 있는지, 그리고 왜 그렇게 살고 있는지를 생각해보지 못한다. 비범한 정신의 소유자는 항상 새로운 삶의 방식을 발견해내고 갱신하려고 노력한다. 그런 다음엔 새로운 삶의 방식이 얼마나 잘 먹히는지를 평가해본다.

지금 당신이 갖고 있는 삶의 방식은 당신에게 도움이 되는가? 혹시 업그레이드할 필요는 없는가?

연습 _ 당신의 갱신속도는 어떤가?

조율이 필요한 삶의 열두 분야에서 최근에 삶의 방식을 업데이트했는가? 각 분야에서 내가 가장 좋아하는 책이나 강의를 소개해두었으니 새로운 관점을 얻는 데 참고하라.

1. **애정관계**. 존 그레이의 《화성에서 온 남자, 금성에서 온 여자》
2. **우정**. 데일 카네기의 《인간관계론》(How to Win Friends and Influence People).

3. **모험**. 리처드 브랜슨의 《나는 새로운 것에 도전한다》(Losing My Virginity).

4. **환경**. 데이비드 J. 슈워츠의 《크게 생각할수록 크게 이룬다》 (The Magic of Thinking Big).

5. **건강과 체력**. 데이브 애스프리의 《불릿프루프 다이어트》(Bulletproof Diet), JJ 버진의 《777다이어트》(The Virgin Diet)

6. **지적인 삶**. 빨리 배우는 법과 기억력을 향상시키는 것으로 학습 방식을 업그레이드하는 것보다 지적인 삶을 최적화하는 데 좋은 방법이 있을까? 그런 의미에서 짐 크웍Jim Kwik의 수업을 추천한다.

7. **기술**. 티머시 페리스의 《네 시간》 시리즈(The 4 Hour)

8. **영적인 삶**. 닐 도널드 월시의 《신과 나눈 이야기》(Conversations with God), 파라마한사 요가난다의 자서전 《요가난다》(Autobiography of a Yogi)

9. **일**. 애덤 그랜트의 《오리지널스Originals》

10. **창조활동**. 스티븐 프레스필드의 《최고의 나를 꺼내라》(The War of Art)

11. **가족**. 돈 미겔 루이스의 《사랑하라, 두려움 없이》(The Mastery of Love)

12. **공동체 생활**. 토니 셰이의 《딜리버링 해피니스》(Delivering Happiness)

연습 _ 당신만의 불타협 허용치

삶의 방식을 새롭게 갱신했다면 불타협 허용치를 이용하여 퇴보하지 않고, 나아가 더 크게 성취하라.

1단계: 당신의 삶에서 허용치를 정하고 싶은 부분을 찾아내라.

조율이 필요한 열두 분야에서 발전이 필요해 보이는 분야를 몇 개 고르라.

2단계: 허용치를 정하라.

골라낸 각각의 분야에서 성취 가능한 목표를 구체적으로 세우라.

3단계: 허용치를 테스트하고 조정하라.

허용치에 도달하지 못하게 되면 허용치 조정 과정을 시작하라(4단계 참고)

4단계: 긍정적인 압력을 가하라.

허용치에 미치지 못하면 그 허용치보다 약간 더 높은 허용치를 목표로 정하라. 그러면 정체를 막는 것은 물론, 유지하는 것을 넘어서 실제로 성장하게 된다.

미래의 삶의 방식

우리는 정신과 영혼을 보살피는 삶의 방식보다 몸을 보살피는 삶의 방식에 관심이 더 많다. 우리는 스트레스, 불안, 부러움, 걱정 속에서 매일 아침 일어나는 것을 정상으로 치부하는 사회를 만들어냈다. 하지만 그런 사회가 정상은 아니다. 거기서 벗어나게 해주는 삶의 방식을 물론 설치할 수 있다. 이 삶의 방식을 나는 초월 연습이라 부른다. 이 연습은 감사, 명상, 자비, 축복 등의 연습으로 이뤄져 있다. 매일

단 몇 분만 할애하면 정신이 맑아지고 활력이 돌아와서 긍정적이고 가벼운 마음으로 하루를 시작할 수 있을 것이다.

법칙 5 삶의 방식을 업그레이드하라

비범한 정신의 소유자는 인생, 일, 마음, 영혼의 발전을 위해 끊임없이 새로운 삶의 방식을 찾고 업그레이드하고 측정한다. 이들은 자기혁신을 거듭하며 끊임없이 발전해간다.

6장: 현실을 구부리라

의식공학을 실천하고 견칙에 의문을 품고 새로운 현실의 모델과 삶의 방식들을 경험하기 시작하면 흥분과 가능성으로 가득한 삶이 시작된다. 이때 우리는 강력한 업그레이드의 길 위에 서 있게 된다. 이 강력한 업그레이드 상태에 있을 때 현실 구부리기가 가능해진다. 이 상태에서 우리는 아주 중요한 두 가지 느낌을 느낀다.

- 나를 이끌어주는 대담한 미래의 꿈을 가지고 있다.
- '지금 여기서' 행복하다.

연습 _ 여덟 가지 진술

다음 여덟 가지 간단한 진술에 대답해보면 현실을 구부리는 길에서 지금 당신이 어디에 서 있는지를 쉽게 알 수 있을 것이다. 틀린 대답도 맞는 대답도 없다. 이것은 단지 당신이 현재 어디에 있는지를 말해줄 뿐이다.

1. 나는 현재 하고 있는 일을 일로 느끼지 않을 정도로 사랑한다.
   전혀 그렇지 않다 / 어느 정도 그렇다 / 정말 그렇다

2. 내 일은 나에게 의미 있는 일이다.
   전혀 그렇지 않다 / 어느 정도 그렇다 / 정말 그렇다

3. 일을 하다가 자주 시간이 어떻게 흘렀는지도 모를 정도로 행복해
   지곤 한다.
   전혀 그렇지 않다 / 어느 정도 그렇다 / 정말 그렇다

4. 일이 잘못될 때도 걱정하지 않는다. 뭔가 좋은 일이 일어날 것을
   알기 때문이다.
   전혀 그렇지 않다 / 어느 정도 그렇다 / 정말 그렇다

5. 지금보다 더 좋은 일이 기다리고 있음을 늘 알기 때문에 미래를
   생각하면 흥분된다.
   전혀 그렇지 않다 / 어느 정도 그렇다 / 정말 그렇다

6. 스트레스와 불안에 동요하지 않는다. 나는 목표를 달성할 수 있
   다고 믿는다.
   전혀 그렇지 않다 / 어느 정도 그렇다 / 정말 그렇다

7. 나만의 대담한 목표를 곧 성취할 것을 알기 때문에 나는 미래를
   고대한다.
   전혀 그렇지 않다 / 어느 정도 그렇다 / 정말 그렇다

8. 신나는 미래의 꿈을 생각하느라 시간을 많이 보낸다.
   전혀 그렇지 않다 / 어느 정도 그렇다 / 정말 그렇다

1~4번 진술에서 '정말 그렇다' 항목을 선택했다면 당신은 현재 행복할 것이다.

5~8번 진술에서 '정말 그렇다' 항목을 선택했다면 당신은 현재 멋진 꿈을 가지고 있을 것이다.

여덟 개 진술에 모두 '정말 그렇다' 항목을 선택했다면 당신은 지금 현실을 구부리는 상태에 있다.

하지만 이 테스트를 한 사람들 대부분은 행복 관련 진술에서만 '정말 그렇다'를 선택하거나 꿈 관련 진술에서만 '정말 그렇다'를 선택한다. 두 부분 모두에서 '정말 그렇다'를 선택하는 경우는 드물다.

법칙 6 현실을 구부리라

비범한 정신의 소유자는 현실을 구부릴 수 있다. 그들은 대범하고 신나는 미래의 꿈을 가지고 있지만 그들의 행복은 그 꿈에 매여 있지 않다. 그들은 지금 이 자리에서 행복하다. 행복과 꿈 사이에서 균형을 이룰 때 그들은 빠른 속도로 꿈을 실현하고, 그 과정 또한 너무나 즐겁다. 밖에서 보는 이들에게 그들은 '행운아'처럼 보인다.

7장: 지복을 수행하며 살라

지금 여기서 당신을 진정으로 기쁘고 행복하게 만들어주는 단순한 삶의 방식이 있다는 걸 알았는가? 나는 그것을 지복수행이라 부르는데, 일상에서 지극한 행복을 느끼게 하는 수행법이다. 지복수행은 세 가지의 삶의 방식으로 이뤄진다.

지복수행을 위한 삶의 방식 1: 감사

지복수행을 위한 삶의 방식 2: 용서

지복수행을 위한 삶의 방식 3: 베풀기

행복은 우리의 손아귀 밖에 있는 정체를 알 수 없는 어떤 상태가 아니다. 행복을 잡는 기술이 있다. 다음 연습으로 지복의 상태로 나아가라.

연습 _ 날마다 감사하기

행복이라고 하면 사람들은 미래의 행복을 생각한다. 하지만 행복은 바로 문 앞에 있다. 삶에서 이미 일어난 좋은 일들에 의식의 초점을 맞추면 바로 지금 행복할 수 있다. 매일 아침, 저녁으로 5분씩 다음을 생각해보라.

개인적 삶에서 감사하는 것 3~5가지
일터에서 감사하는 것 3~5가지

당신에게 의미 있는 일이라면 작은 일도 좋고 큰일도 좋다. 그 감사할 일에 대한 긍정적인 느낌이 각각 5초에서 10초 정도 마음속에 솟아나게 하라. 감사의 축복을 다른 사람들과 나누라. 자녀 혹은 배우자와 함께 감사 연습을 해보라.

연습 _ 진정으로 용서하여 자신을 해방하라

원망과 분노를 떠나보내는 것만큼 마음의 긴장을 풀고 활력을 되찾아주는 것도 없다. 행복과 마찬가지로 용서도 연마할 수 있는 기술이다. 그리고 용서는 지복수행의 숙달에도 아주 중요하다. 다음은 '선禪 40년' 프로그램에서 내가 배웠던 용서 연습을 간단한 설명한 것이다.

준비

당신에게 잘못한 사람이나 상처 입었던 상황을 적으라. 큰 상처를 입었거나 오래 지속되는 상황일 경우 종이에 적어보는 것조차 쉽지 않을 수도 있다. 그렇다고 자신을 몰아붙이지는 말라. 준비가 되었을 때만 그 목록의 사람들 중 한 명을 골라 연습해보라.

1단계: 장면 회상

먼저 눈을 감고 2분 정도 그 일이 일어났던 바로 그 순간으로 다시 돌아가 주변 환경을 그려보라.

2단계: 분노와 고통을 느낀다.

당신에게 잘못했던 그 사람이 눈앞에 보이면 그때의 감정을 그대로 느껴보라. 하지만 몇 분 이상 오래 하지는 말라.

3단계: 용서를 사랑으로 승화한다.

그 사람의 모습을 떠올린 다음 자비심을 느껴보라. 그 사람은 얼마나 고통스럽고 괴로웠기에 그런 짓을 했을까? 그리고 이렇게 자문해보라. 이 일로 나는 무엇을 배웠나? 이 상황이 내 인생에 어떤 도움이 될까?

이제 그 사람에 대해 조금은 덜 부정적인 감정을 느끼게 될 것이다. 그 사람을 편안한 마음으로 사랑하게 될 때까지 이 과정을 반복하라. 심각한 상처를 받은 경우는 이 과정이 몇 시간에서 며칠이고 이어질 수 있다. '사랑으로 승화하라'고 한다고 해서 그 상대가 마음대로 하도록 내버려두라는 말은 아니다. 필요하다면 당신을 보호하고 적절한 조치도 취해야 한다. 특히 범죄행위라면 관계기관에 보고해야 할 것이다. 하지만 당신은 용서했기 때문에 문제의 그 일로 더 이상 고통스럽지는 않을 것이다.

연습 _ 베풀기

1단계: 내가 다른 사람들에게 줄 수 있는 것들을 적어보라.

시간, 사랑, 이해, 자비심, 기술, 아이디어, 지혜, 에너지, 육체노동, 등등

2단계: 좀더 구체적으로 적어보라.

기술 — 계산 업무, 전문적인 도움, 과외, 법적인 자문, 글쓰기, 사무 업무, 예술적 기법 등등.

지혜 — 직업 관련 상담을 해줄 수도 있고 아이들과 함께 지내는 법을 알려줄 수도 있고 질병을 극복하거나 어떤 범죄의 희생자가 되었던 경험을 현재 필요한 사람에게 얘기해줄 수도 있다.

육체노동 — 물건을 고쳐주거나 어르신들을 돕거나 요리를 해주거나 시각 장애인에게 책을 읽어주는 등등.

3단계: 도움을 줄 수 있는 곳을 생각해보라.

가족 혹은 대가족의 일원이라면 그곳에서 당신의 도움이 필요할 수 있다. 아니면 직장에서도 도움이 필요한 사람이 있을 것이다. 당신이 사는 곳의 이웃들, 당신이 사는 도시, 지역 사업체, 영적 공동체, 지역 도서관, 청소년 기관, 병원, 요양원, 정치 단체, 비영리 단체 등

등, 우리의 도움이 필요한 곳은 많다. 비영리 단체를 직접 만드는 건 어떨까? 아니면 소외 집단을 세상에 알리는 일도 좋다.

4단계: 직관을 따른다.

작성한 목록을 다시 읽어보고 그중에 당신의 심장을 뛰게 하는 일들을 따로 표시하라.

5단계: 행동을 취한다.

촉수를 세우고 우연한 기회가 찾아오기를 기다리라. 가능성을 탐색하라.

법칙 7   지복을 수행하며 살라

비범한 정신의 소유자들은 행복이 내면에서 온다는 것을 잘 안다. 이들은 현재의 행복에서 출발하고, 그 행복을 연료로 삼아 자신과 세상을 위한 꿈과 의도를 밀고 나간다.

8장: 미래의 꿈을 창조하라

법적으로 정당하게 맥주를 살 나이가 되기도 전에 우리는 미래의 직업을 선택해야 한다. 그토록 어린 나이에 자신이 삶에서 무엇을 원하는지를 어떻게 알 수 있겠는가? 하지만 '성인'이 되어서 목표를 제대로 설정한다고 해도 결국은 또 불만족을 느끼게 될지도 모른다. 현대의 목표설정 방식 자체가 근본적으로 잘못되어 있기 때문이다.

우리는 '수단에 지나지 않는' 것을 목표로 삼도록 훈련받고, 사회가 말하는 견칙에 순응해야 한다고 배운다. 하지만 반대로 우리의 가슴이 소망하는 '진짜 목표'는 우리를 고무하고 설레게 하여 궁극의 목적지를 눈앞에 보여준다. 그런 '진짜 목표'를 추구하다 보면 더 빨리 비범한 삶에 도달할 수 있다. '세 가지 가장 중요한 질문'이 당신의 인생에서 정말로 중요한 진짜 목표를 곧장 깨닫도록 도와줄 것이다.

연습 _ 세 가지 가장 중요한 질문 던지기

질문 1: 어떤 경험을 하고 싶은가?

시간과 돈이 주어지고 다른 누군가의 허락을 받을 필요도 없다면 당신의 영혼은 어떤 경험을 열망하겠는가?

- **애정관계.** 당신이 생각하는 애정관계의 가장 이상적인 모습을 생생히 떠올려 상상해보라. 아침에 일어날 때 어떤 사람이 옆에서 자고 있었으면 좋겠는가?
- **우정.** 완벽한 세상에서 완벽한 인간관계를 꾸려나가는 모습을 상상해보라. 어떤 사람과 어떤 곳에서 어떤 대화를 나누고 어

떤 활동을 하고 싶은가?

■ **모험**. 어떤 모험이 당신의 영혼을 춤추게 하겠는가?

■ **환경**. 좋아하는 환경에 있을 때 어떤 기분일지 상상해보라. 당
  신이 생각하는 이상적인 집, 차, 여행지는 어떤 모습인가?

질문 2: 어떻게 성장해가고 싶은가?

방금 적어둔 경험들을 하려면 '나는' 어떤 사람이 되어야 할까? 나는
어떤 사람으로 진화해가야 할까?

■ **건강과 체력**. 육체적으로 매일 어떻게 느끼고 어떻게 보이고 싶
  은가? 지금으로부터 5년, 10년, 20년 뒤에는 어떤 모습이고 싶
  은가?

■ **지적인 삶**. 위에 열거한 경험들을 하려면 무엇을 배워야 할까?
  당신은 무엇을 가장 배우고 싶은가?

■ **기술**. 직업적으로 어떤 기술이 도움이 될까? 직업을 바꾸려면
  어떤 기술이 필요하겠는가? 오직 재미로만 배우고 싶은 기술
  이 있는가?

■ **영적인 삶**. 영적 수행에서 당신이 가장 열망하는 것은 무엇인가?

질문 3: 어떻게 공헌하고 싶은가?

앞에서 써본 대로 놀라운 방식으로 성장했고 원했던 것들을 지금
경험하고 있다면 '나는' 내가 받은 것을 세상에 어떻게 돌려줄 수 있
을까?

■ **일**. 당신의 직업에 대해 어떤 꿈을 가지고 있는가? 당신은 전문
  분야에 어떤 공헌을 하고 싶은가?

- **창조활동**. 어떤 창조활동을 하고 싶은가? 배우고 싶은 것이 있는가? 당신의 창조적인 자아가 세상에 공헌할 수 방법은 무엇인가?

- **가족**. '억지로'가 아니라 행복해하며 가족과 함께하는 자신의 모습을 그려보라. 어떤 멋진 일들을 가족과 함께하고 있는가? 가족에 공헌할 수 있는 당신만의 특별한 방법이 있다면? 꼭 전통적인 형태의 가족일 필요는 없다. 당신이 진정으로 사랑하고 같이 있고 싶은 사람들을 가족으로 생각하라.

- **공동체 생활**. 친구, 이웃과 함께하는 생활, 당신이 사는 도시, 주, 국가 안에서의 생활, 당신이 속한 종교적, 인종적, 세계적 공동체에서의 생활 모두 여기에 속한다. 현재의 당신을 이루고 있는 당신의 능력, 생각, 당신이 경험했던 특별한 일들을 모두 잘 고려해볼 때 세상에 어떤 흔적을 남기면 깊은 행복감과 만족감을 느끼겠는가?

법칙 8   미래의 꿈을 창조하라

비범한 정신의 소유자는 문화배경의 기대에 개의치 않고 자기만의 미래상을 그린다. 이 미래상은 진정한 행복을 불러오는 진짜 목표에 초점이 맞춰져 있다.

9장: 강철 멘탈이 되라

비범한 정신의 소유자는 활력으로 가득하고 자신의 대담한 목표와 꿈을 실현하기 위해 세상에 나아갈 준비가 된 사람들이다. 당신도 그러고 싶다면 두려움을 극복해야 한다. 다행히 이 책에서 우리가 배운 다른 많은 것들처럼, 강철 멘탈이 되는 법도 배울 수 있다. 기본적으로 다음 두 개의 현실의 모델을 이해하기만 하면 된다.

강철 멘탈이 되는 데 필요한 것 첫 번째: 나 하기에 달린 목표. 이 목표는 우리가 절대적인 통제권을 가지고 있는 진짜 목표이다. 아무도 우리에게서 이 목표를 앗아갈 수 없다. '늘 사랑 가득한 삶을 산다'는 목표가 그 한 예이다.

강철 멘탈이 되는 데 필요한 것 두 번째: 자신이 이미 충분함을 깨닫기. 자신이 가치 있는 사람임을 입증해야 한다는 생각은 외부로부터 인정받고 싶은 마음으로, 인생에 부정적인 영향을 준다. 그것은 인생의 주도권을 남에게 줘버리는 것이다. 자신이 이미 충분한 존재임을 알 때 가슴의 빈 구멍이 메워지고, 그러면 자신과 다른 사람들을 더욱 사랑하게 되고, 더 활기차게 살면서 이 땅에 더 많은 것을 베풀 수 있다.

연습 1: 거울 속의 사람(자기애 연습)

거울 앞에 서서 자신의 눈을 똑바로 들여다보며 자신에게 충분하다고 느껴질 때까지 "사랑해"라고 반복해서 말한다.

연습 2: 자기에게 감사하기(자기 인정 연습)

'나 자신의 사랑스러운 점'을 생각하는 연습을 날마다 꼭 한다(4장 감
사 연습 참조).

연습 3: 현재에 살기(갑작스러운 두려움과 불안 제거 연습)

스트레스와 불안감에서 빠져나와 지금 여기서 행복하도록 현재에
머물라. 1분 정도 지금 이 순간의 어떤 것에 의식을 모아 그 구체적
인 부분들을 세세히 관찰한다. 예를 들어 어떤 물건에 빛이 떨어지는
모습을 관찰할 수도 있고, 자기 손의 아름다운 모습을 관찰하거나,
아니면 들숨과 날숨을 관찰할 수도 있다.

법칙 9   강철 멘탈이 되라

비범한 정신의 소유자는 다른 사람으로부터, 혹은 목표를 성취함으로써 자신
의 가치를 확인받을 필요성을 못 느낀다. 이들은 자신은 물론 주변 세상과 진
정으로 평화롭게 공존한다. 이들은 자기애와 내면에서 우러나오는 행복을 바
탕으로 두려움 없이 살며, 비판과 칭찬에 영향받지 않는다.

10장: 소명을 맞아들이라

내가 아는 비범한 사람들은 큰 꿈을 갖고 있어서 일과 인생에 대
한 기존의 한계를 모두 깨고 기존 규칙의 울타리 너머에서 움직이는
특징을 갖고 있다. 이들에게는 모종의 긍정적인 느낌이 내재해 있다
는 생각이 든다. 이들은 그 긍정적인 에너지를 자신이 이루고자 열망

하는 소명에 쏟아 붓는다.

세상에서 가장 비범하다는 사람들에게는 경력이 없다. 그들이 가진 것은 소명이다.

소명을 따를 때 우리는 인류에 공헌한다. 소명은 우리의 아이들을 위해 더 나은 지구를 남기는 일이다. 그것은 책을 쓰는 일이 될 수도 있고 자녀를 훌륭히 키워내는 일이 될 수도 있다. 당신처럼 세상을 바꾸겠다는 사명감을 지닌 회사에서 일하는 것도 소명을 따르는 일이다. 소명을 따를 때 삶은 열정과 의미로 가득해진다. 제대로 연습하기만 하면 누구나 그런 성취감으로 가득한 삶을 살 수 있다.

소명 찾아내기

소명을 찾아내려면 무엇부터 시작해야 할까? 내가 아는 두 가지 방법이 있다. 머리의 방법과 가슴의 방법이다. 두 방법 다 써도 된다.

www.projectheavenonearth.com을 운영하는 작가이자 강연자인 마틴 루티는 소명을 찾으려면 다음 세 가지 질문을 해보라고 말한다. ─ 아주 빠른 방법이다.

첫째, 이 지상에서 언제 천국을 경험했었는지 기억을 떠올려보라. 그때 무슨 일이 있었나?

둘째, 마술지팡이가 있어서 지상에서 천국을 만들어낼 수 있다고 가정하라. 이 땅에서 내가 원하는 천국은 어떤 모습인가?

셋째, 이 땅에 천국을 실현하기 위해 앞으로 24시간 동안 내가 할 수 있는 가장 단순하고 쉽고 구체적인 행동은 무엇인가?

법칙 10 소명을 맞아들이라

비범한 정신의 소유자는 소명 혹은 부름에서 동기를 얻는다. ─ 소명은 세상에 긍정적인 변화를 일궈내고자 하는 욕구다. 이 욕구가 비범한 사람들을 앞으로 나아가게 하고, 의미를 찾게 하고, 의미 있는 공헌을 하게 한다.

비범한 정신의 코드

온라인 체험

'전에 없는 독서 경험'을 위해 계정을 하나 만들라.
이 책을 구입한 독자라면 계정 개설은 무료다.

온라인 체험: 관심 있는 주제로 더 깊이 들어가기

이 책은 사전 주문제작된 관련 앱과 함께 출시되었다. 이 앱에는
추가적인 내용뿐만 아니라 그 내용에 따른 연습과 훈련 등을 할 수
있는 도구들을 넣어두었다. 이 책에서 내가 언급한 사상가들이 한 말
중에서 마음에 드는 개념이 있는가? 그럼 우리의 앱을 통해 그 생각
을 좀더 깊이 들여다볼 수도 있고 내가 직접 인터뷰한 그들의 이야기
를 전부 들어볼 수도 있다. 혹은 이 책에서 내가 밝힌 특정한 기술이
좋아 보일 수도 있다. 그럴 때도 앱에 들어가보라. 내가 등장해서 그
기술을 더 잘 설명해줄 것이다. 우리의 온라인 체험의 장은 아름다운
이미지, 사진, 아이디어 등등으로 가득하며 PC, 안드로이드, iOS에서
모두 가능하다. 그러니 당신은 이 책을 몇 시간 만에 읽기를 끝내버
릴 수도 있고 며칠이고 그 풍부한 내용들을 샅샅이 탐사하며 깊이 연
구해볼 수도 있다. 다음 주소를 방문하라.

www.thecodexmind.com/extraordinary (5장 일러두기 참고)

소셜 학습 플랫폼: 비센이나 다른 독자들과 대화하기

앞서 밝혔듯이 이 책은 기본적으로 삶에 의문을 제기하는 책이다. 그래서 나는 책이 만들어지는 전통적인 방식에도 의문을 품기 시작했다. 오늘날 '책'이라는 것과 관련해서 가장 불만스러운 것은 저자와 독자들이 쉽게 교류할 수 없다는 점이다. 이 책으로 나는 이 문제를 해결하기로 마음먹었다. 그리고 우리 팀에게 저자와 독자들이 서로 교류하고 서로 배울 수 있는 하나의 장으로 소셜 학습 플랫폼을 만들게 했다. 이것은 전에 없는 시도다. 독자는 온라인 체험 사이트에 등록만 하면 모바일 장치나 PC를 통해 다른 독자들과 만나고 생각을 공유할 수 있고, 나와도 곧장 소통할 수 있다. 더불어 이 책은 최첨단 기술로 무장한 역사상 가장 발 빠른 책이 될지도 모르겠다. 소셜 학습 플랫폼은 www.thecodexmind.com/extraordinary에서 온라인 체험 카테고리를 통해 들어올 수 있다.

시작하려면 일단 www.thecodexmind.com/extraordinary를 방문하여 계정을 열라.

온라인 체험에서 얻을 수 있는 열 가지

1. **온라인 수업**: 이 책의 각 장에서 소개된 모든 주요 연습들을 온라인으로 안내해준다. 동영상과 오디오로 더 깊이 안내받을 수 있다.

2. **6단계 온라인 프로그램**: 이 책에서 설명된 여러 초월 연습을 잘 할 수 있도록 훈련하는 프로그램이다. 안드로이드, 아이폰, 데스크탑 어디서든 다운로드할 수 있다.

3. **인터뷰 비디오/오디오 완결판**: 피터 다이어맨디스, 아리아나 허핑턴, 켄 윌버, 마이클 벡위드, 에밀리 플레처 등등 이 책에 소개된 주요 인물들의 인터뷰 전체 내용을 다 들을 수 있다.

4. **A-페스트 동영상**: 모티 레프코, 마리사 피어 같은 이 책에서 소개된 주요 인물들의 생각을 좀더 자세하게 들어볼 수 있다.

5. **멋진 강좌, '비범 설계(Extraordinary by Design)'**: 조율이 필요한 삶의 열두 분야 각각에서 비범한 결과를 만들어낼 수 있는 방법을 안내해준다.

6. **세 가지 가장 중요한 질문 안내**: 10분 안에 미래의 청사진을 만들어내게 한다.

7. **지상천국 연습 안내**: 소명을 발견하도록 도와준다.

8. **온라인 커뮤니티**: 독자들은 우리가 주문제작한 소셜 학습 플랫폼에서 비범한 삶의 코드를 토론하고 연습할 수 있다. 당신의 생각이나 배운 것들을 다른 독자들과 나누라.

9. **뒷이야기**: 리처드 브랜슨과의 만남부터 아마존 열대 우림을 방문한 이야기까지, 이 책에 소개된 이야기나 사람들에 대한 뒷이야기를 듣고 사진들을 볼 수 있다.

10. **무료 업데이트, 비셴의 메시지**: 온라인 학습 플랫폼에 올라갈 글, 동영상, 나의 통찰 등을 그때그때 받아볼 수 있다.

전에 없는 독서 경험

우리의 전례 없는 학습 플랫폼에서 필요한 동영상 자료를 얻고 더 깊은 훈련을 하고, 나나 다른 독자들과 자유롭게 교류하라. www.thecodexmind.com/extraordinary를 방문하기만 하면 된다.

비셴 락히아니와 연결하기

나는 독자들과 무척 소통하고 싶다. 다음은 나와 연결할 방법들이다.

1. 나의 페이스북을 팔로우하라. 내 페이스북은 팬클럽이 아니므로 진짜 나를 볼 수 있다. www.facebook.com/vishen으로 검색해 Follow를 클릭하기 바란다. 현재까지는 페이스북을 통하는 것이 나와 연결할 수 있는 가장 좋은 방법이다. 나는 페이스북에 내가 깨달은 것들과 생각할 거리들을 매주 올리고 있다.

2. 내가 내 생각도 올리고 질문에도 대답하는 '비범한 정신의 코드 온라인 커뮤니티'에 가입하라. www.thecodexmind.com/extraordinary를 방문하면 된다.

3. www.VishenLakhiani.com에서 뉴스레터를 신청하라.

4. 이 책에 대한 피드백이나 새로운 아이디어를 귀띔해주고 싶다면 hellovishen@mindvalley.com으로 이메일을 보내주기 바란다.

아름다운 파괴 (Beautiful Destruction) 더 좋고 더 큰 일이 생길 길을 마련하기 위해 현재 삶의 일부가 파괴되는 상황.

현실 구부리기 (Bending Reality) 의식적으로 자신의 운을 제어할 수 있고 주변 세상을 모양 지어낼 수 있다는 생각.

지복수행 (Blisspline) 초월 연습을 포함하여 특정한 삶의 방식을 택함으로써 행복지수를 의식적으로 높여가는 나날의 수행 과정(초월 연습 참조).

영혼을 위한 청사진 (Blueprint for the Soul) 세 가지 가장 중요한 질문에 대한 대답을 적은 것.

견칙 (Brule) 개똥 규칙의 준말로, 문화배경의 한 요소로서 개인들이 자신의 세계관에 비추어 진실이 아니거나 부적절하다고 판단하여 무시하거나 묵살하기로 결정한 사회 규칙.

바쁨의 모순 (Busyness Paradox) '너무 배고파서 먹을 수가 없다'는 말처럼 너무 바빠서 명상할 수 없다는 잘못된 생각.

컴퓨터 같은 사고 (Computational Thinking) 해답이 여러 가지가 될 수 있는 문제(개방형 문제)에 해답을 찾아내어 일반화하는 과정. 개방형 문제는 다양한 변수들을 고려하고 자료를 수집, 분석하여 일반화, 모델링, 알고리즘을 이용해 완전하고도 의미 있는 해답을 추구한다.

의식공학 (Consciousness Engineering) 문화배경을 적절히 해킹하고 배움을 극대화하는 하나의 학습법 혹은 방법론. 문화배경으로부터 의식적, 무의식적으로 받아들인 삶의 방식과 현실의 모델을 알아차리는 데 그 중점을 둔다.

문화 해킹 (Culture Hacking) 여러 가지 도구를 사용하여 한 집단(직장, 회사, 가족, 학교 등)의 문화(믿음과 습관들)에 긍정적인 진보를 이끌어내는 기술. 집단에 의식공학을 도입하여 그 일원들로 하여금 더욱 성장해가고 서로 더 잘 협력하게끔 하는 데 중점을 둔다(의식공학 개념 참조)

문화배경 (Culturescape) 인간의 생각, 문화, 신화, 믿음, 습관들로 이루어진 상대적 진실의 세계.

현재의 현실에 안주하는 상태(Current Reality Trap) 현재 행복하지만 미래의 꿈이 없는 상태. 이 상태는 일시적인 행복은 주지만 성취감을 주지는 못한다.

일의 함정(Do-Do Trap) 너무 바쁘게 사느라 한 발짝 물러서서 왜 그렇게 살아야 하는지를 생각해볼 시간이 없는 상태.

진짜 목표(End Goal) 궁극적 목표 혹은 목적지. 수단에 지나지 않는 목표의 반대 개념으로, 주로 가슴과 감정이 시키는 일인 경우가 많다(수단에 지나지 않는 목표 참조).

인간 존재의 네 가지 상태(Four States of Human Living) 미래의 꿈과 현재의 행복이 삶에서 차지하고 있는 비율에 따른, 우리가 속할 수 있는 네 가지 상태 — 1. 악순환에 빠진 상태 2. 현재의 현실에 안주하는 상태 3. 스트레스와 불안에 시달리는 상태 4. 현실을 구부리는 상태.

신입자 이론(Godicle Theory) 인간이 신의 입자라서 '현실 구부리기' 같은 신의 능력을 어느 정도 부여받았다는 이론.

인류에 해가 되는 회사(Humanity-Minus Company) 자원 고갈에 일조하는 상품이나 정말 필요하지는 않은 상품을 생산하여 세상과 인류에 해를 끼치는 회사.

인류에 득이 되는 회사(Humanity-Plus Company) 인류의 진보를 불러오는 회사 — 예를 들어 깨끗하고 재생 가능한 에너지 생산에 매진하는 회사, 건강한 삶을 촉진하는 회사, 새로운 방식의 삶을 연구하는 회사.

켄쇼Kensho 주로 시련을 통해 일어나는 개인적, 긍정적, 점진적인 성장 과정으로 쉽게 알아챌 수 없는 것이 그 특징이다(사토리 참조).

원대한 질문(Lofty Questions) 크리스티 마리 셸던이 말하는, 초월 연습을 하는 동안에 할 수 있는 긍정적인 질문들로 — 확언이나 문제에 초점을 맞추지 않고 — 개인적 성장을 도모하는 연습이다. 예컨대, '나에게는 왜 사랑하는 사람이 없을까?'라는 식의 질문 대신에 '어떻게 하면 사랑을 주고받는 방식을 많이 찾아낼 수 있을까?'라고 물어보는 것이다.

의미제조기(Meaning-Making Machine) 아무 의미도, 의도도 들어 있지 않은 우연한 사건을 놓고 의미를 꿰어맞추려고 하는 우리 뇌의 활동.

수단에 지나지 않는 목표(Means Goal) 최종 목표처럼 보이지만 사실은 더 크고 더 충족적인 목표의 수단에 지나지 않는 목표(때로는 견칙으로 판명나기도 한다. 견칙과 진짜 목표 참조).

현실의 모델(Models of Reality) 일상의 경험으로 드러나는, 세상에 대한 우리의 의식적, 무의식적인 신념들로서, 컴퓨터로 치자면 하드웨어 같은 것이다(삶의 방식 참조).

악순환에 빠진 상태(Negative Spiral) 현재 행복하지도 않고 미래의 꿈도 없는 상태.

현재에 머물기(Present-Centeredness) 지금 여기서 행복을 찾아 행복지수를 높이기 위한 기술.

갱신 속도(Refresh Rate) 삶의 방식을 업데이트해가는 속도를 보여주는 지표.

신경망 활성화 시스템(Reticular Activating System) 우리 의식의 여과 장치로 작동하는 뇌의 한 부분으로, 우리의 관심사나 원하는 것만 여과해서 끌어들이고 인지하게 하는 기능을 한다. 특정 초월 연습을 하면 신경망 활성화 시스템으로 하여금 다양한 상황에서 좀더 긍정적인 패턴을 찾아내게 할 수 있다.

지나온 길(Reverse Gap) 댄 설리반이 말한, 현재와 과거 사이의 공간 혹은 간격과 그곳에서 일어난 사건들. 가야 할 길에 집중하는 것보다 이 지나온 길에 집중하는 것이 감사하고 행복한 삶을 사는 데 더 좋다.

사토리Satori 개인적이고 갑작스럽고 긍정적인 깨달음의 분출. 예고 없이 일어나 그 즉시 새로운 차원에 있게 하는, 인생을 바꿔놓는 통찰(켄쇼 참조).

허용치(Set Point) 성장 혹은 현상유지를 측정하는 데 쓰는, 타협이 불가능한 기준치.

6단계 명상(Six-Phase Meditation) 각자의 하루 일과와 필요와 삶의 방식에 맞춰서, 다양한 방식을 통해 최적의 명상 효과와 경험을 이끌어 내는 과학적인 명상 프로그램.

삶의 방식(Systems for Living) 놀이에서 일과 성장에 이르기까지 삶의 측면들에서 드러나는 우리의 조직적인 행동습관 혹은 절차들. 다시 말해 어떤 일을 완수하는 데 사용되는 습관적 패턴들이다(원래는 최적화된 패턴이어야 하지만 그렇지 못한 경우가 많다). 컴퓨터의 소프트웨어에 비견할 만하다(현실의 모델 참조).

세 가지 가장 중요한 질문(Three Most Important Questions) 현실을 구부리기 위해 성취감을 주는 원대한 목표를 세울 때 해야 하는 중요한 질문들.

초월 연습(Transcendent Practice) 마음과 영혼에 자양분을 제공하고 단순한 육체적 경험이나 일반적인 경험 너머로 나아가게 하는, 가장 최적화된 삶의 방식. 예를 들어 감사 연습, 명상, 자비, 축복 연습 등이 있다(지복수행 참조).

조율이 필요한 열두 분야(Twelve Areas of Balance) 조율하여 균형을 맞출 필요가 있는 삶의 열두 분야. 애정관계, 우정, 모험, 환경, 건강과 체력, 지적인 삶, 기술, 일, 영적인 삶, 창조활동, 가족, 공동체 생활 등으로 구성된다.

강철 멘탈(Unfuckwithable) 인터넷에서 말해지는 정의에 따르면 다른 누구도 아닌 자기 자신으로 살며 마음이 진정으로 평화로운 사람이다. 누가 자신에게 뭐라고 하든 무슨 짓을 하든 상관하지 않는다. 부정적인 기운에는 전혀 휘둘리지 않는다.

1장

"Adult Obesity Facts." Centers for Disease Control and Prevention. Page last reviewed: September 21, 2015. http://www.cdc.gov/obesity/data/adult.html (accessed December 22, 2015).

"Bill Gates, Founder and Technology Advisor." www.microsoft.com http://news.microsoft.com/exec/bill-gates/ (accessed August 13, 2015).

Gates, Bill. "About Bill." Gatesnotes (the blog of Bill Gates). www.gatesnotes.com. http://www.gatesnotes.com/GlobalPages/bio (accessed August 13, 2015).

Gregoire, Carolyn. "Happiness Index: Only 1 in 3 Americans Are Very Happy, According to Harris Poll." *Huffington Post*, Posted: June 1, 2013, Updated: June 5, 2013. http://www.huffingtonpost.com/2013/06/01/happiness-index-only-1-in_n_3354524.html (accessed November 29, 2015).

Harari, Yuval Noah. *Sapiens.* New York: HarperCollins, 2015.

Holland, Kelley. "Eight in 10 Americans Are in Debt: Study." CNBC Personal Finance, July 29, 2015. http://www.cnbc.com/2015/07/29/eight-in-10-americans-are-in-debt.html (accessed December 22, 2015).

Loria, Kevin. "No One Could See the Color Blue Until Modern Times." Business Insider, February 27, 2015. http://www.businessinsider.com/what-is-blue-and-how-do-we-see-color-2015-2 (accessed August 10, 2015).

"Marriage & Divorce." American Psychological Association, Adapted from the *Encyclopedia of Psychology*, n.d. http://www.apa.org/topics/divorce/ (accessed November 29, 2015).

Smith, Chandler. "Gallup Poll: 70% of Americans Hate Their Stupid Jobs." RYOT, 2 years ago. http://www.ryot.org/gallup-poll-70-americans-disengaged-jobs/376177 (accessed November 29, 2015).

2장

Bryant, Adam. "In Head-Hunting, Big Data May Not Be Such a Big Deal." *New York Times*, June 19, 2013. http://www.nytimes.com/2013/06/20/business/in-head-huntingbig-data-may-not-be-such-a-big-deal.html?_r=1 (accessed December 18, 2015).

Friedman, Thomas L. "How to Get a Job at Google." *New York Times*, Sunday Review, February 22, 2014. nytimes.com/2014/02/23/opinion/sunday/friedman-how-to-get-a-job-at-google.html?hp&rref=opinion&_r=1 (accessed August 30, 2015).

Harari, Yuval Noah. *Sapiens*. New York: HarperCollins, 2015.

Marsden, P. "Memetics and Social Contagion: Two Sides of the Same Coin?" *Journal of Memetics-Evolutionary Models of Information Transmission*, vol. 2., 1998. cfpm.org/jomemit/1998/vol2/marsden_p.html.

"Original sin." merriam-webster.com, n.d. (accessed November 14, 2015).

"Our Founder." dekaresearch.com, n.d. (accessed November 14, 2015).

Ravo, Nick. "Our Towns; From L. I. Sound, A New Nation Asserts Itself." *New York Times*, April 22, 1988. nytimes.com/1988/04/22/nyregion/our-towns-from-li-sound-a-new-nation-asserts-itself.html (accessed August 26, 2015).

Sanchez, Hanna. "Ernst and Young Removes College Grades from Recruitment Criteria, Saying It Does Not Guarantee Success Later in Life." iSchoolGuide, September 29, 2015. ischoolguide.com/articles/27528/20150929/ernst-young-college-grades-recruitment-criteria-success.htm (accessed December 23, 2015).

Urban, Tim. "The Cook and the Chef: Musk's Secret Sauce." waitbuywhy.com, November 6, 2015. waitbutwhy.com/2015/11/the-cook-and-the-chef-musks-secret-sauce.html (accessed November 22, 2015).

"Vision & Mission." usfirst.org, n.d.usfirst.org/aboutus/vision (accessed November 14, 2015).

3장

Crum, Alia J., and Ellen J. Langer. "Mind-set matters: Exercise and the placebo effect." *Psychological Science* 18, no. 2:165-17. 2007. dash.harvard.edu/bitstream/handle/1/3196007/Langer_ExercisePlaceboEffect.pdf?sequence=1 (accessed August 26, 2015).

Shea, Christopher. "Mindful Exercise." *New York Times* Magazine, December 9, 2007. nytimes.com/2007/12/09/magazine/09mindfulexercise.html?_r=0 (accessed August 26, 2015).

Steineckert, Rachael. "Achuar Rituals: Nurturing a Connection with Pachamama." Pachamama Alliance, September 9, 2014. pachamama.org/blog/achuar-rituals-connection-pachamama (accessed August 26, 2015).

4장

Crum, Alia J., and Ellen J. Langer. "Mind-set matters: Exercise and the placebo effect." *Psychological Science* 18, no. 2:165-17. 2007. dash.harvard.edu/bitstream/handle/1/3196007/Langer_ExcersisePlaceboEffect.pdf?sequence=1 (accessed August 26, 2015).

Dewey, PhD, Russell A. "Psychology: An Introduction." Psych Web, 2007. 2014. intropsych.com/ch15_social/expectancy.html (accessed September 16, 2015).

Epstein, Greg M. *Good Without God*. New York: William Morrow, 2010.

Feloni, Richard. "Branson: Wild Parties Are Essential to a Company's Success." *Business Insider*, January 1, 2015. businessinsider.sg/richard-branson-on-the-importance-of-parties-2014-12/#.VlyzPXtu7Io (accessed November 30, 2015).

Moore, Thomas. *A Religion of One's Own*. New York: Avery, 2014 (reprint edition)

Silberman, Steve. "Placebos Are Getting More Effective. Drugmakers Are Desperate to Know Why." *Wired*, August 24, 2009. archive.wired.com/medtech/drugs/magazine/17-09/ff_placebo_effect?currentPage=all (accessed November 14, 2015).

Talbot, Margaret. "The Placebo Prescription." *New York Times* Magazine, January 9, 2000. nytimes.com/2000/01/09/magazine/the-placebo-prescription.html (accessed August 26, 2015).

Turner, PhD, Kelly. "The Science Behind Intuition." *Psychology Today*, May 20, 2014. psychologytoday.com/blog/radical-remission/201405/the-science-behind-intuition (accessed August 26, 2015).

5장

Jensen, Bill. *Future Strong*. Carlsbad, California: Motivational Press, 2015.

7장

Achor, Shawn. *The Happiness Advantage*. New York: Crown Business, 2010.

Baumeister, Roy F., Kathleen D. Vohs, Jennifer L. Aaker, and Emily N. Garbinsky. "Some Key Differences Between a Happy Life and a Meaningful Life." Forthcoming. *Journal of Positive Psychology*. faculty-gsb.stanford.edu/aaker/pages/documents/somekeydifferences happylifemeaningfullife_2012.pdf (downloaded October 8, 2015).

"Item 5: My Supervisor Cares About Me." *Business Journal*, gallup.com, April 19, 1999. gallup.com/businessjournal/493/item-supervisor-cares-about.aspx (accessed November 8, 2015).

Owen, Jo. *The Mindset of Success*. London: Kogan Page, 2015.

Robbins, Ocean. "The Neuroscience of Why Gratitude Makes Us Healthier." *Huffington Post*, November 4, 2011, Updated January 4, 2012. huffingtonpost.com/ocean-robbins/having-gratitude-_b_1073105.html (accessed October 6, 2015).

Sullivan, Dan. "Escape 'The Gap'!" Coach Insider, Strategic Coach, n.d. private. strategiccoach.com/enews/ci_gap20130117.html (accessed December 26, 2015).

"12: The Elements of Great Managing." gallup.com, n.d. gallup.com/press/176450/elements-great-managing.aspx (accessed November 8, 2015).

Wagner, Rodd, and Jim Harter. "The Fifth Element of Great Managing." *Business Journal*, adapted from 12: *The Elements of Great Managing*, gallup.com, September 13, 2007. gallup.com/businessjournal/28561/fifth-element-great-managing.aspx (accessed November 8, 2015).

9장

"How to Love Yourself" training by Kamal Ravikant with Vishen Lakhiani. Consciousness Engineering Program. 2014.

"Unleash Your Intuition" training by Sonia Choquette with Vishen Lakhiani. Consciousness Engineering Program. 2014.

Wilber, Ken. *The Essential Ken Wilber*. Boulder, Colorado: Shambhala, 1998.

10장

Gilbert, Elizabeth. *Big Magic*. New York: Riverhead Books, 2015.

"The Friendly Universe with Michael Beckwith" training by Michael Beckwith with Vishen

Lakhiani. Consciousness Engineering Program. 2015.

"Meditation for Performance" training by Emily Fletcher with Vishen Lakhiani. Consciousness Engineering Program. 2015.

부록 A

Carson, J. W., F. J. Keefe, V. Goli, A. M. Fras, T. R. Lynch, S. R. Thorp, and J. L. Buechler. "Forgiveness and Chronic Low Back Pain: A Preliminary Study Examining the Relationship of Forgiveness to Pain, Anger, and Psychological Distress. *The Journal of Pain*, vol. 6, no. 2 (2005): pp. 84-91.

Gregoire, Carolyn. "Kindness Really Does Make You More Attractive." *The Huffington Post*, updated October 30, 2014.

huffingtonpost.com/2014/10/29/kindness-attractive_n_6063074.html (accessed December 28, 2015).

Jacobs, Tom. "The Tangible Benefits of Forgiveness." Pacific Standard, January 6, 2015. psmag.com/books-and-culture/tangible-benefits-forgiveness-97627 (accessed December 28, 2015).

Westervelt, Amy. "Forgive to Live: New Research Shows Forgiveness Is Good for the Heart." Good, August 25, 2012. magazine.good.is/articles/forgive-to-live-new-research-shows-forgiveness-is-good-for-the-heart (accessed December 2, 2015).